16

Coleção
LEIS ESPECIAIS
para **concursos**

Dicas para realização de provas com questões de concursos
e jurisprudência do STF e STJ inseridas artigo por artigo

Coordenação:
LEONARDO GARCIA

COLETÂNEA DE LEIS TRABALHISTAS

16

Coleção
LEIS ESPECIAIS
para **concursos**

Dicas para realização de provas com questões de concursos e jurisprudência do STF e STJ inseridas artigo por artigo

Coordenação:
LEONARDO GARCIA

MICHELLE PIRES BANDEIRA POMBO
RIKA LUANDA MORENO FREITAS

COLETÂNEA DE LEIS TRABALHISTAS

2017

www.editorajuspodivm.com.br

EDITORA
JusPODIVM

www.editorajuspodivm.com.br

Rua Mato Grosso, 164, Ed. Marfina, 1º Andar – Pituba, CEP: 41830-151 – Salvador – Bahia
Tel: (71) 3045.9051
• Contato: https://www.editorajuspodivm.com.br/sac

Copyright: Edições JusPODIVM

Conselho Editorial: Eduardo Viana Portela Neves, Dirley da Cunha Jr., Leonardo de Medeiros Garcia, Fredie Didier Jr., José Henrique Mouta, José Marcelo Vigliar, Marcos Ehrhardt Júnior, Nestor Távora, Robério Nunes Filho, Roberval Rocha Ferreira Filho, Rodolfo Pamplona Filho, Rodrigo Reis Mazzei e Rogério Sanches Cunha.

Capa *(Adaptação)*: Ana Caquetti

Diagramação: Caetê Coelho(*caete1984@gmail.com*)

C694   Coletânea de Leis Trabalhistas / Michelle Pires Bandeira Pombo e Rika Luanda Moreno Freitas – Salvador: Juspodivm, 2017.
336 p. (Leis Especiais para Concursos, v.16/ coordenador Leonardo de Medeiros Garcia)

ISBN 978-85-442-1677-4

1. Direito do trabalho. 2. Leis Trabalhistas I. Pombo, Michelle Pires Bandeira. II. Freitas, Rika Luanda Moreno. III. Título.

CDD 342.6

Todos os direitos desta edição reservados à Edições JusPODIVM.

É terminantemente proibida a reprodução total ou parcial desta obra, por qualquer meio ou processo, sem a expressa autorização do autor e da Edições JusPODIVM. A violação dos direitos autorais caracteriza crime descrito na legislação em vigor, sem prejuízo das sanções civis cabíveis.

RESUMO

Como não há uma codificação contemplando todas as leis trabalhistas esparsas em nosso ordenamento jurídico, esta obra é inédita e tem uma funcionalidade excepcional em auxiliar didaticamente o estudo e a pesquisa tanto do operador jurídico na prática forense, como também do estudante ou candidato a concurso público da área trabalhista. Isso porque este trabalho seleciona em um só volume 27 (vinte e sete) as principais leis esparsas do Direito do Trabalho, já atualizadas com as alterações trazidas com a reforma trabalhista – Lei nº 13.467/17.

Todos os artigos de interesse em matéria trabalhista estão comentados, acompanhados de atual e pertinente jurisprudência do Tribunal Superior do Trabalho e indicações de questões de concursos públicos sobre a temática jurídica analisada.

A presente obra oferece uma análise criteriosa da recente Lei da Terceirização (Lei nº 6.019/74 alterada pela Lei nº 13.429, de 31 de março de 2017), bem como das Leis de Empregada Doméstica, de Greve, do Atleta, do FGTS, do Seguro Desemprego, do Rural, do Trabalho Voluntário, do Estágio e da Lei do Bullying, dentre tantas outras Leis muito utilizadas na prática jurídica trabalhista.

Agradeço a Deus, acima de tudo, por sempre iluminar meus caminhos, despertando em mim a confiança de que esse projeto daria certo. Agradeço ao bom humor contagiante de meu filho amado Gabriel, despertando em mim a certeza de que as coisas vão melhorar, mesmo diante das incertezas e das dificuldades. Agradeço ao meu antigo e sempre presente amigo José Cairo Junior, que, com a sua marcante generosidade, me presenteou com a indicação para a realização deste Trabalho. Minha gratidão também ao estimado Coordenador Leonardo Garcia, pela confiança depositada para a confecção desta obra, bem como à minha amiga e muito competente Rika Luanda, que em muito contribuiu para o engrandecimento deste trabalho. Por fim, dedico esta obra ao meu amado marido Kim Pombo, que, sem seu apoio incondicional, eu certamente não conseguira alcançar a concretização desta obra.

Michelle Pires Bandeira Pombo

Ao meu pai e à minha mãe do coração, pelo incentivo constante e por sempre acreditarem em mim.

Ao meu marido, pelo apoio e pela dedicação.

À minha amiga Michelle Bandeira, pela confiança em mim depositada e pela oportunidade ímpar.

Rika Luanda Moreno Freitas

Introdução

Reflexos da reforma trabalhista nas leis ora comentadas

No dia 13 de julho de 2017, foi publicada a Lei nº 13.467 de 2017, denominada popularmente de lei da reforma trabalhista, com vigência a partir de 120 (cento e vinte) dias após a data de sua publicação. Nessa norma, vários dispositivos da Consolidação das Leis do Trabalho (Decreto-Lei nº 5.452/ 1943) foram alterados, bem como alguns dispositivos das Leis nos 6.019/74, 8.036/1990, e 8.212/91.

Inicialmente, há de se ressaltar que, pelo Princípio da Irretroatividade previsto no art. 6º do Decreto-Lei nº 4657/42 - Lei de Introdução às normas de Direito Brasileiro - em regra, uma lei nova apenas produz efeitos a partir do momento da sua vigência, ou seja, produzindo efeitos meramente *ex nunc (a partir do presente)*, não retroagindo para afetar situações pretéritas já consumadas.

Apenas excepcionalmente admite-se a aplicação retroativa da lei nova, quando houver expressa previsão da Lei nova e desde que essa retroatividade não ofenda a ato jurídico perfeito, a coisa julgada e o direito adquirido, conforme cláusula pétrea constante no art. 5º, XXXVI, da CF/88.

No que se refere às relações jurídicas continuativas, como ocorre com os contratos de trabalho celebrados na vigência da lei anterior, mas que continuam produzindo efeitos após a vigência da lei nova, há de se aplicar a lei vigente no momento da celebração do contrato, haja vista que a celebração do contrato de trabalho configura, na hipótese, ato jurídico perfeito, sob pena de afronta à cláusula pétrea prevista no inciso XXXVI da Carta Magna. Nesse sentido já se pronunciou o Supremo Tribunal Federal:

> No sistema constitucional brasileiro, a eficácia retroativa das leis — a) que é sempre excepcional, b) que jamais se presume e c) que deve necessariamente emanar de disposição legal expressa — não pode gerar lesão ao ato jurídico perfeito, ao direito adquirido e à coisa julgada. A lei nova não pode reger os efeitos futuros gerados por contratos a ela anteriormente celebrados, sob pena de afetar a própria causa — ato

COLETÂNEA DE LEIS TRABALHISTAS

ou fato ocorrido no passado – que lhes deu origem. Essa projeção retroativa da lei nova, mesmo tratando-se de retroatividade mínima, incide na vedação constitucional que protege a incolumidade do ato jurídico perfeito. A cláusula de salvaguarda do ato jurídico perfeito, inscrita na Constituição Federal, art. 5º, XXXVI, aplica-se a qualquer lei editada pelo Poder Público, **ainda que se trate de lei de ordem pública**. Precedentes do STF. (STF, Ag. 251533-6/SP, rel. Min. Celso de Mello, v.u., j. 25.10.99, publ. DJU 23.11.99, pp. 32-3). (grifo nosso)

Ademais, pela teoria contratualista da relação de emprego, há muito sedimentada em nossa jurisprudência e doutrina, em que se considera a relação de emprego um ato negocial, as modificações trazidas pela reforma trabalhista (que em sua maioria possui caráter restritivo de direitos dos trabalhadores) não poderiam afetar os contratos de trabalho pactuados anteriormente à vigência da Lei da Reforma Trabalhista, em face do princípio da inalterabilidade *in pejus* que rege as relações de Direito Material do Trabalho, previsto no art. 468 da CLT, pelo qual, nos contratos individuais de trabalho, só é lícita a alteração das respectivas condições por mútuo consentimento, e ainda assim desde que não resultem, direta ou indiretamente, prejuízos ao empregado.

Logo, as mudanças legislativas previstas na Lei nº 13.467 de 2017, pela teoria contratualista, não se aplicariam aos contratos de trabalho celebrados antes de sua vigência, por afrontar o ato jurídico perfeito, cláusula pétrea prevista no inciso XXXVI do art. 5º da Constituição Federal, salvo se, por meio de um aditivo contratual, as partes consentissem na aplicação de uma determinada cláusula trazida com a nova legislação, e desde que essa cláusula não causasse prejuízos ao trabalhador.

O Tribunal Superior do Trabalho posicionou-se contra a retroatividade da lei, quando houve mudança legislativa no que tange à base de cálculo do adicional de periculosidade do eletricitário promovida pela Lei nº 12.740/2012, conforme se depreende da Súmula nº 191, III, do TST:

> SÚMULA Nº 191 do TST. ADICIONAL DE PERICULOSIDADE. INCIDÊNCIA. BASE DE CÁLCULO (cancelada a parte final da antiga redação e inseridos os itens II e III) Res. 214/2016, DEJT divulgado em 30.11.2016 e 01 e 02.12.2016. III - A alteração da base de cálculo do adicional de periculosidade do eletricitário promovida pela Lei nº 12.740/2012 atinge somente contrato de trabalho firmado a partir de sua vigência, de modo que, nesse caso, o cálculo será realizado exclusivamente sobre o salário básico, conforme determina o § 1º do art. 193 da CLT.

Salvo melhor juízo, entendemos inaplicável à mudança legislativa trabalhista trazida pela Lei nº 13.467 de 2017 a aplicação subsidiária do

Introdução

preceito contido no parágrafo único do art. 2.035 do Código Civil[1]. O referido dispositivo afirma que nenhuma convenção prevalecerá se contrariar preceitos de ordem pública, tais como os estabelecidos por este Código para assegurar a função social da propriedade e dos contratos. Assim, em tese, poderíamos considerar que a lei da reforma trabalhista seria preceito de ordem pública para fins de assegurar a função social do contrato, fato que poderia ensejar a sua aplicação imediata aos contratos com vigência anterior à reforma trabalhista.

Salvo melhor juízo, entendemos inaplicável essa interpretação, pois essa possibilidade de retroatividade foi expressa no Código Civil, para os contratos por ele regidos, não alcançando contratos da seara trabalhista, regidos por legislação especial. Ressalta-se que, para ocorrer a retroatividade, deveria haver a sua previsão expressa, o que não ocorreu na Lei nº 13.467/17, demonstrando a inequívoca vontade do legislador da aplicação do Princípio da Irretroatividade. Ademais, o §2º do art. 2º do Decreto-Lei nº 4.657/42 (Lei de Introdução às Normas do Direito Brasileiro) esclarece que: "A lei nova, que estabeleça disposições gerais ou especiais a par das já existentes, não revoga nem modifica a lei anterior". Ou seja, as leis trabalhistas especiais ou em legislação esparsa, que não tiverem seus dispositivos revogados expressa ou tacitamente continuam a viger paralelamente com a Lei nº 13.467/17.

Assim, entendemos que as mudanças trazidas pela reforma trabalhista nas leis de trabalhadores regidos por leis especiais, como doméstico, rurais, atleta, portuários e vendedores viajantes, ora comentadas incidirão na mesma medida que ocorria na vigência da Lei anterior, qual seja, a CLT em sua redação original, observando-se, contudo, a questão da vigência e eficácia acima esplanada.

Desta forma, por exemplo, nos termos do art. 19 da Lei Complementar nº 150/16 (Lei dos Domésticos), os contratos de trabalho doméstico apenas serão afetados pelos novos dispositivos trazidos com a reforma trabalhista quando a referida lei especial for omissa e em contratos domésticos celebrados após a vigência da Lei nº 13.467/17. Da mesma forma sucede com os portuários (parágrafo único do art. 19 da Lei nº

---

1. Art. 2.035. A validade dos negócios e demais atos jurídicos, constituídos antes da entrada em vigor deste Código, obedece ao disposto nas leis anteriores, referidas no art. 2.045, mas os seus efeitos, produzidos após a vigência deste Código, aos preceitos dele se subordinam, salvo se houver sido prevista pelas partes determinada forma de execução. Parágrafo único. Nenhuma convenção prevalecerá se contrariar preceitos de ordem pública, tais como os estabelecidos por este Código para assegurar a função social da propriedade e dos contratos.

4.860/65), o rural (art. 1º da Lei nº 5.889/73), o atleta (§4º do art. 28 da Lei nº 9.614/98), todos com o comando de aplicação da legislação celetista tão somente de forma subsidiária ou supletiva aos seus contratos de trabalho especiais.

De forma diversa, ocorre com a Lei do FGTS, haja vista o caráter híbrido da natureza da parcela, podendo ser considerado como salário diferido, indenização ou tributo (contribuição para-fiscal). Neste caso, as alterações trazidas pela Lei nº 13.467/17 aplicam-se imediatamente após a vigência aos contratos de trabalho.

Também se excetuam da aplicação do princípio da irretroatividade as alterações trazidas com a reforma trabalhista em matéria de caráter processual, haja vista o caráter cogente das referidas normas, conforme diretriz prevista no art. 1046 do CPC c/c art. 912 da CLT. Assim, aplica-se às normas processuais a regra *tempus regit actum*, pela qual a nova norma passa a ser aplicada nos processos em andamento, respeitados os atos processuais praticados e as situações jurídicas consolidadas sob a vigência da lei revogada, nos termos do art. 14 do CPC.

Desta feita, os reflexos das modificações trazidas com a reforma trabalhista nas leis comentadas nesta obra vão incidir de forma diferenciada, a depender da natureza da matéria tratada nas leis afetadas pela nova legislação, conforme aqui fundamentado.

Sumário

Lei nº 605, de 5 de janeiro de 1949 17

Lei nº 3.030, de 19 de dezembro de 1956 29

Lei nº 3.207, de 18 de julho de 1957 31

Lei nº 4.090, de 13 de julho de 1962 37

Lei nº 4.749, de 12 de agosto de 1965 41

Lei nº 4.860, de 26 de novembro de 1965 45
Capítulo I – Do regime de trabalho 45
Capítulo II – Dos direitos e vantagens 51
Capítulo III – Disposições gerais 54

Decreto-lei nº 546, de 18 de abril de 1969 59

Lei nº 5.889, de 8 de junho de 1973 61

Lei nº 6.019, de 3 de janeiro de 1974 79

Lei nº 7.102, de 20 de junho de 1983 101

Lei nº 7.644, de 18 de dezembro de 1987 109

Lei nº 7.783, de 28 de junho de 1989 117

Lei nº 7.998, de 11 de janeiro de 1990 127

Lei nº 8.036, de 11 de maio de 1990. 151

COLETÂNEA DE LEIS TRABALHISTAS

Lei n° 8.745, de 9 de dezembro de 1993 .... **171**

Lei n° 9.601, de 21 de janeiro de 1998 .... **185**

Lei n° 9.608, de 18 de fevereiro de 1998 .... **195**

Lei n° 9.615, de 24 de março de 1998 .... **199**

Capítulo I – Disposições iniciais 199

Capítulo II – Dos princípios fundamentais 200

Capítulo III – Da Natureza e das finalidades do desporto 201

Capítulo V – Da prática desportiva profissional 203

Capítulo VI – Da ordem desportiva 227

Capítulo VII – Da Justiça desportiva 229

Capítulo IX – Do bingo 232

Capítulo X – Disposições gerais 232

Capítulo XI – Disposições transitórias 236

Lei n° 9.719, de 27 de novembro de 1998 .... **239**

Lei n° 10.101, de 19 de dezembro de 2000 .... **245**

Lei n° 11.350, de 5 de outubro de 2006 .... **255**

Lei n° 11.788, de 25 de setembro de 2008 .... **265**

Capítulo I – Da definição, classificação e relações de estágio 265

Capítulo II – Da instituição de ensino 268

Capítulo III – Da parte concedente 269

Capítulo IV – Do estagiário 270

Capítulo V – Da fiscalização 272

Capítulo VI – Das disposições gerais 273

Lei n° 12.506, de 11 de outubro de 2011 .... **277**

Lei n° 12.815, de 5 de junho de 2013 .... **281**

Capítulo I – Definições e objetivos 281

Capítulo V – Da operação portuária 283

Capítulo VI – Do trabalho portuário 289

Capítulo VII – Das infrações e penalidades 298

14

Sumário

Lei nº 13.185, de 6 de novembro de 2015 .... **301**

Lei nº 13.271, de 15 de abril de 2016 .... **305**

Lei Complementar 150/15 .... **309**
Capítulo I – Do contrato de trabalho doméstico 309
Capítulo II– Do simples doméstico 332
Capítulo V – Disposições gerais 335

15

Lei nº 605, de 5 de janeiro de 1949

Repouso semanal remunerado e o pagamento de salário nos dias feriados civis e religiosos.

O PRESIDENTE DA REPÚBLICA, Faço saber que o Congresso Nacional decreta e eu sanciono a seguinte lei:

Art. 1º Todo empregado tem direito ao **repouso semanal remunerado** de **vinte e quatro horas consecutivas, preferentemente aos domingos** e, nos limites das exigências técnicas das empresas, nos **feriados** civis e religiosos, de acordo com a tradição local.

1. Descanso semanal remunerado na CLT. Esta lei deverá ser lida conjuntamente com os arts. 67 a 70 da CLT, que tratam, especificamente, do descanso semanal remunerado e do descanso em feriados, assim como com o art. 7º, XV, da Constituição Federal de 1988, que garante o *"repouso semanal remunerado, preferentemente aos domingos"*.

CLT

Art. 66 Entre 2 (duas) jornadas de trabalho haverá um período mínimo de 11 (onze) horas consecutivas para descanso.

Art. 67 Será assegurado a todo empregado um descanso semanal de 24 (vinte e quatro) horas consecutivas, o qual, salvo motivo de conveniência pública ou necessidade imperiosa do serviço, deverá coincidir com o domingo, no todo ou em parte.

Parágrafo único – Nos serviços que exijam trabalho aos domingos, com exceção quanto aos elencos teatrais, será estabelecida escala de revezamento, mensalmente organizada e constando de quadro sujeito à fiscalização.

Art. 68 O trabalho em domingo, seja total ou parcial, na forma do art. 67, será sempre subordinado à permissão prévia da autoridade competente em matéria de trabalho.

Parágrafo único – A permissão será concedida a título permanente nas atividades que, por sua natureza ou pela conveniência pública, devem ser exercidas aos domingos, cabendo ao Ministro do Trabalho, Industria e Comercio, expedir instruções em que sejam especificadas tais atividades. Nos demais casos, ela será dada sob forma transitória, com discriminação do período autorizado, o qual, de cada vez, não excederá de 60 (sessenta) dias.

Art. 69 Na regulamentação do funcionamento de atividades sujeitas ao regime deste Capítulo, os municípios atenderão aos preceitos nele estabelecidos, e as regras que venham a fixar não poderão contrariar tais preceitos nem as instruções que, para seu cumprimento, forem expedidas pelas autoridades competentes em matéria de trabalho.

Art. 70 Salvo o disposto nos artigos 68 e 69, é vedado o trabalho em dias feriados nacionais e feriados religiosos, nos têrmos da legislação própria. (Redação dada pelo Decreto-lei nº 229, de 28.2.1967)

Constituição Federal

Art. 7º São direitos dos trabalhadores urbanos e rurais, além de outros que visem à melhoria de sua condição social:

(...)

XV – repouso semanal remunerado, preferencialmente aos domingos;

1.1. Descanso de 24 horas consecutivas. Observa-se, inicialmente, que a norma garante a todo empregado um descanso semanal remunerado, também conhecido como repouso hebdomidário, de **24 horas consecutivas**, lapso de tempo este que **não poderá sofrer fracionamento**, sendo **fixado em horas**, e não em número de dias, e **independe da efetiva jornada do empregado**, ou seja, mesmo que o empregado, hipoteticamente, trabalhe apenas 4 horas ao dia, fará jus ao descanso.

1.2. Preferencialmente, e não exclusivamente, aos domingos. A norma estabelece, ainda, que esse descanso será gozado **preferentemente** aos domingos, ou seja, deverá haver uma coincidência do repouso com o domingo, preferencialmente, e não exclusivamente. Isso porque, em certas atividades, admite-se, excepcionalmente, o repouso em outro dia da semana, a exemplo das atividades no comércio, que tem autorização legal para tanto (Lei nº 10.101/2000), ressalvando-se, em relação a esta categoria, a necessidade de que o repouso coincida, pelo menos uma vez no período máximo de 03 semanas, com o domingo. Em relação às demais atividades, em regra, faz-se necessária autorização específica do Ministério do Trabalho, de forma permanente ou transitória, conforme se observa dos art. 67 e 68 da CLT.

Lei nº 605, de 5 de janeiro de 1949

Art. 1º

Ressalve-se, por fim, precedente normativo do TST, ao deixar claro que as férias do empregado não poderão iniciar-se no dia destinado ao descanso semanal remunerado ou feriado:

> **Precedente Normativo nº 100.** FÉRIAS. INÍCIO DO PERÍODO DE GOZO. *O início das férias, coletivas ou individuais, não poderá coincidir com sábado, domingo, feriado ou dia de compensação de repouso semanal.*

1.2.1 Reforma Trabalhista

1.2.1.1 Férias. Início do período de gozo. Inspirada no Precedente Normativo nº 100, a Lei nº 13.467, de 13 de Julho de 2017 introduziu o § 3º ao art. 134 da CLT, passando a proibir, expressamente, o início das férias nos **dois** dias que antecedem feriado ou dia destinado ao repouso semanal remunerado, nos seguintes termos:

> § 3º É vedado o início das férias no período de dois dias que antecede feriado ou dia de repouso semanal remunerado." (NR)

1.2.1.2 Jornada 12X36. A **jurisprudência** trabalhista admitia a jornada de trabalho na escala 12x36 de forma excepcional, desde que prevista em lei ou autorizada mediante norma coletiva, seja acordo, convenção ou sentença normativa, **remunerando-se em dobro os feriados eventualmente trabalhados.** Nesse sentido a súmula 444 do TST a seguir transcrita:

> **SÚMULA Nº 444.** JORNADA DE TRABALHO. NORMA COLETIVA. LEI. ESCALA DE 12 POR 36. VALIDADE Res. 185/2012, DEJT divulgado em 25, 26 e 27.09.2012. É valida, em caráter excepcional, a jornada de doze horas de trabalho por trinta e seis de descanso, prevista em lei ou ajustada exclusivamente mediante acordo coletivo de trabalho ou convenção coletiva de trabalho, **assegurada a remuneração em dobro dos feriados trabalhados.** O empregado não tem direito ao pagamento de adicional referente ao labor prestado na décima primeira e décima segunda horas (grifou-se).

Por meio da Lei nº 13.467/17, mais especificamente o art. 59-A da CLT, permitiu-se a instituição da jornada de 12 x 36 mediante mero acordo individual escrito, vejamos:

> **Art. 59-A.** Em exceção ao disposto no art. 59 desta Consolidação, é facultado às partes, mediante acordo individual escrito, convenção coletiva ou acordo coletivo de trabalho, estabelecer horário de trabalho de doze horas seguidas por trinta e seis horas ininterruptas de descanso, observados ou indenizados os intervalos para repouso e alimentação. Parágrafo único. **A remuneração mensal pactuada pelo horário previsto no caput deste artigo abrange os pagamentos devidos pelo descanso semanal remunerado e pelo descanso em fe-**

riados, e serão considerados compensados os feriados e as prorrogações de trabalho noturno, quando houver, de que tratam o art. 70 e o § 5º do art. 73 desta Consolidação.

Ressalta-se que, **de acordo com o novo dispositivo**, o repouso semanal remunerado, inclusive feriados eventualmente laborados sob a jornada de 12x36 restam considerados como devidamente compensados com a folga de trinta e seis horas semanais ao final do mês. Dispositivo no mesmo sentido foi estipulado na lei do doméstico, onde se prevê como remunerado o trabalho eventualmente executado em domingos e feriados, além de compensar as prorrogações de trabalho noturno.

Art. 2º Entre os empregados a que se refere esta lei, incluem-se os trabalhos **rurais**, salvo os que operem em qualquer regime de parceria, meação, ou forma semelhante de participação na produção.

Art. 3º O regime desta lei será extensivo àqueles que, sob forma autônoma, trabalhem agrupados, **por intermédio de Sindicato**, Caixa Portuária, ou entidade congênere. A remuneração do repouso obrigatório, nesse caso, consistirá no acréscimo de um 1/6 (um sexto) calculado sobre os salários efetivamente percebidos pelo trabalhador e paga juntamente com os mesmos.

Art. 4º É devido o repouso semanal remunerado, nos termos desta lei, aos trabalhadores das autarquias e de empresas industriais, ou sob administração da União, dos Estados e dos Municípios ou incorporadas nos seus patrimônios, que não estejam subordinados ao regime do funcionalismo público.

Art. 5º Esta lei não se aplica às seguintes pessoas:

a) (Revogada pela Lei nº 11.324, de 2006)

b) aos funcionários públicos da União, dos Estados e dos Municípios e aos respectivos extranumerários em serviço nas próprias repartições;

c) aos servidores de autarquias paraestatais, **desde que sujeitos a regime próprio de proteção ao trabalho** que lhes assegure situação análoga à dos funcionários públicos.

Parágrafo único. São exigências técnicas, para os efeitos desta lei, as que, pelas condições peculiares às atividades da empresa, ou em razão do interesse público, tornem indispensável a continuidade do serviço.

1. **Trabalhador Rural.** O direito ao descanso é extensível aos trabalhadores rurais, exceto aos rurais que operem em regime de parceria, meação ou forma semelhante de participação na produção. Ou seja, se o trabalhador rural mantiver com o seu patrão alguma dessas espécies de contrato, ele fará jus ao descanso, mas não à remuneração respectiva.

Lei nº 605, de 5 de janeiro de 1949

Art. 6º

2. **Trabalhador Avulso.** Da exegese do art. 3º desta lei, conclui-se que o trabalhador avulso também faz jus ao repouso semanal remunerado, correspondente a 1/6 dos salários pagos pelos tomadores de serviço, sendo paga juntamente com os salários.

3. **Servidor Celetista.** Da leitura do art. 4º, depreende-se que o regime desta lei aplica-se, igualmente, aos trabalhadores de autarquias e empresas públicas, desde que contratados sob o regime da CLT.

4. **Servidor Estatutário.** Por sua vez, depreende-se do art. 5º a sua não aplicação aos servidores públicos estatutários, pois sujeitos a regime jurídico próprio.

Art. 6º Não será devida a remuneração quando, sem motivo justificado, o empregado não tiver trabalhado durante toda a semana anterior, cumprindo integralmente o seu horário de trabalho.

§ 1º São motivos justificados:

a) os previstos no artigo 473 e seu parágrafo único da Consolidação das Leis do Trabalho;

b) a ausência do empregado devidamente justificada, a critério da administração do estabelecimento;

c) a paralisação do serviço nos dias em que, por conveniência do empregador, não tenha havido trabalho;

d) a ausência do empregado, até três dias consecutivos, em virtude do seu casamento;

e) a falta ao serviço com fundamento na lei sobre acidente do trabalho;

f) a doença do empregado, devidamente comprovada.

§ 2º A doença será comprovada mediante atestado de médico da instituição da previdência social a que estiver filiado o empregado, e, na falta deste e sucessivamente, de médico do Serviço Social do Comércio ou da Indústria; de médico da empresa ou por ela designado; de médico a serviço de representação federal, estadual ou municipal incumbido de assuntos de higiene ou de saúde pública; ou não existindo estes, na localidade em que trabalhar, de médico de sua escolha. (Redação dada pela Lei nº 2.761, de 26.4.56)

§ 3º Nas empresas em que vigorar regime de trabalho reduzido, a frequência exigida corresponderá ao número de dias em que o empregado tiver de trabalhar.

1. **Direito imperativo.** O descanso semanal e em feriados é direito trabalhista de caráter imperativo, não podendo ser suprimido, por se tratar

21

de norma de medicina e segurança do trabalho, além de cumprir o objetivo primordial de inserir o trabalhador na vida familiar, comunitária e política. Desse modo, o descanso sempre será devido, admitindo a norma somente a exclusão da remuneração.

1.1. Requisitos para remuneração. Para a percepção da remuneração relativa ao dia de repouso, faz-se necessária a confluência de dois requisitos legais: frequência e pontualidade na semana imediatamente anterior, entendida esta última como o cumprimento integral do horário de trabalho. Descumpridos esses dois requisitos, o trabalhador perderá o direito à remuneração do dia descanso.

1.2. Faltas justificadas. Por fim, atente-se para o fato de que faltas justificadas não prejudicarão o direito à remuneração.

2. **Motivos justificados.** Em relação a previsão do § 1º deste artigo, é bom ressaltar as alterações promovidas no art. 473 da CLT pela Lei nº 13.257, de 2016 (Estatuto da Primeira Infância), ao acrescer duas novas hipóteses de interrupção do contrato de trabalho, quais sejam: *"X – até 2 (dois) dias para acompanhar consultas médicas e exames complementares durante o período de gravidez de sua esposa ou companheira; XI – por 1 (um) dia por ano para acompanhar filho de até 6 (seis anos em consulta médica."*

3. **Reforma trabalhista.** Conforme o teor do art. 611-B, inciso IX, da CLT, incluído pela Lei nº 13467/17, constitui objeto ilícito de convenção coletiva de trabalho ou acordo coletivo a supressão ou redução do repouso semanal remunerado, nos termos contemplados por esta lei. Assim, o repouso semanal remunerado restou garantido pela reforma trabalhista, que inclusive o blindou de supressão ou redução por norma coletiva.

→ **Aplicação em concurso:**

- No concurso para Juiz do Trabalho Substituto TRT da 6ª Região (PE), promovido pela FCC (2015) foram abordados as disposições exclusivamente contidas neste artigo: *"De acordo com o previsto na legislação trabalhista, NÃO é considerada falta justificada ao serviço para fins da manutenção do direito ao descanso semanal remunerado:*

  A) *a ausência do empregado, devidamente justificada, a critério da administração do estabelecimento.*

  B) *o período em que o empregado tiver de cumprir as exigências do Serviço Militar.*

  C) *a ausência do representante de entidade sindical em razão de estar participando, nessa qualidade, de reunião oficial de organismo internacional do qual o Brasil seja membro.*

Lei n° 605, de 5 de janeiro de 1949

Art. 7°

D) *a paralisação do serviço nos dias em que, por conveniência do empregador, não tenha havido trabalho.*

E) *os dias em que o empregado estiver, comprovadamente, realizando provas escolares.*

Resposta: E

Art. 7° A **remuneração do repouso semanal** corresponderá:

a) para os que trabalham por **dia, semana, quinzena** ou **mês**, à de **um dia de serviço, computadas as horas extraordinárias habitualmente prestadas**; (Redação dada pela Lei n° 7.415, de 09.12.85)

b) para os que trabalham por **hora**, à sua **jornada norma de trabalho, computadas as horas extraordinárias habitualmente prestadas**; (Redação dada pela Lei n° 7.415, de 09.12.85)

c) para os que trabalham por **tarefa ou peça**, o equivalente ao **salário correspondente às tarefas ou peças feitas durante a semana**, no horário normal de trabalho, **dividido pelos dias de serviço efetivamente prestados ao empregador**;

d) para o **empregado em domicílio**, o equivalente ao quociente da divisão por 6 (seis) da importância total da sua produção na semana.

§ 1° Os empregados cujos salários não sofram descontos por motivo de feriados civis ou religiosos são considerados já remunerados nesses mesmos dias de repouso, conquanto tenham direito à remuneração dominical.

§ 2° Consideram-se já remunerados os dias de repouso semanal do empregado mensalista ou quinzenalista cujo cálculo de salário mensal ou quinzenal, ou cujos descontos por falta sejam efetuados na base do número de dias do mês ou de 30 (trinta) e 15 (quinze) diárias, respectivamente.

1. **Horas extras e o repouso semanal.** As horas extraordinárias habituais incorporam ao salário, e portanto, refletem nas demais verbas trabalhistas, inclusive no valor do repouso semanal remunerado, conforme jurisprudência do Tribunal Superior do Trabalho.

   > **Súmula nº 172 do TST.** REPOUSO REMUNERADO. HORAS EXTRAS. CÁLCULO. *Computam-se no cálculo do repouso remunerado as horas extras habitualmente prestadas.* (ex-Prejulgado nº 52).

   > **OJ 394 da SDI – I do TST.** REPOUSO SEMANAL REMUNERADO – RSR. INTEGRAÇÃO DAS HORAS EXTRAS. NÃO REPERCUSSÃO NO CÁLCULO DAS FÉRIAS, DO DÉCIMO TERCEIRO SALÁRIO, DO AVISO PRÉVIO E DOS DEPÓSITOS DO FGTS. *A majoração do valor do repouso semanal remunerado, em razão da integração das horas extras habitualmente pres-*

tadas, não repercute no cálculo das férias, da gratificação natalina, do aviso prévio e do FGTS, sob pena de caracterização de "bis in idem".

2. **Quinzenalistas e mensalistas.** Para os empregados quinzenalistas e mensalistas, já se considera remunerado o repouso semanal (e, por conseguinte, os feriados). Desse modo, não sofre o reflexo de parcelas que são pagas mensalmente ao empregado, sob pena de haver um bis in idem. Mesmo entendimento é igualmente aplicável ao empregado horista, caso o montante de horas remuneradas englobe a fração do mês. Sobre o tema, enunciados da Súmula 225 do TST e da OJ 103 da SDI – I do TST:

> **Súmula nº 225 do TST.** REPOUSO SEMANAL. CÁLCULO. GRATIFICAÇÕES POR TEMPO DE SERVIÇO E PRODUTIVIDADE. *As gratificações por tempo de serviço e produtividade, pagas mensalmente, não repercutem no cálculo do repouso semanal remunerado.*

→ **Aplicação em concurso:**

- O concurso para Juiz do Trabalho Substituto do TRT da 14ª Região (RO e AC), em 2013, fora considerada **ERRADO** o seguinte enunciado: *"Segundo a jurisprudência dominante do Tribunal Superior do Trabalho, as gratificações por tempo de serviço e produtividade, pagas mensalmente, repercutem no cálculo do repouso semanal remunerado."*

- *Neste mesmo concurso, também fora considerada ERRADO o seguinte enunciado: "A remuneração do repouso semanal corresponderá, para os que trabalham por hora, à de sua jornada normal de trabalho, não computadas as horas extraordinárias."*

3. **O dia de Sábado.** Ainda em relação ao cálculo da remuneração do descanso semanal, é necessário trazer à lume a Súmula 113 do TST, que considera o sábado como dia útil não trabalhado, não repercutindo, assim, no cálculo de parcelas que devam incidir sobre o descanso semanal, caso das horas extras, bem como o enunciado nº 27 da Súmula do TST, ao prever que os empregados comissionistas fazem jus à remuneração do descanso semanal, considerando que o valor das comissões integra o salário para todos os fins (art. 457, § 1º, da CLT).

> **Súmula nº 113 do TST.** BANCÁRIO. SÁBADO. DIA ÚTIL. *O sábado do bancário é dia útil não trabalhado, não dia de repouso remunerado. Não cabe a repercussão do pagamento de horas extras habituais em sua remuneração.*

> **Súmula nº 27 do TST.** COMISSIONISTA. *É devida a remuneração do repouso semanal e dos dias feriados ao empregado comissionista, ainda que pracista.*

Lei nº 605, de 5 de janeiro de 1949 **Art. 9º**

4. Professor. Ressalve-se, por fim, os enunciados das Súmulas 351 e 354 do TST, ao preverem, respectivamente, o acréscimo de 1/6 sobre a remuneração do professor que não ganhe um salário fixo mensal, e a não integração das gorjetas percebida pelo empregado no cálculo descanso semanal remunerado, haja vista que a gorjeta não constitui uma contraprestação paga pelo empregador mas sim por terceiros. (suplemento salarial).

> **Súmula nº 351 do TST.** PROFESSOR. REPOUSO SEMANAL REMUNE-RADO. ART. 7º, § 2º, DA LEI Nº 605, DE 05.01.1949 E ART. 320 DA CLT. *O professor que recebe salário mensal à base de hora-aula tem direito ao acréscimo de 1/6 a título de repouso semanal remunerado, considerando-se para esse fim o mês de quatro semanas e meia.*

> **Súmula nº 354 do TST.** GORJETAS. NATUREZA JURÍDICA. REPERCUS-SÕES. *As gorjetas, cobradas pelo empregador na nota de serviço ou oferecidas espontaneamente pelos clientes, integram a remuneração do empregado, não servindo de base de cálculo para as parcelas de aviso-prévio, adicional noturno, horas extras e repouso semanal remunerado.*

Art. 8º Excetuados os casos em que a execução do serviço for imposta pelas exigências técnicas das empresas, é vedado o trabalho em dias feriados, civis e religiosos, garantida, entretanto, aos empregados a remuneração respectiva, observados os dispositivos dos artigos 6º e 7º desta lei.

Art. 9º Nas atividades em que não for possível, em virtude das exigências técnicas das empresas, a suspensão do trabalho, nos dias feriados civis e religiosos, **a remuneração será paga em dobro, salvo se o empregador determinar outro dia de folga.**

1. Folga compensatória. O repouso semanal e feriados são de ordem imperativa. Desse modo, caso não seja possível a concessão do repouso semanal aos domingos e o descanso nos feriados, faculta a norma a concessão de folga compensatória em outro dia, ressalvando-se que, em relação ao descanso semanal, este deverá ser concedido, obrigatoriamente, dentro da mesma semana, entendimento este que se encontra consagrado na OJ nº 410 da SDI – I do TST, pois, do contrário, estaria afrontada a finalidade da norma constitucional (art. 7º, XV), ao prever o descanso semanal.

> **OJ 410 da SDI – I do TST.** REPOUSO SEMANAL REMUNERADO. CON-CESSÃO APÓS O SÉTIMO DIA CONSECUTIVO DE TRABALHO. ART. 7º, XV, DA CF. VIOLAÇÃO. *Viola o art. 7º, XV, da CF a concessão de repou-*

Art. 10 — COLETÂNEA DE LEIS TRABALHISTAS

so semanal remunerado após o sétimo dia consecutivo de trabalho, importando no seu pagamento em dobro.

1.1. Pagamento em dobro. Por sua vez, a não observância dessa norma de caráter imperativo, gerará ao empregador, além da penalidade administrativa prevista no art. 12 desta norma, o pagamento em dobro da remuneração do repouso, conforme consta, ainda, do enunciado nº 146 da Súmula do TST.

> **Súmula nº 146 do TST.** TRABALHO EM DOMINGOS E FERIADOS, NÃO COMPENSADO. *O trabalho prestado em domingos e feriados, não compensado, deve ser pago em dobro, sem prejuízo da remuneração relativa ao repouso semanal.*

→ **Aplicação em concurso:**

- O concurso para Juiz do Trabalho Substituto do TRT da 14ª Região (RO e AC), em 2013, fora considerado **CERTO** o seguinte enunciado: *"Segundo a jurisprudência dominante do Tribunal Superior do Trabalho, viola o art. 7º, XV, da CF a concessão de repouso semanal remunerado após o sétimo dia consecutivo de trabalho, importando no seu pagamento em dobro."*

- Por sua vez, neste mesmo concurso, fora considerada **ERRADA** a seguinte proposição: *"Segundo a jurisprudência dominante do Tribunal Superior do Trabalho, o pagamento em dobro, concedido por liberalidade da empresa, dos domingos e feriados trabalhados de forma habitual pelo empregado submetido ao regime de turnos ininterruptos de revezamento pode ser suprimido unilateralmente, não se tratando de vantagem incorporada ao contrato de trabalho".*

Art. 10. Na verificação das exigências técnicas a que se referem os artigos anteriores, ter-se-ão em vista as de ordem econômica, permanentes ou ocasionais, bem como as peculiaridades locais.

Parágrafo único. O **Poder Executivo**, em **decreto** especial ou no regulamento que expedir par fiel execução desta lei, definirá as mesmas exigências e especificará, tanto quanto possível, as empresas a elas sujeitas, **ficando desde já incluídas entre elas as de serviços públicos e de transportes.**

1. Por razões de conveniência pública. Como já ressaltado nos comentários ao art. 1º desta lei, em algumas atividades é possível a prestação de serviços aos domingos e feriados, em caráter permanente ou transitório, demandando, para tanto, autorização do Ministério do Trabalho, conforme arts. 67 e 68 da CLT, por razões de conveniência pública, necessidade imperiosa ou em decorrência da própria natureza da atividade.

Lei nº 605, de 5 de janeiro de 1949

Art. 16

Art. 12. As infrações ao disposto nesta Lei serão punidas, com multa de R$ 40,25 (quarenta reais e vinte e cinco centavos) a R$ 4.025,33 (quatro mil e vinte e cinco reais e trinta e três centavos), segundo a natureza da infração, sua extensão e a intenção de quem a praticou, aplicada em dobro no caso de reincidência e oposição à fiscalização ou desacato à autoridade. (Redação dada pela Lei nº 12.544, de 2011)

Art. 13. Serão originariamente competentes, para a imposição das multas de que trata a presente lei, os delegados regionais do Ministério do Trabalho e, nos Estados, onde houver delegação de atribuições, a autoridade delegada.

Art. 14. A fiscalização da execução da presente lei, o processo de autuação dos seus infratores, os recursos e a cobrança das multas reger-se-ão pelo disposto no Título VII da Consolidação das Leis do Trabalho.

Art. 15. A presente lei entrará em vigor na data de sua publicação.

Art. 16. Revogam-se as disposições em contrário.

1. **Da execução da multa na CF/88.** Após a Emenda Constitucional nº 45, o artigo 114 da Constituição Federal passou a contar com um inciso VIII que preconiza competir à Justiça do Trabalho processar e julgar "*as ações relativas às penalidades administrativas impostas aos empregadores pelos órgãos de fiscalização das relações de trabalho*". Ressalta-se que não obstante o texto se refira a "ações", na realidade compreende-se doutrinariamente se tratar de execução da multa.

Rio de Janeiro, 5 de janeiro de 1949;
128º da Independência e 61º da República.

Lei nº 3.030, de 19 de dezembro de 1956

> Determina que não poderão exceder a 25% do Salário Mínimo os Descontos por Fornecimento de Alimentação, quando preparada pelo próprio Empregador.
>
> O PRESIDENTE DA REPÚBLICA, faço saber que o Congresso Nacional decreta e eu sanciono a seguinte Lei:
>
> **Art. 1º** Para efeitos do art. 82 do Decreto-lei nº 5.452, de 1º de maio de 1943. (Consolidação das Leis do Trabalho), os descontos por fornecimento de alimentação, **quando preparada pelo próprio empregador, não poderão exceder a 25% (vinte e cinco por cento) do salário mínimo.**
>
> **Art. 2º** A disposição do art. 1º será aplicada aos trabalhadores em geral, **desde que as refeições sejam preparadas** e fornecidas no próprio estabelecimento empregador.
>
> **Art. 3º** Esta lei entrará em vigor na data de sua publicação, revogadas as disposições em contrário.

1. **Não aplicabilidade de descontos aos empregados domésticos.** Não se aplica o referido desconto de 25% ao empregado doméstico, em virtude da vedação expressa no art.18 da Lei Complementar 150/16. Da mesma forma que não se permite o desconto pela moradia de empregado doméstico que more na residência do empregador, também não se permite que o empregador desconte o valor da alimentação do empregado doméstico que se alimente no próprio trabalho, para que não se precarize ainda mais as condições de trabalho do empregado doméstico, que historicamente não detinha todos os direitos dos demais empregados e em sua maioria não era bem remunerado.

2. **Lei nº 8860/1994.** Não houve revogação desta lei com a vigência da Lei 8860/1994, pois se tratam de descontos de alimentação, cujos fatos geradores são distintos. A presente lei comentada limita o desconto da alimentação a 25% sobre o salário mínimo, quando as refeições forem preparadas e fornecidas no próprio estabelecimento do empregador. Já

a Lei nº8860/94 prevê o limite de 20% sobre o salário contratual quando a alimentação é concedida como salário-utilidade pelas demais formas, a exemplo do ticket alimentação ou cartão de alimentação. Sobre os limites dos percentuais, o Tribunal Superior do Trabalho já se manifestou através da súmula 258 a seguir transcrita:

Súmula nº 258 do TST. SALÁRIO-UTILIDADE. PERCENTUAIS (nova redação) - Res. 121/2003, DJ 19, 20 e 21.11.2003. Os percentuais fixados em lei relativos ao salário "in natura" apenas se referem às hipóteses em que o empregado percebe salário mínimo, apurando-se, nas demais, o real valor da utilidade.

Lei nº 3.207, de 18 de julho de 1957

Regulamenta as atividades dos empregados vendedores, viajantes ou pracistas.

O PRESIDENTE DA REPÚBLICA, faço saber que o CONGRESSO NACIONAL decreta e eu sanciono a seguinte Lei:

Art. 1º As atividades dos **empregados** vendedores, viajantes ou pracistas serão reguladas pelos preceitos desta lei, sem prejuízo das normas estabelecidas na Consolidação das Leis do Trabalho – Decreto-lei número 5.452, de 1 de maio de 1943 – no que lhes for aplicável.

1. Empregados externos. Essa lei trata de vendedores empregados externos, sejam eles vendedores-viajantes, que oferecem produtos ou serviços da empresa em diversas localidades, cidades ou países, sejam eles vendedores-pracistas, que comercializam produtos ou serviços da empresa em apenas uma praça (uma localidade específica).

Art. 2º. O empregado vendedor terá direito à **comissão** avençada sobre as vendas que realizar. **No caso de lhe ter sido reservada expressamente, com exclusividade, uma zona de trabalho, terá esse direito sobre as vendas ali realizadas diretamente pela empresa ou por um preposto desta.**

§ 1º A zona de trabalho do empregado vendedor poderá ser **ampliada ou restringida** de acordo com a necessidade da empresa, respeitados os dispositivos desta lei quanto à **irredutibilidade da remuneração.**

§ 2º Sempre que, por conveniência da empresa empregadora, **for o empregado viajante transferido da zona de trabalho, com redução de vantagens,** ser-lhe-á assegurado, como mínimo de remuneração, um salário correspondente à média dos 12 (doze) últimos meses, anteriores à transferência.

Art. 3º

COLETÂNEA DE LEIS TRABALHISTAS

1. **Remuneração.** O empregado vendedor normalmente é remunerado por comissão, seja de forma exclusiva, seja associada a uma outra parcela salarial fixa.

   1.1. **Exclusividade de zona.** Prevendo o contrato exclusividade de zona, fará jus o vendedor às comissões pelas vendas ali realizadas, independentemente de quem as efetuou.

2. **Regra da irredutibilidade.** Prevê a lei a transferência unilateral do empregado. Contudo, diante da natureza salarial da comissão, ela está sujeita à regra da irredutibilidade, conforme art. 7º, IV, da CF, respeitado o seu caráter variável. Desse modo, caso o empregador altere o parâmetro de cálculo dessas comissões, deverá assegurar ao empregado a vantagem aqui prevista.

> **Art. 3º** A transação será considerada aceita **se o empregador não a recusar por escrito, dentro de 10 (dez) dias,** contados da data da proposta. Tratando-se de transação a ser concluída com comerciante ou empresa estabelecida **noutro Estado ou no estrangeiro, o prazo para aceitação ou recusa da proposta de venda será de 90 (noventa) dias podendo,** ainda, **ser prorrogado, por tempo determinado, mediante comunicação escrita feita ao empregado.**

1. **Transação.** Ultrapassados estes prazos, considera-se concluído o negócio ainda que silente o empregador.

> **Art. 4º** O pagamento de comissões e percentagem deverá ser feito mensalmente, expedindo a emprêsa, no fim de cada mês, a conta respectiva com as cópias das faturas correspondentes aos negócios concluídos.
>
> **Parágrafo único.** Ressalva-se às partes interessadas fixar outra época para o pagamento de comissões e percentagens, o que, no entanto, não poderá exceder a um trimestre, contado da aceitação do negócio, sendo sempre obrigatória a expedição, pela emprêsa, da conta referida neste artigo.

1. **Pagamento mensal.** Este pagamento deverá ser efetuado até o quinto dia útil do mês subsequente à realização da venda, contada da aceitação da proposta, independentemente de o cliente ter ou não liquidado a dívida, aplicando-se o art. 459, § 1º, da CLT.

2. **Possibilidade de ampliação do período de pagamento.** Comentário: Permite-se o pagamento das comissões em período de prazo superior a um mês, limitada ao máximo de três meses, desde que haja previamente acordado a estes termos. Ressalta-se que essa ampliação do prazo

Lei nº 3.207, de 18 de julho de 1957

Art. 7º

para pagamento de comissões deve garantir o salário mínimo mensal ao vendedor, podendo, se assim ficar acordado, o valor remanescente ser pago no prazo elastecido até o limite do trimestre.

→ **Aplicação em concurso:**

- No concurso para Juiz do Trabalho Substituto para o TRT da 2ª Região (SP), em 2009, fora considerada **ERRADA** a seguinte assertiva: *"As comissões não podem ser pagas em período superior a um mês, ainda que mediante acordo bilateral".*

Art. 5º Nas transações em que a empresa se obrigar por **prestações sucessivas, o pagamento** das comissões e percentagens **será exigível de acordo com a ordem de recebimento das mesmas.**

1. A importância deste artigo está em sua literalidade.

→ **Aplicação em concurso:**

- No concurso para Juiz do Trabalho Substituto para o TRT da 2ª Região (SP), em 2009, fora considerada **ERRADA** a seguinte assertiva: *"é permitido ao empregado exigir o pagamento de comissões e percentagens antes mesmo de ultimada a transação que lhe deu origem".*

Art. 6º A **cessação das relações de trabalho,** ou a **inexecução voluntária** do negócio pelo empregador, **não prejudicará a percepção das comissões e percentagens devidas.**

1. Cessação contratual. Em caso de rescisão do contrato, o empregado tem o direito a receber o valor das comissões que forem liquidadas após a sua saída da empresa.

→ **Aplicação em concurso:**

- No mesmo concurso acima citado, para Juiz do Trabalho Substituto para o TRT da 2ª Região (SP), em 2009, fora considerada **CORRETA** a seguinte assertiva: *"Nas transações realizadas por prestações sucessivas, é exigível o pagamento das comissões sobre as parcelas não liquidadas quanto às vendas já ultimadas, mesmo na hipótese de rescisão do contrato de trabalho por falta grave cometida pelo empregado".*

Art. 7º Verificada a insolvência do comprador, cabe ao empregador o direito de estornar a comissão que houver pago.

Art. 7º — COLETÂNEA DE LEIS TRABALHISTAS

1. **Estorno de comissão.** Jurisprudência recente e majoritária do TST vem se pronunciando pela impossibilidade de estorno da comissão paga ao vendedor quando houver o cancelamento da compra pelo cliente, haja vista o princípio da alteridade do contrato de trabalho, onde o risco do negócio não pode ser repassado ao empregado.

> "RECURSO DE REVISTA. RESTITUIÇÃO DOS ESTORNOS. COMISSÕES. *A discussão refere-se a estorno de comissões sobre vendas de revistas, em virtude do inadimplemento pelos clientes. Prevê o artigo 466 da CLT que – o pagamento de comissões e percentagens só é exigível depois da ultimada a transação a que se referem-. Esta Corte, reiteradamente interpretando o referido dispositivo, tem adotado o entendimento de que o fim da transação se dá com o fechamento do negócio, e não com o cumprimento, pelos clientes, das obrigações dele provenientes, ou seja, com o pagamento da obrigação decorrente do negócio ajustado. Assim, não são autorizados estornos de comissões pelo cancelamento da venda ou pela inadimplência do comprador. A decisão regional, portanto, encontra-se em sintonia com a jurisprudência iterativa, atual e notória desta Corte, nos termos do artigo 896, § 4º, da CLT e da Súmula nº 333 do TST. Recurso de revista não conhecido"* (RR – 1768900-82.2003.5.09.0652, Relator Ministro: José Roberto Freire Pimenta, Data de Julgamento: 30/03/2011, 2ª Turma, Data de Publicação: 08/04/2011).

→ **Aplicação em concurso:**

- No concurso para Analista de Gestão Advogado, promovido pela FGV, em 2016, foi cobrada uma questão tratando deste tema, conforme o seguinte enunciado: *"João é vendedor externo em uma empresa, com CTPS assinada, e recebe salário fixo acrescido de 3% sobre as vendas que efetua. Se o empregado quiser, conforme previsto em norma interna da empresa, poderá optar por receber 5% sobre a venda efetuada, com a condição de arcar com o valor dela caso o comprador fique inadimplente. Assim, se a opção for feita e a venda for paga normalmente, a comissão do empregado será maior; se não houver pagamento, por qualquer razão, o empregado quitará a dívida em nome do comprador e poderá perseguir o crédito posteriormente em ação regressiva. Diante da situação hipotética e de acordo com os princípios e normas trabalhistas, assinale a afirmativa correta.*

  A) *O ajuste é lícito pois não obrigatório, e se o empregado vai ganhar percentual superior é justo que ele tenha algum risco em contrapartida.*

  B) *A cláusula, chamada star del credere, é ilegal, sendo expressamente vedada para o representante comercial e, com maior razão, ao empregado.*

  C) *A CLT admite essa cláusula, chamada truck system, desde que o empregado receba o dobro da comissão normal, o que não ocorreu na hipótese, invalidando-a.*

34

Lei nº 3.207, de 18 de julho de 1957

Art. 10

D) A cláusula é lícita e se a venda fosse feita parceladamente, o empregado teria direito de receber as comissões de acordo com o vencimento das parcelas.

E) A cláusula é ilícita porque acertada por acordo individual, enquanto o modelo de regência especifica que ela teria de ser estipulada em acordo coletivo".

Resposta: B

Art. 8º Quando for prestado serviço de inspeção e fiscalização pelo empregado vendedor, ficará a empresa vendedora obrigada ao **pagamento adicional de 1/10 (um décimo) da remuneração** atribuída ao mesmo.

1. Pagamento adicional. Prevê a lei o pagamento de um adicional específico caso o vendedor, além de intermediar a operação de venda, também realizar atividades de inspeção e fiscalização.

Art. 9º O empregado vendedor viajante não poderá permanecer em viagem por tempo superior a 6 (seis) meses consecutivos. Em seguida a cada viagem haverá um intervalo para descanso, **calculado na base de 3 (três) dias por mês da viagem realizada, não podendo, porém, ultrapassar o limite de 15 (quinze) dias.**

1. Configuração de controle de jornada. Destaca-se que o vendedor viajante, em regra, não possui jornada de trabalho controlada pelo empregador, pois durante as viagens o vendedor – viajante possui a liberdade de organizar sua jornada de trabalho, contemplando os momentos adequados de descanso e repouso de acordo com a sua conveniência e oportunidade. Entretanto, em alguns casos a utilização obrigatória de ferramentas tecnológicas no trabalho do viajante, como palmtop com GPS, celular com rastreador, o dever de passar o relatório de vendas no momento das visitas *(on line)*, entre outras medidas, poderão configurar o efetivo controle da jornada do empregado externo, fato que viabilizará o pagamento de horas extras, inclusive intervalares.

Art. 10. Caracterizada a relação de emprego, aplicam-se os preceitos desta lei a quantos exercerem funções iguais, semelhantes ou equivalentes aos empregados-viajantes, embora sob outras designações.

1. Vendedores viajantes não se confundem com representantes comerciais autônomos. Ressalta-se que os vendedores viajantes ou pracistas

Art. 11 COLETÂNEA DE LEIS TRABALHISTAS

se diferenciam do representante comercial autônomo pelo elemento da subordinação, ausente ou quase imperceptível (parassubordinação) no trabalhador autônomo, este regido pela Lei 4886/67, o qual não estabelece um vínculo de emprego com o seu tomador.

Art. 11. Esta lei entrará em vigor na data de sua publicação, revogadas as disposições em contrário.

1. A importância deste artigo está em sua literalidade.

Lei nº 4.090, de 13 de julho de 1962

Institui a Gratificação de Natal para os Trabalhadores.

O **PRESIDENTE DA REPÚBLICA**: Faço saber que o Congresso Nacional decreta e eu sanciono a seguinte Lei:

Art. 1º – No mês de dezembro de cada ano, a todo empregado será paga, pelo empregador, uma gratificação salarial, independentemente da remuneração a que fizer jus.

§ 1º – A gratificação corresponderá a 1/12 avos da **remuneração devida em dezembro, por mês de serviço**, do ano correspondente.

§ 2º – A **fração igual ou superior a 15 (quinze) dias** de trabalho será havida como mês integral para os efeitos do parágrafo anterior.

§ 3º – **A gratificação será proporcional:** (Incluído pela Lei nº 9.011, de 1995)

I – **na extinção dos contratos a prazo, entre estes incluídos os de safra, ainda que a relação de emprego haja findado antes de dezembro;** e (Incluído pela Lei nº 9.011, de 1995)

II – **na cessação da relação de emprego resultante da aposentadoria do trabalhador, ainda que verificada antes de dezembro.** (Incluído pela Lei nº 9.011, de 1995)

1. **Gratificação salarial.** Este dispositivo determina que, se um empregado, durante o ano, trabalhou do dia primeiro de junho até quinze de outubro, o referido empregado terá direito a 5/12 de décimo terceiro salário.

1.1. **Cálculo da gratificação.** O cálculo da gratificação natalina tem como base a remuneração do empregado, integrando-se a este o cálculo das horas extras habitualmente prestadas, assim como as gorjetas, adicional noturno, adicional de insalubridade e periculosidade, conforme se extrai dos enunciados das Súmulas 45, 60 e 139 do TST:

Súmula nº 45 do TST: SERVIÇO SUPLEMENTAR. *A remuneração do serviço suplementar, habitualmente prestado, integra o cálculo da gratificação natalina prevista na Lei nº 4.090, de 13.07.1962.*

Súmula nº 60 do TST: ADICIONAL NOTURNO. INTEGRAÇÃO NO SALÁRIO E PRORROGAÇÃO EM HORÁRIO DIURNO. *I – O adicional noturno, pago com habitualidade, integra o salário do empregado para todos os efeitos. II – Cumprida integralmente a jornada no período noturno e prorrogada esta, devido é também o adicional quanto às horas prorrogadas. Exegese do art. 73, § 5º, da CLT.*

Súmula nº 139 do TST: ADICIONAL DE INSALUBRIDADE. *Enquanto percebido, o adicional de insalubridade integra a remuneração para todos os efeitos legais.*

→ **Aplicação em concurso:**

- No concurso para Juiz do Trabalho para o TRT da 6ª Região (PE), em 2010, fora considerada **CORRETA** a seguinte assertiva: *"A remuneração do serviço suplementar, habitualmente prestado, integra o cálculo da gratificação natalina prevista na Lei nº 4.090/62".*

2. **Gratificação semestral.** Por sua vez, ainda entende o TST que a gratificação semestral, apesar de paga duas vezes ao ano, também integra o cálculo da gratificação natalina, conforme enunciado da Sumula 253:

   Súmula nº 253 do TST – GRATIFICAÇÃO SEMESTRAL. REPERCUSSÕES. *A gratificação semestral não repercute no cálculo das horas extras, das férias e do aviso prévio, ainda que indenizados. Repercute, contudo, pelo seu duodécimo na indenização por antiguidade e na gratificação natalina.*

→ **Aplicação em concurso:**

- No mesmo concurso para Juiz do Trabalho acima referido, fora considerada **ERRADA** a seguinte assertiva: *"A gratificação semestral não repercute na gratificação natalina".*

3. **Reforma trabalhista.** Conforme o teor do art. 611-B, inciso V, da CLT, incluído pela Lei nº 13467/17, constitui objeto ilícito de convenção coletiva de trabalho ou acordo coletivo a supressão ou redução do décimo terceiro salário ou gratificação natalina em seu valor nominal. Assim, o valor nominal do décimo terceiro salário restou garantido pela reforma trabalhista, que inclusive o blindou de supressão ou redução nominal de seu valor por norma coletiva.

Lei nº 4.090, de 13 de julho de 1962

Art. 3º

> **Art. 2º** – As **faltas legais e justificadas ao serviço não serão deduzidas** para os fins previstos no § 1º do art. 1º desta Lei.

1. **Abono anual.** A partir da Lei nº 8.213/91, em caso de afastamento do empregado por acidente do trabalho, caberá ao INSS o pagamento da verba relativa à gratificação natalina, chamada pela lei de abono anual, conforme redação do seu art. 40:

> **Lei nº 8.213/91.**
>
> **Art. 40.** É devido abono anual ao segurado e ao dependente da Previdência Social que, durante o ano, recebeu auxílio-doença, auxílio--acidente ou aposentadoria, pensão por morte ou auxílio-reclusão.
>
> **Parágrafo único.** O abono anual será calculado, no que couber, da mesma forma que a Gratificação de Natal dos trabalhadores, tendo por base o valor da renda mensal do benefício do mês de dezembro de cada ano.

Nesse sentido, fora editado o enunciado 46 da Súmula do TST:

> **Súmula nº 46 do TST.** ACIDENTE DE TRABALHO. *As faltas ou ausências decorrentes de acidente do trabalho não são consideradas para os efeitos de duração de férias e cálculo da gratificação natalina.*

→ **Aplicação em concurso:**

- No concurso para Juiz do Trabalho para o TRT da 6ª Região (PE), em 2010, fora considerada **CORRETA** a seguinte assertiva: *"As faltas ou ausências decorrentes de acidente do trabalho não são consideradas para os efeitos de duração de férias e cálculo da gratificação natalina".*

> **Art. 3º** – Ocorrendo rescisão, sem justa causa, do contrato de trabalho, o empregado receberá a gratificação devida nos termos dos parágrafos 1º e 2º do art. 1º desta Lei, calculada **sobre a remuneração do mês da rescisão.**

1. **Gratificação proporcional.** O empregado terá direito ao 13º salário proporcional quando ocorrer a resilição contratual, ou seja a rescisão ocorrer por iniciativa patronal (dispensa imotivada ou sem justa causa) ou por iniciativa do empregado (pedido de demissão), conforme art. 3º desta Lei e entendimento consolidado na súmula 157 do Tribunal Superior do Trabalho. Em caso de justa causa patronal (rescisão indireta do contrato), ou seja, quando a falta for cometida pelo empregador também o empregado terá direito ao 13º salário proporcional. Em caso de

COLETÂNEA DE LEIS TRABALHISTAS

culpa recíproca, entende-se que será devido a metade do valor do 13º salário, conforme entendimento cristalizado na Súmula 14 do TST.

Súmula nº 157 do TST. GRATIFICAÇÃO (mantida) – Res. 121/2003, DJ 19, 20 e 21.11.2003. *A gratificação instituída pela Lei nº 4.090, de 13.07.1962, é devida na resilição contratual de iniciativa do empregado (ex-Prejulgado nº 32).*

Súmula nº 14 do TST. CULPA RECÍPROCA. *Reconhecida a culpa recíproca na rescisão do contrato de trabalho (art. 484 da CLT), o empregado tem direito a 50% (cinqüenta por cento) do valor do aviso prévio, do décimo terceiro salário e das férias proporcionais.*

Apenas não terá direito à referida parcela o empregado que cometer justa causa, inclusive sob a modalidade de abandono de emprego.

→ **Aplicação em concurso:**

- No concurso para Juiz do Trabalho para o TRT da 6ª Região (PE), em 2010, fora considerada **ERRADA** a seguinte assertiva: *"A indenização adicional, prevista no artigo 9º da Lei nº 6.708/79 e no artigo 9º da Lei nº 7.238/84, corresponde ao salário mensal, no valor devido na data da comunicação do despedimento, integrado pelos adicionais legais ou convencionais, ligados à unidade de tempo mês, computando-se a gratificação natalina".*

- Neste mesmo concurso para Juiz do Trabalho, fora considerada **ERRADA** a seguinte assertiva: *"Na rescisão contratual por culpa recíproca, o empregado faz jus à gratificação natalina de forma integral".*

Art. 4º – Esta Lei entrará em vigor na data de sua publicação, revogadas as disposições em contrário.

Lei nº 4.749, de 12 de agosto de 1965

Dispõe sobre o Pagamento da Gratificação Prevista na Lei n º 4.090, de 13 de julho de 1962.

O PRESIDENTE DA REPÚBLICA: Faço saber que o Congresso Nacional decreta e eu sanciono a seguinte Lei:

Art. 1º A gratificação salarial instituída pela Lei número 4.090, de 13 de julho de 1962, será paga pelo **empregador até o dia 20 de dezembro de cada ano,** compensada a importância que, a título de adiantamento, o empregado houver recebido na forma do artigo seguinte.

Art. 2º Entre os meses de fevereiro e novembro de cada ano, o empregador pagará, como adiantamento da gratificação referida no artigo precedente, **de uma só vez, metade do salário recebido pelo respectivo empregado no mês anterior.**

§ 1º O empregador não estará obrigado a pagar o adiantamento, **no mesmo mês,** a todos os seus empregados.

§ 2º **O adiantamento será pago ao ensejo das férias do empregado,** sempre que este o requerer no mês de janeiro do correspondente ano.

1. **Antecipação da Gratificação Natalina:** Essa lei regulamenta a forma de pagamento do referido benefício, que deverá ser adiantado entre os meses de fevereiro até novembro de cada ano. O valor remanescente deverá ser pago no máximo até o dia 20 de dezembro de cada ano. Ressalta-se que, com a exceção da hipótese do adiantamento do 13º salário previsto no art. 2º desta Lei, o referido benefício não pode ser parcelado.

   1.1. Possibilidade de fracionamento do calendário de pagamento da gratificação. No que tange ao adiantamento da gratificação natalina, é relevante, ainda, notar que o empregador não está obrigado a pagar essa parcela a todos os empregados, no mesmo mês, podendo ser fracionado entre os meses de fevereiro a novembro de cada ano.

1.2. Cálculo da gratificação. A gratificação será calculada sobre a remuneração devida no mês de dezembro, incluída a média das gorjetas eventualmente recebidas.

1.3. Adiantamento para gozo de férias. Quando o empregado requerer no mês de janeiro o empregado terá direito a receber o adiantamento no momento do gozo de suas férias.

Art. 3º Ocorrendo a extinção do contrato de trabalho antes do pagamento de que trata o Art. 1º desta Lei, o empregador poderá compensar o adiantamento mencionado com a gratificação devida nos termos do Art. 3º da Lei número 4.090, de 13 de julho de 1962, e, se não bastar, com outro crédito de natureza trabalhista que possua o respectivo empregado.

1. **Consequência do rompimento do vínculo.** Em razão da natureza salarial desta gratificação, ela será devida ainda quando rompido o vínculo empregatício, tendo como única exceção a hipótese de dispensa por justa causa obreira, conforme comentário ao art. 3º da Lei 4.090./62

Art. 4º As contribuições devidas ao Instituto Nacional de Previdência Social, que incidem sobre a gratificação salarial referida nesta Lei, ficam sujeitas ao limite estabelecido na legislação da Previdência Social.

1. **Recolhimentos previdenciários.** Em sendo calculada a gratificação natalina com base na remuneração, sobre o seu montante incidirão os recolhimentos previdenciários.

Art. 5º Aplica-se, no corrente ano, a regra estatuída no Art. 2º desta Lei, podendo o empregado usar da faculdade estatuída no seu § 2º no curso dos primeiros 30 (trinta) dias de vigência desta Lei.

Art. 6º O Poder Executivo, no prazo de 30 (trinta) dias, adaptará o Regulamento aprovado pelo Decreto número 1.881, de 14 de dezembro de 1962, aos preceitos desta Lei.

Art. 7º Esta Lei entra em vigor na data de sua publicação.

Art. 8º Revogam-se as disposições em contrário.

Lei nº 4.749, de 12 de agosto de 1965

Art. 8º

→ **Aplicação em concurso:**

* Questão importante cobrada no concurso para Juiz do Trabalho Substituto do TRT da 18ª Região (GO), promovido pela FCC, no ano de 2012, uma vez que tratou exclusivamente sobre o quanto disposto nesta lei:

"No que diz respeito à gratificação natalina,

A) o empregador está obrigado a pagar o adiantamento da gratificação no mesmo mês a todos os seus empregados.

B) entre os meses de fevereiro e novembro de cada ano, o empregador pagará, como adiantamento da gratificação natalina, de uma só vez, metade do salário recebido pelo empregado no mês anterior. Tratando-se de empregados que recebem apenas salário variável, a qualquer título, o adiantamento será calculado na base da soma das importâncias variáveis devidas nos meses trabalhados até o anterior àquele em que se realizar o mesmo adiantamento.

C) nos casos em que o empregado for admitido no curso do ano, ou, durante este, não permanecer à disposição do empregador durante todos os meses, o adiantamento da gratificação corresponderá a 1/12 avos da remuneração, por mês de serviço ou fração superior a 14 (quatorze) dias.

D) o pagamento da gratificação natalina será efetuado pelo empregador, em uma só parcela, até o dia 20 de dezembro de cada ano, tomando-se por base a remuneração devida nesse mês de acordo com o tempo de serviço do empregado no ano em curso.

E) as gorjetas, cobradas pelo empregador na nota de serviço, integram a remuneração do empregado, mas não servem de base de cálculo para a gratificação natalina, salvo tratando-se de gorjetas oferecidas espontaneamente pelos clientes.

Resposta: B

Brasília, 12 de agosto de 1965;
144º da Independência e 77º da República.

Lei nº 4.860, de 26 de novembro de 1965

Dispõe sobre o regime de trabalho nos portos organizados, e dá outras providências.

O PRESIDENTE DA REPÚBLICA, faço saber que o CONGRESSO NACIONAL decreta e eu sanciono a seguinte Lei:

CAPÍTULO I
DO REGIME DE TRABALHO

Art. 1º Em todos os portos organizados e dentro dos limites fixados como "área do pôrto", a **autoridade responsável é representada pela Administração do Porto**, cabendo-lhe velar pelo bom funcionamento dos serviços na referida área.

Parágrafo único. Sob a denominação de **"área do porto"** compreende-se a parte terrestre e marítima, contínua e descontínua, das instalações portuárias definidas no art. 3º do Decreto nº 24.447, de 22 de junho de 1934.

1. Área do porto. A Administração do porto é a autoridade responsável pela gestão e o bom funcionamento dos serviços na área do porto organizado, área esta que compreende tanto a parte terrestre e marítima das instalações portuárias.

▶ **ATENÇÃO:** O **Art. 2º** desta lei não possui interesse para a matéria trabalhista.

Art. 3º O **horário de trabalho** nos portos organizados, para todas as categorias de servidores ou empregados, será **fixado pela respectiva Administração do Porto**, de acordo com as necessidades de serviços e as peculiaridades de cada porto, observado ainda o disposto nos arts. 8º, 9º e 10.

Art. 4º Na fixação do regime de trabalho de cada porto, para permitir a continuidade das operações portuárias, **os horários de trabalho poderão ser estabelecidos em um ou dois períodos de serviço.**

Art. 4º — COLETÂNEA DE LEIS TRABALHISTAS

§ 1º Os períodos de serviço serão diurno, entre 7 (sete) e 19 (dezenove) horas, e **noturno, entre 19 (dezenove) e 7 (sete) horas do dia seguinte**, ... VETADO ... **A hora do trabalho**... VETADO... **é de 60 (sessenta) minutos** ... VETADO ...

§ 2º Nos portos em que, dadas as peculiaridades locais, as respectivas Administrações adotarem os horários de trabalho dentro de um só período de serviço, será obrigatória a prestação de serviço em qualquer período, quando previamente requisitado.

1. **Horários de trabalho.** O § 1º, do art. 4º, sofreu veto conforme mensagem nº 1004/65, abaixo transcrita:

MENSAGEM Nº 1.004, DE 26 DE NOVEMBRO DE 1965.

Excelentíssimo Senhor Presidente do Senado Federal

Tenho a honra de comunicar a Vossa Excelência que, no uso das atribuições que me conferem os artigos 70, § 1] e 87, II, da Constituição Federal, resolvi vetar, parcialmente, o Projeto de lei da Câmara nº 3.184-D/65 (no Senado nº 229/65), que dispõe sobre o regime de trabalho nos portos organizados, e dá outras providências.

Incide o veto sôbre as seguintes partes, que considero contrárias aos interesses nacionais:

1)

a) no artigo 4º, parágrafo 1º, as expressões: " sendo a hora do período noturno remunerado com acréscimo de 70% (setenta por cento) sobre o valor da hora do período diurno".

b) No artigo 4º, parágrafo 1º, a palavra "diurno", na expressão "a hora do trabalho diurno é de 60 (sessenta minutos)".

c) No artigo 4º, parágrafo 1º, as expressões " e a do trabalho noturno, de 52 (cinquenta e dois) minutos e 30 (trinta) segundos)".

Razões: a redação do dispositivo, conforme proposta pelo Govêrno, já beneficiava aos portuários, comparativamente com os demais trabalhadores, em dois aspectos:

I – Considerava como de trabalho noturno o período compreendido entre as 19 horas e as 7 horas do dia imediato, a despeito de prescrever a Consolidação das Leis do Trabalho, para todos os efeitos, que o trabalho noturno é, somente, o período compreendido entre as 22 horas de um dia e as 5 horas do dia seguinte (art. 73, § 2º).

Lei nº 4.860, de 26 de novembro de 1965

Art. 4º

II – Mantinha o acréscimo de 25% sobre a hora diurna quando aos trabalhadores, em geral, a lei garante, apenas 20% (vinte por cento (art. 73).

Como se vê, os portuários passariam a gozar de período mais dilatado (5 horas) e de maior acréscimo percentual sobre a sua remuneração.

A redação aprovada pelo Congresso Nacional manteve o conceito especial de trabalho noturno, majorando, porém, a taxa do acréscimo de 25% para 70%.

Esta alteração, acrescida da redução da hora do trabalho noturno para 52 ½ minutos, tal como ocorre para os demais trabalhadores, além de representar um injustificável privilégio da classe, significará uma elevação sensível no custo das operações portuárias que o Governo vem procurando reduzir.

1.1. Hora noturno. Diferente do horário noturno comum previsto no art. 73 da CLT, o portuário não possui a redução da hora noturna, mas em compensação o horário noturno se inicia mais cedo, às 19 horas. Nesse sentido, a OJ nº60 da SBDI-1 do Tribunal Superior do Trabalho.

OJ DA SBDI-1 Nº 60. PORTUÁRIOS. HORA NOTURNA. HORAS EXTRAS. (LEI Nº 4.860/65, ARTS. 4º E 7º, § 5º) (nova redação em decorrência da incorporação da Orientação Jurisprudencial nº 61 da SBDI-1) – DJ 20.04.2005 *I – A hora noturna no regime de trabalho no porto, compreendida entre dezenove horas e sete horas do dia seguinte, é de sessenta minutos. II – Para o cálculo das horas extras prestadas pelos trabalhadores portuários, observar-se-á somente o salário básico percebido, excluídos os adicionais de risco e produtividade. (ex-OJ nº 61 da SDI-1 – inserida em 14.03.1994).*

→ **Aplicação em concurso:**

- No concurso para Procurador do Trabalho – MPT, em 2016, fora considerada **ERRADO** o seguinte enunciado: *"A hora noturna no regime de trabalho no porto compreendida entre dezenove horas e sete horas do dia seguinte é de cinquenta e três minutos e trinta segundos."*

- Neste mesmo concurso para Procurador do Trabalho – MPT, também em relação ao conteúdo da OJ nº 60, fora considerada **CORRETO** o seguinte enunciado: *"Para o cálculo das horas extras prestadas pelo trabalhador portuário, será observado o salário básico percebido, excluindo-se os adicionais de risco e produtividade".*

1.2. Adicional noturno. Acrescente-se que, apesar de a lei não se referir, especificamente, ao adicional noturno, face ao comando constitucional expresso (art. 7º, IX, da CF/88), este é devido à razão de 20%

47

Art. 5º   COLETÂNEA DE LEIS TRABALHISTAS

(vinte por cento) sobre o valor da hora trabalhada, aplicando-se, dessa forma, o art. 73, caput, da CLT, podendo, contudo leis especiais fixar índices distintos, a exemplo da Lei 7.002/82, que, em seu art. 2º, fixa o adicional noturno em 50%.

Art. 5º Para os **serviços de capatazia**, cada período será composto de **2 (dois) turnos de 4 (quatro) horas**, separados por um **intervalo de até 2 (duas)** horas para refeição e descanso, completados por prorrogações dentro do período.

Parágrafo único. A Administração do Porto determinará os serviços e as categorias que devem formar as equipes para executá-los, escalando o pessoal em sistema de rodízio.

Art. 6º Para os **demais serviços**, a Administração do Porto estabelecerá os horários de trabalho que melhor convierem à sua realização, escalando o pessoal para executá-lo, em equipes ou não.

Parágrafo único. O disposto neste artigo estende-se aos serviços de movimentação de granéis, inclusive à sua capatazia.

1. **A importância destes artigos está em sua literalidade.**

Art. 7º Todos os servidores ou empregados são obrigados à prestação de até 48 (quarenta e oito) horas de trabalho ordinário por semana, à razão de até 8 (oito) horas ordinárias por dia em qualquer dos períodos de serviço e também à prestação de serviço nas prorrogações para as quais forem convocados.

§ 1º O pessoal lotado no Escritório Central da Administração do Porto terá aquele limite reduzido para até 44 (quarenta e quatro) horas.

§ 2º Além das horas ordinárias a que está obrigado, o pessoal prestará serviço extraordinário nas horas destinadas à refeição e descanso, e nas prorrogações, quando fôr determinado.

§ 3º Aos sábados, a critério da Administração do Porto, o pessoal técnico e administrativo, em sua totalidade ou não, poderá ter o seu trabalho reduzido ou suprimido, desde que essa redução ou supressão não dificulte a realização dos serviços portuários e seja compensada em horas equivalentes durante a respectiva semana, não consideradas essas horas como de serviço extraordinário.

§ 4º Entre dois períodos de trabalho, os servidores ou empregados deverão dispor de, no mínimo, **11 (onze) horas consecutivas para descanso**.

§ 5º Os serviços extraordinários executados pelo pessoal serão remunerados com os seguintes acréscimos sobre o valor do salário-hora ordinário do período diurno:

Lei nº 4.860, de 26 de novembro de 1965 **Art. 7º**

a) **20% (vinte por cento)** para as duas primeiras horas de prorrogação;

b) **50%** (cinquenta por cento) para as demais horas de prorrogação;

c) **100%** (cem por cento) para as horas de refeição.

§ 6º Todos os servidores ou empregados terão direito a **1 (um) dia de descanso semanal remunerado**, a ser fixado pela Administração do Porto, com o pagamento do equivalente salário.

§ 7º Nos casos de necessidade, a critério da Administração do Porto, poderá ser determinada a prestação de serviços nos feriados legais, devendo neste caso ser pago um acréscimo salarial de 100% (cem por cento), calculado sobre o salário .. VETADO ... salvo se a Administração determinar outro dia de folga. A prestação de serviços aos domingos será estabelecida em escala de revezamento a critério da Administração do Porto.

§ 8º **Perderá a remuneração do dia destinado ao descanso semanal** o servidor ou empregado que tiver, durante a semana que o preceder, falta que não seja legalmente justificada.

§ 9º **É vedada**, aos servidores ou empregados ocupantes de cargo de direção ou chefia, **a percepção de remuneração pela prestação de serviços extraordinários**, aos quais, entretanto, ficarão obrigados sempre que houver conveniência de serviço.

1. **Limite constitucional da jornada.** Com a Constituição Federal de 1988, onde se limitou a jornada máxima semanal de 44(quarenta e quatro) horas restou revogado esse dispositivo legal.

2. **Considerações a respeito das horas extras.** Entendemos ser inconstitucional a exigência de realização de horas extras durante o período destinado a repouso e alimentação, haja vista que a referida atitude afronta normas protetivas à saúde e segurança do trabalhador, pois o labor extraordinário em períodos de descanso pode deixar suscetível o trabalhador a fadigas de trabalho e consequentemente favorecer acidentes e doenças do trabalho, nos termos do inciso XXII do art. 7º da Constituição Federal.

   Constituição Federal

   Art. 7º São direitos dos trabalhadores urbanos e rurais, além de outros que visem à melhoria de sua condição social:

   (...)

   XXII – redução dos riscos inerentes ao trabalho, por meio de normas de saúde, higiene e segurança;

Art. 7º — COLETÂNEA DE LEIS TRABALHISTAS

3. **Intervalo interjornada.** Observou-se nessa Lei a necessidade de observância do intervalo interjornada mínimo de 11 horas, da mesma forma previsto no art. 60 da CLT.

> **CLT**
>
> **Art. 66.** Entre 2 (duas) jornadas de trabalho haverá um período mínimo de 11 (onze) horas consecutivas para descanso.

4. **Previsão constitucional da remuneração do serviço extraordinário.** Após a equiparação trazida entre os trabalhadores urbanos e avulsos trazida pela Constituição Federal, a alínea "a", do § 5º deste artigo restou não recepcionado, sendo o adicional de horas extras de no mínimo 50%.

5. **Mensagem de Veto do § 7º.** Esse dispositivo também sofreu veto pelo Poder Executivo quando de sua publicação, conforme transcrição a seguir:

> **MENSAGEM Nº 1.004, DE 26 DE NOVEMBRO DE 1965.**
>
> **Excelentíssimo Senhor Presidente do Senado Federal**
>
> Tenho a honra de comunicar a Vossa Excelência que, no uso das atribuições que me conferem os artigos 70, § 1] e 87, II, da Constituição Federal, resolvi vetar, parcialmente, o Projeto de lei da Câmara nº 3.184-D/65 (no Senado nº 229/65), que dispõe sobre o regime de trabalho nos portos organizados, e dá outras providências.
>
> Incide o veto sobre as seguintes partes, que considero contrárias aos interesses nacionais:
>
> **2)** No parágrafo 6º do artigo 7º, as expressões " ou seja, 1/6 (um sexto) da remuneração efetivamente percebida na semana".
>
> **Razões:** O objetivo do texto original remetido pelo Executivo era disciplinar o pagamento do dia de descanso semanal com valor igual ao salário base do portuário, sem inclusão de horas extraordinárias, insalubridades e outras vantagens decorrentes da atividade desenvolvida na semana. O texto original, no entanto, foi emendado no Legislativo, elevando aquele valor para 1/6 do valor da remuneração da semana, computado neste caso horas extraordinárias porventura trabalhadas, insalubridade, e outras vantagens, o que cria uma injustificável desigualdade de tratamento entre as demais categorias profissionais, onerando os custos dos serviços portuários e ferindo os objetivos da lei.
>
> **3)** No parágrafo 7º do artigo 7º, as expressões "efetivamente percebido na semana, ou seja 1/6 (um sexto) da remuneração desta".

Lei nº 4.860, de 26 de novembro de 1965

Art. 12

Razões: as mesmas do item anterior.

Art. 8º Em cada porto, de acordo com as necessidades de serviço, poderá haver horários de trabalhos diferentes em diversos setores, tendo em vista peculiaridades dos diversos serviços que nos mesmos se desenvolvem.

Art. 9º Cada Administração do Porto, no prazo improrrogável de 30 (trinta) dias, a contar da data da publicação desta Lei, dará publicidade dos horários que interessarem a outras entidades, nos jornais de maior circulação local. Em caso de alteração posterior a ser introduzida nesses horários, a divulgação da mesma obedecerá a idêntico processo, observando-se, para ambos os casos, a antecedência mínima de uma semana para sua entrada em vigor, salvo caso de emergência, a critério da Administração do Pôrto.

Art. 10. Os horários fixados, pela Administração do Porto serão obrigatoriamente cumpridos pelas entidades de direito público ou pessoas físicas e jurídicas de direito privado que mantenham atividades vinculadas aos serviços do porto.

Art. 11. O tempo em que o **servidor ou empregado se ausentar do trabalho para desempenho de função associativa ou sindical será considerado de licença não remunerada e não prejudicará o tempo de serviço**, adicional, promoção por antiguidade, licença-prêmio e salário-família.

Parágrafo único. Fica compreendido nas limitações deste artigo o servidor ou empregado que, embora temporariamente, se afaste do serviço para exercer funções de diretor, delegado, representante, conselheiro ou outras nas respectivas entidades de classe, federações ou confederações das mesmas, exceto nos casos previstos em lei.

1. **A importância destes artigos está em sua literalidade, em especial o art. 11.**

CAPÍTULO II
DOS DIREITOS E VANTAGENS

Art. 12. À Administração do Porto caberá propor à aprovação do Departamento Nacional de Portos e Vias Navegáveis os quadros de seu pessoal, sem embargo de outras disposições legais vigentes, ficando vedada qualquer alteração aos mesmos sem prévia audiência daquele órgão.

§ 1º Submetido o quadro à aprovação do Departamento Nacional de Portos e Vias Navegáveis e não havendo pronunciamento do órgão, no prazo de 30 (trinta) dias, será o mesmo considerado como aprovado.

Art. 13

COLETÂNEA DE LEIS TRABALHISTAS

§ 2º Os níveis das diversas categorias deverão estar de acordo com o que vigorar no mercado de trabalho.

§ 3º Em caso de maior demanda ocasional de serviço, fica a Administração do Porto autorizada a engajar a necessária fôrça supletiva nos trabalhos de capatazia, sem vínculo empregatício, dispensando-a tão logo cesse essa demanda ocasional.

§ 4º Fica **vedada às Administrações dos Portos a readmissão** de servidores ou empregados dispensados **em consequência de decisão proferida em processo ou inquérito administrativo**, em que se tenha figurado falta grave.

1. **Possível inconstitucionalidade do § 4º.** O § 4º deste dispositivo poderá ter questionada a sua constitucionalidade, pois confere uma penalidade perpétua para o trabalhador que for dispensado por justa causa, haja vista que veda a possibilidade de sua readmissão pelas administrações dos portos. Tal vedação configura ofensa à dignidade do trabalhador, que normalmente possui capacitação específica em trabalhos dos portos, e muitas vezes não tem condições de modificar de ofício ou profissão. Ademais, nada obsta que o trabalhador comprove judicialmente a ilegalidade da dispensa motivada que lhe fora aplicada ao trabalhador, fato que seria irrelevante para aplicação da penalidade instituída no referido § 4º, pois nele expressamente exige apenas processo ou inquérito administrativo.

Art. 13. A Administração do Porto fornecerá a seu pessoal todo **material adequado à sua proteção**, quando se tornar necessário à manipulação de mercadorias insalubres ou perigosas, ou quando da realização de serviços assim considerados, ou ainda, quando da realização de serviços em ambientes considerados como tais.

1. **Equipamentos de proteção individual.** Esse dispositivo prevê a obrigatoriedade de fornecimento e utilização de EPI aos trabalhadores submetidos ao regime desta Lei.

Art. 14. A fim de remunerar os riscos relativos à insalubridade, periculosidade e outros porventura existentes, fica instituído o **"adicional de riscos"** de **40% (quarenta por cento)** que incidirá **sobre o valor do salário-hora** ordinário do período diurno e substituirá todos aqueles que, com sentido ou caráter idêntico, vinham sendo pagos.

§ 1º Este adicional somente será **devido enquanto não forem removidas ou eliminadas as causas de risco.**

Lei nº 4.860, de 26 de novembro de 1965

Art. 15

> § 2º Este adicional somente será devido durante o tempo efetivo no serviço considerado sob risco.
>
> § 3º As Administrações dos Portos, no prazo de 60 (sessenta) dias, discriminarão, ouvida a autoridade competente, os serviços considerados sob risco.
>
> § 4º **Nenhum outro adicional será devido** além do previsto neste artigo.
>
> § 5º Só será **devido uma única vez**, na execução da mesma tarefa, o adicional previsto neste artigo, **mesmo quando ocorra, simultaneamente, mais de uma causa de risco.**

1. **"Adicional de riscos".** Esse adicional de risco substitui o adicional de insalubridade ou periculosidade que porventura o trabalhador portuário tenha direito em decorrência da exposição ao agente insalubre ou periculosidade durante a atividade portuária. Nos termos da OJ nº316 da SBDI-1 do TST, o adicional de risco deve ser proporcional ao tempo efetivo no serviço sob o risco e apenas são concedidos aos portuários que prestem serviço na área portuária, em portos organizados, excluindo-se, portanto, os trabalhadores de terminais privativos, conforme redação da OJ n° 402 da SBDI-1 do TST.

> **OJ DA SBDI-1 Nº 316.** PORTUÁRIOS. ADICIONAL DE RISCO. LEI Nº 4.860/65 (DJ 11.08.2003). *O adicional de risco dos portuários, previsto no art. 14 da Lei nº 4.860/65, deve ser proporcional ao tempo efetivo no serviço considerado sob risco e apenas concedido àqueles que prestam serviços na área portuária.*

> **OJ DA SBDI-1 Nº 402.** ADICIONAL DE RISCO. PORTUÁRIO. TERMINAL PRIVATIVO. ARTS. 14 E 19 DA LEI nº 4.860, DE 26.11.1965. INDEVIDO. (mantida) – Res. 175/2011, DEJT divulgado em 27, 30 e 31.05.2011. *O adicional de risco previsto no artigo 14 da Lei nº 4.860, de 26.11.1965, aplica-se somente aos portuários que trabalham em portos organizados, não podendo ser conferido aos que operam terminal privativo.*

→ **Aplicação em concurso:**

- No concurso para Procurador do Trabalho – MPT, em 2016, fora considerada **ERRADO** o seguinte enunciado: *"Os trabalhadores portuários que operam terminal privativo fazem jus ao adicional de risco previsto em lei".*

Art. 15. Além da remuneração e demais vantagens instituídas nesta Lei, a Administração do Porto somente poderá conceder, e a seu critério, aos seus servidores ou empregados a gratificação individual de produtividade de que trata o § 2º do art. 16 da Lei nº 4.345, de 26 de junho de 1964.

53

1. A importância deste artigo está em sua literalidade.

Art. 16. Todo servidor ou empregado da Administração do Porto terá direito, após cada período de 12 (doze) meses de vigência do contrato de trabalho ou de efetiva prestação de serviço, **a gozar um período de férias**, em dias corridos, na seguinte proporção:

a) 30 (trinta) dias corridos, o que tiver ficado à disposição da Administração do Porto nos 12 (doze) meses do período contratual e não tenha mais de 6 (seis) faltas ao serviço, justificadas ou não, nesse período;

b) 23 (vinte e três) dias corridos, o que tiver ficado à disposição da Administração do Porto por mais de 250 (duzentos e cinquenta) dias, durante o período de 12 (doze) meses;

c) 17 (dezessete) dias corridos, o que tiver ficado à disposição da Administração do Pôrto por mais de 200 (duzentos) dias, durante o período de 12 (doze) meses, sem entretanto atingir o limite estabelecido na alínea anterior;

d) 11 (onze) dias corridos, o que tiver ficado à disposição da Administração do Porto por mais de 150 (cento e cinquenta) dias, durante o período de 12 (doze) meses, sem entretanto atingir o limite estabelecido na alínea anterior.

1. **Período de férias.** Ressalta-se que a Constituição Federal não garante o período mínimo de 30 dias de férias, mas tão somente o gozo de férias anuais remuneradas, com o acréscimo de um terço.

> **Constituição Federal de 1988**
>
> **Art. 7º** São direitos dos trabalhadores urbanos e rurais, além de outros que visem à melhoria de sua condição social:
>
> (...)
>
> **XVII** – gozo de férias anuais remuneradas com, pelo menos, um terço a mais do que o salário normal;

1.1. **Adicional de férias.** Nos termos do acima referido inciso XVII do art. 7º da Constituição Federal impõe a aplicação do adicional de um terço das férias aos portuários também, não obstante a inexistência de previsão nesta Lei.

CAPÍTULO III
DISPOSIÇÕES GERAIS

Art. 17. (artigo sem importância na matéria trabalhista)

Lei nº 4.860, de 26 de novembro de 1965

Art. 19

Art. 18. As convenções, contratos, acordos coletivos de trabalho e outros atos destinados a disciplinar as condições de trabalho, de remuneração e demais direitos e deveres dos servidores ou empregados, inclusive daqueles sem vínculo empregatício, somente poderão ser firmados pelas Administrações dos Portos com entidades legalmente habilitadas e deverão ser homologados pelos Ministros do Trabalho e da Previdência Social e da Viação e Obras Públicas.

1. Princípio da não interferência estatal. Artigo não recepcionado ante o reconhecimento da autonomia privada coletiva prevista no inciso XXVI do art. 7º da Constituição Federal e o Princípio da não interferência estatal, previsto no art. 8º da Constituição Federal, não existindo qualquer exigência de homologação do acordo ou convenção coletiva de trabalho por órgãos estatais.

Constituição Federal de 1988

Art. 7º São direitos dos trabalhadores urbanos e rurais, além de outros que visem à melhoria de sua condição social:

(...)

XXVI – reconhecimento das convenções e acordos coletivos de trabalho;

Art. 8º É livre a associação profissional ou sindical, observado o seguinte:

I – a lei não poderá exigir autorização do Estado para a fundação de sindicato, ressalvado o registro no órgão competente, vedadas ao Poder Público a interferência e a intervenção na organização sindical;

Art. 19. As disposições desta Lei são aplicáveis a todos os servidores ou empregados pertencentes às Administrações dos Portos organizados sujeitos a qualquer regime de exploração ... VETADO ...

Parágrafo único. Para os servidores sujeitos ao regime dos Estatutos dos Funcionários Públicos, sejam federais, estaduais ou municipais, estes serão aplicados supletivamente, assim como será a legislação do trabalho para os demais empregados, no que couber.

MENSAGEM Nº 1.004, DE 26 DE NOVEMBRO DE 1965

4) No artigo 19, as expressões: "respeitados, entretanto, os direitos consagrados em lei, acordos e contratos coletivos de trabalho".

55

Razões: um dos objetivos principais da proposição governamental foi estabelecer a uniformização no regime de trabalho nos portos organizado.

Admitir, portanto, que os direitos consagrados, existentes em cada pôrto venha prevalecer sobre as normas estabelecidas na nova lei, significará, em última análise, frustrar aquele objetivo do projeto. Realmente, a não ser nos portos que no futuro fossem organizado, o novo regime de trabalho não teria aplicação e, assim, seriam mantidas todas as distorções que o Governo procura corrigir.

Ocorre, ainda, ponderar, que se mantidas, as expressões impugnadas estariam em choque com o que determina o Decreto nº 56.420, de 4 de junho de 1965, que reconheceu como nulos os acordos de trabalho celebrados em 1962 e 1963 entre o Governo Federal e a Federação Nacional dos Portuários.

Manter o texto aprovado, seria conservar a situação anárquica de salários, vantagens e horários, que prevalece no setor portuário, e neste caso ratificando todas as distorções existentes, já agora com uma lei. Seria em suma, negar o próprio objetivo do projeto, que foi feito para corrigira distorções e não para ratificá-las.

1. **Desconsideração das razões do veto.** Com o reconhecimento das convenções e acordos coletivos de trabalho como direitos fundamentais, nos termos do art. 7º, XXVI, da Constituição Federal, cai por terra as razões do veto, possibilitando, portanto, a interpretação de validade das normas coletiva de trabalho.

2. **Aplicabilidade em portos de iniciativa privada.** Esse dispositivo tem a finalidade de aplicação da norma celetistas de forma subsidiária aos empregados nos portos de iniciativa privada.

3. **Reforma trabalhista.** Nos termos do parágrafo único do art. 19, as modificações trazidas com a reforma trabalhista, mais especificamente a Lei nº13467/17, somente irão incidir quando a presente lei ora em estudo for omissa sobre a matéria trazida com a nova legislação celetista, como também sofrerão reflexos os trabalhadores portuários no que tange às mudanças legislativas no campo do direito coletivo do trabalho, mais especificamente, a prevista no art. 611-A da CLT abaixo transcrito:

> Art. 611-A.A convenção coletiva e o acordo coletivo de trabalho têm prevalência sobre a lei quando, entre outros, dispuserem sobre:
>
> I – pacto quanto à jornada de trabalho, observados os limites constitucionais;
>
> II – banco de horas anual;

Lei nº 4.860, de 26 de novembro de 1965

Art. 19

III – intervalo intrajornada, respeitado o limite mínimo de trinta minutos para jornadas superiores a seis horas;

IV – adesão ao Programa Seguro-Emprego (PSE), de que trata a Lei nº 13.189, de 19 de novembro de 2015;

V – plano de cargos, salários e funções compatíveis com a condição pessoal do empregado, bem como identificação dos cargos que se enquadram como funções de confiança;

VI – regulamento empresarial;

VII – representante dos trabalhadores no local de trabalho;

VIII – teletrabalho, regime de sobreaviso, e trabalho intermitente;

IX – remuneração por produtividade, incluídas as gorjetas percebidas pelo empregado, e remuneração por desempenho individual;

X – modalidade de registro de jornada de trabalho;

XI – troca do dia de feriado;

XII – enquadramento do grau de insalubridade;

XIII - prorrogação de jornada em ambientes insalubres, sem licença prévia das autoridades competentes do Ministério do Trabalho;

XIV – prêmios de incentivo em bens ou serviços, eventualmente concedidos em programas de incentivo;

XV – participação nos lucros ou resultados da empresa.

§ 1º No exame da convenção coletiva ou do acordo coletivo de trabalho, a Justiça do Trabalho observará o disposto no § 3º do art. 8º desta Consolidação.

§ 2º A inexistência de expressa indicação de contrapartidas recíprocas em convenção coletiva ou acordo coletivo de trabalho não ensejará sua nulidade por não caracterizar um vício do negócio jurídico.

§ 3º Se for pactuada cláusula que reduza o salário ou a jornada, a convenção coletiva ou o acordo coletivo de trabalho deverão prever a proteção dos empregados contra dispensa imotivada durante o prazo de vigência do instrumento coletivo.

§ 4º Na hipótese de procedência de ação anulatória de cláusula de convenção coletiva ou de acordo coletivo de trabalho, quando houver a cláusula compensatória, esta deverá ser igualmente anulada, sem repetição do indébito.

§ 5º Os sindicatos subscritores de convenção coletiva ou de acordo coletivo de trabalho deverão participar, como litisconsortes necessá-

57

rios, em ação individual ou coletiva, que tenha como objeto a anulação de cláusulas desses instrumentos."

Assim, os direitos previstos nesta lei de portuários poderão sofrer os efeitos da flexibilização trazida com a reforma trabalhista, pois o negociado coletivamente prevalecerá sobre o legislado na presente lei.

Art. 20. Fica revogada a Lei número 3.165, de 1º de junho de 1957.

Art. 21. Esta Lei entrará em vigor na data de sua publicação.

Art. 22. Revogam-se as disposições em contrário.

Decreto-lei nº 546, de 18 de abril de 1969

> Dispõe sôbre o trabalho noturno em estabelecimentos bancários, nas atividades que especifica.
>
> O PRESIDENTE DA REPÚBLICA, usando da atribuição que lhe confere o § 1º do artigo 2º do Ato Institucional nº 5, de 13 de dezembro de 1968, DECRETA:
>
> **Art. 1º** É permitido, inclusive à mulher, o trabalho noturno em estabelecimento bancário, **para a execução de tarefa pertinente ao movimento de compensação de cheques ou a computação eletrônica**, respeitado o disposto no artigo 73, e seus parágrafos da Consolidação das Leis do Trabalho.
>
> § 1º A designação para o trabalho noturno dependerá de concordância expressa do empregado.
>
> § 2º O trabalho **após as vinte e duas horas** será realizado em turnos especiais, **não podendo ultrapassar seis horas**.
>
> § 3º É vedado aproveitar em outro horário o bancário que trabalhar no período da noite, bem como utilizar em tarefa noturna o que trabalhar durante o dia, facultada, contudo a adoção de horário misto, na forma prevista no § 4º do precitado artigo 73 da Consolidação das Leis do Trabalho.
>
> § 4º O disposto neste artigo poderá ser estendido, em casos especiais, a atividade bancária de outra natureza, mediante **autorização do Ministério do Trabalho e Previdência Social**.
>
> **Art. 2º** Este Decreto-lei entrará em vigor na data de sua publicação, revogadas as disposições em contrário.

1. **Exceção à regra geral da jornada de trabalho do bancário.** Em regra, o trabalho noturno é proibido ao bancário, cuja jornada encontra-se especificada no art. 224 da CLT, sendo de 6 horas contínuas nos dias úteis, com intervalo de 15 minutos, não computado este na jornada, compreendida entre as 7h e às 22h. Este artigo excepciona a regra, admitindo o trabalho noturno do bancário exclusivamente para as atividades de "compensação de cheques" e de "computação eletrônica", podendo o

Art. 2º · COLETÂNEA DE LEIS TRABALHISTAS

Ministério do Trabalho estender esta permissão a atividades bancárias de outra natureza, conforme previsto no § 4º deste artigo.

1.1. Hora noturna do bancário. Observe que a hora noturna do bancário, nesta hipótese, será entre as 22h de um dia às 5h do dia seguinte, sendo relevante a observação contida no § 2º deste artigo, ao prever que não poderá ser ultrapassada a jornada especial de 6h diárias e, portanto, 30h semanais.

Brasília, 18 de abril de 1969;
148º da Independência e 81º da República.

Lei nº 5.889, de 8 de junho de 1973

Estatui normas reguladoras do trabalho rural.

O PRESIDENTE DA REPÚBLICA Faço saber que o Congresso Nacional decreta e eu sanciono a seguinte Lei:

Art. 1º As relações de trabalho rural serão reguladas por esta Lei e, **no que com ela não colidirem, pelas normas da Consolidação das Leis do Trabalho**, aprovada pelo Decreto-lei nº 5.452, de 01/05/1943.

Parágrafo único. Observadas as peculiaridades do trabalho rural, a ele também se aplicam as leis nºs 605, de 05/01/1949, 4090, de 13/07/1962; 4725, de 13/07/1965, com as alterações da Lei nº 4903, de 16/12/1965 e os Decretos-Leis nºs 15, de 29/07/1966; 17, de 22/08/1966 e 368, de 19/12/1968.

1. Histórico da regulamentação do trabalhado rural. Não obstante o Brasil tenha em sua tradição uma cultura econômica agropecuária, por longo tempo o trabalho no campo foi regido pelo **Código Civil de 1916.** Mesmo após a vigência da Consolidação das Leis Trabalhistas em 1943, o trabalhador rural continuou sem uma regulamentação específica. A CLT, que inicialmente excluiu expressamente a sua aplicação aos trabalhadores rurais, passou, ao longo do tempo, a conceder, topicamente, direitos extensivos aos trabalhadores rurais, como por exemplo, aconteceu com as férias previstas no art. 129 e o salário mínimo, constante no art. 76.

Sensibilizados com a pressão social e política pela necessidade de regulamentação do trabalho rural, o legislador promulgou, em março de 1963, o **Estatuto do Trabalhador Rural (Lei 4.214/63)**, norma que contemplou ao trabalhador rural alguns direitos anteriormente garantidos apenas aos trabalhadores urbanos, mas manteve ainda diversas discriminações não justificáveis em seu texto. Exemplo dessa discriminação era a quantidade de dias de férias, que para o trabalhador rural era de apenas 20 dias, conforme art. 43 da Lei 4214/63. O Estatuto do Trabalhador Rural foi posteriormente revogada pela **Lei 5889/73**, norma mais benéfica ao trabalhador rural, pois expressamente se prevê a aplicação da CLT para os casos omissos, bem como ampliou o rol de direitos do trabalhador rural.

Apenas com a **Constituição Federal de 1988** que foi reconhecida a isonomia de tratamento entre os trabalhadores urbanos e rurais, no que tange aos direitos sociais fundamentais, onde se engloba um extenso rol de direitos no art. 7º da Constituição Federal. Dentre os direitos fundamentais assegurados no art. 7º da Carta Magna de 1988, apenas não observou a isonomia de tratamento no que se refere ao prazo prescricional de ações trabalhistas entre os trabalhadores rurais e urbanos previsto no inciso XXIX, pois para o rural não havia previsão da prescrição quinquenal até a vigência da Emenda Constitucional nº 28 de 2000. Ressalta-se que o **salário família** – benefício social de caráter previdenciário – apenas foi efetivamente reconhecido ao trabalhador rural após a regulamentação da **Lei nº 8.213/91**, pois se entendia que era um direito fundamental de eficácia limitada e, como tal, necessitando de regulamentação legal para a produção de seus efeitos jurídicos, conforme se verifica pelo teor da **súmula 344 do Tribunal Superior do Trabalho**.

> **Súmula nº 344 do TST.** SALÁRIO-FAMÍLIA. TRABALHADOR RURAL (mantida) – Res. 121/2003, DJ 19, 20 e 21.11.2003. *O salário-família é devido aos trabalhadores rurais somente após a vigência da Lei nº 8.213, de 24.07.1991.*

→ **Aplicação em concurso:**

- No concurso para Juiz do Trabalho Substituto para o TRT da 1ª Região (RJ), em 2016, promovido pela banca FCC, fora considerada **ERRADA** a seguinte assertiva: *"Dadas as peculiaridades das atividades desenvolvidas, são incompatíveis com o trabalho rural as regras de equiparação salarial previstas no artigo 461 da CLT".*

2. **Reforma trabalhista.** Com base no art. 1º desta lei, a legislação celetista será aplicada tão somente de forma subsidiária. Assim, as inovações legislativas trazidas com a Lei 13467/17 somente se aplicarão aos rurícolas quando omissa a legislação específica ou quando proveniente de norma coletiva. Neste aspecto, o art. 611-A da CLT, introduzido pela Lei 13467/17, flexibilizou os direitos trabalhistas, consagrando em nosso ordenamento jurídico trabalhista a tese de que o negociado prevalece sobre o legislado.

> **Art. 2º** Empregado rural é toda pessoa física que, em propriedade rural ou prédio rústico, presta serviços de natureza não eventual **a empregador rural**, sob a dependência deste e mediante salário.

1. **Enquadramento sindical.** Embora se compreenda como empregado rural toda pessoa física que preste serviços subordinados a empregador rural, a jurisprudência pátria foi bastante instável no que tange ao enquadramento sindical, especialmente quando o empregado trabalhe na zona rural, mas tenha uma função típica de categoria profissional diferenciada ou quando a atividade do empregador na zona rural não seja agrícola ou pastoril.

Lei nº 5.889, de 8 de junho de 1973

Art. 2º

1.1. Classificação de acordo com a categoria do empregador. O Supremo Tribunal Federal, mediante a Súmula nº 196, preconiza que, ainda que exerça atividade rural, o empregado de empresa industrial ou comercial é classificado de acordo com a categoria do empregador, imprimindo para a categoria rural uma diretriz relacionada exclusivamente para o critério de preponderância da atividade do empregador para o enquadramento sindical do rural. Diretriz essa seguida pela jurisprudência do Tribunal Superior do Trabalho, através das Orientações Jurisprudenciais 315. e 419 da SBDI-1.

> **Súmula nº 196 do STF.** Ainda que exerça atividade rural, o empregado de empresa industrial ou comercial é classificado de acordo com a categoria do empregador.

> **OJ DA SBDI-1 nº 315.** MOTORISTA. EMPRESA. ATIVIDADE PREDOMINANTEMENTE RURAL. ENQUADRAMENTO COMO TRABALHADOR RURAL **(cancelada)** – Res. 200/2015, DEJT divulgado em 29.10.2015 e 03 e 04.11.2015. *É considerado trabalhador rural o motorista que trabalha no âmbito de empresa cuja atividade é preponderantemente rural, considerando que, de modo geral, não enfrenta o trânsito das estradas e cidades.*

> **OJ DA SBDI-1 nº 419.** ENQUADRAMENTO. EMPREGADO QUE EXERCE ATIVIDADE EM EMPRESA AGROINDUSTRIAL. DEFINIÇÃO PELA ATIVIDADE PREPONDERANTE DA EMPRESA. **(cancelada)** – Res. 200/2015, DEJT divulgado em 29.10.2015 e 03 e 04.11.2015 *Considera-se rurícola, a despeito da atividade exercida, empregado que presta serviços a empregador agroindustrial (art. 3º, § 1º, da Lei nº 5.889, de 08.06.1973), visto que, neste caso, é a atividade preponderante da empresa que determina o enquadramento.*

1.2. Equiparação constitucional. Ocorre que após a equiparação trazida com a Constituição Federal de 1988, não houve mais óbice para o reconhecimento das categorias diferenciadas no trabalho rural. Acredita-se, que, em razão disso, e por existir uma contradição no fundamento lógico do enquadramento sindical das referidas orientações jurisprudenciais com a Súmula nº 117 do TST vigente, houve o cancelamento tardio, no ano de 2015, das referidas orientações jurisprudenciais para se abandonar o critério até então vigente da preponderância da atividade do empregador rural, quando existir categoria profissional diferenciada. Ou seja, equiparou-se o critério de enquadramento sindical entre os trabalhadores urbanos e rurais, adotando-se o mesmo critério, qual seja, a preponderância da atividade econômica do empregador para o enquadramento sindical do empregado, salvo se o empregado integrar categoria profissional diferenciada, nos termos do art. 511 da CLT.

63

Art. 3º COLETÂNEA DE LEIS TRABALHISTAS

Súmula nº 117 do TST. BANCÁRIO. CATEGORIA DIFERENCIADA (mantida) – Res. 121/2003, DJ 19, 20 e 21.11.2003. *Não se beneficiam do regime legal relativo aos bancários os empregados de estabelecimento de crédito pertencentes a categorias profissionais diferenciadas.*

Art. 3º – Considera-se empregador, rural, para os efeitos desta Lei, a **pessoa física ou jurídica**, proprietário ou não, **que explore atividade agroeconômica**, em caráter permanente ou temporário, diretamente ou através de prepostos e com auxílio de empregados.

§ 1º Inclui-se na atividade econômica referida no *caput* deste artigo, além da **exploração industrial em estabelecimento agrário** não compreendido na Consolidação das Leis do Trabalho – CLT, aprovada pelo Decreto-Lei nº 5.452, de 1º de maio de 1943, **a exploração do turismo rural ancilar à exploração agroeconômica**. (Redação dada pela Lei nº 13.171, de 2015)

§ 2º Sempre que uma ou mais empresas, embora tendo cada uma delas personalidade jurídica própria, estiverem sob direção, controle ou administração de outra, ou ainda quando, **mesmo guardando cada uma sua autonomia**, integrem grupo econômico ou financeiro rural, serão responsáveis solidariamente nas obrigações decorrentes da relação de emprego.

1. **Exploração industrial em estabelecimento agrário.** Compreende-se, doutrinariamente, que "exploração industrial em estabelecimento agrário" seria uma atividade industrial incipiente, que segundo Luciano Martinez, "é entendida, por força do § 4º do art. 2º do Decreto nº 73.626, de 12 de fevereiro de 1974 (Regulamento do Estatuto dos Trabalhadores Rurais), como atividade que compreende o primeiro tratamento dos produtos agrários "in natura", sem transformá-los em sua natureza, e sem retirar deles a característica de matéria-prima."1 Segundo referido autor, as técnicas de tratamento dos produtos agrários seriam as técnicas de beneficiamento da matéria prima, como o descascamento do arroz, e a outra técnica seria o aproveitamento dos subprodutos oriundos das operações de preparo e modificação dos produtos in natura, como exemplo a extração do couro.

2. **Turismo rural.** Também constitui atividade rural a atividade de turismo rural, como por exemplo, quando parte da fazenda é uma área de proteção ambiental, contendo várias espécies da fauna silvestre, atraindo turistas ecológicos. A atividade industrial de reflorestamento também se insere na atividade rural, conforme diretriz prevista na Orientação Jurisprudencial nº 38 da SBDI-1 do TST.

---

1   Martinez, Luciano. Curso de direito do trabalho: relações individuais, sindicais e coletivas do trabalho / Luciano Martinez. – 7. Ed. – São Paulo: Saraiva, 2016, pg. 213.

Lei nº 5.889, de 8 de junho de 1973

Art. 3º

OJ DA SBDI-1 nº 38. EMPREGADO QUE EXERCE ATIVIDADE RURAL. EMPRESA DE REFLORESTAMENTO. PRESCRIÇÃO PRÓPRIA DO RURÍCOLA. (LEI Nº 5.889, DE 08.06.1973, ART. 10, E DECRETO Nº 73.626, DE 12.02.19/74, ART. 2º, § 4º) (inserido dispositivo) – DEJT divulgado em 16, 17 e 18.11.2010. *O empregado que trabalha em empresa de reflorestamento, cuja atividade está diretamente ligada ao manuseio da terra e de matéria-prima, é rurícola e não industriário, nos termos do Decreto nº 73.626, de 12.02.1974, art. 2º, § 4º, pouco importando que o fruto de seu trabalho seja destinado à indústria. Assim, aplica--se a prescrição própria dos rurícolas aos direitos desses empregados.*

3. **Grupo econômico por coordenação.** Este dispositivo legal expressamente prevê a possibilidade de grupo econômico por coordenação, e não apenas grupo econômico por subordinação, esta espécie prevista na redação do § 2º do art. 2º da CLT. Ou seja, mesmo não havendo direção ou subordinação entre empregadores rurais, mas tão somente coordenação entre eles, já basta para configurar o grupo econômico, gerando, portanto, a responsabilidade solidária.

CLT

Art. 2º (...)

(...)

§ 2º – Sempre que uma ou mais empresas, tendo, embora, cada uma delas, personalidade jurídica própria, estiverem sob a direção, controle ou administração de outra, constituindo grupo industrial, comercial ou de qualquer outra atividade econômica, serão, para os efeitos da relação de emprego, solidariamente responsáveis a empresa principal e cada uma das subordinadas.

A Lei da Reforma Trabalhista alterou a redação do art. 2º, § 2º, da CLT, contemplando a hipótese de grupo econômico por coordenação, reproduzindo a tese prevista na presente lei rural. Vejamos:

CLT (Após reforma trabalhista)

Art. 2º(...)

(...)

§ 2º Sempre que uma ou mais empresas, tendo, embora, cada uma delas, personalidade jurídica própria, estiverem sob a direção, controle ou administração de outra, ou ainda quando, mesmo guardando cada uma sua autonomia, integrem grupo econômico, serão responsáveis solidariamente pelas obrigações decorrentes da relação de emprego

Não obstante a reforma trabalhista, por meio da Lei nº13467/17, tenha contemplado a tese de grupo econômico por coordenação, ampliando o conceito de grupo econômico, por outro lado, o §3º do supracitado art.

65

Art. 4º

COLETÂNEA DE LEIS TRABALHISTAS

2º da CLT dificultou o reconhecimento do grupo econômico, na medida em que o legislador impôs algumas restrições para a sua configuração, ao introduzir o parágrafo terceiro ao dispositivo legal em comento. Vejamos:

> § 3º Não caracteriza grupo econômico a mera identidade de sócios, sendo necessárias, para a configuração do grupo, a demonstração do interesse integrado, a efetiva comunhão de interesses e a atuação conjunta das empresas dele integrantes." (NR)

Assim, após a alteração legislativa trazida com a reforma trabalhista, para o trabalhador urbano não mais será possível o reconhecimento de grupo econômico por mera identidade entre os sócios. Necessita-se, portanto, para o efetivo reconhecimento do grupo econômico, a prova do interesse integrado, a efetiva comunhão de interesses e a atuação conjunta das empresas dele integrantes. Ou seja, tornou-se uma tarefa dificílima, em termos probatórios, o reconhecimento judicial de grupo econômico para o trabalhador urbano.

No que tange ao trabalhador rural, entendo que não se aplicam os requisitos exigidos pelo §3º do art. 2º da CLT(criado pela reforma trabalhista), pois há norma específica na presente legislação do rurícola, fato que afasta a aplicação subsidiária da legislação celetista neste mister.

> **Art. 4º** – Equipara-se ao empregador rural, a pessoa física ou jurídica que, habitualmente, em caráter profissional, e por conta de terceiros, execute serviços de natureza agrária, mediante utilização do trabalho de outrem. (Vide Lei nº 6.260, de 1975)

1. **A importância deste artigo está em sua literalidade, em conjunto com o artigo anterior.**

   → **Aplicação em concurso:**

   - No concurso para Juiz do Trabalho Substituto para o TRT da 1ª Região (RJ), em 2016, promovido pela banca FCC, fora considerada **ERRADA** a seguinte assertiva: *"Empregador rural é apenas a pessoa, física ou jurídica, proprietária de terras que explore atividade agroeconômica, em caráter permanente ou temporário, diretamente ou por prepostos".*

> **Art. 5º** Em qualquer trabalho contínuo de duração superior a seis horas, será obrigatória a concessão de um intervalo para repouso ou alimentação observados **os usos e costumes da região**, não se computando este intervalo na duração do trabalho. Entre duas jornadas de trabalho **haverá um período mínimo de onze horas consecutivas para descanso.**

Lei nº 5.889, de 8 de junho de 1973

Art. 5º

1. **Intervalos inter e intrajornada.** Restou consolidado pelo Inciso I da Súmula 437 do TST, que a não concessão de um intervalo mínimo de uma hora após seis horas de trabalho rural, o empregador rural e o urbano serão obrigados a indenizar seu empregado como horas extras o intervalo intrajornada não concedido, inclusive com o adicional mínimo de 50%. A utilização dos usos e costumes mencionados neste artigo se aplica apenas para mensurar o tempo máximo de intervalo intrajornada ou outro intervalo mínimo, desde que acima de uma hora.

> **Súmula nº 437 do TST.** INTERVALO INTRAJORNADA PARA REPOUSO E ALIMENTAÇÃO. APLICAÇÃO DO ART. 71 DA CLT (conversão das Orientações Jurisprudenciais nºs 307, 342, 354, 380 e 381 da SBDI-1) – Res. 185/2012, DEJT divulgado em 25, 26 e 27.09.2012
>
> *I – Após a edição da Lei nº 8.923/94, a não-concessão ou a concessão parcial do intervalo intrajornada mínimo, para repouso e alimentação, a **empregados urbanos e rurais, implica** o pagamento total do período correspondente, e não apenas daquele suprimido, com acréscimo de, no mínimo, 50% sobre o valor da remuneração da hora normal de trabalho (art. 71 da CLT), sem prejuízo do cômputo da efetiva jornada de labor para efeito de remuneração.*
>
> *II – É inválida cláusula de acordo ou convenção coletiva de trabalho contemplando a supressão ou redução do intervalo intrajornada porque este constitui medida de higiene, saúde e segurança do trabalho, garantido por norma de ordem pública (art. 71 da CLT e art. 7º, XXII, da CF/1988), infenso à negociação coletiva.*
>
> *III – Possui natureza salarial a parcela prevista no art. 71, § 4º, da CLT, com redação introduzida pela Lei nº 8.923, de 27 de julho de 1994, quando não concedido ou reduzido pelo empregador o intervalo mínimo intrajornada para repouso e alimentação, repercutindo, assim, no cálculo de outras parcelas salariais.*
>
> *IV – Ultrapassada habitualmente a jornada de seis horas de trabalho, é devido o gozo do intervalo intrajornada mínimo de uma hora, obrigando o empregador a remunerar o período para descanso e alimentação não usufruído como extra, acrescido do respectivo adicional, na forma prevista no art. 71, caput e § 4º da CLT.*

→ **Aplicação em concurso:**

- No Exame de Ordem dos Advogados do Brasil – OAB, promovido pela FGV, em 2011, foi cobrada uma questão específica tratando deste tema, conforme o seguinte enunciado: *"Paulo possuía uma casa de campo, situada em região rural da cidade de Muzambinho – MG, onde costumava passar todos os finais de semana e as férias com a sua família. Contratou Francisco para cuidar de algumas cabeças de gado destinadas à venda de carne e de leite ao mercado local. Francisco trabalhava com pessoalidade e subor-*

dinação, de segunda a sábado, das 11h às 21h, recebendo um salário mínimo mensal. Dispensado sem justa causa, ajuizou reclamação trabalhista em face de Paulo, postulando o pagamento de horas extraordinárias, de adicional noturno e dos respectivos reflexos nas verbas decorrentes da execução e da ruptura do contrato de trabalho. Aduziu, ainda, que não era observada pelo empregador a redução da hora noturna.

Diante dessa situação hipotética e considerando que as verbas postuladas não foram efetivamente pagas pelo empregador, assinale a alternativa correta.

A) Francisco tem direito ao pagamento de horas extraordinárias e de adicional noturno, não lhe assistindo o direito à redução da hora noturna.

B) Francisco tem direito ao pagamento de horas extraordinárias, mas não lhe assiste o direito ao pagamento de adicional noturno, já que não houve prestação de serviços entre as 22h de um dia e as 5h do dia seguinte.

C) Francisco não tem direito ao pagamento de horas extraordinárias e de adicional noturno, por se tratar de empregado doméstico.

D) A redução da hora noturna deveria ter sido observada pelo empregador.

Resposta: A

Art. 6º Nos **serviços, caracteristicamente intermitentes**, não serão computados, como de efetivo exercício, os **intervalos entre uma e outra parte da execução da tarefa diária**, desde que tal hipótese seja **expressamente ressalvada na Carteira de Trabalho e Previdência Social.**

---

1. Serviço intermitente. Em conformidade com o parágrafo único do art. 10 do Decreto 73.626/74, *"considera-se serviço intermitente aquele que, por sua natureza, seja normalmente executado em duas ou mais etapas diárias distintas, desde que haja interrupção do trabalho de, no mínimo, 5 (cinco) horas, entre uma e outra parte da execução da tarefa".* Desse modo, possibilita o art. 6º a concessão de um intervalo superior a 05 (cinco) horas, desde que expressamente ressalvada na CTPS.

Art. 7º – Para os efeitos desta Lei, considera-se trabalho noturno o executado entre as **vinte e uma horas de um dia e as cinco horas do dia seguinte, na lavoura,** e entre as **vinte horas de um dia e as quatro horas do dia seguinte,** na atividade **pecuária.**

Parágrafo único. Todo trabalho noturno será acrescido **de 25%** (vinte e cinco por cento) sobre a remuneração normal.

---

1. Trabalho noturno. Diferente do trabalhador urbano que tem garantido o mínimo de 20% de adicional noturno e a hora noturna é compos-

Lei nº 5.889, de 8 de junho de 1973

Art. 9º

ta de 52 minutos e trinta segundos, em decorrência das condições de vida típicas rurais, o empregado rural tem garantido no mínimo 25% de adicional noturno, no entanto não possui a redução da hora noturna. Observar que, diferente do empregado urbano, o horário noturno para atividades agrárias começa a partir das 21 horas e na pecuária, ainda mais cedo, a partir das 20h.

→ **Aplicação em concurso:**

- No concurso para Juiz do Trabalho Substituto para o TRT da 1ª Região (RJ), em 2016, promovido pela banca FCC, fora considerada **CORRETA** a seguinte assertiva: *"O adicional noturno será de, pelo menos, 25% sobre a remuneração normal"*.

- No XIX Exame de Ordem dos Advogados do Brasil – OAB, promovido pela FGV, em 2016, fora inserida questão abordando especificamente este artigo da Lei do Trabalho Rural, conforme o seguinte enunciado: *"Pedro é empregado rural na Fazenda Granja Nova. Sua jornada é de segunda a sexta-feira, das 21 às 5h, com intervalo de uma hora para refeição. Considerando o caso retratado, assinale a afirmativa correta:*

  A) A hora noturna de Pedro será computada como tendo 60 minutos.

  B) A hora noturna rural é reduzida, sendo de 52 minutos e 30 segundos.

  C) A hora noturna de Pedro será acrescida de 20%.

  D) Não há previsão de redução de hora noturna nem de adicional noturno para o rural".

  Resposta: A

Art. 8º Ao menor de 18 anos é vedado o trabalho noturno.

1. **A importância deste artigo está em sua literalidade.**

→ **Aplicação em concurso:**

- A seu turno, neste mesmo concurso para Juiz do Trabalho Substituto para o TRT da 1ª Região (RJ), em 2016, promovido pela banca FCC, fora considerada **ERRADA** a assertiva: *"O Trabalho noturno na lavoura, permitido apenas aos empregados maiores de 16 anos, é aquele compreendido entre 21 horas de um dia e 5 horas do dia seguinte"*.

Art. 9º Salvo as hipóteses de autorização legal ou decisão judiciária, só poderão ser descontadas do empregado rural as seguintes parcelas, **calculadas sobre o salário mínimo**:

a) até o **limite de 20%** (vinte por cento) pela **ocupação da morada**;

69

b) até o **limite de 25%** (vinte por cento) pelo fornecimento de **alimentação sadia e farta**, atendidos os preços vigentes na região;

c) adiantamentos em dinheiro.

§ 1º As deduções acima especificadas **deverão ser previamente autorizadas**, sem o que serão nulas de pleno direito.

§ 2º Sempre que mais de um empregado residir na mesma morada, o desconto, previsto na letra "a" deste artigo, será dividido proporcionalmente ao número de empregados, **vedada, em qualquer hipótese, a moradia coletiva de famílias.**

§ 3º Rescindido ou findo o contrato de trabalho, o empregado será obrigado a desocupar a casa dentro de trinta dias.

§ 4º O Regulamento desta Lei especificará os tipos de morada para fins de dedução.

§ 5º A **cessão pelo empregador**, de moradia e de sua infraestrutura básica, assim, como, bens destinados à produção para sua subsistência e de sua família, **não integram o salário do trabalhador rural**, desde que caracterizados como tais, em contrato escrito celebrado entre as partes, com testemunhas e notificação obrigatória ao respectivo sindicato de trabalhadores rurais. (Incluído pela Lei nº 9.300, de 29/08/96)

1. **Calculo sobre o salário mínimo.** Observe que esses percentuais incidem sobre o salário mínimo, ao contrário dos empregados urbanos, cujo percentual incide sobre o salário contratual, conforme § 3º do art. 458 da CLT, e em percentuais distintos (25% pela moradia e 20% pelo fornecimento de alimentação).

2. **Autorização prévia.** Em razão dessa previsão de descontos com alimentação e moradia, muitos trabalhadores rurais se submetem até hoje a condições precárias de trabalho, pois alguns empregadores rurais para baratear o valor da mão de obra não fornece alimentação de qualidade e compatível com o valor descontado, nem tampouco concede moradia digna, muitas vezes alojando de forma inadequada mais de uma família em um único alojamento, sem observar as normas de higiene e saúde do trabalho. Por isso, deve-se observar se a alimentação é farta e sadia, bem como se o alojamento possui condições digna de moradia, para se reconhecer a validade do desconto, sem prejuízo do reconhecimento de situação degradante de trabalho e da devida responsabilização civil.

3. **Caráter salarial da cessão.** Conforme disposto no § 5º, deste artigo, exige-se uma forma especial para a descaracterização do caráter salarial da cessão, pelo empregador, de moradia ou de bens à subsistência do empregado rural e de sua família, sob pena de gerar a presunção do

Lei nº 5.889, de 8 de junho de 1973

Art. 11

caráter salarial e, por conseguinte, da geração de reflexos salarias. Por outra vertente, entende-se que os valores desses bens concedidos não integram o salário mínimo do empregado rural, para que não se precarizem as condições de trabalho rural.

> **Art. 10.** A prescrição dos direitos assegurados por esta Lei aos trabalhadores rurais só ocorrerá após dois anos de cessação do contrato de trabalho. **(Revogado)**
>
> **Parágrafo único.** Contra o menor de dezoito anos não corre qualquer prescrição.

1. **Prazo prescricional.** A Emenda Constitucional nº 28/2000 revogou o art. 10 desta lei, pois igualou o prazo prescricional em ações trabalhistas referentes a empregados urbanos e rurais, conforme se verifica no inciso XXIX do art. 7º da Constituição Federal. Para solucionar o conflito intertemporal entre as normas, o Tribunal Superior do Trabalho uniformizou o entendimento de que a lei vigente no momento da rescisão do contrato rural determinará a regra prescricional, conforme se verifica na Orientação Jurisprudencial nº 271 da SBDI-1 do TST.

> **OJ DA SBDI-1 nº 271** – RURÍCOLA. PRESCRIÇÃO. CONTRATO DE EMPREGO EXTINTO. EMENDA CONSTITUCIONAL Nº 28/2000. INAPLICABILIDADE (alterada) – DJ 22.11.2005. *O prazo prescricional da pretensão do rurícola, cujo contrato de emprego já se extinguira ao sobrevir a Emenda Constitucional nº 28, de 26/05/2000, tenha sido ou não ajuizada a ação trabalhista, prossegue regido pela lei vigente ao tempo da extinção do contrato de emprego.*

2. **Reforma trabalhista.** A Lei nº 13.467/2017, por sua vez, alterando o art. 11 da CLT, para adequá-lo à norma constitucional, também passou a prever prazo prescricional idêntico para trabalhadores urbanos e rurais, nos seguintes termos:

> Art. 11. A pretensão quanto a créditos resultantes das relações de trabalho prescreve em cinco anos para os trabalhadores urbanos e rurais, até o limite de dois anos após a extinção do contrato de trabalho.

> **Art. 11.** Ao empregado rural maior de dezesseis anos é assegurado salário mínimo igual ao de empregado adulto.
>
> **Parágrafo único.** Ao empregado menor de dezesseis anos é assegurado salário mínimo fixado em valor correspondente à metade do salário mínimo estabelecido para o adulto. **(Revogado)**

Art. 12

COLETÂNEA DE LEIS TRABALHISTAS

1. **Inconstitucionalidade.** O parágrafo único deste artigo é flagrantemente inconstitucional, face à proibição do exercício de qualquer trabalho aos menores de 16 (dezesseis) anos, exceto na condição de aprendiz, a partir dos 14 (catorze) anos. Neste aspecto, observe que o dispositivo em comento não está fazendo menção ao menor aprendiz. A ordem constitucional também não admite qualquer discriminação no que toca ao pagamento dos salários, garantindo-se a todos os trabalhadores a percepção do salário mínimo, sendo vedada qualquer discriminação nesse sentido, conforme incisos VII, XXX e XXXIII do art. 7º:

> VII – garantia de salário, nunca inferior ao mínimo, para os que percebem remuneração variável;
>
> XXX – **proibição de diferença de salários**, de exercício de funções e de critério de admissão por motivo de sexo, **idade**, cor ou estado civil;
>
> XXXIII – **proibição de** trabalho noturno, perigoso ou insalubre a menores de dezoito e de **qualquer trabalho a menores de dezesseis anos**, salvo na condição de aprendiz, a partir de quatorze anos;

Art. 12. Na regiões em que se adota a plantação subsidiária ou intercalar (cultura secundária), a cargo do empregado rural, quando autorizada ou permitida, será objeto de contrato em separado.

Parágrafo único. Embora devendo integrar o resultado anual a que tiver direito o empregado rural, a **plantação subsidiária ou intercalar não poderá compor a parte correspondente ao salário mínimo na remuneração geral do empregado**, durante o ano agrícola.

1. **Plantação subsidiária ou intercalar.** O parágrafo único, deste artigo, tem a finalidade de evitar a precarização do trabalho, para que o trabalhador rural que cultivasse em um terreno cedido pelo seu empregador, não viesse a sofrer descontos em seu salário mínimo em decorrência dessa plantação subsidiária, fato que poderia promover novas formas de servidão ou escravidão modernas.

Art. 13. Nos locais de trabalho rural serão **observadas as normas de segurança e higiene** estabelecidas em portaria do ministro do Trabalho e Previdência Social.

1. **Normas de segurança e higiene.** O Ministério do Trabalho e Emprego criou a Norma Regulamentadora nº 31, que tem por objetivo estabelecer os preceitos a serem observados na organização e no ambiente de trabalho, de forma a tornar compatível o planejamento e o desenvolvimento das ativi-

Lei nº 5.889, de 8 de junho de 1973

Art. 14-A

dades da agricultura, pecuária, silvicultura, exploração florestal e aquicultura com a segurança e saúde e meio ambiente do trabalho.

Art. 14. Expirado normalmente o contrato, a empresa pagará ao **safrista**, a título de indenização do tempo de serviço, **importância correspondente a 1/12 (um doze avos) do salário mensal, por mês de serviço ou fração superior a 14 (quatorze) dias.**

Parágrafo único. Considera-se contrato de safra o que tenha sua **duração dependente de variações estacionais da atividade agrária.**

1. Trabalhador safrista. O contrato de safra, embora seja uma espécie de contrato por prazo determinado, há previsão específica de indenização contratual ao término do contrato de safra, nos termos definidos neste dispositivo legal.

→ **Aplicação em concurso:**

- No concurso para Juiz do Trabalho Substituto para o TRT da 1ª Região (RJ), em 2016, promovido pela banca FCC, fora considerada **ERRADA** a seguinte assertiva: *"A indenização devida ao trabalhador safrista, pelo término normal do contrato, é de uma remuneração mensal".*

Art. 14-A. O produtor rural pessoa física poderá realizar contratação de trabalhador rural por pequeno prazo para o exercício de atividades de natureza temporária. (Incluído pela Lei nº 11.718, de 2008)

§ 1º A contratação de trabalhador rural por pequeno prazo que, dentro do período de 1 (um) ano, **superar 2 (dois) meses fica convertida em contrato de trabalho por prazo indeterminado,** observando-se os termos da legislação aplicável. (Incluído pela Lei nº 11.718, de 2008)

§ 2º A filiação e a inscrição do trabalhador de que trata este artigo na Previdência Social decorrem, automaticamente, da sua inclusão pelo empregador na Guia de Recolhimento do Fundo de Garantia do Tempo de Serviço e Informações à Previdência Social – GFIP, cabendo à Previdência Social instituir mecanismo que permita a sua identificação. (Incluído pela Lei nº 11.718, de 2008)

§ 3º O contrato de trabalho por pequeno prazo deverá ser formalizado mediante a inclusão do trabalhador na GFIP, na forma do disposto no § 2º deste artigo, e: (Incluído pela Lei nº 11.718, de 2008)

I – mediante a anotação na Carteira de Trabalho e Previdência Social e em Livro ou Ficha de Registro de Empregados; ou

II – **mediante contrato escrito, em 2 (duas) vias,** uma para cada parte, onde conste, no mínimo: (Incluído pela Lei nº 11.718, de 2008)

73

Art. 14-A — COLETÂNEA DE LEIS TRABALHISTAS

a) expressa autorização em acordo coletivo ou convenção coletiva; (Incluído pela Lei nº 11.718, de 2008)

b) identificação do produtor rural e do imóvel rural onde o trabalho será realizado e indicação da respectiva matrícula; (Incluído pela Lei nº 11.718, de 2008)

c) identificação do trabalhador, com indicação do respectivo Número de Inscrição do Trabalhador – NIT. (Incluído pela Lei nº 11.718, de 2008)

§ 4º A **contratação de trabalhador rural por pequeno prazo** só poderá ser realizada por produtor **rural pessoa física,** proprietário ou não, que explore **diretamente** atividade agroeconômica. (Incluído pela Lei nº 11.718, de 2008)

§ 5º A contribuição do segurado trabalhador rural contratado para prestar serviço na forma deste artigo é de 8% (oito por cento) sobre o respectivo salário--de-contribuição definido no inciso I do caput do art. 28 da Lei nº 8.212, de 24 de julho de 1991. (Incluído pela Lei nº 11.718, de 2008)

§ 6º A não inclusão do trabalhador na GFIP pressupõe a inexistência de contratação na forma deste artigo, sem prejuízo de comprovação, por qualquer meio admitido em direito, da existência de relação jurídica diversa. (Incluído pela Lei nº 11.718, de 2008)

§ 7º Compete ao empregador fazer o recolhimento das contribuições previdenciárias nos termos da legislação vigente, cabendo à Previdência Social e à Receita Federal do Brasil instituir mecanismos que facilitem o acesso do trabalhador e da entidade sindical que o representa às informações sobre as contribuições recolhidas. (Incluído pela Lei nº 11.718, de 2008)

§ 8º São assegurados ao trabalhador rural contratado por pequeno prazo, além de **remuneração equivalente à do trabalhador rural permanente,** os demais direitos de natureza trabalhista. (Incluído pela Lei nº 11.718, de 2008).

§ 9º Todas as parcelas devidas ao trabalhador de que trata este artigo serão calculadas dia a dia e pagas diretamente a ele mediante recibo. (Incluído pela Lei nº 11.718, de 2008)

§ 10. O Fundo de Garantia do Tempo de Serviço – FGTS deverá ser recolhido e poderá ser levantado nos termos da Lei nº 8.036, de 11 de maio de 1990. (Incluído pela Lei nº 11.718, de 2008)

---

1. **Contrato de trabalho por pequeno prazo.** A Lei 11.718/2008 criou uma nova espécie de contrato por tempo determinado, ante a necessidade social não atendida naquela época do meio rural pela Lei de contrato temporário previsto na Lei 6019/74, que em sua redação original se referia exclusivamente para empregados urbanos, fato recentemente modificado com as alterações trazidas pela Lei nº 13.429/17(Nova Lei de Terceirização), onde se contemplou a possibilidade de trabalho temporário para empresas rurais.

Lei nº 5.889, de 8 de junho de 1973

Art. 14-A

Assim, o contrato de trabalhador rural por pequeno prazo é uma espécie de contrato por prazo determinado que segundo a presente lei não poderá superar, em um período de um ano, a dois meses de serviço. Uma peculiaridade dessa espécie de contrato temporário rural é que só poderá ser firmado quando o empregador for produtor rural pessoa física e que explore diretamente a atividade agroeconômica. Ressalta-se que essa espécie de contrato é um contrato formal e a inobservância das formalidades exigidas no §3º do art. 14-A desta lei implicará no reconhecimento do contrato como contrato de trabalho rural por prazo indeterminado.

2. **Remuneração equivalente.** Por ser uma espécie de contrato por tempo determinado, o trabalhador nesta espécie terá direito a todas as verbas trabalhistas inerentes ao contrato a termo.

→ **Aplicação em concurso:**

- No concurso para Juiz do Trabalho Substituto para o TRT da 18ª Região (GO), em 2014, promovido pela banca FCC, foi cobrada uma questão específica sobre este artigo da Lei do Trabalho Rural, nos seguintes termos: *"Entre as modalidades de contrato de trabalho por prazo determinado previstas pelo ordenamento jurídico está o contrato de trabalho por pequeno prazo previsto pelo art. 14-A da Lei nº 5.889/1973 (Lei do Trabalho Rural). Sobre essa modalidade de contrato é INCORRETO afirmar:*

  A) *São assegurados ao trabalhador rural contratado por pequeno prazo, além da remuneração equivalente à do trabalhador rural permanente, os demais direitos de natureza trabalhista.*

  B) *A contratação de trabalhador rural por pequeno prazo que dentro do período de um ano superar 45 dias fica convertida em contrato de trabalho por prazo indeterminado.*

  C) *Essa modalidade de contrato somente pode ser celebrado entre produtor rural pessoa física, proprietário ou não, que explore diretamente atividade agroeconômica, e trabalhador rural.*

  D) *A não inclusão do trabalhador rural contratado por pequeno prazo na GFIP pressupõe a inexistência de contratação nesta modalidade, sem prejuízo de comprovação, por qualquer meio admitido em direito, da existência de relação jurídica diversa.*

  E) *O contrato de trabalho por pequeno prazo deverá ser formalizado, dentre outros requisitos, mediante celebração de contrato escrito, em duas vias, uma para cada parte, do qual conste, no mínimo, expressa autorização em acordo coletivo ou convenção, identificação do produtor rural e do imóvel rural onde o trabalho será realizado, indicação da respectiva matrícula e identificação do trabalhador, com indicação do respectivo Número de Inscrição do Trabalhador – NIT.*

  Resposta: B

Art. 15

COLETÂNEA DE LEIS TRABALHISTAS

> **Art. 15.** Durante o **prazo do aviso prévio**, se a rescisão tiver sido promovida pelo empregador, o empregado rural terá direito a um dia por semana, sem prejuízo do salário integral, para procurar outro trabalho.

1. Do aviso prévio. A Constituição Federal elenca o rol de direitos trabalhistas previstos para os trabalhadores urbanos e rurais em seu caput do art. 7º, promovendo uma isonomia de direitos sociais entre os trabalhadores urbanos e rurais. Dentre o rol de direitos sociais previsto está incluído o aviso prévio proporcional ao tempo de serviço, conforme inciso XXI do art. 7º. Ocorre que diferente do previsto no art. 488 da CLT, que se refere aos trabalhadores urbanos, o art. 15 desta lei prevê uma modalidade específica no cumprimento do aviso prévio do empregado rural, que salvo melhor juízo é menos benéfico ao empregado rural, pois reduz as possibilidades do modo de cumprimento do aviso, inviabilizando que o empregado rural usufrua da opção de redução de duas horas diárias durante o período de aviso prévio, como também não permite que o empregado rural falte sete dias corridos, de forma abonada, durante o aviso prévio, período em que o horário de trabalho não será reduzido.

CLT

Art. 488 O horário normal de trabalho do empregado, durante o prazo do aviso, e se a rescisão tiver sido promovida pelo empregador, será reduzido de 2 (duas) horas diárias, sem prejuízo do salário integral.

Parágrafo único – É facultado ao empregado trabalhar sem a redução das 2 (duas) horas diárias previstas neste artigo, caso em que poderá faltar ao serviço, sem prejuízo do salário integral, por 1 (um) dia, na hipótese do inciso I, e por 7 (sete) dias corridos, na hipótese do inciso II do art. 487 desta Consolidação.

Pois bem, considerando que a presente lei é anterior à Emenda Constitucional nº 28/2000, onde o constituinte reformador prevê a isonomia de direitos entre trabalhadores urbanos e rurais, e que o referido artigo não está assentado em uma condição de vida especial rural que justificasse a referida discriminação, entendo que o referido artigo está revogado ante a isonomia constitucional. No entanto, esse não é posicionamento predominante no Tribunal Superior do Trabalho, conforme se verifica na transcrição da ementa abaixo.

> **AGRAVO DE INSTRUMENTO EM RECURSO DE REVISTA. TRABALHADOR RURAL. AVISO PRÉVIO. ART. 15 DA LEI nº 5.889/73. PRINCÍPIO DA ISONOMIA.** *A isonomia prevista nos arts. 5º e 7º da CF/88 não significa igualdade absoluta de tratamento, mas igualdade dentro do possível, temperada com as desigualdades necessárias ao seu alcance, dada a situação concreta. No caso, a aplicação do art. 15 da Lei*

76

Lei nº 5.889, de 8 de junho de 1973

Art. 17

nº 5.889/73 atende às peculiaridades do trabalhador do campo, não representando afronta à Constituição Cidadã de 1988. CORTADOR DE CANA. SALÁRIO PAGO POR PRODUÇÃO. HORAS EXTRAS. PAGAMENTO DA HORA TRABALHADA E DO ADICIONAL. A decisão encontra-se alinhada à nova redação da OJ nº 235 da SBDI-1, emergindo como óbices ao processamento da Revista o art. 896, § 4º, da CLT e a Súmula nº 333/TST. Agravo de Instrumento não provido. (TST – AIRR: 10251020105150049 1025-10.2010.5.15.0049, Relator: Maria de Assis Calsing, Data de Julgamento: 07/08/2012, 4ª Turma,)

Art. 16. Toda propriedade rural, que mantenha a seu serviço ou trabalhando em seus limites mais de cinquenta famílias de trabalhadores de qualquer natureza, é obrigada a possuir e conservar em funcionamento **escola primária, inteiramente gratuita, para os filhos destes**, com tantas classes quantos sejam os filhos destes, com tantas classes quantos sejam os grupos de quarenta crianças em idade escolar.

Parágrafo único. A matrícula da população em idade escolar será obrigatória, sem qualquer outra exigência, além da certidão de nascimento, para cuja obtenção o empregador proporcionará todas as facilidades aos responsáveis pelas crianças.

1. **A importância deste artigo está em sua literalidade.**

Art. 17. As normas da presente Lei são aplicáveis, no que couber, aos trabalhadores rurais não compreendidos na definição do art. 2º, que prestem serviços a empregador rural.

1. **Empregado rural e trabalhador rural.** Destaca-se que aqui o legislador quis diferençar a denominação "empregado rural" da nomenclatura "trabalhador rural", sendo esta nomenclatura mais abrangente, incluindo os demais trabalhadores do meio rural, como parceiros, meeiros, ou trabalhadores autônomos, conforme se depreende do art. 2º da convenção 141 da Organização Internacional do Trabalho, ratificado pelo Brasil no ano de 1994.

Convenção 141 da Organização Internacional do Trabalho

Art. 2 – 1. Para efeito da presente Convenção, a expressão 'trabalhadores rurais' abrange todas as pessoas dedicadas, nas regiões rurais, a tarefas agrícolas ou artesanais ou a ocupações similares ou conexas, tanto se trata de assalariados como, ressalvadas as disposições do parágrafo 2 deste artigo, de pessoas que trabalhem por conta própria, como arrendatários, parceiros e pequenos proprietários.

77

Art. 18 COLETÂNEA DE LEIS TRABALHISTAS

Art. 18. As infrações aos dispositivos desta Lei serão punidas com multa de R$ 380,00 (trezentos e oitenta reais) por empregado em situação irregular. (Redação dada pela Medida Provisória nº 2.164-41, de 2001)

§ 1º As infrações aos dispositivos da Consolidação das Leis do Trabalho – CLT e legislação esparsa, cometidas contra o trabalhador rural, serão punidas com as multas nelas previstas. (Redação dada pela Medida Provisória nº 2.164-41, de 2001)

§ 2º As penalidades serão aplicadas pela autoridade competente do Ministério do Trabalho e Emprego, de acordo com o disposto no Título VII da CLT. (Redação dada pela Medida Provisória nº 2.164-41, de 2001)

§ 3º A fiscalização do Ministério do Trabalho e Emprego exigirá dos empregadores rurais ou produtores equiparados a comprovação do recolhimento da Contribuição Sindical Rural das categorias econômica e profissional. (Redação dada pela Medida Provisória nº 2.164-41, de 2001)

1. **Multas administrativas.** As referidas multas neste dispositivo possuem caráter administrativo, não revertendo em benefício do trabalhador.

Art. 19. O enquadramento e a contribuição sindical rurais continuam regidos pela legislação ora em vigor; o seguro social e o seguro contra acidente do trabalho rurais serão regulados por lei especial. (Vide Lei nº 6.195, de 1974)

1. **Autonomia privada coletiva.** Apenas com a Constituição Federal de 1988 que foi reconhecida a isonomia de tratamento entre os trabalhadores urbanos e rurais, no que tange aos direitos sociais fundamentais, onde se engloba um extenso rol de direitos no art. 7º da Constituição Federal. Assim, a efetividade de aplicação do direito à autonomia privada coletiva, através da validade de acordos e convenções coletivas de trabalho, apenas se firmou com a Constituição Federal.

Art. 20. Lei especial disporá sobre a aplicação ao trabalhador rural, no que couber, do regime do Fundo de Garantia do Tempo de Serviço.

Art. 21. Esta Lei entra em vigor na data de sua publicação, revogadas as disposições em contrário, em especial a Lei nº 4.214, de 02/03/1963, e o Decreto-lei nº 761, de 14/08/1969.

Lei nº 6.019, de 3 de janeiro de 1974

Dispõe sobre o Trabalho Temporário nas Empresas Urbanas, e dá outras Providências.

O PRESIDENTE DA REPÚBLICA: Faço saber que o Congresso Nacional decreta e eu sanciono a seguinte Lei:

COMENTÁRIOS PRELIMINARES: A Lei nº 13.429 de 31 de março de 2017 alterou a Lei 6.019/74, ora em estudo, em diversos dispositivos, modificando profundamente o conteúdo da presente Lei, que antes tinha um conteúdo mais limitado a uma espécie de terceirização de serviços, que era a contratação de trabalho temporário, passando também a regulamentar a terceirização de serviços permanente.

A Lei nº 13.467 de 13 de julho de 2017 alterou mais uma vez o conteúdo da Lei nº 6.019/74, alterando a redação dos arts. 4º-A e 5º-A, e introduzindo os seguintes dispositivos: 4º-C, 5º-C e 5º-D, que serão analisados a seguir.

Art. 1º As relações de trabalho na empresa de trabalho temporário, **na empresa de prestação de serviços e nas respectivas tomadoras de serviço e contratante** regem-se por esta Lei. (Redação dada pela Lei nº 13.429, de 2017)

1. Terceirização de serviços. Antes da vigência da Lei nº 13.429/17 e da de nº 1.3467/17, com a exceção da Lei nº 7.102/1983 (terceirização de serviços de vigilância e transporte de valores), não havia em nosso ordenamento jurídico nenhuma norma regulamentadora da terceirização de serviços de forma permanente. O parâmetro até então utilizado para se tratar da terceirização de serviços era apenas as diretrizes contidas na Súmula nº 331 do TST. A presente Lei de trabalho temporário se limitava a instituir e a regulamentar apenas uma espécie de terceirização por prazo determinado, qual seja, a de trabalho temporário. Vejamos a transcrição da Súmula nº 331 do TST:

COLETÂNEA DE LEIS TRABALHISTAS

Súmula nº 331 do TST. CONTRATO DE PRESTAÇÃO DE SERVIÇOS. LEGA-LIDADE (nova redação do item IV e inseridos os itens V e VI à redação) – Res. 174/2011, DEJT divulgado em 27, 30 e 31.05.2011. *I – A contratação de trabalhadores por empresa interposta é ilegal, formando-se o vínculo diretamente com o tomador dos serviços, salvo no caso de trabalho temporário (Lei nº 6.019, de 03.01.1974). II – A contratação irregular de trabalhador, mediante empresa interposta, não gera vínculo de emprego com os órgãos da Administração Pública direta, indireta ou fundacional (art. 37, II, da CF/1988). III – Não forma vínculo de emprego com o tomador a contratação de serviços de vigilância (Lei nº 7.102, de 20.06.1983) e de conservação e limpeza, bem como a de serviços especializados ligados à atividade-meio do tomador, desde que inexistente a pessoalidade e a subordinação direta. IV – O inadimplemento das obrigações trabalhistas, por parte do empregador, implica a responsabilidade subsidiária do tomador dos serviços quanto àquelas obrigações, desde que haja participado da relação processual e conste também do título executivo judicial. V – Os entes integrantes da Administração Pública direta e indireta respondem subsidiariamente, nas mesmas condições do item IV, caso evidenciada a sua conduta culposa no cumprimento das obrigações da Lei nº 8.666, de 21.06.1993, especialmente na fiscalização do cumprimento das obrigações contratuais e legais da prestadora de serviço como empregadora. A aludida responsabilidade não decorre de mero inadimplemento das obrigações trabalhistas assumidas pela empresa regularmente contratada.*

Assim a nova redação do art.1º amplia, consideravelmente, o conteúdo desta norma para incluir em sua regulamentação as relações de trabalho entre empresas tomadoras de serviços, as prestadoras de serviços e o contratante, ou seja, a terceirização de serviços de forma permanente.

Art. 2º Trabalho temporário é aquele prestado por pessoa física contratada por uma empresa de trabalho temporário que a coloca à disposição de uma empresa tomadora de serviços, para atender à necessidade de substituição transitória de pessoal permanente ou à demanda complementar de serviços. (Redação dada pela Lei nº 13.429, de 2017)

§ 1º É **proibida** a contratação de trabalho temporário para a **substituição de trabalhadores em greve**, salvo nos casos previstos em lei. (Incluído pela Lei nº 13.429, de 2017)

§ 2º **Considera-se complementar a demanda de serviços** que seja oriunda de fatores imprevisíveis ou, quando decorrente de fatores previsíveis, tenha natureza intermitente, periódica ou sazonal. (Incluído pela Lei nº 13.429, de 2017)

Lei nº 6.019, de 3 de janeiro de 1974

Art. 2º

1. **Do trabalho temporário.** O contrato temporário é uma espécie de terceirização de serviço, onde se permite, excepcionalmente, que essa terceirização ocorra em atividade-fim, desde que se obedeçam os requisitos legais ora instituídos.

1.1. Requisitos anteriores às alterações. Antes da vigência da Lei nº 13.429/17, a contratação do trabalho temporário era limitada a três meses e os requisitos justificantes da contratação se resumiam ao atendimento à necessidade transitória de substituição de seu pessoal regular e permanente ou ao acréscimo extraordinário de serviços, conforme redação original da Lei 6.019/74. A inobservância desses requisitos ou demais contratações em atividade-fim de empresa tomadora era ilícita, formando-se o vínculo do empregado temporário diretamente com o tomador, e gerando uma responsabilização solidária entre as empresas no que tange ao crédito trabalhista do empregado temporário.

REDAÇÃO ORIGINAL (Lei nº 6.019/74):

> **Art. 2º** – Trabalho temporário é aquele prestado por pessoa física a uma empresa, para atender à necessidade transitória de substituição de seu pessoal regular e permanente ou à acréscimo extraordinário de serviços.

1.2. Requisitos ulteriores às alterações. Após a vigência da Lei 13.429/17, a terceirização de serviço de trabalho temporário possui como motivação justificante de sua atividade o atendimento à necessidade de substituição transitória de pessoal permanente ou à demanda complementar de serviços, esta última possui uma conotação mais flexível e aberta, conforme se percebe no § 2º deste artigo a seguir comentado.

2. **Vedação à substituição de trabalhadores em greve.** Esse dispositivo contemplou a proibição prevista na Lei de greve – Lei nº 7.783 de 1989 –, quando no parágrafo único do art. 7º veda a contratação de trabalhadores substitutos ao trabalhadores grevistas durante o movimento paredista.

> **Lei de greve – Lei nº 7.783 de 1989**
>
> **Art. 7º** Observadas as condições previstas nesta Lei, a participação em greve suspende o contrato de trabalho, devendo as relações obrigacionais, durante o período, ser regidas pelo acordo, convenção, laudo arbitral ou decisão da Justiça do Trabalho.
>
> **Parágrafo único.** É vedada a rescisão de contrato de trabalho durante a greve, bem como a contratação de trabalhadores substitutos, exceto na ocorrência das hipóteses previstas nos arts. 9º e 14.

Art. 3º   COLETÂNEA DE LEIS TRABALHISTAS

3. **Flexibilização das hipóteses de trabalho temporário.** A redação do § 2º foi alterada para essencialmente contemplar um sentido mais flexível nas hipóteses cabíveis de trabalho temporário. Isso porque antes da vigência da Lei 13.429/2017 só se podia realizar a contratação de trabalho temporário quando houvesse necessidade transitória de substituição de seu pessoal regular e permanente ou acréscimo extraordinário de serviços. Agora, no entanto, além da necessidade transitória de substituição de seu pessoal regular e permanente também se contempla a necessidade de demanda complementar de serviços, que não precisa necessariamente ter acréscimo extraordinário de serviços. Amplia-se a hipótese para incluir fatores previsíveis, mas que tenham caráter intermitente, periódica ou sazonal. Desta feita, se a necessidade de serviço complementar era previsível, mas não tinha caráter permanente e contínuo, possibilita-se a contratação temporária de serviços, que possui a característica principal de viabilizar a terceirização temporária de serviços em atividade-fim, desde que observados os requisitos desta Lei.

> **Art. 3º** É reconhecida a atividade da empresa de trabalho temporário que passa a integrar o plano básico do **enquadramento sindical** a que se refere o art. 577, da Consolidação da Leis do Trabalho.

1. **Enquadramento sindical.** Depreende-se desse dispositivo legal, que o enquadramento sindical do trabalhador temporário se encaixa na atividade da empresa prestadora de serviço temporário e não na tomadora de serviços. Assim, por exemplo, uma empregada temporária em uma empresa metalúrgica não se encaixa no enquadramento da categoria dos metalúrgicos e consequentemente não tem direito aos benefícios inerentes aos metalúrgicos, não obstante exercesse temporariamente atividade-fim e esteja em condições de trabalho idênticas à da categoria de metalúrgicos.

> **Art. 4º Empresa de trabalho temporário** é a pessoa jurídica, devidamente registrada no Ministério do Trabalho, responsável pela colocação de trabalhadores à disposição de outras empresas temporariamente. (Redação dada pela Lei nº 13.429, de 2017)

1. **Requisitos da empresa de trabalho temporário.** Na redação original desta norma, possibilitava-se que a empresa de trabalho temporário fosse pessoa física ou pessoa jurídica urbana. Com a mudança legislativa, vedou-se a hipótese de ser pessoa física a empresa de contrato temporário, e não mais limitou ser somente urbana a pessoa jurídica nessa espécie de terceirização.

Lei n° 6.019, de 3 de janeiro de 1974

Art. 4°

Art. 4°-A. Considera-se prestação de serviços a terceiros **a transferência feita pela contratante da execução de quaisquer de suas atividades, inclusive sua atividade principal,** à pessoa jurídica de direito privado prestadora de serviços que possua capacidade econômica compatível com a sua execução. (Incluído pela Lei 13467/17)

§ 1° **A empresa prestadora de serviços contrata,** remunera e dirige o trabalho realizado por seus trabalhadores, **ou subcontrata outras empresas** para realização desses serviços. (Incluído pela Lei n° 13.429, de 2017)

§ 2° **Não se configura vínculo empregatício entre os trabalhadores,** ou sócios das empresas prestadoras de serviços, qualquer que seja o seu ramo, **e a empresa contratante.** (Incluído pela Lei n° 13.429, de 2017)

1. **Empresa prestadora de serviços a terceiros.** O *caput* deste dispositivo não se refere ao contrato de trabalho temporário, mas sim às hipóteses de terceirização de serviços de forma permanente, onde uma empresa denominada "prestadora de serviços", contrata, remunera e dirige o trabalho de um empregado, trabalho este que será prestado em benefício de uma outra empresa, denominada ora de "contratante". O empregado terceirizado não possui vínculo de emprego com a empresa contratante, mas tão somente com a prestadora de serviços. Essa relação triangular é denominada de terceirização de serviços.

2. **Mudança com a Nova Lei da Terceirização.** Como na Lei n° 13.429 de 2017(Lei da Terceirização) não houve estipulação de prazo máximo como requisito de validade para a terceirização da atividade , mas tão somente para o contrato temporário, entendia-se que sob a regência da Nova Lei da Terceirização somente seria lícita a terceirização em atividade-fim através do contrato temporário, prevalecendo a tese de que na terceirização permanente aplicar-se-iam as diretrizes impostas pela Súmula 331 do TST, devendo a prestação de serviço terceirizada se limitar às atividades acessórias ou instrumentais, conforme se verifica na redação do dispositivo 4°-A, incluído pela Lei 13.429/17:

   Art. 4º-A. Empresa prestadora de serviços a terceiros é a pessoa jurídica de direito privado destinada a prestar à contratante serviços determinados e específicos. (Incluído pela Lei nº 13.429, de 2017 e **Revogada pela Lei 13.467/17**)

3. **Mudança com a Reforma Trabalhista. Terceirização em atividade-fim.** Ocorre que, com a reforma trabalhista, através da Lei nº13467/17, não cabe mais a referida interpretação. Isso porque a alteração do art. 4º-A permitiu que a terceirização de serviços de caráter permanente ocorra de forma

83

lícita em atividade-fim da empresa. Assim, qualquer atividade pode ser terceirizada, perdendo o sentido a indagação sobre a natureza da atividade terceirizada, pois de qualquer forma, seja a atividade indispensável ou não para a tomadora de serviços, o referido fato será irrelevante para fins de apuração da licitude da terceirização pela nova legislação.

4. **Subcontratação.** Os §§ 1º e 2º não estavam previstos na redação original desta Lei. Essa mudança redacional legalizou a subcontratação pela empresa prestadora de serviço. Assim, uma empresa prestadora de serviços pode contratar uma outra empresa prestadora de serviço para o fornecimento de mão-de-obra para uma empresa, denominada de empresa contratante.

> **Art. 4º-B.** São **requisitos para o funcionamento da empresa de prestação de serviços a terceiros:** (Incluído pela Lei nº 13.429, de 2017)
>
> **I** – prova de inscrição no Cadastro Nacional da Pessoa Jurídica (CNPJ); (Incluído pela Lei nº 13.429, de 2017)
>
> **II** – registro na Junta Comercial; (Incluído pela Lei nº 13.429, de 2017)
>
> **III** – capital social compatível com o número de empregados, observando-se os seguintes parâmetros: (Incluído pela Lei nº 13.429, de 2017)
>
> **a)** empresas com até dez empregados – capital mínimo de R$ 10.000,00 (dez mil reais); (Incluído pela Lei nº 13.429, de 2017)
>
> **b)** empresas com mais de dez e até vinte empregados – capital mínimo de R$ 25.000,00 (vinte e cinco mil reais); (Incluído pela Lei nº 13.429, de 2017)
>
> **c)** empresas com mais de vinte e até cinquenta empregados – capital mínimo de R$ 45.000,00 (quarenta e cinco mil reais); (Incluído pela Lei nº 13.429, de 2017)
>
> **d)** empresas com mais de cinquenta e até cem empregados – capital mínimo de R$ 100.000,00 (cem mil reais); e (Incluído pela Lei nº 13.429, de 2017)
>
> **e)** empresas com mais de cem empregados – capital mínimo de R$ 250.000,00 (duzentos e cinquenta mil reais). (Incluído pela Lei nº 13.429, de 2017)

1. **Requisitos da empresa de prestação de serviços a terceiros.** Exigiu-se como requisito para funcionamento de empresa de prestação de serviços (terceirização de caráter permanente) tão somente o registro no Cadastro Nacional de Pessoa Jurídica, o registro na junta comercial e capital social condizente com o número de empregados.

Lei nº 6.019, de 3 de janeiro de 1974

Art. 4º-C

Art. 4º-C. São asseguradas aos empregados da empresa prestadora de serviços a que se refere o art. 4º-A desta Lei, quando e enquanto os serviços, que podem ser de qualquer uma das atividades da contratante, forem executados nas dependências da tomadora, as mesmas condições:

I – relativas a:

a) alimentação garantida aos empregados da contratante, quando oferecida em refeitórios;

b) direito de utilizar os serviços de transporte;

c) atendimento médico ou ambulatorial existente nas dependências da contratante ou local por ela designado;

d) treinamento adequado, fornecido pela contratada, quando a atividade o exigir.

II – sanitárias, de medidas de proteção à saúde e de segurança no trabalho e de instalações adequadas à prestação do serviço.

§ 1º Contratante e contratada poderão estabelecer, se assim entenderem, que os empregados da contratada farão jus a salário equivalente ao pago aos empregados da contratante, além de outros direitos não previstos neste artigo.

§ 2º Nos contratos que impliquem mobilização de empregados da contratada em número igual ou superior a 20% (vinte por cento) dos empregados da contratante, esta poderá disponibilizar aos empregados da contratada os serviços de alimentação e atendimento ambulatorial em outros locais apropriados e com igual padrão de atendimento, com vistas a manter o pleno funcionamento dos serviços existentes."

1. **Mudança com a reforma trabalhista. Direitos dos trabalhadores terceirizados.** A reforma trabalhista quis deixar claro que o trabalhador terceirizado não tem direito à equivalência salarial com o trabalhador da empresa contratante, mesmo em caso de terceirização em atividade essencial, salvo se o contrário houver sido pactuado entre as partes, inclusive mediante contrato individual de trabalho.

Assim, a Lei nº 13.467/17 apenas assegura aos empregados terceirizados o direito à mesma alimentação oferecida aos empregados da empresa contratante, quando fornecida em refeitórios, bem como o direito de se utilizar dos mesmos serviços de transporte, do atendimento médico ou ambulatorial, de treinamento e das mesmas condições sanitárias (medidas de proteção à saúde e de segurança no trabalho e de instalações adequadas) dos empregados da empresa contratante.

85

Art. 5º Empresa tomadora de serviços é a pessoa jurídica ou entidade a ela equiparada que celebra contrato de prestação de trabalho temporário com a empresa definida no art. 4º desta Lei. (Redação dada pela Lei nº 13.429, de 2017);

1. Empresa tomadora de serviços. Este dispositivo denomina "tomadora de serviços" a empresa que celebra contrato de trabalho temporário, beneficiando-se da mão-de-obra especializada e determinada, fornecida pela empresa prestadora de serviços. Antes da entrada em vigor da Lei 13.429/17, denominava-se empresa tomadora de serviço qualquer empresa que se utilizasse de mão-de-obra terceirizada e não apenas decorrente do contrato temporário, conforme se verifica na redação da Súmula nº 331 do TST. Desta feita, a partir da presente mudança legislativa, denomina-se empresa "tomadora de serviços" tão somente a empresa que se beneficia da mão-de-obra decorrente de contrato de trabalho temporário.

Art. 5º-A. Contratante é a pessoa física ou jurídica que celebra contrato com empresa de prestação de serviços relacionados a quaisquer de suas atividades, inclusive sua atividade principal.

§ 1º É vedada à contratante a utilização dos trabalhadores em **atividades distintas daquelas que foram objeto do contrato** com a empresa prestadora de serviços. (Incluído pela Lei nº 13.429, de 2017)

§ 2º Os **serviços contratados poderão ser executados nas instalações físicas da empresa contratante ou em outro local**, de comum acordo entre as partes. (Incluído pela Lei nº 13.429, de 2017)

§ 3º É **responsabilidade da contratante garantir as condições de segurança, higiene e salubridade dos trabalhadores**, quando o trabalho for realizado em suas dependências ou local previamente convencionado em contrato. (Incluído pela Lei nº 13.429, de 2017)

§ 4º A **contratante poderá estender ao trabalhador da empresa de prestação de serviços o mesmo atendimento médico, ambulatorial e de refeição destinado aos seus empregados**, existente nas dependências da contratante, ou local por ela designado. (Incluído pela Lei nº 13.429, de 2017)

§ 5º A **empresa contratante é subsidiariamente responsável pelas obrigações trabalhistas referentes ao período em que ocorrer a prestação de serviços**, e o recolhimento das contribuições previdenciárias observará o disposto no art. 31 da Lei nº 8.212, de 24 de julho de 1991. (Incluído pela Lei nº 13.429, de 2017)

Lei nº 6.019, de 3 de janeiro de 1974

Art. 5º

1. **Empresa contratante.** Quando a empresa for beneficiária de mão-de-obra terceirizada, que não seja de contrato temporário, essa empresa deixa de se chamar "tomadora de serviços", passando a se denominar com essa mudança legislativa de "empresa contratante", que, inclusive, poderá ser pessoa física.

Assim, a denominação "empresa tomadora de serviços" fica sendo utilizada exclusivamente para contrato temporário de terceirização e empresa contratante para as terceirizações de caráter permanente.

2. **Alteração com a reforma trabalhista.** A reforma trabalhista alterou o art. 5º-A, anteriormente incluído com a Lei 13429/17, enfatizando a possibilidade de terceirização de serviços de forma permanente na atividade-fim da empresa contratante, conforme já explicitado supra. A redação do Art. 5º-A era o seguinte:

> Art. 5º-A. Contratante é a pessoa física ou jurídica que celebra contrato com empresa de prestação de serviços determinados e específicos. (Incluído pela Lei nº 13.429, de 2017 e **Revogado pela Lei 13.467/17**)

3. **Limitações, atribuições e garantias do empregado terceirizado.** Os parágrafos deste art. 5º-A disciplinam a terceirização de serviços, limitando as atribuições do empregado terceirizado ao efetivamente pactuado no contrato de prestação de serviço. Deixou-se claro também que a prestação de serviço pode ser realizada tanto no estabelecimento da contratante como em qualquer outro estabelecimento previamente acordado em contrato.

Como, em regra, o trabalho é executado no estabelecimento da empresa contratante, é desta empresa a responsabilidade em se garantir a higiene, segurança e salubridade dos trabalhadores. Ou seja, eventual acidente de trabalho de empregado terceirizado por ausência de fornecimento de equipamento de proteção a empresa contratante poderá ser responsabilizada.

4. **Responsabilidade pelas obrigações trabalhistas.** Por fim, reconheceu-se a responsabilização subsidiária da empresa contratante no que refere aos créditos trabalhistas, seguindo, desta forma, o entendimento previsto no inciso IV da Súmula nº 331 do TST. Ressalta-se que a empresa contratante é a responsável pela retenção de percentual da fatura de pagamento para fins de recolhimento da contribuição previdenciária, nos termos do art. 31 da Lei nº 8.212/91.

Art. 5º-B. O contrato de prestação de serviços conterá: (Incluído pela Lei nº 13.429, de 2017)

I – qualificação das partes; (Incluído pela Lei nº 13.429, de 2017)

II – especificação do serviço a ser prestado; (Incluído pela Lei nº 13.429, de 2017)

III – prazo para realização do serviço, quando for o caso;

IV – valor. (Incluído pela Lei nº 13.429, de 2017)

1. **Requisitos do contrato de prestação de serviços.** Esse dispositivo legal apenas exige requisitos mínimos para a formalização de um contrato de prestação de serviços, como a qualificação das partes, especificação do serviço a ser prestado, o prazo para realização do serviço e o valor. Pela literalidade do inciso III, entende-se que haverá situações em que o prazo não poderá ser estipulado, sendo o caso de terceirização de serviços de caráter permanente, quando então deverão ser observados as diretrizes previstas na súmula 331 do TST.

Art. 5º-C. Não pode figurar como contratada, nos termos do art. 4º-A desta Lei, a pessoa jurídica cujos titulares ou sócios tenham, nos últimos dezoito meses, prestado serviços à contratante na qualidade de empregado ou trabalhador sem vínculo empregatício, exceto se os referidos titulares ou sócios forem aposentados.

Art. 5º-D. O empregado que for demitido não poderá prestar serviços para esta mesma empresa na qualidade de empregado de empresa prestadora de serviços antes do decurso de prazo de dezoito meses, contados a partir da demissão do empregado.

1. **Reforma trabalhista. Período de vedação de contratação.** Proíbe-se a contratação, como empresa prestadora de serviços, de pessoa jurídica cujos titulares ou sócios tenham, nos últimos dezoito meses, prestado serviço à contratante na qualidade de empregado ou trabalhador sem vínculo de emprego, salvo se os referidos titulares ou sócios foram aposentados. Da mesma forma, não poderá ser contratado para prestação de serviços à empresa contratante, empregado desta demitido há menos de dezoito meses, sob pena de se reconhecer o vínculo de emprego.

Art. 6º São requisitos para funcionamento e registro da empresa de trabalho temporário no Ministério do Trabalho: (Redação dada pela Lei nº 13.429, de 2017)

I – prova de inscrição no Cadastro Nacional da Pessoa Jurídica (CNPJ), do Ministério da Fazenda; (Incluído pela Lei nº 13.429, de 2017)

Lei nº 6.019, de 3 de janeiro de 1974

Art. 7º

II – prova do competente registro na Junta Comercial da localidade em que tenha sede; (Incluído pela Lei nº 13.429, de 2017)

III – prova de possuir capital social de, no mínimo, R$ 100.000,00 (cem mil reais). (Incluído pela Lei nº 13.429, de 2017)

1. Requisitos da empresa de trabalho temporário. Esse artigo se refere aos requisitos de funcionamento tão somente da empresa de trabalho temporário, enquanto o art. 4º-B se refere aos requisitos de funcionamento das demais empresas de prestação de serviço.

1.1. Revogação de requisitos restritivos. Foram revogados da redação original desta norma diversos outros requisitos formais para o funcionamento da empresa de contrato temporário. Exigiu-se apenas a prova de inscrição no cadastro Nacional de Pessoa Jurídica, registro na Junta Comercial e o capital social mínimo de R$100.000,00(cem mil reais).

1.2. Risco de inadimplemento de créditos trabalhistas. Ressalta-se, por fim, que o perigo da ausência de maiores exigências para a criação e funcionamento de empresa de terceirização de serviços ou de contrato temporário é a ausência de garantias de adimplemento dos créditos trabalhistas. Isso porque normalmente essas empresas de prestação de serviço não possuem patrimônio, pois trabalham tão somente com a cessão de mão-de-obra. Não é incomum o fechamento de empresas prestadoras de serviços, após a vigência do contrato, deixando o trabalhador sem qualquer garantia do adimplemento de suas verbas rescisórias, ante a inexistência de patrimônio da empresa fechada.

Art. 7º – A empresa de trabalho temporário que estiver funcionando na data da vigência desta Lei terá o **prazo de noventa dias para o atendimento das exigências** contidas no artigo anterior.

Parágrafo único. A empresa infratora do presente artigo poderá ter o seu funcionamento suspenso, por ato do Diretor Geral do Departamento Nacional de Mão-de-Obra, cabendo recurso ao Ministro de Estado, no prazo de dez dias, a contar da publicação do ato no Diário Oficial da União.

1. Prazo de 90 dias para adequação. Esse dispositivo apenas concede um prazo de 90 dias para as empresas de trabalho temporário se adequarem, sob pena de aplicação de multa. Como na realidade a referida Lei flexibilizou vários requisitos de funcionamento, a possibilidade fática das empresas que estão em funcionamento descumprirem essa nova disposição legal é muito pequena.

Art. 8º

COLETÂNEA DE LEIS TRABALHISTAS

Art. 8º A empresa de trabalho temporário é obrigada a fornecer ao Departamento Nacional de Mão-de-Obra, quando solicitada, os elementos de informação julgados necessários ao estudo do mercado de trabalho.

1. A importância deste artigo está em sua literalidade.

Art. 9º O contrato celebrado pela empresa de trabalho temporário e a tomadora de serviços será por escrito, ficará à disposição da autoridade fiscalizadora no estabelecimento da tomadora de serviços e conterá: (Redação dada pela Lei nº 13.429, de 2017)

I – qualificação das partes; (Incluído pela Lei nº 13.429, de 2017)

II – motivo justificador da demanda de trabalho temporário; (Incluído pela Lei nº 13.429, de 2017)

III – prazo da prestação de serviços; (Incluído pela Lei nº 13.429, de 2017)

IV – valor da prestação de serviços; (Incluído pela Lei nº 13.429, de 2017)

V – disposições sobre a segurança e a saúde do trabalhador, independentemente do local de realização do trabalho. (Incluído pela Lei nº 13.429, de 2017)

§ 1º É responsabilidade da empresa contratante garantir as condições de segurança, higiene e salubridade dos trabalhadores, quando o trabalho for realizado em suas dependências ou em local por ela designado. (Incluído pela Lei nº 13.429, de 2017)

§ 2º A contratante estenderá ao trabalhador da empresa de trabalho temporário o mesmo atendimento médico, ambulatorial e de refeição destinado aos seus empregados, existente nas dependências da contratante, ou local por ela designado. (Incluído pela Lei nº 13.429, de 2017)

§ 3º O contrato de trabalho temporário pode versar sobre o desenvolvimento de atividades-meio e atividades-fim a serem executadas na empresa tomadora de serviços. (Incluído pela Lei nº 13.429, de 2017)

1. **Formalidade contratual.** Manteve-se a exigência da formalidade escrita do contrato de prestação de serviço para a validade do trabalho temporário, sob pena de gerar vínculo empregatício direto entre o tomador de serviços e o empregado temporário.

2. **"Contratante": impropriedade na redação.** O art. 9º que está sendo no momento analisado se refere especificamente ao contrato temporário. Ocorre, contudo, uma impropriedade na redação dos §§ 1º e 2º, haja vista que se utiliza da nomenclatura "contratante", quando deveria se utilizar da nomenclatura "tomadora de serviços", conforme exegese dos art. 5º e 5º-A desta própria norma. Ademais, o §§ 3º e 4º do art. 5º-A já

Lei nº 6.019, de 3 de janeiro de 1974

Art. 10

repete o conteúdo dos §§ 1º e 2º do presente art. 9º, fato que corrobora a assertiva do equívoco redacional ora apontado. Assim, neste dispositivo onde se lê "contratante", compreenda-se como "empresa tomadora de serviços", haja vista que este dispositivo se refere ao contrato temporário especificamente, sendo que o termo contratante se refere às demais hipóteses de terceirização.

Art. 10. Qualquer que seja o ramo da empresa tomadora de serviços, **não existe vínculo de emprego entre ela e os trabalhadores contratados pelas empresas de trabalho temporário.** (Redação dada pela Lei nº 13.429, de 2017)

§ **1º** O contrato de trabalho temporário, com relação ao mesmo empregador, **não poderá exceder ao prazo de cento e oitenta dias**, consecutivos ou não. (Incluído pela Lei nº 13.429, de 2017)

§ **2º** O contrato **poderá ser prorrogado por até noventa dias, consecutivos ou não**, além do prazo estabelecido no § 1º deste artigo, quando comprovada a manutenção das condições que o ensejaram. (Incluído pela Lei nº 13.429, de 2017)

§ **3º** (VETADO). (Incluído pela Lei nº 13.429, de 2017)

§ **4º** Não se aplica ao trabalhador temporário, contratado pela tomadora de serviços, o contrato de experiência previsto no parágrafo único do art. 445 da Consolidação das Leis do Trabalho (CLT), aprovada pelo Decreto-Lei nº 5.452, de 1º de maio de 1943. (Incluído pela Lei nº 13.429, de 2017)

§ **5º** O trabalhador temporário que cumprir o período estipulado nos §§ 1º e 2º deste artigo **somente poderá ser colocado à disposição da mesma tomadora de serviços em novo contrato temporário, após noventa dias do término do contrato anterior.** (Incluído pela Lei nº 13.429, de 2017)

§ **6º** A contratação anterior ao prazo previsto no § 5º deste artigo caracteriza vínculo empregatício com a tomadora.

§ **7º** A contratante é subsidiariamente responsável pelas obrigações trabalhistas referentes ao período em que ocorrer o trabalho temporário, e o recolhimento das contribuições previdenciárias observará o disposto no art. 31 da Lei nº 8.212, de 24 de julho de 1991. (Incluído pela Lei nº 13.429, de 2017)

1. **Natureza de contrato por prazo determinado.** Percebe-se que o contrato temporário tem a natureza de contrato por prazo determinado. Assim, ao final do contrato temporário, o trabalhador terá direito apenas às verbas pertinentes ao contrato a termo, não tendo, por exemplo, direito ao aviso prévio.

Art. 11 COLETÂNEA DE LEIS TRABALHISTAS

2. **Prazo do contrato temporário.** Houve um aumento expressivo do prazo de vigência do contrato temporário, passando de três meses para cento e oitenta dias, podendo ser prorrogado por mais noventa dias, totalizando o máximo de duzentos e setenta dias.

3. **Prestação de serviço ao mesmo tomador.** Ressalta-se que o trabalhador temporário após o término da vigência do contrato temporário somente poderá voltar a prestar serviço ao mesmo tomador de serviços após transcorrido o prazo de noventa dias, sob pena de caracterização de vínculo com a tomadora de serviços.

4. **Outra impropriedade redacional.** Por fim o § 7º contém a mesma impropriedade redacional fundamentada nos comentários do art. 9º desta norma, pois, tecnicamente, deveria se referir à empresa "tomadora de serviços", e não à empresa "contratante", haja vista que o artigo 10 se refere ao contrato temporário, especificamente.

> **Art. 11.** O contrato de trabalho celebrado entre empresa de trabalho temporário e cada um dos assalariados colocados à disposição de uma empresa tomadora ou cliente será, obrigatoriamente, escrito e dele deverão constar, expressamente, os direitos conferidos aos trabalhadores por esta Lei.
>
> **Parágrafo único.** Será nula de pleno direito qualquer cláusula de reserva, proibindo a contratação do trabalhador pela empresa tomadora ou cliente ao fim do prazo em que tenha sido colocado à sua disposição pela empresa de trabalho temporário.

1. **Contrato formal sem permissão a qualquer cláusula de reserva.** Não houve mudança na redação original deste artigo. Manteve-se o entendimento de que o contrato temporário é um contrato formal, haja vista a exigência da forma escrita para a sua validade, bem como a determinação do motivo ensejador da contratação temporária. Não se permite a validade de cláusula que proíba a contratação de trabalhador temporário pelo tomador de serviços após o término da vigência do contrato de prestação de serviços temporários.

> **Art. 12.** Ficam **assegurados ao trabalhador temporário** os seguintes direitos:
>
> **a)** remuneração equivalente à percebida pelos empregados de mesma categoria da empresa tomadora ou cliente calculados à base horária, garantida, em qualquer hipótese, a percepção do salário mínimo regional;
>
> **b)** jornada de oito horas, remuneradas as horas extraordinárias não excedentes de duas, com acréscimo de 20% (vinte por cento);

Lei n° 6.019, de 3 de janeiro de 1974   **Art. 12**

c) férias proporcionais, nos termos do artigo 25 da Lei n° 5.107, de 13 de setembro de 1966;

d) repouso semanal remunerado;

e) adicional por trabalho noturno;

f) **indenização por dispensa sem justa causa ou término normal do contrato**, correspondente a 1/12 (um doze avos) do pagamento recebido;

g) seguro contra acidente do trabalho;

h) proteção previdenciária nos termos do disposto na Lei Orgânica da Previdência Social, com as alterações introduzidas pela Lei n° 5.890, de 8 de junho de 1973 (art. 5°, item III, letra "c" do Decreto n° 72.771, de 6 de setembro de 1973).

§ 1° – Registrar-se-á na Carteira de Trabalho e Previdência Social do trabalhador sua condição de temporário.

§ 2° – A empresa tomadora ou cliente é obrigada a **comunicar à empresa de trabalho temporário a ocorrência de todo acidente cuja vítima seja um assalariado posto à sua disposição**, considerando-se local de trabalho, para efeito da legislação específica, tanto aquele onde se efetua a prestação do trabalho, quanto a sede da empresa de trabalho temporário.

1. **Direitos assegurados ao trabalhador temporário.** O Inciso "a" deste art. 12 deixa margem de questionamentos acerca do enquadramento sindical do trabalhador temporário e a igualdade de remuneração entre o empregado temporário e o empregado efetivo da tomadora de serviços. Isso porque o trabalhador temporário é empregado da empresa prestadora de serviço temporário (art. 3º desta Lei), no entanto se enquadra na similitude de condições de vida oriunda da profissão ou trabalho em comum na empresa tomadora de serviços (§ 2º do art. 511 da CLT), haja vista que exerce atividade-fim na empresa tomadora. Além dessa constatação, o referido dispositivo em análise garante aos empregados temporários remuneração equivalente à percebida pelos empregados da mesma categoria da empresa tomadora de serviço. A jurisprudência majoritária atual entende que não obstante o trabalhador temporário integre a categoria profissional da empresa prestadora de serviço temporário, à luz do princípio isonômico previsto no art. 5º, caput combinado com o art. 7º, inciso XXXII da Constituição Federal e com a alínea "a" do art. 12 desta Lei, deve-se observar a mesma remuneração entre o empregado terceirizado em atividade fim da tomadora, inclusive o temporário, com o empregado da empresa tomadora, desde que exerçam a mesma função, conforme se observa na jurisprudência do TST:

93

Art. 12   COLETÂNEA DE LEIS TRABALHISTAS

TERCEIRIZAÇÃO. *Piso salarial previsto em norma coletiva firmada com empresa tomadora de serviços ao empregado terceirizado que labora em sua atividade fim, ainda que não tenha havido pedido de reconhecimento de vínculo de emprego ou a comprovação do exercício de mesmas funções pelos seus empregados. Na hipótese, o sindicato profissional celebrou acordo coletivo tanto com a empresa tomadora, quanto com a prestadora dos serviços, tendo fixado pisos salariais diferentes. Assim, fundado o pedido no compartilhamento do mesmo enquadramento sindical, porque inserida a atividade terceirizada na finalidade da empresa tomadora, mostra-se discriminatória a adoção de pisos salariais distintos, a atrair, portanto, a aplicação analógica da Orientação Jurisprudencial nº 383 da SBDI-I, que garante aos terceirizados as mesmas verbas trabalhistas legais e normativas asseguradas aos empregados do tomador dos serviços. Nesse contexto, a SBDI-1 decidiu à unanimidade, conhecer dos embargos interpostos pela empresa prestadora de serviços e negar-lhes provimento.* TST--E-ED-RR-201000-88.2009.5.12.0030, SBDI-I, rel. Min. Alexandre de Souza Agra Belmonte, 20.11.2014(TST. Info nº96).

Assim, em uma análise conjunta do referido dispositivo com o art. 3º desta Lei, salvo melhor juízo, entendo que o enquadramento sindical do trabalhador temporário se encaixa nas atividades das prestadoras de serviços temporário, com a ressalva da observância no que tange à equivalência da remuneração dos empregados temporários com os trabalhadores efetivos da empresa tomadora, salvo os benefícios de caráter pessoal do empregado efetivo, para se evitar situações discriminatórios entre o trabalhador efetivo e o terceirizado que exerça a mesma função, conforme entendimento previsto na OJ nº 383 da SBDI-1 do TST.

> **OJ nº383 da SBDI-1 do TST.** TERCEIRIZAÇÃO. EMPREGADOS DA EMPRESA PRESTADORA DE SERVIÇOS E DA TOMADORA. ISONOMIA. ART. 12, "A", DA LEI Nº 6.019, DE 03.01.1974. (mantida) – Res. 175/2011, DEJT divulgado em 27, 30 e 31.05.2011. *A contratação irregular de trabalhador, mediante empresa interposta, não gera vínculo de emprego com ente da Administração Pública, não afastando, contudo, pelo princípio da isonomia, o direito dos empregados terceirizados às mesmas verbas trabalhistas legais e normativas asseguradas àqueles contratados pelo tomador dos serviços, desde que presente a igualdade de funções. Aplicação analógica do art. 12, "a", da Lei nº 6.019, de 03.01.1974.*

2. **Reforma Trabalhista. Equivalência de remuneração com o trabalhador temporário.** Não houve revogação ou alteração do presente art. 12 ora comentado. Isso significa que para o trabalhador temporário continua a existir o direito à equivalência remuneratória, diferentemente do que ocorre com o trabalhador terceirizado (terceirização permanente), conforme fundamentado supra.

94

Lei nº 6.019, de 3 de janeiro de 1974

Art. 12

Em termos práticos, a presente modificação legislativa trazida com a reforma trabalhista, reduziu, consideravelmente, a utilidade do contrato temporário, pois permitiu a terceirização em atividade-fim em quaisquer modalidades de terceirização, inclusive a permanente. Assim, o contrato temporário, que possui maiores requisitos para seu regular exercício, tem seus dias contados para seu fim, pois perdeu o sentido maior de sua manutenção.

3. **Adicional de horas extras.** O Inciso "b" deste artigo confere o percentual de apenas 20% do adicional de horas extras não foi recepcionado pelo inciso XVI do art. 7º da Constituição Federal de 1988, pois o percentual mínimo constitucional exigido para o adicional de horas extras é de cinquenta por cento.

Entendo que a quantidade máxima de horas laboradas pelo terceirizado por dia deve ser equivalente às horas laboradas pelo empregado do tomador de serviços. Assim, se o empregado da empresa tomadora de serviços tem uma jornada de trabalho reduzida, essa mesma redução deverá ser observada para o empregado temporário, nos termos isonômicos estatuídos art. 5º, caput c/c art. 7º, inciso XXXII da Constituição Federal c/c a alínea "a" do art. 12 desta Lei.

4. **Indenização por dispensa sem justa causa.** O Inciso "f" deste artigo foi revogado por incompatibilidade com o ingresso obrigatório do trabalhador temporário no regime do FGTS, trazido com a Lei nº 8.036/1990 c/c Decreto nº 99.684/90.

Assim, os trabalhadores temporários não têm direito à referida indenização prevista na alínea "f" do art. 12 da Lei 619/74, mas tão somente o recolhimento do FGTS. Como se trata de uma espécie de contrato a termo, caso a rescisão ocorra antes do termo final por iniciativa patronal, além da multa de 40% do FGTS também receberá a indenização prevista no art. 479 da CLT, conforme estatuído pelo art. 14 do Decreto nº 99684/90.

5. **Rol exemplificativo de direitos trabalhistas.** Registre-se que os incisos constantes do *caput* deste artigo representa um rol meramente exemplificativo de direitos do trabalhador temporário, tendo o empregado temporário os mesmos direitos inerentes ao empregado por prazo determinado. Assim, embora não conste do rol, por exemplo, o direito ao décimo terceiro salário, direito social previsto no art.7º, inciso VIII da Constituição Federal e pelo art. 1º, § 1º, da Lei 4090/62, certamente o trabalhador temporário tem direito ao décimo terceiro salário.

6. **Comunicação da ocorrência de acidente de trabalho.** Como normalmente a prestação de serviço temporário é executada na dependência

95

Art. 12   COLETÂNEA DE LEIS TRABALHISTAS

do tomador de serviço, razoável essa exigência de comunicação de acidente pela empresa tomadora de serviços.

7. Contrato temporário. Estabilidade gestante e acidentária. Como o contrato temporário é uma espécie de contrato por prazo determinado, aplicam-se os enunciados 244, III, do TST, onde se reconhece o elastecimento do contrato a termo quando houver hipótese de estabilidade gestante, bem como a súmula 378, inciso III, do TST, que confere estabilidade acidentário ao trabalhador de contrato de trabalho por tempo determinado.

> **Súmula nº 244 do TST.** GESTANTE. ESTABILIDADE PROVISÓRIA (redação do item III alterada na sessão do Tribunal Pleno realizada em 14.09.2012) – Res. 185/2012, DEJT divulgado em 25, 26 e 27.09.*2012 I – O desconhecimento do estado gravídico pelo empregador não afasta o direito ao pagamento da indenização decorrente da estabilidade (art. 10, II, "b" do ADCT). II – A garantia de emprego à gestante só autoriza a reintegração se esta se der durante o período de estabilidade. Do contrário, a garantia restringe-se aos salários e demais direitos correspondentes ao período de estabilidade. III – A empregada gestante tem direito à estabilidade provisória prevista no art. 10, inciso II, alínea "b", do Ato das Disposições Constitucionais Transitórias, mesmo na hipótese de admissão mediante contrato por tempo determinado.*

> **Súmula nº 378 do TST.** ESTABILIDADE PROVISÓRIA. ACIDENTE DO TRABALHO. ART. 118 DA LEI Nº 8.213/1991. (inserido item III) – Res. 185/2012, DEJT divulgado em 25, 26 e 27.09.2012. *I – É constitucional o artigo 118 da Lei nº 8.213/1991 que assegura o direito à estabilidade provisória por período de 12 meses após a cessação do auxílio-doença ao empregado acidentado. (ex-OJ nº 105 da SBDI-1 – inserida em 01.10.1997). II – São pressupostos para a concessão da estabilidade o afastamento superior a 15 dias e a conseqüente percepção do auxílio-doença acidentário, salvo se constatada, após a despedida, doença profissional que guarde relação de causalidade com a execução do contrato de emprego. (primeira parte – ex-OJ nº 230 da SBDI-1 – inserida em 20.06.2001). III – O empregado submetido a contrato de trabalho por tempo determinado goza da garantia provisória de emprego decorrente de acidente de trabalho prevista no n no art. 118 da Lei nº 8.213/91.*

→ **Aplicação em concurso:**

- No concurso do X Exame OAB do ano de 2013 da Fundação Getúlio Vargas, foi feita a seguinte proposição:

  Fernanda é contratada pela empresa Master, a título temporário, com base na Lei nº 6.019/74, pelo prazo certo de 3 meses. Quando do término deste período e ciente de QUE o empregador não pretende renovar o contrato, ela

Lei nº 6.019, de 3 de janeiro de 1974

Art. 16

informa que se encontra grávida de 6 semanas. A respeito do caso proposto, de acordo com o entendimento do TST, assinale a afirmativa CORRETA.

Foi considerada como CORRETA a seguinte afirmativa: "Fernanda não poderá ser dispensada, pois, em razão da gravidez, possui garantia no emprego, mesmo sendo o contrato a termo."

Art. 13 – Constituem **justa causa para rescisão do contrato do trabalhador temporário** os atos e circunstâncias mencionados nos artigos 482 e 483, da Consolidação das Leis do Trabalho, ocorrentes entre o trabalhador e a empresa de trabalho temporário ou entre aquele e a empresa cliente onde estiver prestando serviço.

1. **Justa causa para rescisão do contrato do trabalhador temporário.** O trabalhador temporário poderá praticar falta grave, para fins de rescisão contratual, tanto em face do seu real empregador – empresa de trabalho temporário – como também em face do tomador de serviço, ou empresa cliente.

Da mesma forma, que tanto a empresa de trabalho temporário como a empresa tomadora podem também praticar falta grave capaz de ensejar a rescisão indireta do contrato temporário.

Art. 14 – As empresas de trabalho temporário são obrigadas a fornecer às empresas tomadoras ou clientes, a seu pedido, comprovante da regularidade de sua situação com o Instituto Nacional de Previdência Social.

Art. 15 – A Fiscalização do Trabalho poderá exigir da empresa tomadora ou cliente a apresentação do contrato firmado com a empresa de trabalho temporário, e, desta última o contrato firmado com o trabalhador, bem como a comprovação do respectivo recolhimento das contribuições previdenciárias.

1. **A importância destes artigos está em sua literalidade.**

Art. 16 – No caso de falência da empresa de trabalho temporário, a **empresa tomadora ou cliente é solidariamente responsável pelo recolhimento das contribuições previdenciárias,** no tocante ao tempo em que o trabalhador esteve sob suas ordens, assim como em referência ao mesmo período, pela remuneração e indenização previstas nesta Lei.

1. **Responsabilidade pelo recolhimento das contribuições previdenciárias.** Esse dispositivo prevê expressamente a responsabilização solidária da empresa tomadora de serviços em caso de falência da empresa

97

de trabalho temporário, tanto no tocante à obrigação de recolhimento previdenciário, como também no que tange à remuneração e indenizações previstas nesta lei, que no caso seriam as verbas rescisórias.

Art. 17 – **É defeso** às empresas de prestação de serviço temporário a **contratação de estrangeiros com visto provisório** de permanência no País.

1. **Restrição à contratação de estrangeiros.** A referida vedação consta na redação original, não havendo qualquer novidade com a vigência da Lei nº 13.429, de 2017.

Art. 18 – É vedado à empresa do trabalho temporário cobrar do trabalhador qualquer importância, mesmo a título de mediação, podendo apenas efetuar os descontos previstos em Lei.

Parágrafo único. A infração deste artigo importa no cancelamento do registro para funcionamento da empresa de trabalho temporário, sem prejuízo das sanções administrativas e penais cabíveis.

1. **Manutenção da vedação.** A referida vedação consta na redação original, não havendo qualquer novidade com a vigência da Lei nº 13.429, de 2017.

Art. 19 – Competirá à Justiça do Trabalho dirimir os litígios entre as empresas de serviço temporário e seus trabalhadores.

1. **Competência da Justiça do Trabalho.** Não houve mudança da redação original, mantendo-se a competência da Justiça do Trabalho para o julgamento de litígios entre os trabalhadores temporários e as empresas de trabalho temporário. Ressalta-se que somente através de uma emenda constitucional se poderia modificar a referida competência estatuída no art. 114 da Constituição Federal.

Art. 19-A. O descumprimento do disposto nesta Lei **sujeita a empresa infratora ao pagamento de multa.** (Incluído pela Lei nº 13.429, de 2017)

Parágrafo único. A fiscalização, a autuação e o processo de imposição das multas reger-se-ão pelo Título VII da Consolidação das Leis do Trabalho (CLT), aprovada pelo Decreto-Lei nº 5.452, de 1º de maio de 1943.

Lei nº 6.019, de 3 de janeiro de 1974

Art. 20

1. **Infração administrativa.** Trata-se de multa administrativa em favor da União Federal, não sendo possível a sua reversão em favor do trabalhador terceirizado.

Art. 19-B. O disposto nesta **Lei não se aplica às empresas de vigilância e transporte de valores**, permanecendo as respectivas relações de trabalho reguladas por legislação especial, e subsidiariamente pela Consolidação das Leis do Trabalho (CLT), aprovada pelo Decreto-Lei nº 5.452, de 1º de maio de 1943. (Incluído pela Lei nº 13.429, de 2017)

1. **Restrição à aplicabilidade desta lei:** Não se aplica os termos desta norma às empresas de vigilância e transporte de valores, permanecendo as respectivas relações serem regidas pela Lei 7102 de 1983.

Art. 19-C. Os contratos em vigência, se as partes assim acordarem, poderão ser adequados aos termos desta Lei. (Incluído pela Lei nº 13.429, de 2017)

1. **Adequação dos contratos em vigência.** Os contratos de terceirização de serviços, inclusive de contrato temporário, em vigência no momento da publicação dessa Lei, poderá se adequar aos termos da lei desde que em comum acordo.

Art. 20 – Esta Lei entrará em vigor sessenta dias após sua publicação, revogadas as disposições em contrário.

1. **A importância deste artigo está em sua literalidade.**

Lei nº 7.102, de 20 de junho de 1983

Dispõe sobre segurança para estabelecimentos financeiros, estabelece normas para constituição e funcionamento das empresas particulares que exploram serviços de vigilância e de transporte de valores, e dá outras providências.

O PRESIDENTE DA REPÚBLICA, faço saber que o Congresso Nacional decreta e eu sanciono a seguinte lei:

▶ **ATENÇÃO:** Esta norma, além de dispor sobre a segurança para estabelecimentos financeiros, define os requisitos para o exercício da profissão de vigilante.

Ressalta-se que a atividade de vigilância corresponde a uma forma lícita de terceirização de serviços, não se estabelecendo, desse modo, um vínculo empregatício entre o vigilante e o tomador dos serviços, conforme item III do enunciado nº 331 da Súmula do TST.

Súmula nº 331 do TST. CONTRATO DE PRESTAÇÃO DE SERVIÇOS. LEGALIDADE (...) *III – Não forma vínculo de emprego com o tomador a contratação de serviços de vigilância (Lei nº 7.102, de 20.06.1983) e de conservação e limpeza, bem como a de serviços especializados ligados à atividade-meio do tomador, desde que inexistente a pessoalidade e a subordinação direta.*

Faz-se necessário também destacar a diferença entre vigia e vigilante. Este último é regido pela presente norma em estudo e tem a possibilidade de portar armas de fogo, após a prévia submissão a treinamento e aprovação em curso de formação de vigilantes, além de exames de saúde física, mental e psicotécnico, dentre tantos outros requisitos previstos nesta Lei. Já o vigia, responsável pela guarda de bens, não é regido por uma lei específica, logo não constitui uma categoria profissional diferenciada como ocorre com o vigilante.

Art. 1º É vedado o funcionamento de qualquer estabelecimento financeiro onde haja guarda de valores ou movimentação de numerário, que não possua

101

Art. 2º COLETÂNEA DE LEIS TRABALHISTAS

sistema de segurança com parecer favorável à sua aprovação, elaborado pelo Ministério da Justiça, na forma desta lei. (Redação dada pela Lei nº 9.017, de 1995) (Vide art. 16 da Lei nº 9.017, de 1995)

§ 1º Os estabelecimentos financeiros referidos neste artigo **compreendem bancos oficiais ou privados, caixas econômicas, sociedades de crédito, associações de poupança, suas agências, postos de atendimento, subagências e seções, assim como as cooperativas singulares de crédito e suas respectivas dependências.** (Renumerado do parágrafo único com nova redação pela Lei nº 11.718, de 2008)

§ 2º O Poder Executivo estabelecerá, considerando a reduzida circulação financeira, requisitos próprios de segurança para **as cooperativas singulares de crédito** e suas dependências que contemplem, entre outros, os seguintes procedimentos: (Incluído pela Lei nº 11.718, de 2008)

I – dispensa de sistema de segurança para o estabelecimento de cooperativa singular de crédito que se situe dentro de qualquer edificação que possua estrutura de segurança instalada em conformidade com o art. 2º desta Lei; (Incluído pela Lei nº 11.718, de 2008)

II – necessidade de elaboração e aprovação de apenas um único plano de segurança por cooperativa singular de crédito, desde que detalhadas todas as suas dependências; (Incluído pela Lei nº 11.718, de 2008)

III – **dispensa de contratação de vigilantes, caso isso inviabilize economicamente a existência do estabelecimento.** (Incluído pela Lei nº 11.718, de 2008);

§ 3º Os processos administrativos em curso no âmbito do Departamento de Polícia Federal observarão os requisitos próprios de segurança para as cooperativas singulares de crédito e suas dependências. (Incluído pela Lei nº 11.718, de 2008)

1. **Obrigatoriedade de contratação de vigilantes.** O inciso III deste dispositivo em exame demonstra a obrigatoriedade de os estabelecimentos financeiros em geral contratarem vigilantes.

Art. 2º O sistema de segurança referido no artigo anterior inclui pessoas adequadamente preparadas, assim chamadas **vigilantes**; alarme capaz de permitir, com segurança, comunicação entre o estabelecimento financeiro e outro da mesma instituição, empresa de vigilância ou órgão policial mais próximo; e, pelo menos, mais um dos seguintes dispositivos:

I – equipamentos elétricos, eletrônicos e de filmagens que possibilitem a identificação dos assaltantes;

Lei nº 7.102, de 20 de junho de 1983

Art. 6º

II – artefatos que retardem a ação dos criminosos, permitindo sua perseguição, identificação ou captura; e

III – cabina blindada com permanência ininterrupta de vigilante durante o expediente para o público e enquanto houver movimentação de numerário no interior do estabelecimento.

Parágrafo Único. (Revogado pela Lei 9.017, de 1995)

Art. 3º A vigilância ostensiva e o transporte de valores serão executados: (Redação dada pela Lei nº 9.017, de 1995)

I – por empresa especializada contratada; ou (Redação dada pela Lei nº 9.017, de 1995)

II – pelo próprio estabelecimento financeiro, desde que organizado e preparado para tal fim, com pessoal próprio, aprovado em curso de formação de vigilante autorizado pelo Ministério da Justiça e cujo sistema de segurança tenha parecer favorável à sua aprovação emitido pelo Ministério da Justiça. (Redação dada pela Lei nº 9.017, de 1995)

Parágrafo Único. Nos estabelecimentos financeiros estaduais, o serviço de vigilância ostensiva poderá ser desempenhado pelas Polícias Militares, a critério do Governo da respectiva Unidade da Federação. (Redação dada pela Lei nº 9.017, de 1995)

1. **Hipótese de terceirização obrigatória.** O inciso I deste dispositivo constitui hipótese em nosso ordenamento jurídico brasileiro de terceirização obrigatória e de caráter permanente. Isso porque, em regra, a contratação direta pelo próprio estabelecimento financeiro apenas será válido se observado o requisito previsto no inciso II, também deste artigo.

Art. 4º O transporte de numerário em montante superior a vinte mil Ufir, para suprimento ou recolhimento do movimento diário dos estabelecimentos financeiros, será obrigatoriamente efetuado em veículo especial da própria instituição ou de empresa especializada. (Redação dada pela Lei nº 9.017, de 1995)

Art. 5º O transporte de numerário entre sete mil e vinte mil Ufirs poderá ser efetuado em veículo comum, com a presença de dois vigilantes. (Redação dada pela Lei nº 9.017, de 1995)

Art. 6º Além das atribuições previstas no art. 20, **compete ao Ministério da Justiça:** (Redação dada pela Lei nº 9.017, de 1995) (Vide art. 16 da Lei nº 9.017, de 1995)

I – **fiscalizar os estabelecimentos financeiros quanto ao cumprimento desta lei;** (Redação dada pela Lei nº 9.017, de 1995)

103

II – encaminhar parecer conclusivo quanto ao prévio cumprimento desta lei, pelo estabelecimento financeiro, à autoridade que autoriza o seu funcionamento; (Redação dada pela Lei nº 9.017, de 1995)

III – aplicar aos estabelecimentos financeiros as penalidades previstas nesta lei.

Parágrafo Único. Para a execução da competência prevista no inciso I, o Ministério da Justiça poderá celebrar convênio com as Secretarias de Segurança Pública dos respectivos Estados e Distrito Federal. (Redação dada pela Lei nº 9.017, de 1995)

Art. 7º O estabelecimento financeiro que infringir disposição desta lei ficará sujeito às seguintes penalidades, conforme a gravidade da infração e levando-se em conta a reincidência e a condição econômica do infrator: (Redação dada pela Lei nº 9.017, de 1995)   (Vide art. 16 da Lei nº 9.017, de 1995)

I – advertência; **(Redação dada pela Lei nº 9.017, de 1995)**

II – multa, de mil a vinte mil Ufirs; **(Redação dada pela Lei nº 9.017, de 1995)**

III – interdição do estabelecimento. **(Redação dada pela Lei nº 9.017, de 1995)**

Art. 8º Nenhuma sociedade seguradora poderá emitir, em favor de estabelecimentos financeiros, apólice de seguros que inclua cobertura garantindo riscos de roubo e furto qualificado de numerário e outros valores, sem comprovação de cumprimento, pelo segurado, das exigências previstas nesta Lei.

Parágrafo Único – As apólices com infringência do disposto neste artigo não terão cobertura de resseguros pelo Instituto de Resseguros do Brasil.

Art. 9º Nos seguros contra roubo e furto qualificado de estabelecimentos financeiros, serão concedidos descontos sobre os prêmios aos segurados que possuírem, além dos requisitos mínimos de segurança, outros meios de proteção previstos nesta Lei, na forma de seu regulamento.

Art. 10º São considerados como segurança privada as atividades desenvolvidas em prestação de serviços com a finalidade de: (Redação dada pela Lei nº 8.863, de 1994)

I – proceder à vigilância patrimonial das instituições financeiras e de outros estabelecimentos, públicos ou privados, bem como a segurança de pessoas físicas; (Incluído pela Lei nº 8.863, de 1994)

II – realizar o transporte de valores ou garantir o transporte de qualquer outro tipo de carga. (Incluído pela Lei nº 8.863, de 1994)

Lei nº 7.102, de 20 de junho de 1983

Art. 14

§ 1º Os serviços de vigilância e de transporte de valores poderão ser executados por uma mesma empresa. (Renumerado do parágrafo único pela Lei nº 8.863, de 1994)

§ 2º As empresas especializadas em prestação de serviços de segurança, vigilância e transporte de valores, **constituídas sob a forma de empresas privadas**, além das hipóteses previstas nos incisos do *caput* deste artigo, **poderão se prestar ao exercício das atividades de segurança privada** a pessoas; a estabelecimentos comerciais, industriais, de prestação de serviços e residências; a entidades sem fins lucrativos; e órgãos e empresas públicas. (Incluído pela Lei nº 8.863, de 1994)

§ 3º Serão regidas por esta lei, pelos regulamentos dela decorrentes e pelas disposições da legislação civil, comercial, trabalhista, previdenciária e penal, as empresas definidas no parágrafo anterior. (Incluído pela Lei nº 8.863, de 1994)

§ 4º As empresas que tenham objeto econômico diverso da vigilância ostensiva e do transporte de valores, que utilizem pessoal de quadro funcional próprio, para execução dessas atividades, ficam obrigadas ao cumprimento do disposto nesta lei e demais legislações pertinentes. (Incluído pela Lei nº 8.863, de 1994)

§ 5º (Vetado). (Incluído pela Lei nº 8.863, de 1994)

§ 6º (Vetado). (Incluído pela Lei nº 8.863, de 1994)

1. **Empresas que tenham objeto econômico diverso da vigilância.** Conforme disposto no § 4º deste artigo, admite-se, excepcionalmente, a utilização de pessoal do próprio quadro da empresa, sem que haja a intermediação da mão de obra.

Art. 11 – A propriedade e a administração das empresas especializadas que vierem a se constituir são vedadas a estrangeiros.

Art. 12 – Os diretores e demais empregados das empresas especializadas não poderão ter antecedentes criminais registrados.

Art. 13 – O capital integralizado das empresas especializadas não pode ser inferior a cem mil Ufirs. (Redação dada pela Lei nº 9.017, de 1995)

Art. 14 – São condições essenciais para que as empresas especializadas operem nos Estados, Territórios e Distrito Federal:

I – autorização de funcionamento concedida conforme o art. 20 desta Lei; e

II – comunicação à Secretaria de Segurança Pública do respectivo Estado, Território ou Distrito Federal.

Art. 15 COLETÂNEA DE LEIS TRABALHISTAS

Art. 15 – Vigilante, para os efeitos desta lei, é o empregado contratado para a execução das atividades definidas nos incisos I e II do caput e §§ 2º, 3º e 4º do art. 10. (Redação dada pela Lei nº 8.863, de 1994)

1. Atividade de vigilante não se confunde com a de outra categoria. O vigilante integra uma categoria profissional diferenciada, haja vista que é regulamentada por esta lei. Desse modo, ainda que contratado por um banco, o vigilante não será bancário, conforme teor da Súmula 257 do Tribunal superior do Trabalho.

> **Súmula nº 257 do TST. VIGILANTE (mantida)** – Res. 121/2003, DJ 19, 20 e 21.11.2003. *O vigilante, contratado diretamente por banco ou por intermédio de empresas especializadas, não é bancário.*

Art. 16 – Para o exercício da profissão, **o vigilante preencherá os seguintes requisitos:**

I – ser brasileiro;

II – ter idade mínima de 21 (vinte e um) anos;

III – ter instrução correspondente à quarta série do primeiro grau;

IV – ter sido aprovado, em curso de formação de vigilante, realizado em estabelecimento com funcionamento autorizado nos termos desta lei. (Redação dada pela Lei nº 8.863, de 1994)

V – ter sido aprovado em exame de saúde física, mental e psicotécnico;

VI – não ter antecedentes criminais registrados; e

VII – estar quite com as obrigações eleitorais e militares.

Parágrafo Único – O requisito previsto no inciso III deste artigo não se aplica aos vigilantes admitidos até a publicação da presente Lei

1. Peculiaridade. O curso de formação de vigilantes deve ser autorizado pelo Ministério da Justiça, conforme art. 20, inciso I, "c", desta Lei.

Art. 17 – **O exercício da profissão de vigilante requer prévio registro no Departamento de Polícia Federal,** que se fará após a apresentação dos documentos comprobatórios das situações enumeradas no art. 16. (Redação dada pela Medida Provisória nº 2.184-23, de 2001)

Art. 18 – **O vigilante usará uniforme somente quando em efetivo serviço.**

106

Lei nº 7.102, de 20 de junho de 1983

Art. 20

Art. 19 – É assegurado ao vigilante:

I – uniforme especial às expensas da empresa a que se vincular;

II – porte de arma, quando em serviço;

III – prisão especial por ato decorrente do serviço;

IV – seguro de vida em grupo, feito pela empresa empregadora.

Art. 20 – Cabe ao **Ministério da Justiça**, por intermédio do seu órgão competente ou mediante convênio com as Secretarias de Segurança Pública dos Estados e Distrito Federal: (Redação dada pela Lei nº 9.017, de 1995)

I – conceder autorização para o funcionamento:

a) das empresas especializadas em serviços de vigilância;

b) das empresas especializadas em transporte de valores; e

c) dos cursos de formação de vigilantes;

II – fiscalizar as empresas e os cursos mencionados dos no inciso anterior;

III – aplicar às empresas e aos cursos a que se refere o inciso I deste artigo as penalidades previstas no art. 23 desta Lei;

IV – aprovar uniforme;

V – fixar o currículo dos cursos de formação de vigilantes;

VI – fixar o número de vigilantes das empresas especializadas em cada unidade da Federação;

VII – fixar a natureza e a quantidade de armas de propriedade das empresas especializadas e dos estabelecimentos financeiros;

VIII – autorizar a aquisição e a posse de armas e munições; e

IX – fiscalizar e controlar o armamento e a munição utilizados.

X – rever anualmente a autorização de funcionamento das empresas elencadas no inciso I deste artigo. (Incluído pela Lei nº 8.863, de 1994)

Parágrafo Único. As competências previstas nos incisos I e V deste artigo não serão objeto de convênio. (Redação dada pela Lei nº 9.017, de 1995)

1. **Necessidade de intervenção do Estado.** Tratando-se a segurança de matéria de ordem pública, faz-se necessária a intervenção do Estado, que ocorre mediante atuação do Ministério da Justiça, a quem incumbe o controle e a fiscalização desta atividade terceirizada.

107

COLETÂNEA DE LEIS TRABALHISTAS

Art. 21 – As armas destinadas ao uso dos vigilantes serão de propriedade e responsabilidade:

I – das empresas especializadas;

II – dos estabelecimentos financeiros quando dispuserem de serviço organizado de vigilância, ou mesmo quando contratarem empresas especializadas.

Art. 22 – Será permitido ao vigilante, **quando em serviço, portar revólver calibre 32 ou 38 e utilizar cassetete de madeira ou de borracha.**

Parágrafo Único – Os vigilantes, **quando empenhados em transporte de valores, poderão também utilizar espingarda de uso permitido, de calibre 12, 16 ou 20, de fabricação nacional.**

Art. 23 – As empresas especializadas e os cursos de formação de vigilantes que infringirem disposições desta Lei ficarão sujeitos às seguintes penalidades, aplicáveis pelo Ministério da Justiça, ou, mediante convênio, pelas Secretarias de Segurança Pública, conforme a gravidade da infração, levando-se em conta a reincidência e a condição econômica do infrator:

I – advertência;

II – multa de quinhentas até cinco mil Ufirs: (Redação dada pela Lei nº 9.017, de 1995)

III – proibição temporária de funcionamento; e

IV – cancelamento do registro para funcionar.

Parágrafo Único – Incorrerão nas penas previstas neste artigo as empresas e os estabelecimentos financeiros responsáveis pelo extravio de armas e munições.

Art. 24 – As empresas já em funcionamento deverão proceder à adaptação de suas atividades aos preceitos desta Lei no prazo de 180 (cento e oitenta) dias, a contar da data em que entrar em vigor o regulamento da presente Lei, sob pena de terem suspenso seu funcionamento até que comprovem essa adaptação.

Art. 25 – O Poder Executivo regulamentará esta Lei no prazo de 90 (noventa) dias a contar da data de sua publicação.

Art. 26 – Esta Lei entra em vigor na data de sua publicação.

Art. 27 – Revogam-se os Decretos-leis nº 1.034, de 21 de outubro de 1969, e nº 1.103, de 6 de abril de 1970, e as demais disposições em contrário.

Brasília, em 20 de junho de 1983;
162º da Independência e 95º da República.

Lei nº 7.644, de 18 de dezembro de 1987

> **Dispõe sobre a Regulamentação da Atividade de Mãe Social e dá outras Providências.**
>
> **O PRESIDENTE DA REPÚBLICA**: Faço saber que o Congresso Nacional decreta e eu sanciono a seguinte Lei:
>
> **Art. 1º** – As **instituições sem finalidade lucrativa, ou de utilidade pública de assistência ao menor abandonado**, e que funcionem pelo sistema de casas--lares, **utilizarão mães sociais** visando a propiciar ao menor as condições familiares ideais ao seu desenvolvimento e reintegração social.
>
> **Art. 2º** – Considera-se **mãe social**, para efeito desta Lei, aquela que, **dedicando-se à assistência ao menor abandonado, exerça o encargo em nível social**, dentro do sistema de casas-lares.

1. **A atividade de Mãe Social.** O objetivo desta atividade é a de acolher "menores abandonados", cuja definição encontra-se no art. 17 desta Lei, dando-lhe assistência, zelando por sua educação, e, em contrapartida, a mãe social receberá um auxílio financeiro.
2. **Entidades habilitadas.** Somente instituições sem fins lucrativos, ou de utilidade pública de assistência ao menor abandonado, podem instituir casas lares.

> **Art. 3º** – Entende-se como **casa-lar** a **unidade residencial sob responsabilidade de mãe social**, que abrigue até 10 (dez) menores.
>
> **§ 1º** – As casas-lares serão isoladas, formando, **quando agrupadas, uma aldeia assistencial ou vila de menores.**
>
> **§ 2º** – A instituição fixará os limites de idade em que os menores ficarão sujeitos às casas-lares.
>
> **§ 3º** – Para os efeitos dos benefícios previdenciários, **os menores residentes nas casas-lares e nas Casas da Juventude são considerados dependentes da mãe social** a que foram confiados pela instituição empregadora.
>
> **Art. 4º** – São **atribuições da mãe social:**

I – propiciar o surgimento de condições próprias de uma família, orientando e assistindo os menores colocados sob seus cuidados;

II – administrar o lar, realizando e organizando as tarefas a ele pertinentes;

III – dedicar-se, **com exclusividade**, aos menores e à casa-lar que lhes forem confiados.

Parágrafo único. A **mãe social**, enquanto no desempenho de suas atribuições, **deverá residir, juntamente com os menores** que lhe forem confiados, na casa-lar que lhe for destinada.

1. A importância destes artigos está em sua literalidade.

Art. 5º – À mãe social ficam assegurados os seguintes **direitos:**

I – anotação na Carteira de Trabalho e Previdência Social;

II – remuneração, em **valor não inferior ao salário mínimo;**

III – repouso semanal remunerado de 24 (vinte e quatro) horas consecutivas;

IV – apoio técnico, administrativo e financeiro no desempenho de suas funções;

V – 30 (trinta) dias de **férias anuais remuneradas** nos termos do que dispõe o capítulo IV, da Consolidação das Leis do Trabalho;

VI – benefícios e serviços previdenciários, inclusive, em caso de acidente do trabalho, na qualidade de segurada obrigatória;

VII – gratificação de Natal (13º salário);

VIII – Fundo de Garantia do Tempo de Serviço ou indenização, nos termos da legislação pertinente.

1. **Direitos trabalhistas das mães-sociais.** A mãe social e a mãe social substituta estabelecem um vínculo *especial* de emprego com a instituição assistencial que organiza este sistema de casas-lares, tanto que a lei prevê a necessidade de anotação na CTPS, estendendo-lhes diversos direitos previstos na legislação trabalhista, conforme se observa, inclusive, do art. 19 desta Lei.

   1.1. **Direito à habitação.** Além destas parcelas, faz jus a mãe social, ainda, à habitação, na própria casa-lar, conforme parágrafo único do art. 4º, e à alimentação, esta podendo sofrer o respectivo desconto, conforme art.7º.

2. **Férias anuais remuneradas.** Conforme o Inciso V, a verba correspondente às férias remuneradas é acrescida do terço constitucional, conforme art. 7º, XVII, da CF.

Lei nº 7.644, de 18 de dezembro de 1987

Art. 6º

→ **Aplicação em concurso:**

- No concurso para Juiz do Trabalho Substituto promovido pelo TRT da 8ª Região (PA e AP), ano 2015, foram abordados aspectos deste artigo na seguinte questão: *"Quanto a contrato de estágio, contrato de aprendizagem e mãe social, assinale a alternativa CORRETA":*

A) *A mãe social deverá receber meio salário mínimo por criança que esteja sob seus cuidados.*

B) *Devido ao tipo de atividade por ela exercida, a mãe social não tem direito a férias de trinta dias.*

C) *À mãe social ficam assegurados benefícios e serviços previdenciários, inclusive, em caso de acidente do trabalho, na qualidade de segurada obrigatória.*

D) *A duração do trabalho do aprendiz não excederá, em qualquer hipótese, 6 (seis) horas diárias, sendo vedada a prorrogação e a compensação de jornada.*

E) *A jornada de atividade em estágio deverá ser compatível com as atividades escolares e não poderá ultrapassar 4 (quatro) horas diárias e 20 (vinte) horas semanais, no caso de estudantes de ensino superior, da educação profissional de nível médio e do ensino médio regular.*

Resposta: C

- Também, no concurso para Juiz do Trabalho promovido pelo CESPE/UNB para o TRT da 5ª Região (BA), ano 2013, este artigo foi assim abordado: *"Com referência à atividade de mãe social, assinale a opção correta."*

A) *Cada mãe social poderá cuidar de, no máximo, oito crianças.*

B) *Devido ao tipo de atividade por ela exercida, a mãe social não tem direito a férias de trinta dias.*

C) *A mãe social deverá receber meio salário mínimo por criança que esteja sob seus cuidados.*

D) *Inexiste legislação expressa que trate da atividade em apreço, para a qual são utilizados dispositivos da CLT inerentes ao trabalho da mulher.*

E) *O trabalho da mãe social é desenvolvido no sistema de casas – lares, as quais são isoladas, formando, quando agrupadas, uma aldeia assistencial ou vila de menores.*

Resposta: E

Art. 6º – O trabalho desenvolvido pela mãe social é de **caráter intermitente**, realizando-se pelo tempo necessário ao desempenho de suas tarefas.

COLETÂNEA DE LEIS TRABALHISTAS

Art. 7º

1. **Controle de horário da mãe social.** Em razão desse dispositivo, parte considerável da doutrinária entende a impossibilidade de se reconhecer o controle de horário e, portanto, o direito à horas extras.

→ **Aplicação em concurso:**

- No concurso para Juiz do Trabalho Substituto promovido pelo TRT da 3ª Região (MG), ano 2010, esta lei foi abordado com exclusividade na seguinte questão: *"Relativamente aos direitos da mãe social, marque a proposição incorreta"*:

  A) *O trabalho desenvolvido pela mãe social é de caráter intermitente, realizando-se pelo tempo necessário ao desempenho de suas tarefas.*

  B) *Dos salários devidos à mãe social será deduzido o percentual de alimentação fornecida pelo empregador.*

  C) *A mãe social substituta deve residir na aldeia assistencial*

  D) *A mãe social poderá permanecer morando na aldeia assistencial pelo prazo de 30 dias após a extinção do contrato.*

  E) *As mães sociais ficam sujeitas às penalidades de advertência, suspensão e demissão, aplicáveis pela entidade empregador.*

  Resposta: D

Art. 7º – Os salários devidos à mãe social serão reajustados de acordo com as disposições legais aplicáveis, **deduzido o percentual de alimentação fornecida pelo empregador.**

---

1. **Desconto por fornecimento de alimentação.** Não obstante se trate de utilidade essencial à prestação dos serviços, o dispositivo legal autoriza o empregador a realizar desconto pelo fornecimento de alimentação, o que, em princípio, me parece uma incongruência, considerando-se, inclusive, o fato de, à mãe-social, ser estendido o direito à habitação na própria casa-lar.

Art. 8º – A candidata ao exercício da profissão de mãe social deverá submeter-se a **seleção e treinamento específicos**, a cujo término será verificada sua **habilitação.**

§ 1º – O treinamento será composto de um conteúdo teórico e de uma aplicação prática, esta sob forma de estágio.

§ 2º – O treinamento e estágio a que se refere o parágrafo anterior **não excederão de 60 (sessenta) dias, nem criarão vínculo empregatício** de qualquer natureza.

§ 3º – A estagiária deverá estar segurada contra acidentes pessoais e receberá **alimentação, habitação** e bolsa de ajuda para vestuário e despesas pessoais.

112

Lei nº 7.644, de 18 de dezembro de 1987

Art. 11

§ 4º – O Ministério da Previdência e Assistência Social assegurará assistência médica e hospitalar à estagiária.

1. Acrescente-se, contudo, que, em sendo a instituição assistencial uma entidade pública, a admissão da mãe-social estará sujeita, obrigatoriamente, à prévia aprovação em concurso público, diante do requisito imperativo lançado no art. 37, II e § 2º, da CF.

Art. 9º – São **condições para admissão** como mãe social:

a) **idade mínima de 25** (vinte e cinco) anos;

b) boa sanidade física e mental;

c) curso de primeiro grau, ou equivalente;

d) ter sido aprovada em treinamento e estágio exigidos por esta Lei;

e) boa conduta social;

f) aprovação em teste psicológico específico.

Art. 10 – A instituição manterá mães sociais para substituir as efetivas durante seus períodos de afastamento do serviço.

§ 1º – A **mãe social substituta, quando não estiver em efetivo serviço de substituição, deverá residir na aldeia assistencial** e cumprir tarefas determinadas pelo empregador.

§ 2º – A mãe social, quando no exercício da substituição, terá direito à retribuição percebida pela titular e ficará sujeita ao **mesmo horário de trabalho**.

1. **Horário de Trabalho.** Apesar de à mãe social não ser extensível o Capítulo II do Título II da CLT, que trata, especificamente, "Da Duração do Trabalho", a previsão contida no §2º do art. 10 gera interpretações divergentes quanto a uma efetiva existência de jornada de trabalho neste vínculo especial de emprego.

Art. 11 – As instituições que funcionam pelo sistema de casas-lares manterão, além destas, **Casas de Juventude, para jovens com mais de 13 (treze) anos de idade,** os quais encaminharão ao **ensino profissionalizante**.

Parágrafo único. O ensino a que se refere o caput deste artigo poderá ser ministrado em comum, em cada aldeia assistencial ou em várias dessas aldeias assistenciais reunidas, ou, ainda, em outros estabelecimentos de ensino, públicos ou privados, conforme julgar conveniente a instituição.

113

Art. 12 | COLETÂNEA DE LEIS TRABALHISTAS

1. Adolescentes. As Casas de Juventude, para jovens adolescentes com mais de 13 anos de idade, têm o objetivo adicional de dar uma educação profissionalizante a estes jovens, encaminhando-os ao mercado de trabalho.

Art. 12 – Caberá à administração de cada aldeia assistencial **providenciar a colocação dos menores no mercado de trabalho, como estagiários, aprendizes ou como empregados,** em estabelecimentos públicos ou privados.

Parágrafo único. As **retribuições** percebidas pelos menores nas condições mencionadas no caput deste artigo serão assim **distribuídas e destinadas:**

I – até 40% (quarenta por cento) para a casa-lar a que estiverem vinculados, revertidos no custeio de despesas com manutenção do próprio menor;

II – 40% (quarenta por cento) para o menor destinados a despesas pessoais;

III – até 30% (trinta por cento) para depósito em caderneta de poupança ou equivalente, em nome do menor, com assistência da instituição mantenedora, e que poderá ser levantado pelo menor a partir dos 18 (dezoito) anos de idade.

Art. 13 – Extinto o contrato de trabalho, a mãe social deverá retirar-se da casa-lar que ocupava, cabendo à entidade empregadora providenciar a imediata substituição.

Art. 14 – As mães sociais ficam sujeitas às seguintes **penalidades** aplicáveis pela entidade empregadora:

I – advertência;

II – suspensão;

III – demissão.

Parágrafo único. Em caso de demissão sem justa causa, a mãe social será indenizada, na forma da legislação vigente, ou levantará os depósitos do Fundo de Garantia por Tempo de Serviço, com os acréscimos previstos em lei.

Art. 15 – As casas-lares e as aldeias assistenciais serão mantidas exclusivamente com rendas próprias, doações, legados, contribuições e subvenções de entidades públicas ou privadas, vedada a aplicação em outras atividades que não sejam de seus objetivos.

Art. 16 – Fica facultado a qualquer entidade manter casas-lares, desde que cumprido o disposto nesta Lei.

Art. 17 – Por **menor abandonado** entende-se, para os efeitos desta Lei, o "menor em situação irregular" pela morte ou abandono dos pais, ou, ainda, pela incapacidade destes.

Lei nº 7.644, de 18 de dezembro de 1987

Art. 22

Art. 18 – As instituições que mantenham ou coordenem o sistema de casas--lares para o atendimento gratuito de menores abandonados, registradas como tais no Conselho Nacional do Serviço Social, ficam isentas do recolhimento dos encargos patronais à previdência social.

1. A importância destes artigos está em sua literalidade.

Art. 19 – Às **relações do trabalho** previstas nesta Lei, no que couber, aplica-se o disposto nos capítulos I e IV do Título II, Seções IV, V e VI do Capítulo IV do Título III e nos Títulos IV e VII, todos da Consolidação das Leis do Trabalho – CLT.

1. Relação de trabalho. Tratando-se de uma relação especial de emprego, entende-se que não se estendem às mães sociais outros direitos trabalhistas previstos no diploma normativo celetista, a exemplo da Duração do Trabalho (Capítulo II do Título II da CLT), além dos especificados nesta Lei. Contudo, existem doutrinadores que entendem estender-se a estas trabalhadoras as regras atinentes à jornada de trabalho, face ao disposto no § 2º do art. 10 desta Lei, ao prever que "a mãe social, quando no exercício da substituição, terá direito à retribuição percebida pela titular e ficará sujeita ao mesmo horário de trabalho".

Art. 20 – Incumbe às autoridades competentes do Ministério do Trabalho e do Ministério da Previdência e Assistência Social, observadas as áreas de atuação, a fiscalização do disposto nesta Lei, **competindo à Justiça do Trabalho dirimir as controvérsias entre empregado e empregador.**

1. A importância destes artigos está em sua literalidade.

Art. 21 – Esta Lei entra em vigor na data de sua publicação.

Art. 22 – Revogam-se as disposições em contrário.

Brasília, 18 de dezembro de 1987;
166º da Independência e 99º da República.

115

Lei nº 7.783, de 28 de junho de 1989

Dispõe sobre o exercício do direito de greve, define as atividades essenciais, regula o atendimento das necessidades inadiáveis da comunidade, e dá outras providências.

O PRESIDENTE DA REPÚBLICA, faço saber que o Congresso Nacional decreta e eu sanciono a seguinte Lei:

1. COMENTÁRIOS PRELIMINARES: A presente norma sob análise veio a contemplar a regulamentação solicitada pelo § 1º do art. 9º da Constituição, para se definir as atividades essenciais e regular o atendimento das necessidades inadiáveis da comunidade em caso de greve.

Constituição Federal de 1988

Art. 9º. É assegurado o direito de greve, competindo aos trabalhadores decidir sobre a oportunidade de exercê-lo e sobre os interesses que devam por meio dele defender.

§ 1º A lei definirá os serviços ou atividades essenciais e disporá sobre o atendimento das necessidades inadiáveis da comunidade.

§ 2º Os abusos cometidos sujeitam os responsáveis às penas da lei.

Art. 1º É assegurado o direito de greve, competindo aos trabalhadores decidir sobre a oportunidade de exercê-lo e sobre os interesses que devam por meio dele defender.

Parágrafo único. O direito de greve será exercido na forma estabelecida nesta Lei.

1. Direto social dos trabalhadores. A Constituição Federal de 1988 consolida o entendimento de que greve é um direito social dos trabalhadores, não podendo ser tratada como crime contra a organização do trabalho, conforme já foi previsto pela Lei nº 4330 de 1964. Como qualquer direito, não tem conotação absoluta, haja vista que os excessos eventualmente cometidos poderão caracterizar abuso do direito e sofrer as reprimendas legais cabíveis.

Art. 2º

COLETÂNEA DE LEIS TRABALHISTAS

O presente dispositivo legal ora analisado reitera a diretriz constitucional na medida em que afirma que cabe aos trabalhadores decidir sobre a oportunidade de exercer o direito de greve, não cabendo neste aspecto a interferência do empregador ou do Estado. Entende-se que essa "oportunidade" mencionada tanto nesta norma como no texto constitucional também não tem caráter absoluto, não podendo a tal pretexto a referida "oportunidade" contrariar o bom senso. Caso contrário, não seria válida a cláusula de paz, onde os trabalhadores se comprometem a não realizar greve durante a vigência ou logo após a elaboração de norma coletiva.

2. **Reforma trabalhista.** Conforme o teor do art. 611-B, incisos XXVII e XXVIII, da CLT, incluído pela Lei nº 13467/17, constitui objeto ilícito de convenção coletiva de trabalho ou acordo coletivo a supressão ou redução do direito de greve, preservando-se, inclusive, a competência exclusiva dos trabalhadores de decidirem sobre a oportunidade de exercê-lo e sobre os interesses que devam por meio dele defender. Da mesma forma, restou vedado na reforma trabalhista transigir, mesmo através da autonomia privada coletiva, acerca da definição legal sobre os serviços ou atividades essenciais e disposições legais sobre o atendimento das necessidades inadiáveis da comunidade em caso de greve.

> **Art. 2º** Para os fins desta Lei, considera-se legítimo exercício do direito de greve a **suspensão coletiva, temporária e pacífica, total ou parcial, de prestação pessoal de serviços a empregador.**

1. **Efetiva suspensão da prestação de serviços.** Destaca-se que para esta norma deve existir a suspensão da prestação de serviços pelos trabalhadores, seja uma suspensão total ou parcial. Não cabe no conceito de greve contemplado neste dispositivo a denominada "greve de zelo", que seria a manutenção de serviço dos trabalhadores durante a greve, mas com prejuízo da qualidade e da produtividade nessa prestação de serviço, pois estaria dentro do sentido de boicote.

2. **Necessidade de paralização coletiva.** O presente dispositivo também ressalta a impossibilidade de se reconhecer como greve a paralisação de serviço individual do trabalhador, devendo ser essa paralisação necessariamente coletiva, sob pena de se reconhecer o abandono de serviço do empregado que sozinho deixar de trabalhar.

> **Art. 3º** Frustrada a negociação ou verificada a impossibilidade de recursos **via arbitral**, é facultada a cessação coletiva do trabalho.
>
> **Parágrafo único.** A entidade patronal correspondente ou os empregadores diretamente interessados serão notificados, **com antecedência mínima de 48 (quarenta e oito) horas,** da paralisação.

Lei nº 7.783, de 28 de junho de 1989 **Art. 4º**

1. **Tentativa de conciliação como requisito.** Configura como abusiva o movimento grevista que não observe a tentativa conciliatória prevista neste dispositivo, nos termos da Orientação Jurisprudencial nº 11 da SDC do Tribunal Superior do Trabalho.

> **OJ DA SDC nº 11.** GREVE. IMPRESCINDIBILIDADE DE TENTATIVA DIRETA E PACÍFICA DA SOLUÇÃO DO CONFLITO. ETAPA NEGOCIAL PRÉVIA. (inserida em 27.03.1998). *É abusiva a greve levada a efeito sem que as partes hajam tentado, direta e pacificamente, solucionar o conflito que lhe constitui o objeto.*

→ **Aplicação em concurso:**

* No concurso para Juiz do Trabalho Substituto para o TRT da 1ª Região (RJ), em 2016, promovido pela banca FCC, fora considerada **ERRADA** a seguinte assertiva: *"Em respeito à liberdade sindical, torna-se desnecessária a tentativa de solução pacífica do conflito antes da deflagração de movimento grevista."*

2. **Via arbitral.** Destaca-se que a arbitragem é uma forma de heterocomposição de conflito, e está regulamentada em nosso ordenamento jurídico pela Lei nº 9.307/96, recentemente alterada pela Lei nº 13.129/15.

2.1. **Decisão arbitral.** Ressalta-se que a eleição pela convenção de arbitragem retira do Poder Judiciário a possibilidade de julgar o mérito do conflito submetido à arbitragem, podendo, apenas, o Poder Judiciário analisar a validade da convenção de arbitragem no que tange ao seu aspecto formal. Um vez proferida a decisão arbitral válida, ocorrerá a formação da coisa julgada material, formando um título executivo judicial, sem a necessidade homologação judicial.

2.2. **Interferência estatal como última alternativa.** Por fim, como o direito de greve é uma liberdade social dos trabalhadores, a forma mais adequada para a resolução dos conflitos coletivos de trabalhadores seria a autocomposição, ou não sendo esta possível a arbitragem. A interferência estatal, através da jurisdição, seria a última alternativa segundo o presente dispositivo legal.

3. **Prazo para notificação.** O prazo dessa notificação é mínima e destinada para as atividades comuns empresariais, que não se caracterizem como essenciais ou inadiáveis.

Art. 4º Caberá à entidade sindical correspondente convocar, na forma do seu estatuto, assembléia geral que definirá as reivindicações da categoria e deliberará sobre a paralisação coletiva da prestação de serviços.

§ 1º O estatuto da entidade sindical deverá prever as formalidades de convocação e o quorum para a deliberação, tanto da deflagração quanto da cessação da greve.

§ 2º Na falta de entidade sindical, **a assembléia geral dos trabalhadores** interessados deliberará para os fins previstos no "caput", constituindo comissão de negociação.

Art. 5º. A entidade sindical ou comissão especialmente eleita representará os interesses dos trabalhadores nas negociações ou na Justiça do Trabalho.

1. A importância destes artigos está em sua literalidade.

Art. 6º. São assegurados aos grevistas, dentre outros direitos:

I – o emprego **de meios pacíficos** tendentes a persuadir ou aliciar os trabalhadores a aderirem à greve;

II – a **arrecadação de fundos e a livre divulgação** do movimento.

§ 1º Em nenhuma hipótese, os meios adotados por empregados e empregadores poderão violar ou constranger os direitos e garantias fundamentais de outrem.

§ 2º É vedado às empresas adotar meios para constranger o empregado ao comparecimento ao trabalho, bem como capazes de frustrar a divulgação do movimento.

§ 3º As manifestações e **atos de persuasão utilizados pelos grevistas não poderão impedir o acesso ao trabalho nem causar ameaça** ou dano à propriedade ou pessoa.

1. Emprego de meios pacíficos. A utilização de meios violentos pelos trabalhadores durante a greve seja frente ao empregador ou em face do próprio colega de trabalho com o propósito de aliciar ao movimento paredista não está amparado pelo nosso ordenamento jurídico. Por isso, são vedadas as práticas de "sabotagem", (destruição de máquinas do empregador pelos grevistas), e de "piquetes" com emprego de violência (coação frente aos colegas que impeça o ingresso no estabelecimento empresarial).

→ **Aplicação em concurso:**

• No concurso para Juiz do Trabalho Substituto para o TRT da 15ª Região, em 2015, promovido pela banca FCC, fora considerada **ERRADA** a seguinte assertiva: *"aos grevistas são assegurados, dentre outros direitos, o emprego de meios pacíficos tendentes a persuadir os trabalhadores a aderirem à greve e a livre divulgação do movimento, mas não são assegurados o*

Lei nº 7.783, de 28 de junho de 1989

Art. 7º

direito à arrecadação de fundos e o aliciamento dos trabalhadores para aderirem à greve, ainda que mediante o emprego de meios pacíficos."

Neste mesmo concurso, também fora considerada ERRADA a seguinte assertiva: "as manifestações e atos de persuasão utilizados pelos grevistas poderão impedir o acesso ao trabalho, mas não poderão causar ameaça ou dano à propriedade ou pessoa."

2. Constrangimento patronal. O empregador não precisa se utilizar de meios violentos para evitar o movimento grevista para caracterizar a ilegalidade. O constrangimento, através de pressão ou ameaça de perda de emprego constituem motivos suficientes para a caracterização a ilegalidade.

> **Art. 7º.** Observadas as condições previstas nesta Lei, a participação em greve **suspende** o contrato de trabalho, devendo as relações obrigacionais, durante o período, ser regidas pelo **acordo, convenção, laudo arbitral ou decisão da Justiça do Trabalho.**
>
> **Parágrafo único.** É **vedada a rescisão de contrato de trabalho** durante a greve, **bem como a contratação de trabalhadores substitutos**, exceto na ocorrência das hipóteses previstas nos arts. 9º e 14.

1. Suspensão do contrato de trabalho. O *caput* deste dispositivo reconhece a natureza jurídica de suspensão contratual nos casos de paralisação em movimento grevista, fato que consagra a tese de que durante o período de paralisação das atividades dos trabalhadores, o empregador não tem obrigação de pagar os salários, exceto se essa condição estiver pactuada em acordo, convenção, laudo arbitral ou sentença normativa. Como se trata de suspensão do contrato de trabalho, resta vedada a dispensa durante o período de greve. Destaca-se que a contratação de empregados substitutos apenas será possível quando for necessário para assegurar os serviços, cuja paralisação resultem em prejuízo irreparável pela deterioração irreversível de bens, máquinas e equipamentos, bem como a manutenção daqueles essenciais à retomada das atividades da empresa quando de seu retorno da greve.

→ **Aplicação em concurso:**

- No concurso para Juiz do Trabalho Substituto para o TRT da 15ª Região, em 2015, promovido pela banca FCC, fora considerada **ERRADA** a seguinte assertiva: *"Ressalvada, exclusivamente, a hipótese de abuso de direito, é vedada a rescisão de contrato de trabalho durante a greve, bem como a contratação de trabalhadores substitutos."*

121

Art. 8º COLETÂNEA DE LEIS TRABALHISTAS

A seu turno, no concurso para Juiz do Trabalho Substituto para o TRT da 1ª Região (RJ), em 2016, promovido pela banca FCC, também fora considerada ERRADA a seguinte assertiva: "Celebrado acordo para por fim a movimento grevista, a ausência de previsão expressa sobre os efeitos do período de paralisação torna devido aos trabalhadores que dela participaram o pagamento de salários do período."

Art. 8º. A Justiça do Trabalho, por iniciativa de qualquer das partes ou do Ministério Público do Trabalho, decidirá sobre a procedência, total ou parcial, ou improcedência das reivindicações, cumprindo ao Tribunal publicar, de imediato, o **competente acórdão**.

1. **A importância deste artigo está em sua literalidade.**

Art. 9º. Durante a greve, o sindicato ou a comissão de negociação, mediante acordo com a entidade patronal ou diretamente com o empregador, manterá em atividade equipes de empregados com o propósito de **assegurar os serviços cuja paralisação resultem em prejuízo irreparável**, pela deterioração irreversível de bens, máquinas e equipamentos, bem como a manutenção daqueles essenciais à retomada das atividades da empresa quando da cessação do movimento.

Parágrafo único. Não havendo acordo, é assegurado ao empregador, enquanto perdurar a greve, o direito de contratar diretamente os serviços necessários a que se refere este artigo.

1. **Manutenção da atividade para evitar prejuízos irreparáveis.** Apenas quando o movimento grevista não assegurar os serviços cuja paralisação resultem em prejuízo irreparável à empresa, seja pela deteriorização irreversível de bens, máquinas e equipamentos, seja em decorrência da falta de manutenção daqueles essenciais à retomada das atividades da empresa, o empregador poderá realizar contratação de empregados substitutos para tal fim.

→ **Aplicação em concurso:**

- No concurso para Juiz do Trabalho Substituto para o TRT da 1ª Região (RJ), em 2016, promovido pela banca FCC, fora considerada **ERRADA** a seguinte assertiva: *"O empregador pode contratar substitutos para os trabalhadores em greve, para manutenção dos serviços essenciais à retomada das atividades após o fim do movimento."*

122

Lei nº 7.783, de 28 de junho de 1989

Art. 10

Art. 10. São considerados **serviços ou atividades essenciais:**

I – tratamento e abastecimento de água; produção e distribuição de energia elétrica, gás e combustíveis;

II – assistência médica e hospitalar;

III – distribuição e comercialização de medicamentos e alimentos;

IV – funerários;

V – transporte coletivo;

VI – captação e tratamento de esgoto e lixo;

VII – **telecomunicações;**

VIII – guarda, uso e controle de substâncias radioativas, equipamentos e materiais nucleares;

IX – processamento de dados ligados a serviços essenciais;

X – controle de tráfego aéreo;

XI – compensação bancária.

1. Rol das atividades essenciais. Compreende-se que esse rol não deveria ser taxativo, na medida que com o passar dos tempos outras atividades contemporâneas poderiam se encaixar como essenciais, como também algumas das atividades já previstas deixariam de ser. No entanto, o Tribunal Superior do Trabalho vem entendendo o contrário, de que o rol deste dispositivo é taxativo, não podendo ser ampliando e nem restringido.

"RECURSO ORDINÁRIO EM DISSÍDIO COLETIVO. PRELIMINAR, AR-GÜIDA EM CONTRA-RAZÕES, DE ILEGITIMIDADE DO MINISTÉRIO PÚBLICO DO TRABALHO PARA SUSCITAR DISSÍDIO COLETIVO DE GREVE – SERVIÇO NÃO ESSENCIAL. ACOLHIMENTO. INTELIGÊNCIA DO ART. 114, § 3º DA CONSTITUIÇÃO. I – Os artigos 127 e 129 inciso III da Constituição, 6º, inciso VI, letra "d" e 83, incisos III e IV, da Lei Complementar nº 75/93 não se prestam como fundamento jurídico da pretensa legitimidade do Ministério Público do Trabalho para suscitar dissídio de greve em atividades não essenciais, na medida em que cuidam apenas de reconhecer a sua legitimidade para as ações coletivas e as ações civis públicas, sendo que aquelas não se confundem com os dissídios coletivos, entre os quais se insere o dissídio de greve. II – **Na realidade, o parágrafo 3º do art. 114 da Constituição não comporta outra interpretação que não a interpretação literal da norma ali contida, uma vez que ela é expressa em confinar a legitimidade do Ministério Público do Trabalho para suscitar dissídio de greve às atividades consideradas essenciais, enumeradas no art. 10, da Lei nº 7.783/89, e mesmo assim desde que haja possibilidade de lesão do interesse público,** indiscernível no caso da decretação da recuperação judicial da VARIG.

Art. 11

COLETÂNEA DE LEIS TRABALHISTAS

III – Em outras palavras, tendo por norte a constatação de se tratar de empresa privada atingida por vicissitudes na sua administração, não obstante se dedicasse ao transporte aéreo, não se divisa inclusive, na pretensa greve de seus empregados, o pressuposto da possibilidade de lesão do interesse público" (TST-RODC-2022400-85.2006.5.02.0000, Data de Julgamento: 13/12/2007, Relator Ministro Antônio José de Barros Levenhagen, Seção Especializada em Dissídios Coletivos, Data de Publicação: DJ 15/02/2008 – grifo nosso).

→ **Aplicação em concurso:**

* No concurso para Juiz do Trabalho Substituto para o TRT da 1ª Região (RJ), em 2016, promovido pela banca FCC, fora considerada **CORRETA** a seguinte assertiva: *"São, dentre outros, considerados serviços ou atividades essenciais: assistência médica e hospitalar, serviços funerários, controle de tráfego aéreo e serviço de telecomunicações."*

Art. 11. Nos serviços ou atividades essenciais, os sindicatos, os empregadores e os trabalhadores ficam obrigados, **de comum acordo**, a garantir, durante a greve, a prestação dos serviços indispensáveis ao atendimento das necessidades inadiáveis da comunidade.

Parágrafo único. São necessidades inadiáveis, da comunidade aquelas que, não atendidas, coloquem em **perigo iminente a sobrevivência, a saúde ou a segurança da população.**

1. Obrigação de garantir atendimento das necessidades inadiáveis. Percebe-se que não houve vedação de greve para serviços essenciais elencados no rol do art. 10 desta Lei, mas apenas resguardada a manutenção da prestação de serviços indispensáveis ao atendimento das necessidades inadiáveis da comunidade.

→ **Aplicação em concurso:**

* No concurso para Juiz do Trabalho Substituto para o TRT da 15ª Região, em 2015, promovido pela banca FCC, fora considerada **CORRETA** a seguinte assertiva: *"Para os fins do direito de greve, são consideradas como necessidades inadiáveis da comunidade, aquelas que, não atendidas, coloquem em perigo iminente a sobrevivência, a saúde ou a segurança da população."*

Art. 12. No **caso de inobservância do disposto no artigo anterior**, o Poder Público assegurará a prestação dos serviços indispensáveis.

1. Sanções à inobservância da manutenção dos serviços essenciais. Quando ocorre a inobservância da manutenção das necessidades inadi-

Lei nº 7.783, de 28 de junho de 1989

Art. 14

áveis da comunidade, o Poder Judiciário normalmente impõe multas de valores vultosos para os sindicatos que desobedeceram ao comando legal, sem prejuízo de outras medidas coercitivas e punitivas cabíveis.

Art. 13. Na greve, em serviços ou atividades essenciais, ficam as entidades sindicais ou os trabalhadores, conforme o caso, obrigados **a comunicar a decisão aos empregadores e aos usuários** com antecedência mínima **de 72 (setenta e duas)** horas da paralisação.

1. Comunicação prévia de greve. Por se tratar de paralisação de atividades essenciais que atinge diretamente a população, exige-se um prazo maior de comunicação prévia, qual seja, de 72 horas.

Art. 14. Constitui **abuso do direito de greve** a inobservância das normas contidas na presente Lei, bem como a manutenção da paralisação após a celebração de acordo, convenção ou decisão da Justiça do Trabalho.

Parágrafo único. Na vigência de acordo, convenção ou sentença normativa não constitui abuso do exercício do direito de greve a paralisação que:

I – tenha por objetivo exigir o cumprimento de cláusula ou condição;

II – seja motivada pela superveniência de fatos novo ou acontecimento imprevisto que modifique substancialmente a relação de trabalho.

1. Abuso do direito de greve. Essa norma já prevê a cláusula de paz, que consiste na previsão da proibição da manutenção da greve após a celebração de acordo, convenção e sentença normativa. Ressalta-se que não se reconhece efeitos quando a greve é declarada abusiva, inclusive pecuniários para quem não obedece as normas desta Lei.

> **OJ da SDC nº 10.** GREVE ABUSIVA NÃO GERA EFEITOS. (inserida em 27.03.1998). *É incompatível com a declaração de abusividade de movimento grevista o estabelecimento de quaisquer vantagens ou garantias a seus partícipes, que assumiram os riscos inerentes à utilização do instrumento de pressão máximo.*

→ **Aplicação em concurso:**

- No concurso para Juiz do Trabalho Substituto para o TRT da 15ª Região, em 2015, promovido pela banca FCC, fora considerada **ERRADA** a seguinte assertiva: *"constitui abuso do direito de greve a inobservância das normas contidas na Lei de Greve, bem como a manutenção da paralisação após a celebração de acordo, convenção ou decisão da Justiça do Trabalho, ainda que, na vigência de quaisquer destes, a paralisação tenha por objetivo exigir o cumprimento de cláusula ou condição."*

125

Art. 15. A responsabilidade pelos atos praticados, ilícitos ou crimes cometidos, no curso da greve, será apurada, conforme o caso, segundo a legislação trabalhista, civil ou penal.

Parágrafo único. Deverá o Ministério Público, de ofício, requisitar a abertura do competente inquérito e oferecer denúncia quando houver indício da prática de delito.

1. A importância deste artigo está em sua literalidade.

Art. 16. Para os fins previstos no art. 37, inciso VII, da Constituição, **lei complementar definirá os termos e os limites em que o direito de greve poderá ser exercido.**

1. Servidores públicos estatutários. Esta Lei aplica-se aos empregados privados em geral e aos empregados públicos que laborem em empresas públicas e sociedade de economia mista, nos termos do § 1º do art. 173 da Constituição Federal. Os servidores públicos celetistas, que estão vinculados com a administração pública direta, fundacional e autárquica, como também os servidores públicos estatutárias nãos se aplicam os termos desta Lei em análise.

Art. 17. Fica vedada a paralisação das atividades, por iniciativa do empregador, com o objetivo de frustrar negociação ou dificultar o atendimento de reivindicações dos respectivos empregados (**lockout**).

Parágrafo único. A prática referida no caput **assegura aos trabalhadores o direito à percepção dos salários** durante o período de paralisação.

1. Lockout. Essa prática conhecida doutrinariamente como lockout é quando o empregador cessa as atividades empresariais com o objetivo de frustrar o movimento grevista, fato que obriga o empregador a pagar os salários do período de paralisação.

Art. 18. Ficam revogados a Lei nº 4.330, de 1º de junho de 1964, o Decreto-Lei nº 1.632, de 4 de agosto de 1978, e demais disposições em contrário.

Art. 19 Esta Lei entra em vigor na data de sua publicação.

Lei nº 7.998, de 11 de janeiro de 1990

> Regula o Programa do Seguro-Desemprego, o Abono Salarial, institui o Fundo de Amparo ao Trabalhador (FAT), e dá outras providências.
>
> O PRESIDENTE DA REPÚBLICA, faço saber que o Congresso Nacional decreta e eu sanciono a seguinte Lei:
>
> **Art. 1º** Esta Lei regula o Programa do Seguro-Desemprego e o abono de que tratam o inciso II do art. 7º, o inciso IV do art. 201 e o art. 239, da Constituição Federal, bem como institui o Fundo de Amparo ao Trabalhador (FAT)
>
> **DO PROGRAMA DE SEGURO-DESEMPREGO**
>
> **Art. 2º** O programa do seguro-desemprego tem por finalidade: (Redação dada pela Lei nº 8.900, de 30.06.94)
>
> I – prover **assistência financeira temporária** ao trabalhador desempregado em virtude de dispensa sem justa causa, **inclusive a indireta**, e ao trabalhador comprovadamente resgatado de regime de trabalho forçado ou da condição análoga à de escravo; (Redação dada pela Lei nº 10.608, de 20.12.2002)
>
> II – **auxiliar os trabalhadores na busca ou preservação do emprego**, promovendo, para tanto, ações integradas de orientação, recolocação e **qualificação profissional**. (Redação dada pela Medida Provisória nº 2.164-41, de 2001)

1. Direito social do trabalhador. O seguro-desemprego, em caso de desemprego involuntário, é direito social do trabalhador, conforme art. 7º, II e art. 201, III, todos da Constituição Federal.

1.1. Benefício assistencial. Originariamente previsto como um benefício previdenciário, fora expressamente excluído da cobertura do regime da Previdência Social, conforme art. 9º, § 1º, da Lei nº 8.213/91, sendo pago pelo Ministério do Trabalho e Emprego, com recursos do Fundo de Amparo ao Trabalhador (FAT), independendo de contribuição direta de seus beneficiários, tratando-se, assim, de um benefício assistencial.

> **Lei nº 8.213/91**
>
> **Art. 9º** A Previdência Social compreende:
>
> **§ 1º** O Regime Geral de Previdência Social – RGPS garante a cobertura de todas as situações expressas no art. 1º desta Lei, exceto as de de-

Art. 2º

COLETÂNEA DE LEIS TRABALHISTAS

semprego involuntário, objeto de lei específica, e de aposentadoria por tempo de contribuição para o trabalhador de que trata o § 2º do art. 21 da Lei nº 8.212, de 24 de julho de 1991. (Redação dada pela Lei Complementar nº 123, de 2006)

2. **Objetivos.** Dois são os seus objetivos primordiais: prover assistência financeira temporária ao trabalhador e auxiliar os trabalhadores na busca e na preservação do emprego.

→ **Aplicação em concurso:**

- No concurso para Juiz do Trabalho Substituto promovido pelo TRT da 2ª Região (SP), Ano 2014, fora considerada **ERRADA** a seguinte assertiva: *"Tem por objetivos a assistência temporária do trabalhador desempregado, a qualificação profissional e a preservação do emprego."*

3. **Beneficiários do programa.** Além dos empregados dispensados sem justa causa, ou que tenham requerido a rescisão indireta, nos moldes do art. 483 da CLT, inclusive os empregados domésticos (**conforme disciplinado nos arts. 26 e 28 a 30 da LC 150/2015**), também fazem jus à percepção deste benefício o trabalhador resgatado da condição análoga à de escravo; o empregado cujo contrato de trabalho fora suspenso em virtude da participação em curso ou programa de qualificação oferecido pelo empregador, conforme art. 476-A da CLT e art. 2º-A desta Lei; e o pescador artesanal profissional durante o chamado período de defeso, desde que não disponha de outra fonte de renda e exerça esta atividade de forma ininterrupta, conforme estabelecido pelos arts. 1º e 2º da Lei n° 10.779/2003.

→ **Aplicação em concurso:**

- No concurso para Juiz do Trabalho Substituto promovido pelo TRT da 2ª Região (SP), Ano 2014, considerou-se **ERRADA** a seguinte assertiva: *"O trabalhador comprovadamente resgatado de regime forçado ou da condição análoga à escravidão terá direito a 6 (seis) parcelas de seguro-desemprego, no valor de 1 (um) salário mínimo, sendo vedado o recebimento do mesmo benefício, em situação similar, nos 12 (doze) meses seguintes à percepção da última parcela."*

▶ **LEGISLAÇÕES REFERIDAS:**

LC nº 150/2015 – Empregado Doméstico

Art. 26. O empregado doméstico que for dispensado sem justa causa fará jus ao benefício do seguro-desemprego, na forma da Lei no7.998, de 11 de janeiro de 1990, no valor de 1 (um) salário-mínimo, por período máximo de 3 (três) meses, de forma contínua ou alternada.

128

Lei n° 7.998, de 11 de janeiro de 1990

Art. 2°

§ 1º O benefício de que trata o caput será concedido ao empregado nos termos do regulamento do Conselho Deliberativo do Fundo de Amparo ao Trabalhador (Codefat).

§ 2º O benefício do seguro-desemprego será cancelado, sem prejuízo das demais sanções cíveis e penais cabíveis:

I – pela recusa, por parte do trabalhador desempregado, de outro emprego condizente com sua qualificação registrada ou declarada e com sua remuneração anterior;

II – por comprovação de falsidade na prestação das informações necessárias à habilitação;

III – por comprovação de fraude visando à percepção indevida do benefício do seguro-desemprego; ou

IV – por morte do segurado.

(...)

Art. 28. Para se habilitar ao benefício do seguro-desemprego, o trabalhador doméstico deverá apresentar ao órgão competente do Ministério do Trabalho e Emprego:

I – Carteira de Trabalho e Previdência Social, na qual deverão constar a anotação do contrato de trabalho doméstico e a data de dispensa, de modo a comprovar o vínculo empregatício, como empregado doméstico, durante pelo menos 15 (quinze) meses nos últimos 24 (vinte e quatro) meses;

II – termo de rescisão do contrato de trabalho;

III – declaração de que não está em gozo de benefício de prestação continuada da Previdência Social, exceto auxílio-acidente e pensão por morte; e

IV – declaração de que não possui renda própria de qualquer natureza suficiente à sua manutenção e de sua família.

Art. 29. O seguro-desemprego deverá ser requerido de 7 (sete) a 90 (noventa) dias contados da data de dispensa.

Art. 30. Novo seguro-desemprego só poderá ser requerido após o cumprimento de novo período aquisitivo, cuja duração será definida pelo Codefat.

Lei n° 10.779/2003 – Pescador Artesanal

Art. 1º O pescador artesanal de que tratam a alínea "b" do inciso VII do art. 12 da Lei nº 8.212, de 24 de julho de 1991, e a alínea "b" do inciso VII do art. 11 da Lei nº 8.213, de 24 de julho de 1991, desde que exerça sua atividade profissional ininterruptamente, de forma artesanal e individualmente ou em regime de economia familiar, fará jus ao benefício do seguro-desemprego, no valor de 1 (um) salário-mínimo mensal, durante o período de defeso de atividade pesqueira para a preservação da espécie. (Redação dada pela Lei nº 13.134, de 2015)

§ 1º Considera-se profissão habitual ou principal meio de vida a atividade exercida durante o período compreendido entre o defeso anterior e o em curso, ou nos 12 (doze) meses imediatamente anteriores ao do defeso em curso, o que for menor. (Redação dada pela Lei nº 13.134, de 2015)

§ 2º O período de defeso de atividade pesqueira é o fixado pelo Instituto Brasileiro do Meio Ambiente e dos Recursos Naturais Renováveis – IBAMA, em relação à espécie marinha, fluvial ou lacustre a cuja captura o pescador se dedique.

§ 3º Considera-se ininterrupta a atividade exercida durante o período compreendido entre o defeso anterior e o em curso, ou nos 12 (doze) meses imediatamente anteriores ao do defeso em curso, o que for menor. (Incluído dada pela Lei nº 13.134, de 2015)

§ 4º Somente terá direito ao seguro-desemprego o segurado especial pescador artesanal que não disponha de outra fonte de renda diversa da decorrente da atividade pesqueira. (Incluído dada pela Lei nº 13.134, de 2015)

§ 5º O pescador profissional artesanal não fará jus, no mesmo ano, a mais de um benefício de seguro-desemprego decorrente de defesos relativos a espécies distintas. (Incluído dada pela Lei nº 13.134, de 2015)

§ 6º A concessão do benefício não será extensível às atividades de apoio à pesca nem aos familiares do pescador profissional que não satisfaçam os requisitos e as condições estabelecidos nesta Lei. (Incluído dada pela Lei nº 13.134, de 2015)

§ 7º O benefício do seguro-desemprego é pessoal e intransferível. (Incluído dada pela Lei nº 13.134, de 2015)

§ 8º O período de recebimento do benefício não poderá exceder o limite máximo variável de que trata o caput do art. 4º da Lei nº 7.998, de 11 de janeiro de 1990, ressalvado o disposto nos §§ 4º e 5º do referido artigo. (Incluído dada pela Lei nº 13.134, de 2015)

Art. 2º Cabe ao Instituto Nacional do Seguro Social (INSS) receber e processar os requerimentos e habilitar os beneficiários, nos termos do regulamento. (Redação dada pela Lei nº 13.134, de 2015)

Lei nº 7.998, de 11 de janeiro de 1990

Art. 2º

§ 1º Para fazer jus ao benefício, o pescador não poderá estar em gozo de nenhum benefício decorrente de benefício previdenciário ou assistencial de natureza continuada, exceto pensão por morte e auxílio-acidente. (Incluído pela Lei nº 13.134, de 2015)

§ 2º Para se habilitar ao benefício, o pescador deverá apresentar ao INSS os seguintes documentos: (Incluído pela Lei nº 13.134, de 2015)

I – registro como pescador profissional, categoria artesanal, devidamente atualizado no Registro Geral da Atividade Pesqueira (RGP), emitido pelo Ministério da Pesca e Aquicultura com antecedência mínima de 1 (um) ano, contado da data de requerimento do benefício; (Incluído pela Lei nº 13.134, de 2015)

II – cópia do documento fiscal de venda do pescado a empresa adquirente, consumidora ou consignatária da produção, em que conste, além do registro da operação realizada, o valor da respectiva contribuição previdenciária de que trata o § 7º do art. 30 da Lei nº 8.212, de 24 de julho de 1991, ou comprovante de recolhimento da contribuição previdenciária, caso tenha comercializado sua produção a pessoa física; e (Incluído pela Lei nº 13.134, de 2015)

III – outros estabelecidos em ato do Ministério da Previdência Social que comprovem: (Incluído pela Lei nº 13.134, de 2015)

a) o exercício da profissão, na forma do art. 1º desta Lei; (Incluído pela Lei nº 13.134, de 2015)

b) que se dedicou à pesca durante o período definido no § 3º do art. 1º desta Lei; (Incluído pela Lei nº 13.134, de 2015)

c) que não dispõe de outra fonte de renda diversa da decorrente da atividade pesqueira. (Incluído pela Lei nº 13.134, de 2015)

§ 3º O INSS, no ato de habilitação ao benefício, deverá verificar a condição de segurado pescador artesanal e o pagamento da contribuição previdenciária, nos termos da Lei nº 8.212, de 24 de julho de 1991, nos últimos 12 (doze) meses imediatamente anteriores ao requerimento do benefício ou desde o último período de defeso até o requerimento do benefício, o que for menor, observado, quando for o caso, o disposto no inciso II do § 2º. (Incluído pela dada pela Lei nº 13.134, de 2015)

§ 4º O Ministério da Previdência Social e o Ministério da Pesca e Aquicultura desenvolverão atividades que garantam ao INSS acesso às informações cadastrais disponíveis no RGP, de que trata o art. 24 da Lei nº 11.959, de 29 de junho de 2009, necessárias para a concessão do seguro-desemprego. (Incluído pela Lei nº 13.134, de 2015)

131

§ 5º Da aplicação do disposto no § 4º deste artigo não poderá resultar nenhum ônus para os segurados. (Incluído pela Lei nº 13.134, de 2015)

§ 6º O Ministério da Previdência Social poderá, quando julgar necessário, exigir outros documentos para a habilitação do benefício. (Incluído pela Lei nº 13.134, de 2015)

§ 7º O INSS deverá divulgar mensalmente lista com todos os beneficiários que estão em gozo do seguro-desemprego no período de defeso, detalhados por localidade, nome, endereço e número e data de inscrição no RGP. (Incluído pela Lei nº 13.134, de 2015)

§ 8º Desde que atendidos os demais requisitos previstos neste artigo, o benefício de seguro-desemprego será concedido ao pescador profissional artesanal cuja família seja beneficiária de programa de transferência de renda com condicionalidades, e caberá ao órgão ou à entidade da administração pública federal responsável pela manutenção do programa a suspensão do pagamento pelo mesmo período da percepção do benefício de seguro-desemprego. (Incluído pela Lei nº 13.134, de 2015)

§ 9º Para fins do disposto no § 8º, o INSS disponibilizará aos órgãos ou às entidades da administração pública federal responsáveis pela manutenção de programas de transferência de renda com condicionalidades as informações necessárias para identificação dos beneficiários e dos benefícios de seguro-desemprego concedidos, inclusive as relativas à duração, à suspensão ou à cessação do benefício. (Incluído pela Lei nº 13.134, de 2015)

4. **Programa Seguro-emprego.** Considerando-se o objetivo de auxiliar os trabalhadores na preservação do emprego, fora editada a Lei nº 13.189/2015, com prazo de vigência até 31.12.2018, que instituiu o *Programa Seguro-Emprego*, permitindo às empresas inscritas no programa, cujo prazo máximo de permanência é de 24 meses, mediante a celebração de um acordo coletivo, a reduzirem a jornada e o salário dos seus empregados em até 30% (trinta por cento). Em contrapartida, os empregados destas empresas farão jus a uma compensação pecuniária correspondente a 50% do valor da redução salarial, limitada a 65% do valor máximo da parcela do seguro-desemprego, enquanto perdurar o período de redução da jornada, a ser custeada com recursos do FAT (**arts. 4º e 5º,***caput*, **da Lei nº 13.189/2015**).

Lei nº 13.189/2015 – Programa Seguro-emprego.

Art. 4º Os empregados de empresas que aderirem ao PSE e que tiverem o seu salário reduzido, nos termos do art. 5º, fazem jus à com-

Lei nº 7.998, de 11 de janeiro de 1990

Art. 2º

pensação pecuniária equivalente a cinquenta por cento do valor da redução salarial e limitada a sessenta e cinco por cento do valor máximo da parcela do seguro-desemprego, enquanto perdurar o período de redução temporária da jornada de trabalho. (Redação dada pela Medida Provisória nº 761, de 2016)

§ 1º Ato do Poder Executivo federal deve dispor sobre a forma de pagamento da compensação pecuniária de que trata o caput, custeada pelo Fundo de Amparo ao Trabalhador – FAT.

§ 2º O valor do salário pago pelo empregador, após a redução de que trata o caput do art. 5º, não pode ser inferior ao valor do salário mínimo.

Art. 5º O acordo coletivo de trabalho específico para adesão ao PSE, celebrado entre a empresa e o sindicato de trabalhadores representativo da categoria da atividade econômica preponderante da empresa, pode reduzir em até trinta por cento a jornada e o salário. (Redação dada pela Medida Provisória nº 761, de 2016)

5. Direita às guias do seguro-desemprego. O pagamento do seguro--desemprego pelo Estado poderá repercutir diretamente na esfera de responsabilidade trabalhista do empregador, conforme se observa do enunciado da Súmula nº 389 do TST.

> **Súmula nº 389 do TST.** SEGURO-DESEMPREGO. COMPETÊNCIA DA JUSTIÇA DO TRABALHO. DIREITO À INDENIZAÇÃO POR NÃO LIBERAÇÃO DE GUIAS (conversão das Orientações Jurisprudenciais nOS 210 e 211 da SBDI-1) – Res. 129/2005, DJ 20, 22 e 25.04.2005. *I – Inscreve-se na competência material da Justiça do Trabalho a lide entre empregado e empregador tendo por objeto indenização pelo não-fornecimento das guias do seguro-desemprego. II – O não-fornecimento pelo empregador da guia necessária para o recebimento do seguro--desemprego dá origem ao direito à indenização.*

5.1. Competência da Justiça do Trabalho. Analisando-se o teor desta súmula, conclui-se que, em se tratando o seguro-desemprego de um direito fundamental do trabalhador, inserem-se na competência da Justiça do Trabalho as demandas formuladas entre empregado e empregadores que tenham por objeto indenização pelo não fornecimento das guias do seguro-desemprego.

5.2. Indenização compensatória. Por sua vez, em conformidade com o item II da Súmula em exame, o descumprimento, pelo empregador, do dever de entregar ao empregado a guia necessária à percepção desse benefício, gera o direito a uma indenização compensatória.

133

> **Art. 2º-A.** Para efeito do disposto no inciso II do art. 2º, fica instituída a **bolsa de qualificação profissional**, a ser custeada pelo Fundo de Amparo ao Trabalhador – FAT, à qual fará jus o trabalhador que estiver com o contrato de trabalho suspenso em virtude de participação em curso ou programa de qualificação profissional oferecido pelo empregador, em conformidade com o disposto em convenção ou acordo coletivo celebrado para este fim. (Incluído pela Medida Provisória nº 2.164-41, de 2001)

1. Bolsa de qualificação profissional. Conforme previsto no inciso II do art. 2º desta Lei, o seguro-desemprego também tem por objetivo favorecer a qualificação profissional dos trabalhadores.

1.1. *"Lay-off"*. No art. 476-A da CLT, fora instituído um programa de qualificação profissional, criando-se uma nova modalidade de suspensão do contrato de trabalho, cujo objetivo primordial fora o de evitar demissões em massa em momentos de crise, recebendo o trabalhador, em contrapartida, uma ajuda compensatória mensal paga com recursos do FAT. Doutrinariamente, esta suspensão tem sido denominada de *"lay off"*.

Consolidação das Leis do Trabalho – CLT

Art. 476-A. O contrato de trabalho poderá ser suspenso, por um período de dois a cinco meses, para participação do empregado em curso ou programa de qualificação profissional oferecido pelo empregador, com duração equivalente à suspensão contratual, mediante previsão em convenção ou acordo coletivo de trabalho e aquiescência formal do empregado, observado o disposto no art. 471 desta Consolidação. (Incluído pela Medida Provisória nº 2.164-41, de 2001)

§ 1º Após a autorização concedida por intermédio de convenção ou acordo coletivo, o empregador deverá notificar o respectivo sindicato, com antecedência mínima de quinze dias da suspensão contratual. (Incluído pela Medida Provisória nº 2.164-41, de 2001)

§ 2º O contrato de trabalho não poderá ser suspenso em conformidade com o disposto no caput deste artigo mais de uma vez no período de dezesseis meses. (Incluído pela Medida Provisória nº 2.164-41, de 2001)

§ 3º O empregador poderá conceder ao empregado ajuda compensatória mensal, sem natureza salarial, durante o período de suspensão contratual nos termos do caput deste artigo, com valor a ser definido em convenção ou acordo coletivo.

§ 4º Durante o período de suspensão contratual para participação em curso ou programa de qualificação profissional, o empregado fará jus

Lei nº 7.998, de 11 de janeiro de 1990 **Art. 2º**

aos benefícios voluntariamente concedidos pelo empregador. (Incluído pela Medida Provisória nº 2.164-41, de 2001)

§ 5º Se ocorrer a dispensa do empregado no transcurso do período de suspensão contratual ou nos três meses subsequentes ao seu retorno ao trabalho, o empregador pagará ao empregado, além das parcelas indenizatórias previstas na legislação em vigor, multa a ser estabelecida em convenção ou acordo coletivo, sendo de, no mínimo, cem por cento sobre o valor da última remuneração mensal anterior à suspensão do contrato. (Incluído pela Medida Provisória nº 2.164-41, de 2001)

§ 6º Se durante a suspensão do contrato não for ministrado o curso ou programa de qualificação profissional, ou o empregado permanecer trabalhando para o empregador, ficará descaracterizada a suspensão, sujeitando o empregador ao pagamento imediato dos salários e dos encargos sociais referentes ao período, às penalidades cabíveis previstas na legislação em vigor, bem como às sanções previstas em convenção ou acordo coletivo. (Incluído pela Medida Provisória nº 2.164-41, de 2001)

§ 7º O prazo limite fixado no caput poderá ser prorrogado mediante convenção ou acordo coletivo de trabalho e aquiescência formal do empregado, desde que o empregador arque com o ônus correspondente ao valor da bolsa de qualificação profissional, no respectivo período. (Incluído pela Medida Provisória nº 2.164-41, de 2001)

1.2. Suspensão autorizada por convenção ou acordo coletivo. Analisando-se o inteiro teor do art. 476-A da CLT, observa-se que o trabalhador, nesta situação, por um período que variará entre **02 a 05 meses**, receberá uma **bolsa de qualificação profissional**, a ser custeada, como já mencionado, com recursos do FAT, desde que previamente autorizada esta suspensão em convenção ou em acordo coletivo.

1.3. Bolsa de qualificação. Além da bolsa de qualificação profissional, poderá o empregador conceder ao empregado uma ajuda compensatória mensal, a qual não terá natureza salarial.

1.4. Prorrogação da suspensão do contrato de trabalho. Permite, ainda, a norma celetista, a prorrogação desta suspensão por prazo um superior aos 5 meses previsto no *caput* do art. 476-A. Contudo, durante a prorrogação, o trabalhador não mais fará jus à bolsa qualificação custeada com recursos do FAT, ficando o pagamento do auxílio a cargo do empregador, observando-se que, mesmo quando pago pelo empregador, este auxílio não terá natureza salarial, pois não se trata de contraprestação pelo trabalho prestado, uma vez que o contrato se encontra suspenso, mas apenas de uma ajuda de custo.

135

Art. 2º

COLETÂNEA DE LEIS TRABALHISTAS

→ **Aplicação em concurso:**

* No concurso para Juiz do Trabalho, promovido pelo TRT da 2ª Região (SP) – Ano 2014, fora considerado **CERTO** o seguinte enunciado: *"O trabalhador empregado poderá receber bolsa de qualificação profissional, desde que tenha o contrato suspenso para participação em curso previsto em Acordo ou Convenção Coletiva com essa finalidade".*

Art. 2º-B. (Revogado pela Lei nº 13.134, de 2015)

Art. 2º-C O trabalhador que vier a ser identificado como **submetido a regime de trabalho forçado ou reduzido a condição análoga à de escravo**, em decorrência de ação de fiscalização do Ministério do Trabalho e Emprego, será dessa situação resgatado e terá direito à percepção de três parcelas de seguro-desemprego no valor de um salário mínimo cada, conforme o disposto no § 2º deste artigo. (Incluído pela Lei nº 10.608, de 20.12.2002)

§ 1º O trabalhador resgatado nos termos do caput deste artigo será encaminhado, pelo Ministério do Trabalho e Emprego, para qualificação profissional e recolocação no mercado de trabalho, por meio do Sistema Nacional de Emprego – SINE, na forma estabelecida pelo Conselho Deliberativo do Fundo de Amparo ao Trabalhador – CODEFAT. (Incluído pela Lei nº 10.608, de 20.12.2002)

§ 2º Caberá ao CODEFAT, por proposta do Ministro de Estado do Trabalho e Emprego, estabelecer os procedimentos necessários ao recebimento do benefício previsto no caput deste artigo, observados os respectivos limites de comprometimento dos recursos do FAT, ficando vedado ao mesmo trabalhador o recebimento do benefício, em circunstâncias similares, nos doze meses seguintes à percepção da última parcela. (Incluído pela Lei nº 10.608, de 20.12.2002)

1. **Regime de trabalho forçado ou reduzido a condição análoga à de escravo.** Esta possibilidade foi introduzida pela Lei n° 10.068/2002, que estendeu o benefício do seguro-desemprego aos trabalhadores comprovadamente resgatados do regime de trabalho forçado ou em condição análoga à de escravo, fazendo jus o trabalhador a **3 parcelas do benefício** no valor de **01 salário-mínimo cada**.

   1.1. **Requisitos do benefício.** De acordo com informações colhidas diretamente do sítio eletrônico do Ministério do Trabalho2, para fazerem jus ao benefício, os trabalhadores dispõem do prazo de 90 (noventa) dias sub-

---

2   http://trabalho.gov.br/seguro-desemprego/modalidades/seguro-desemprego-trabalhador-resgatado

Lei nº 7.998, de 11 de janeiro de 1990 **Art. 3º**

sequentes à data do resgate para requerê-lo, devendo, ainda, comprovar terem sido efetivamente resgatados do regime de trabalho forçado ou da condição análoga à de escravo, não estarem receber nenhum benefício da Previdência Social, à exceção do auxílio-acidente e da pensão por morte, e não possuir renda própria para seu sustento e de sua família.

Art. 3º Terá direito à percepção do seguro-desemprego o trabalhador dispensado sem justa causa que comprove:

I – ter recebido salários de pessoa jurídica ou de pessoa física a ela equiparada, relativos a: (Redação dada pela Lei nº 13.134, de 2015)

a) pelo menos 12 (doze) meses nos últimos 18 (dezoito) meses imediatamente anteriores à data de dispensa, quando da primeira solicitação; (Incluído pela Lei nº 13.134, de 2015)

b) pelo menos 9 (nove) meses nos últimos 12 (doze) meses imediatamente anteriores à data de dispensa, quando da segunda solicitação; e (Incluído pela Lei nº 13.134, de 2015)

c) cada um dos 6 (seis) meses imediatamente anteriores à data de dispensa, quando das demais solicitações; (Incluído pela Lei nº 13.134, de 2015)

II – (Revogado); (Redação dada pela Lei nº 13.134, de 2015)

III – não estar em gozo de qualquer benefício previdenciário de prestação continuada, previsto no Regulamento dos Benefícios da Previdência Social, **excetuado o auxílio-acidente e o auxílio suplementar previstos na Lei nº 6.367, de 19 de outubro de 1976**, bem como o **abono de permanência em serviço** previsto na Lei nº 5.890, de 8 de junho de 1973;

IV – não estar em gozo do auxílio-desemprego; e

V – não possuir renda própria de qualquer natureza suficiente à sua manutenção e de sua família.

VI – matrícula e frequência, quando aplicável, nos termos do regulamento, em curso de formação inicial e continuada ou de qualificação profissional habilitado pelo Ministério da Educação, nos termos do art. 18 da Lei nº 12.513, de 26 de outubro de 2011, ofertado por meio da Bolsa-Formação Trabalhador concedida no âmbito do Programa Nacional de Acesso ao Ensino Técnico e Emprego (Pronatec), instituído pela Lei nº 12.513, de 26 de outubro de 2011, ou de vagas gratuitas na rede de educação profissional e tecnológica. (Incluído pela Lei nº 13.134, de 2015)

§ 1º A União poderá condicionar o recebimento da assistência financeira do Programa de Seguro-Desemprego à comprovação da matrícula e da frequência do trabalhador segurado em curso de formação inicial e continuada ou qualificação profissional, com carga horária mínima de 160 (cento e sessenta) horas. (Incluído pela Lei nº 12.513, de 2011)

> § 2º O Poder Executivo regulamentará os critérios e requisitos para a concessão da assistência financeira do Programa de Seguro-Desemprego nos casos previstos no § 1º, considerando a disponibilidade de bolsas-formação no âmbito do Pronatec ou de vagas gratuitas na rede de educação profissional e tecnológica para o cumprimento da condicionalidade pelos respectivos beneficiários. (Incluído pela Lei nº 12.513, de 2011)
>
> § 3º A oferta de bolsa para formação dos trabalhadores de que trata este artigo considerará, entre outros critérios, a capacidade de oferta, a reincidência no recebimento do benefício, o nível de escolaridade e a faixa etária do trabalhador. (Incluído pela Lei nº 12.513, de 2011)
>
> **§ 4º O registro como Microempreendedor Individual – MEI, de que trata** o art. 18-A da Lei Complementar nº 123, de 14 de dezembro de 2006, **não comprovará renda própria suficiente à manutenção da família, exceto se demonstrado na declaração anual simplificada da microempresa individual** (Incluído pela Lei Complementar nº 155, de 2016)

1. **Rescisão indireta reconhecida.** Também se incluem nessa hipótese o trabalhador que tenha sido reconhecido em juízo a rescisão indireta, cujas hipóteses encontram-se discriminadas no art. 483 da CLT.

2. **Terá direito à percepção do seguro-desemprego.** É importante ficar atento aos requisitos cumulativos estabelecidos nos incisos I a VI deste artigo para a percepção do seguro desemprego.

   O Inciso I, deste artigo, na sua redação original, previa que, para a percepção do seguro desemprego, bastaria ao empregado a comprovação de ter trabalhado por 6 meses contínuos, no período anterior à sua dispensa imotivada, ou por 15 meses nos últimos 24 meses. A partir da MP nº 665/2014, foram estabelecidos diferentes prazos, passando a exigir a comprovação de percepção salário por pelo menos 18 meses, na primeira vez em que for requerido o benefício; na segunda solicitação, por 12 meses e, nas seguintes, por 6 meses. Com a entrada em vigor da Lei nº 13.134/2015, em 17.6.2015, resultado da conversão da referida Medida Provisória, houve uma nova alteração, exigindo-se a comprovação de vínculo com o empregador por, pelo menos, 12 meses, na primeira solicitação, 9 meses, na segunda, e por 6 meses nas demais.

3. **Não estar em gozo de qualquer benefício previdenciário.** O seguro-desemprego é inacumulável com qualquer outro benefício previdenciário ou assistencial, salvo a indenização por auxílio acidente, onde se contempla a perda parcial e definitiva da capacidade laborativa do segurado, e o abono de permanência em serviço.

Lei nº 7.998, de 11 de janeiro de 1990

Art. 4º

Art. 3º-A. A periodicidade, os valores, o cálculo do número de parcelas e os demais procedimentos operacionais de pagamento da **bolsa de qualificação profissional**, nos termos do art. 2º-A desta Lei, bem como os pré-requisitos para habilitação **serão os mesmos adotados em relação ao benefício do Seguro-Desemprego, exceto quanto à dispensa sem justa causa.** (Incluído pela Medida Provisória nº 2.164-41, de 2001)

1. Bolsa de qualificação profissional. Os mesmos critérios e as mesmas exigências operacionais para a percepção do seguro-desemprego serão utilizados para o pagamento da bolsa de qualificação profissional.

Art. 4º O benefício do seguro-desemprego será concedido ao trabalhador desempregado, por **período máximo variável de 3 (três) a 5 (cinco) meses,** de forma contínua ou alternada, a cada período aquisitivo, **contados da data de dispensa que deu origem à última habilitação,** cuja duração será definida pelo Conselho Deliberativo do Fundo de Amparo ao Trabalhador (Codefat). (Redação dada pela Lei nº 13.134, de 2015)

§ 1º O benefício do seguro-desemprego poderá ser retomado a cada novo período aquisitivo, satisfeitas as condições arroladas nos incisos I, III, IV e V do **caput** do art. 3º. (Incluído pela Lei nº 13.134, de 2015)

§ 2º A determinação do período máximo mencionado no caput observará a seguinte relação entre o **número de parcelas mensais do benefício do seguro-desemprego e o tempo de serviço do trabalhador nos 36 (trinta e seis) meses que antecederem a data de dispensa** que originou o requerimento do seguro-desemprego, vedado o cômputo de vínculos empregatícios utilizados em períodos aquisitivos anteriores: (Incluído pela Lei nº 13.134, de 2015)

I – para a **primeira solicitação:** (Incluído pela Lei nº 13.134, de 2015)

a) 4 (quatro) parcelas, se o trabalhador comprovar vínculo empregatício com pessoa jurídica ou pessoa física a ela equiparada de, **no mínimo, 12 (doze) meses e, no máximo, 23 (vinte e três) meses,** no período de referência; ou (Incluído pela Lei nº 13.134, de 2015)

b) 5 (cinco) parcelas, se o trabalhador comprovar vínculo empregatício com pessoa jurídica ou pessoa física a ela equiparada de, **no mínimo, 24 (vinte e quatro) meses,** no período de referência; (Incluído pela Lei nº 13.134, de 2015)

II – para a **segunda solicitação:** (Incluído pela Lei nº 13.134, de 2015)

a) 3 (três) parcelas, se o trabalhador comprovar vínculo empregatício com pessoa jurídica ou pessoa física a ela equiparada de, **no mínimo, 9 (nove) meses e, no máximo, 11 (onze) meses,** no período de referência; (Incluído pela Lei nº 13.134, de 2015)

139

Art. 4º

b) 4 (quatro) parcelas, se o trabalhador comprovar vínculo empregatício com pessoa jurídica ou pessoa física a ela equiparada de, **no mínimo, 12 (doze) meses e, no máximo, 23 (vinte e três) meses**, no período de referência; ou (Incluído pela Lei nº 13.134, de 2015)

c) 5 (cinco) parcelas, se o trabalhador comprovar vínculo empregatício com pessoa jurídica ou pessoa física a ela equiparada de, **no mínimo, 24 (vinte e quatro) meses**, no período de referência; (Incluído pela Lei nº 13.134, de 2015)

III – a partir da **terceira solicitação:** (Incluído pela Lei nº 13.134, de 2015)

a) 3 (três) parcelas, se o trabalhador comprovar vínculo empregatício com pessoa jurídica ou pessoa física a ela equiparada de, **no mínimo, 6 (seis) meses e, no máximo, 11 (onze) meses**, no período de referência; (Incluído pela Lei nº 13.134, de 2015)

b) 4 (quatro) parcelas, se o trabalhador comprovar vínculo empregatício com pessoa jurídica ou pessoa física a ela equiparada de, **no mínimo, 12 (doze) meses e, no máximo, 23 (vinte e três) meses**, no período de referência; ou (Incluído pela Lei nº 13.134, de 2015)

c) 5 (cinco) parcelas, se o trabalhador comprovar vínculo empregatício com pessoa jurídica ou pessoa física a ela equiparada de, **no mínimo, 24 (vinte e quatro) meses**, no período de referência. (Incluído pela Lei nº 13.134, de 2015)

§ 3º A fração igual ou superior a 15 (quinze) dias de trabalho será havida como mês integral para os efeitos do § 2º. (Incluído pela Lei nº 13.134, de 2015)

§ 4º Nos casos em que o cálculo da parcela do seguro-desemprego resultar em **valores decimais, o valor a ser pago deverá ser arredondado para a unidade inteira imediatamente superior.** (Incluído pela Lei nº 13.134, de 2015)

§ 5º O período máximo de que trata o caput poderá ser excepcionalmente prolongado por até 2 (dois) meses, para grupos específicos de segurados, a critério do Codefat, desde que o gasto adicional representado por esse prolongamento não ultrapasse, em cada semestre, 10% (dez por cento) do montante da reserva mínima de liquidez de que trata o § 2º do art. 9º da Lei nº 8.019, de 11 de abril de 1990. (Incluído pela Lei nº 13.134, de 2015)

§ 6º Na hipótese de prolongamento do período máximo de percepção do benefício do seguro-desemprego, o Codefat observará, entre outras variáveis, a evolução geográfica e setorial das taxas de desemprego no País e o tempo médio de desemprego de grupos específicos de trabalhadores. (Incluído pela Lei nº 13.134, de 2015)

Lei nº 7.998, de 11 de janeiro de 1990

Art. 5º

§ 7º O Codefat observará as estatísticas do mercado de trabalho, inclusive o tempo médio de permanência no emprego, por setor, e recomendará ao Ministro de Estado do Trabalho e Emprego a adoção de políticas públicas que julgar adequadas à mitigação da alta rotatividade no emprego. (Incluído pela Lei nº 13.134, de 2015)

1. **Mudanças no número de parcelas.** Antes da alteração introduzida pela Lei nº 13.134/2015, o benefício era concedido ao trabalhador desempregado por um período máximo de 4 meses a cada período aquisitivo de 16 meses.

Deve-se estar atento para o período máximo de gozo do seguro-desemprego, após as alterações introduzidas pela Lei nº 13.134/2015, que variará entre 3 a 5 meses, atendidos os requisitos listados no artigo acima, demandando uma leitura minuciosa.

Art. 4º-A. (VETADO). (Incluído pela Lei nº 13.134, de 2015)

Art. 5º O valor do benefício será fixado em Bônus do Tesouro Nacional (BTN), devendo ser calculado segundo 3 (três) faixas salariais, observados os seguintes critérios:

I – até 300 (trezentos) BTN, multiplicar-se-á o salário médio dos últimos 3 (três) meses pelo fator 0,8 (oito décimos);

II – de 300 (trezentos) a 500 (quinhentos) BTN aplicar-se-á, até o limite do inciso anterior, a regra nele contida e, no que exceder, o fator 0,5 (cinco décimos);

III – acima de 500 (quinhentos) BTN, o valor do benefício será igual a 340 (trezentos e quarenta) BTN.

§ 1º Para fins de apuração do benefício, será considerada a **média dos salários dos últimos 3 (três) meses anteriores à dispensa**, devidamente convertidos em BTN pelo valor vigente nos respectivos meses trabalhados.

§ 2º O valor do benefício **não poderá ser inferior ao valor do salário mínimo**.

§ 3º No pagamento dos benefícios, considerar-se-á:

I – o valor do BTN ou do salário mínimo do mês imediatamente anterior, para benefícios colocados à disposição do beneficiário até o dia 10 (dez) do mês;

II – o valor do BTN ou do salário mínimo do próprio mês, para benefícios colocados à disposição do beneficiário após o dia 10 (dez) do mês.

Art. 6º

COLETÂNEA DE LEIS TRABALHISTAS

1. **Média dos salários.** O valor do benefício será fixado em BNT e variará segundo a média dos 3 últimos salários percebidos pelo empregado, observando-se, sempre, o piso de 1 salário-mínimo.

> **Art. 6º** O seguro-desemprego é **direito pessoal e intransferível do trabalhador**, podendo ser requerido **a partir do sétimo dia subsequente à rescisão** do contrato de trabalho.

1. **Prazo para requerimento do benefício.** O pagamento do benefício se dará a pedido do empregado, que disporá, para tanto, do período compreendido entre o 7º dia de sua rescisão contratual, sentença ou acordo homologado pela Justiça do Trabalho, até o 120º dia.

> **Art. 7º** O pagamento do benefício do seguro-desemprego será **suspenso** nas seguintes situações:
>
> I – admissão do trabalhador em **novo emprego**;
>
> II – início de **percepção de benefício de prestação continuada da Previdência Social,** exceto o auxílio-acidente, o auxílio suplementar e o abono de permanência em serviço;
>
> III – início de **percepção de auxílio-desemprego.**
>
> IV – **recusa injustificada** por parte do trabalhador desempregado em participar de ações de recolocação de emprego, conforme regulamentação do Codefat. (Incluído pela Lei nº 13.134, de 2015)
>
> **Art. 7º-A.** O pagamento da **bolsa de qualificação profissional será suspenso se ocorrer a rescisão do contrato** de trabalho. (Incluído pela Medida Provisória nº 2.164-41, de 2001)

1. **Suspensão.** A suspensão do seguro-desemprego e do pagamento da bolsa de qualificação profissional se dará nas hipóteses acima listadas. A importância destes artigos encontra-se em sua literalidade.

> **Art. 8º** O benefício do seguro-desemprego será cancelado: (Redação dada pela Lei nº 12.513, de 2011)
>
> I – pela **recusa por parte do trabalhador desempregado de outro emprego condizente** com sua qualificação registrada ou declarada e com sua remuneração anterior; (Redação dada pela Lei nº 12.513, de 2011)

Lei nº 7.998, de 11 de janeiro de 1990

Art. 8º

II – por comprovação de **falsidade na prestação das informações** necessárias à habilitação; (Redação dada pela Lei nº 12.513, de 2011)

III – por comprovação de **fraude** visando à percepção indevida do benefício do seguro-desemprego; ou (Redação dada pela Lei nº 12.513, de 2011)

IV – por **morte** do segurado. (Redação dada pela Lei nº 12.513, de 2011)

§ 1º Nos casos previstos nos incisos I a III deste artigo, será **suspenso por um período de 2 (dois) anos**, ressalvado o prazo de carência, o direito do trabalhador à percepção do seguro-desemprego, dobrando-se este período em caso de reincidência. (Incluído pela Lei nº 12.513, de 2011)

§ 2º O **benefício poderá ser cancelado na hipótese de o beneficiário deixar de cumprir a condicionalidade** de que trata o § 1º do art. 3º desta Lei, na forma do regulamento. (Incluído pela Lei nº 12.513, de 2011)

1. **Cancelamento.** Devemos ficar atentos para as hipóteses de cancelamento do benefício, acima listadas, fazendo-se necessária uma leitura minuciosa.

2. **A fraude e suas consequências.** Na hipótese de fraude visando à percepção indevida do benefício, o agente poderá incorrer no crime de estelionato, sujeitando-se à causa de aumento de pena prevista no § 3º do art. 171 do Código Penal.

3. **Morte do segurado.** O benefício é pessoal e intransferível.

→ **Aplicação em concurso:**

- Uma das hipóteses de cancelamento do benefício foi cobrada na prova para Analista Legislativo da Câmara dos Deputados, Ano 2014, cuja assertiva fora considerada **ERRADA**: *"Em decorrência de demissão sem justa causa, foi deferido a Rosana seu pedido de concessão de seguro-desemprego. Após ter percebido a primeira parcela desse benefício, ela sofreu um acidente de trânsito que lhe causou a morte. Nessa situação hipotética, os herdeiros de Rosana farão jus ao recebimento das demais parcelas não pagas de seu seguro-desemprego".*

4. **Empregados domésticos.** Mesmas hipóteses de cancelamento também se encontram previstas no art. 26, § 2º, da LC nº 150/2015, aplicável aos empregados domésticos.

Art. 8º-A. O benefício da **bolsa de qualificação profissional será cancelado** nas seguintes situações: (Incluído pela Medida Provisória nº 2.164-41, de 2001)

143

Art. 8º

I – **fim da suspensão contratual e retorno ao trabalho**; (Incluído pela Medida Provisória nº 2.164-41, de 2001)

II – por comprovação de **falsidade na prestação das informações necessárias à habilitação**; (Incluído pela Medida Provisória nº 2.164-41, de 2001)

III – por comprovação de **fraude** visando à percepção indevida da bolsa de qualificação profissional; (Incluído pela Medida Provisória nº 2.164-41, de 2001)

VI – por **morte do beneficiário**. (Incluído pela Medida Provisória nº 2.164-41, de 2001)

Art. 8º-B. Na hipótese prevista no § 5º do art. 476-A da Consolidação das Leis do Trabalho – CLT, **as parcelas da bolsa de qualificação profissional que o empregado tiver recebido serão descontadas das parcelas do benefício do Seguro-Desemprego a que fizer jus**, sendo-lhe garantido, no mínimo, o recebimento de uma parcela do Seguro-Desemprego. (Incluído pela Medida Provisória nº 2.164-41, de 2001)

Art. 8º-C. Para efeito de habilitação ao Seguro-Desemprego, **desconsiderar-se-á o período de suspensão contratual de que trata o art.** 476-A da CLT, para o cálculo dos períodos de que tratam os incisos I e II do art. 3º desta Lei. (Incluído pela Medida Provisória nº 2.164-41, de 2001)

1. **Importância do Art. 8º-B.** Este artigo trata da hipótese de dispensa do empregado no curso da suspensão contratual, ou nos 3 meses subsequentes ao seu retorno ao trabalho, para participação de programa de qualificação profissional oferecido pelo empregador. Rescindido o contrato de trabalho nesse período, o empregador será obrigado a pagar uma multa, a ser estipulada em norma coletiva, cumulada com as verbas rescisórias típicas da dispensa. Contudo, o empregado terá descontado dos valores do seguro-desemprego a que fizer jus, as parcelas por ele percebidas a título de bolsa de qualificação profissional.

DO ABONO SALARIAL

Art. 9º É assegurado o recebimento de **abono salarial anual**, no **valor máximo de 1 (um) salário-mínimo** vigente na data do respectivo pagamento, aos empregados que: (Redação dada pela Lei nº 13.134, de 2015) (Produção de efeitos)

I – **tenham percebido**, de empregadores que contribuem para o Programa de Integração Social (PIS) ou para o Programa de Formação do Patrimônio do Servidor Público (Pasep), **até 2 (dois) salários mínimos médios** de remuneração mensal no período trabalhado e que tenham exercido atividade remunerada pelo menos **durante 30 (trinta) dias no ano-base**;

Lei nº 7.998, de 11 de janeiro de 1990

Art. 9º

II – estejam **cadastrados há pelo menos 5 (cinco) anos** no Fundo de Participação PIS-Pasep ou no Cadastro Nacional do Trabalhador.

Parágrafo único. (Revogado pela Medida Provisória nº 665, de 2014)

§ 1º No caso de beneficiários integrantes do Fundo de Participação PIS-Pasep, serão computados no valor do abono salarial os rendimentos proporcionados pelas respectivas contas individuais. (Incluído pela Medida Provisória nº 665, de 2014)

§ 2º O valor do abono salarial anual de que trata o caput será **calculado na proporção de 1/12 (um doze avos) do valor do salário-mínimo vigente** na data do respectivo pagamento, multiplicado pelo número de meses trabalhados no ano correspondente. (Incluído pela Lei nº 13.134, de 2015) (Produção de efeitos)

§ 3º A fração igual ou superior a **15 (quinze) dias de trabalho será contada como mês integral** para os efeitos do § 2º deste artigo. (Incluído pela Lei nº 13.134, de 2015) (Produção de efeitos)

§ 4º O valor do abono salarial será **emitido em unidades inteiras de moeda corrente**, com a suplementação das partes decimais até a unidade inteira imediatamente superior. (Incluído pela Lei nº 13.134, de 2015) (Produção de efeitos)

1. **Previsão constitucional.** Esta prestação pecuniária anual encontra-se expressamente prevista no § 3º do art. 239 da CF. De acordo com o caput do art. 239 da CF, a arrecadação das contribuições para o PIS e para o PASEP destina-se a financiar o programa do seguro-desemprego e este abono salarial.

Constituição Federal

Art. 239. A arrecadação decorrente das contribuições para o Programa de Integração Social, criado pela Lei Complementar nº 7, de 7 de setembro de 1970, e para o Programa de Formação do Patrimônio do Servidor Público, criado pela Lei Complementar nº 8, de 3 de dezembro de 1970, passa, a partir da promulgação desta Constituição, a financiar, nos termos que a lei dispuser, o programa do seguro-desemprego e o abono de que trata o § 3º deste artigo. (Regulamento).

(...)

§ 3º Aos empregados que percebam de empregadores que contribuem para o Programa de Integração Social ou para o Programa de Formação do Patrimônio do Servidor Público, até dois salários mínimos de remuneração mensal, é assegurado o pagamento de um salário mínimo anual, computado neste valor o rendimento das contas individuais, no caso daqueles que já participavam dos referidos programas, até a data da promulgação desta Constituição.

145

Art. 9º — COLETÂNEA DE LEIS TRABALHISTAS

2. Requisitos para o abono. Para a percepção do abono, o trabalhador deverá estar cadastrado no Fundo de Participação PIS/PASEP ou no Cadastro Nacional do Trabalhador há pelo menos 5 anos e ter recebido de empregadores contribuintes do PIS/PASEP até 2 salários mínimos mensais por pelo menos 30 dias no ano-base. Por essa razão os empregados domésticos não têm direito a esse abono, pois os seus empregadores domésticos não são contribuintes do PIS/PASEP.

→ **Aplicação em concurso:**

- No concurso para Juiz do Trabalho Substituto promovido pelo TRT da 2ª Região (SP), Ano 2014, foi considerada **ERRADA** a seguinte assertiva: *"É assegurado o recebimento de abono salarial ao trabalhador que receba até 2 (dois) salários mínimos médios de remuneração mensal e que tenham exercido atividade remunerada no período mínimo de 3 (três) meses no ano base de empregador que contribua para o Programa de Integração Social (PIS)".*

3. Competência da Justiça do Trabalho Ressalta-se a natureza estritamente fiscal do Programa de Integração Social (PIS) e do Programa de Formação do Patrimônio do Servidor Público (PASEP), não se tratando de um direito trabalhista, logo o abono não tem natureza salarial. No entanto insere-se na competência da Justiça do Trabalho o julgamento de demandas que envolvam empregados e empregadores, na qual se postule o cadastramento do empregado no Fundo de Participação PIS/PASEP ou no Cadastro Nacional do Trabalhador, ou uma indenização compensatória pelo descumprimento desta obrigação, conforme entendimento cristalizado no enunciado nº 300 da Súmula do TST.

> **Súmula nº 300 do TST.** COMPETÊNCIA DA JUSTIÇA DO TRABALHO. CADASTRAMENTO NO PIS (mantida) – Res. 121/2003, DJ 19, 20 e 21.11.2003. *Compete à Justiça do Trabalho processar e julgar ações ajuizadas por empregados em face de empregadores relativas ao cadastramento no Programa de Integração Social (PIS).*

Art. 9º-A. O abono será **pago pelo Banco do Brasil S.A. e pela Caixa Econômica Federal** mediante: (Incluído pela Lei nº 13.134, de 2015)

I – depósito em nome do trabalhador; (Incluído pela Lei nº 13.134, de 2015)

II – saque em espécie; ou (Incluído pela Lei nº 13.134, de 2015)

III – folha de salários. (Incluído pela Lei nº 13.134, de 2015)

§ 1º Ao Banco do Brasil S.A. caberá o pagamento aos servidores e empregados dos contribuintes mencionados no art. 14 do Decreto-Lei nº 2.052, de 3 de agosto de 1983, e à Caixa Econômica Federal, aos empregados dos contribuintes a que se refere o art. 15 desse Decreto-Lei. (Incluído pela Lei nº 13.134, de 2015)

Lei nº 7.998, de 11 de janeiro de 1990

Art. 11

§ 2º As instituições financeiras pagadoras manterão em seu poder, à disposição das autoridades fazendárias, por processo que possibilite sua imediata recuperação, os comprovantes de pagamentos efetuados. (Incluído pela Lei nº 13.134, de 2015)

1. A importância deste artigo está em sua literalidade.

DO FUNDO DE AMPARO AO TRABALHADOR

Art. 10. É instituído o Fundo de Amparo ao Trabalhador (FAT), vinculado ao Ministério do Trabalho e Emprego, destinado ao custeio do Programa de Seguro-Desemprego, ao pagamento do abono salarial e ao financiamento de programas de educação profissional e tecnológica e de desenvolvimento econômico. (Redação dada pela Lei nº 12.513, de 2011)

Parágrafo único. O FAT é um fundo contábil, de natureza financeira, subordinando-se, no que couber, à legislação vigente.

Art. 11. Constituem recursos do FAT:

I – o produto da arrecadação das contribuições devidas ao PIS e ao Pasep;

II – o produto dos encargos devidos pelos contribuintes, em decorrência da inobservância de suas obrigações;

III – a correção monetária e os juros devidos pelo agente aplicador dos recursos do fundo, bem como pelos agentes pagadores, incidentes sobre o saldo dos repasses recebidos;

IV – o produto da arrecadação da contribuição adicional pelo índice de rotatividade, de que trata o § 4º do art. 239 da Constituição Federal.

V – outros recursos que lhe sejam destinados.

1. Custeio do FAT. Conforme se verifica do *caput* do art. 239 da CF, já citado, e do art. 1º da Lei nº 8.019/80, esse fundo financeiro de amparo ao trabalhador é custeado pelas contribuições do PIS/PASEP e demais hipóteses aqui elencadas.

Lei nº 8.019/80

Art. 1° A arrecadação decorrente das contribuições para o Programa de Integração Social (PIS), criado pela Lei Complementar n° 7, de 7 de setembro de 1970, e para o Programa de Formação do Patrimônio do Servidor Público (Pasep), criado pela Lei Complementar n° 8, de 3 de dezembro de 1970, será destinada, a cada ano, à cobertura integral das necessidades do Fundo de Amparo ao Trabalhador (FAT), de que trata o art. 10 da Lei n° 7.998, de 11 de janeiro de 1990.

Art. 18 | COLETÂNEA DE LEIS TRABALHISTAS

Os artigos 12 a 14 foram vetados. Os artigos 16 e 17, por sua vez, foram revogados pela Lei n° 8.019/90, tendo sido, desse modo, descartados dessa obra. O art. 15, por sua vez, apenas prevê que o pagamento das despesas relativas aos benefícios de que tratam esta lei serão pagas pelos Bancos Oficiais Federais, conforme normas a serem definidas pelos gestores do FAT, cuja leitura não se revela imprescindível ao nosso estudo.

GESTÃO

Art. 18. É instituído o **Conselho Deliberativo do Fundo de Amparo ao Trabalhador – CODEFAT, composto por representação de trabalhadores, empregadores e órgãos e entidades governamentais,** na forma estabelecida pelo Poder Executivo. (Redação dada pela Medida Provisória n° 2.216-37, de 200')

§ 1º (Revogado pela Medida Provisória n° 2.216-37, de 2001)

§ 2º (Revogado pela Medida Provisória n° 2.216-37, de 2001)

§ 3º Os representantes dos trabalhadores serão **indicados pelas centrais sindicais** e confederações de trabalhadores; e os **representantes dos empregadores,** pelas respectivas confederações.

§ 4º Compete ao Ministro do Trabalho a nomeação dos membros do Codefat.

§ 5º (Revogado pela Medida Provisória n° 2.216-37, de 2001)

§ 6º Pela atividade exercida no Codefat seus membros não serão remunerados.

1. **Previsão constitucional.** A previsão constante neste artigo vai ao encontro do disposto no art. 10 da CF, ao assegurar a participação dos trabalhadores e dos empregadores nos colegiados dos órgãos públicos.

→ **Aplicação em concurso:**

- No concurso para Juiz do Trabalho Substituto promovido pelo TRT da 2ª Região (SP), Ano 2014, considerou-se **ERRADA** a seguinte assertiva: *"O Fundo de Amparo ao Trabalhador (FAT) é destinado ao custeio do seguro desemprego, do abono salarial e de programas de qualificação profissional, sendo gerido por Conselho Deliberativo composto por membros indicados pelos Ministérios do Trabalho e Emprego, Previdência Social e Desenvolvimento Social e Combate à Fome".*

Os artigos 19 a 21 foram retirados desta obra, pois sua leitura não se revela indispensável à compreensão dos institutos ora estudados, tratando, apenas das competências do Codefat, cuja atribuição precípua é a de gerir o FAT.

Lei nº 7.998, de 11 de janeiro de 1990

Art. 25-A

Art. 22. Os recursos do FAT integrarão o orçamento da seguridade social na forma da legislação pertinente.

1. **FAT e a seguridade social.** Tratando-se de um benefício assistencial, seus recursos, logicamente, integrarão o orçamento da seguridade social.

DA FISCALIZAÇÃO E PENALIDADES

Art. 23. Compete ao Ministério do Trabalho a fiscalização do cumprimento do Programa de Seguro-Desemprego e do abono salarial.

Art. 24. Os trabalhadores e empregadores prestarão as **informações necessárias, bem como atenderão às exigências para a concessão do seguro-desemprego e o pagamento do abono salarial,** nos termos e prazos fixados pelo Ministério do Trabalho.

1. **A importância destes artigos está em sua literalidade.**

Art. 25. O empregador que infringir os dispositivos desta Lei estará sujeito a multas de 400 (quatrocentos) a 40.000 (quarenta mil) BTN, segundo a natureza da infração, sua extensão e intenção do infrator, a serem aplicadas em dobro, no caso de reincidência, oposição à fiscalização ou desacato à autoridade.

§ 1º **Serão competentes para impor as penalidades as Delegacias Regionais do Trabalho,** nos termos do Título VII da Consolidação das Leis do Trabalho (CLT).

§ 2º **Além das penalidades administrativas** já referidas, **os responsáveis por meios fraudulentos** na habilitação ou na percepção do seguro-desemprego **serão punidos civil e criminalmente,** nos termos desta Lei.

1. **Multa administrativa.** Este artigo refere-se à multa de caráter administrativo, cujo procedimento de cobrança poderá se dar perante a Justiça do Trabalho, após a formação do respectivo título executivo.

Art. 25-A. O trabalhador que infringir o disposto nesta Lei e houver percebido indevidamente parcela de seguro-desemprego sujeitar-se-á à **compensação automática do débito com o novo benefício,** na forma e no percentual definidos por resolução do Codefat. (Incluído pela Lei nº 13.134, de 2015)

149

§ 1º O ato administrativo de compensação automática poderá ser objeto de impugnação, no prazo de 10 (dez) dias, pelo trabalhador, por meio de requerimento de revisão simples, o qual seguirá o rito prescrito pela Lei nº 9.784, de 29 de janeiro de 1999. (Incluído pela Lei nº 13.134, de 2015)

§ 2º A restituição de valor devido pelo trabalhador de que trata o **caput** deste artigo será realizada mediante compensação do saldo de valores nas datas de liberação de cada parcela ou pagamento com Guia de Recolhimento da União (GRU), conforme regulamentação do Codefat. (Incluído pela Lei nº 13.134, de 2015)

1. A importância deste artigo encontra-se em sua literalidade.

DAS DISPOSIÇÕES FINAIS E TRANSITÓRIAS

Art. 26 a 32 extraídos desta obra, pois não se mostram indispensáveis à compreensão dos institutos ora estudados.

Brasília, 11 de janeiro de 1990;
169º da Independência e 102º da República.

Lei nº 8.036, de 11 de maio de 1990

> **Dispõe sobre o Fundo de Garantia do Tempo de Serviço e dá outras providências.**
>
> **O PRESIDENTE DA REPÚBLICA**, faço saber que o Congresso Nacional decreta e eu sanciono a seguinte lei:
>
> **Art. 1º** O Fundo de Garantia do Tempo de Serviço (FGTS), instituído pela Lei nº 5.107, de 13 de setembro de 1966, passa a reger-se por esta lei.

1. **Da criação do FGTS.** O sistema do Fundo de Garantia do Tempo de Serviço (FGTS) foi criado pela Lei nº 5.107/66, como uma alternativa à antiga estabilidade decenal, prevista no art. 492 da CLT, tratando-se, à época de sua instituição, de um regime facultativo, que se sujeitava a uma opção formal por parte do trabalhador. Contudo, a partir da Constituição Federal de 1988, este sistema fora generalizado, tornando-se obrigatório para todos os trabalhadores urbanos, rurais e avulsos, conforme art. 7º, incisos III e XXXIV, revogando, por sua vez, a estabilidade decenal celetista.

2. **A obrigatoriedade do FGTS.** A partir da Carta de 1988, substituiu a indenização compensatória prevista no art. 478 da CLT, passando a ser obrigatório para o empregado celetista. Para os empregados domésticos, tratava-se de um sistema facultativo, tornando-se obrigatório somente a partir da vigência da LC 150/2015, cujo art. 21 regulamentou a EC nº 72/2013, que alterou a redação originária do Parágrafo Único do art. 7º da CF/1988.

   2.1. Mais uma exceção. Outra exceção à imperatividade do FGTS refere-se aos diretores de sociedade, sem vinculo de emprego, que podem nele ser inseridos por ato volitivo do tomador de serviços, sendo, portanto, facultativo, conforme arts. 15, § 4º, e 16 desta Lei.

→ **Aplicação em concursos:**

- **Questão de prova.** No concurso promovido pela FCC, para o cargo de Juiz do Trabalho Substituto do TRT da 1ª Região (RJ), no Ano de 2016, fora

Art. 2º

COLETÂNEA DE LEIS TRABALHISTAS

considerada **ERRADA** a seguinte assertiva: *"A critério da empresa, seus diretores, apenas os que forem empregados, poderão ser incluídos no regime do FGTS"*.

Art. 2º O FGTS é constituído pelos saldos das contas vinculadas a que se refere esta lei e **outros recursos a ele incorporados**, devendo ser aplicados com atualização monetária e juros, de modo a assegurar a cobertura de suas obrigações.

§ 1º **Constituem recursos** incorporados ao FGTS, nos termos do caput deste artigo:

a) eventuais saldos apurados nos termos do art. 12, § 4º;

b) dotações orçamentárias específicas;

c) resultados das aplicações dos recursos do FGTS;

d) multas, correção monetária e juros moratórios devidos;

e) demais receitas patrimoniais e financeiras.

§ 2º As contas vinculadas em nome dos trabalhadores são **absolutamente impenhoráveis**.

1. **Outros recursos.** Incluem-se, ainda, nestes "outros recursos" os depósitos recursais trabalhistas, conforme art. 899 e parágrafos da CLT c/c Súmula 426 do TST, que assim dispõe:

   > **Súmula nº 426 do TST.** DEPÓSITO RECURSAL. UTILIZAÇÃO DA GUIA GFIP. OBRIGATORIEDADE. *Nos dissídios individuais o depósito recursal será efetivado mediante a utilização da Guia de Recolhimento do FGTS e Informações à Previdência Social – GFIP, nos termos dos §§ 4º e 5º do art. 899 da CLT, admitido o depósito judicial, realizado na sede do juízo e à disposição deste, na hipótese de relação de trabalho não submetida ao regime do FGTS.*

2. **Contas impenhoráveis.** Esta proibição advém da **tríplice natureza jurídica** deste fundo, pois se trata de salário diferido (crédito) para o empregado; obrigação para o empregador; tendo, ainda, natureza social, do que decorre o seu caráter multidimensional, conforme entende a doutrina.

   2.1. Caráter social. O seu **caráter social** é observado em uma de suas finalidades, qual seja, a execução de programas de habitação popular, de saneamento básico e de infraestrutura urbana, conforme art. 6º, IV, VI e VII e art. 9º, § 2º, desta Lei.

152

Lei nº 8.036, de 11 de maio de 1990

Art. 3º

Art. 3º O FGTS será regido por **normas e diretrizes estabelecidas** por um **Conselho Curador**, composto por representação de **trabalhadores, empregadores** e **órgãos e entidades governamentais**, na forma estabelecida pelo Poder Executivo. *(Redação dada pela Medida Provisória nº 2.216-37, de 2001) (Vide Decreto nº 3.101, de 2001)*

§ 1º A Presidência do Conselho Curador será exercida pelo representante do Ministério do Trabalho e da Previdência Social.

§ 2º (Revogado pela Medida Provisória nº 2.216-37, de 2001)

§ 3º **Os representantes** dos trabalhadores e dos empregadores e seus respectivos suplentes **serão indicados pelas respectivas centrais sindicais e confederações** nacionais e nomeados pelo Ministro do Trabalho e da Previdência Social, e terão mandato de 2 (dois) anos, podendo ser reconduzidos uma única vez.

§ 4º O Conselho Curador reunir-se-á ordinariamente, a cada bimestre, por convocação de seu Presidente. Esgotado esse período, não tendo ocorrido convocação, qualquer de seus membros poderá fazê-la, no prazo de 15 (quinze) dias. Havendo necessidade, qualquer membro poderá convocar reunião extraordinária, na forma que vier a ser regulamentada pelo Conselho Curador.

§ 5º As decisões do Conselho serão tomadas com a presença da maioria simples de seus membros, tendo o Presidente voto de qualidade. (Redação dada pela Medida Provisória nº 2.216-37, de 2001)

§ 6º As despesas porventura exigidas para o comparecimento às reuniões do Conselho constituirão ônus das respectivas entidades representadas.

§ 7º As **ausências ao trabalho dos representantes dos trabalhadores** no Conselho Curador, decorrentes das atividades desse órgão, **serão abonadas**, computando-se como jornada efetivamente trabalhada para todos os fins e efeitos legais.

§ 8º Competirá ao Ministério do Trabalho e da Previdência Social proporcionar ao Conselho Curador os meios necessários ao exercício de sua competência, para o que contará com uma Secretaria Executiva do Conselho Curador do FGTS.

§ 9º Aos membros do Conselho Curador, enquanto representantes dos trabalhadores, efetivos e suplentes, é **assegurada a estabilidade no emprego**, da nomeação até um ano após o término do mandato de representação, somente podendo ser demitidos por motivo de falta grave, regularmente comprovada através de processo sindical.

1. **Conselho Curador do FGTS.** Conforme disciplina o *caput* deste artigo, o FGTS será regido por um Conselho Curador, composto de representantes dos **trabalhadores**, dos **empregadores** e do **governo**.

153

Art. 14

COLETÂNEA DE LEIS TRABALHISTAS

2. **Estabilidade no emprego.** Os representantes de trabalhadores no conselho do curador do FGTS farão jus à **estabilidade provisória** no emprego, desde a nomeação até 1 ano após o término do mandato, somente podendo ser demitidos por falta grave, devidamente comprovada em inquérito judicial instaurado para tanto.

  2.1. Abono de Faltas. Ademais, conforme prescreve o § 7º deste art. 3º, é necessário observar que as faltas destes empregados ao serviço, em virtude de participação nas atividades do conselho, serão computadas, para todos os fins, como jornada efetivamente trabalhada.

3. **Formação do Conselho.** A presidência do Conselho ficará a cargo do representante do Ministério do Trabalho. A seu turno, os representantes dos empregadores e dos trabalhadores serão indicados pelas respectivas entidades sindicais e nomeados pelo Ministro do Trabalho, para um **mandato de 2 anos**, admitindo-se **1 única recondução**.

4. **Das reuniões.** As reuniões do conselho ocorrerão a cada bimestre. Contudo, esgotado este prazo sem que esta se realize, qualquer dos seus membros poderá convocá-la, no prazo de 15 dias, bem como, caso necessário, poderá ainda haver convocação reunião extraordinária.

ARTS. 4º ao 13 – Por não considerarmos relevantes aos nossos estudos, foram extraídos os arts. 4º a 13 desta Lei, que apenas tratam das competências administrativas do Conselho Curador do FGTS, do Ministério da Ação Social, na qualidade de agente gestor, e da Caixa Econômica Federal, na condição de agente operador deste fundo.

Faz-se necessário, contudo, apenas observar que os depósitos do FGTS eram realizados em contas bancárias vinculadas em nome dos trabalhadores, que poderiam, à época de sua instituição, ser abertas em qualquer banco do país, desde que devidamente autorizado pelo Banco Central. Contudo, a partir da vigência desta lei, tais contas foram centralizadas na Caixa Econômica Federal, que atua como agente operador do FGTS, a quem compete expedir atos normativos referentes aos procedimentos administrativo-operacionais dos bancos depositários, dos agentes financeiros, e dos empregadores e dos trabalhadores, integrantes do sistema do FGTS.

Acrescente-se, ainda, que os recursos do FGTS destinam-se não apenas aos trabalhadores, sendo também aplicados na execução de programas de habitação popular, saneamento básico e infraestrutura urbana.

> **Art. 14.** Fica ressalvado o **direito adquirido dos trabalhadores** que, à data da promulgação da Constituição Federal de 1988, já tinham o direito à **estabilidade no emprego** nos termos do Capítulo V do Título IV da CLT.

Lei nº 8.036, de 11 de maio de 1990

Art. 14

> § 1º O tempo do trabalhador não optante do FGTS, anterior a 5 de outubro de 1988, em caso de rescisão sem justa causa pelo empregador, reger-se-á pelos dispositivos constantes dos arts. 477, 478 e 497 da CLT.
>
> § 2º O **tempo de serviço anterior à atual Constituição poderá ser transacionado** entre empregador e empregado, respeitado o limite mínimo de 60 (sessenta) por cento da indenização prevista.
>
> § 3º É facultado ao empregador desobrigar-se da responsabilidade da indenização relativa ao tempo de serviço anterior à opção, depositando na conta vinculada do trabalhador, até o último dia útil do mês previsto em lei para o pagamento de salário, o valor correspondente à indenização, aplicando-se ao depósito, no que couber, todas as disposições desta lei.
>
> § 4º Os trabalhadores poderão a qualquer momento optar pelo FGTS com efeito retroativo a 1º de janeiro de 1967 ou à data de sua admissão, quando posterior àquela.

1. **Direito adquirido.** Todas as ressalvas deste artigo aplicam-se, **exclusivamente,** aos trabalhadores admitidos antes da promulgação da Constituição Federal de 1988. Os empregados admitidos antes da Carta de 1988, que não fossem optantes do FGTS e tivessem os seus contratos de trabalho extintos sem justa causa, fariam jus às parcelas indenizatórias então previstas nos arts. 477, 478 e 497 da CLT.

2. **Tempo de serviço anterior à CF/88.** Ao optar pelo regime do FGTS, poderia o empregado transacionar seu tempo de serviço anterior à data da opção, respeitado, contudo, o limite de 60% da indenização que lhe fosse devida, ou, então, fazer opção retroativa, conforme lhe faculta o § 4º deste artigo.

3. **Trabalhadores admitidos antes da CF/88.** Os trabalhadores admitidos antes da Carta de 1988 poderiam optar pelo FGTS, de forma retroativa, renunciando, assim, à indenização prevista no art. 478 da CLT. Do mesmo modo, tal possibilidade se estendia ao empregado já estável. Contudo, ao fazer a opção, este trabalhador renunciaria à estabilidade decenal, pois esta não pode conviver harmonicamente com o sistema do FGTS. Assim tem se manifestado a jurisprudência do TST, conforme item II enunciado de sua Súmula 98.

   > **Súmula nº 98 do TST.** FGTS. INDENIZAÇÃO. EQUIVALÊNCIA. COMPATIBILIDADE (incorporada a Orientação Jurisprudencial nº 299 da SBDI-1) – Res. 129/2005, DJ 20, 22 e 25.04.2005. *I – A equivalência entre os regimes do Fundo de Garantia do Tempo de Serviço e da estabilidade prevista na CLT é meramente jurídica e não econômica, sendo indevidos valores a título de reposição de diferenças.* (ex-Súmula nº 98 – RA

Art. 15

COLETÂNEA DE LEIS TRABALHISTAS

57/1980, DJ 06.06.1980). *II – A estabilidade contratual ou a derivada de regulamento de empresa são compatíveis com o regime do FGTS. Diversamente ocorre com a estabilidade legal (decenal, art. 492 da CLT), que é renunciada com a opção pelo FGTS.* (ex-OJ nº 299 da SBDI-1 – DJ 11.08.2003)

3.1. Não se aplica ao trabalhador rural. Segundo o disposto no Parágrafo Único do art. 4º do Decreto n 99.684/90, esta opção não se aplica ao trabalhador rural, uma vez que este, antes da Constituição Federal de 1988, não tinha direito ao FGTS, assim com aos trabalhadores que tivessem transacionado o tempo de serviço anterior ou "cuja indenização pelo tempo anterior à opção já tenha sido depositada na sua conta vinculada".

→ **Aplicação em concursos:**

*   **Questão de Prova.** No concurso para Juiz do Trabalho Substituto, promovido pelo TRT da 1ª Região (RJ) – Ano 2016, fora considerado **ERRADO** o seguinte enunciado: *"É direito dos trabalhadores, a qualquer tempo da vigência do contrato, optar pelo regime do FGTS, retroativamente à 05/10/1978 ou à data da sua admissão, se esta última for mais recente".* Observe que, de acordo com § 4º deste artigo, a opção será retroativa a 1ª de janeiro de 1967.

Art. 15. Para os fins previstos nesta lei, todos os empregadores ficam obrigados a depositar, até o dia 7 (sete) de cada mês, em conta bancária vinculada, a importância correspondente a 8 (oito) por cento da remuneração paga ou devida, no mês anterior, a cada trabalhador, incluídas na remuneração as parcelas de que tratam os arts. 457 e 458 da CLT e a gratificação de Natal a que se refere a Lei nº 4.090, de 13 de julho de 1962, com as modificações da Lei nº 4.749, de 12 de agosto de 1965. (Vide Lei nº 13.189, de 2015).

§ 1º Entende-se por empregador a pessoa física ou a pessoa jurídica de direito privado ou de direito público, da administração pública direta, indireta ou fundacional de qualquer dos Poderes, da União, dos Estados, do Distrito Federal e dos Municípios, que admitir trabalhadores a seu serviço, bem assim aquele que, regido por legislação especial, encontrar-se nessa condição ou figurar como fornecedor ou tomador de mão-de-obra, independente da responsabilidade solidária e/ou subsidiária a que eventualmente venha obrigar-se.

§ 2º Considera-se trabalhador toda pessoa física que prestar serviços a empregador, a locador ou tomador de mão-de-obra, excluídos os eventuais, os autônomos e os servidores públicos civis e militares sujeitos a regime jurídico próprio.

Lei nº 8.036, de 11 de maio de 1990

Art. 15

§ 3º Os **trabalhadores domésticos** poderão ter acesso ao regime do FGTS, na forma que vier a ser prevista em lei.

§ 4º Considera-se remuneração as retiradas de diretores não empregados, quando haja deliberação da empresa, garantindo-lhes os direitos decorrentes do contrato de trabalho de que trata o art. 16. (Incluído pela Lei nº 9.711, de 1998)

§ 5º O depósito de que trata o caput deste artigo é obrigatório nos casos de afastamento para prestação do serviço militar obrigatório e licença por acidente do trabalho. (Incluído pela Lei nº 9.711, de 1998)

§ 6º **Não se incluem na remuneração**, para os fins desta Lei, as parcelas elencadas no § 9º do art. 28 da Lei nº 8.212, de 24 de julho de 1991. (Incluído pela Lei nº 9.711, de 1998)

§ 7º Os **contratos de aprendizagem** terão a alíquota a que se refere o caput deste artigo reduzida para dois por cento. (Incluído pela Lei nº 10.097, de 2000)

1. **Conceito de empregador.** Interessante observar que, entre os empregadores, incluem-se os fornecedores ou tomadores de mão-de-obra, fazendo jus, portanto, ao FGTS, o trabalhador temporário.

2. **Trabalhadores excluídos.** Estão excluídos deste regime os trabalhadores eventuais, autônomos, servidores públicos civis e militares sujeitos a regime jurídico próprio.

3. **Depósitos obrigatórios.** Os depósitos do FGTS também são obrigatórios nas hipóteses de afastamento para prestação do serviço militar obrigatório; por motivo de licença por acidente do trabalho, bem como por motivo de licença para tratamento da própria saúde, de até 15 dias; licença maternidade e quando o trabalhador passar a exercer cargo de diretoria, gerência ou outro cargo de confiança imediata do empregador.

→ **Aplicação em concursos:**

- **Questão de prova.** No concurso para Juiz do Trabalho Substituto promovido pelo TRT da 16ª Região (MA), Ano 2015, considerou-se **ERRADA** a seguinte assertiva: *"É obrigatório o recolhimento do FGTS nos casos de afastamento para prestação do serviço militar obrigatório e em todas as hipóteses de auxílio-doença previdenciário".*

4. **Da incidência da contribuição ao FGTS.** A contribuição ao FGTS incide sobre toda parcela de natureza salarial paga ao empregado na dicção da Súmula 63 do TST, mesmo que de forma eventual, o 13º salário, aviso prévio, conforme Súmula 305 do TST, e, ainda, sobre as gorjetas. Por sua vez, não incide a contribuição sobre as férias indenizadas, confor-

157

Art. 15 COLETÂNEA DE LEIS TRABALHISTAS

me orientação constante da OJ 195 da SBDI-I, considerada sua natureza eminentemente indenizatória.

Súmula 63 do TST. FUNDO DE GARANTIA. *A contribuição para o Fundo de Garantia do Tempo de Serviço incide sobre a remuneração mensal devida ao empregado, inclusive horas extras e adicionais eventuais.*

Súmula nº 305 do TST. FUNDO DE GARANTIA DO TEMPO DE SERVIÇO. INCIDÊNCIA SOBRE O AVISO PRÉVIO. *O pagamento relativo ao período de aviso prévio, trabalhado ou não, está sujeito a contribuição para o FGTS.*

OJ 195 da SBDI-I. FÉRIAS INDENIZADAS. FGTS. NÃO INCIDÊNCIA. *Não incide a contribuição para o FGTS sobre as férias indenizadas.*

4.1. Empregados transferidos provisoriamente. É devida a incidência da contribuição ao FGTS para os empregados transferidos provisoriamente para prestar serviços no exterior, recaindo, do mesmo modo, sobre todas as parcelas de natureza salarial, conforme OJ nº 232 da SBDI-I:

OJ 232 da SBDI-I. FGTS. INCIDÊNCIA. EMPREGADO TRANSFERIDO PARA O EXTERIOR. REMUNERAÇÃO (inserida em 20.06.2001). *O FGTS incide sobre todas as parcelas de natureza salarial pagas ao empregado em virtude de prestação de serviços no exterior.*

→ **Aplicação em concursos:**

- **Questão de prova.** Em relação a esta OJ 232, fora considerada **ERRADA** a seguinte assertiva na prova para Juiz do Trabalho Substituto do TRT da 16ª Região (MA), Ano 2015: *"O FGTS não incide sobre as parcelas de natureza salarial pagas ao empregado em virtude de prestação de serviços no exterior".*

4.2. Horas Extraordinárias. Interessante, ainda, a redação da OJ nº 394 da SBDI-I, nos seguintes termos:

OJ nº 394 da SBDI-I. REPOUSO SEMANAL REMUNERADO – RSR. INTEGRAÇÃO DAS HORAS EXTRAS. NÃO REPERCUSSÃO NO CÁLCULO DAS FÉRIAS, DO DÉCIMO TERCEIRO SALÁRIO, DO AVISO PRÉVIO E DOS DEPÓSITOS DO FGTS. (DEJT divulgado em 09, 10 e 11.06.2010). *A majoração do valor do repouso semanal remunerado, em razão da integração das horas extras habitualmente prestadas, não repercute no cálculo das férias, da gratificação natalina, do aviso prévio e do FGTS, sob pena de caracterização de "bis in idem".*

→ **Aplicação em concursos:**

Questão de prova. No mesmo concurso acima referido, considerou-se **CORRETA** a seguinte afirmação: *"A majoração do valor do repouso semanal remunerado, em razão da integração das horas extras habitualmente prestadas, não repercute no cálculo do FGTS".*

Lei nº 8.036, de 11 de maio de 1990

Art. 15

5. **Empregados domésticos.** O FGTS, que era facultativo ao empregado doméstico, tornou-se obrigatório a partir da edição da EC 72/2013 que, entretanto, somente fora regulamentada com a edição da LC nº 105/2015, ao prever, expressamente, o direito desses empregados ao recolhimento de 8% do FGTS, sendo o empregador também obrigado a recolher 3,2% da remuneração mensal destes trabalhadores, para fins de garantir a indenização adicional de 40% na hipótese de dispensa sem justa causa ou por culpa do empregador, sendo devida, contudo, pela metade, em ocorrendo culpa recíproca (arts. 21, 22 e 34, IV, da LC 105/2015).

6. **Parcelas consideradas pelo INSS.** Compreendem-se como remuneração todas as parcelas assim consideradas pelo INSS como salário de contribuição para efeito de incidência da contribuição previdenciária.

6.1. **Participação nos lucros e resultados.** Ressalta-se que o FGTS não incide sobre a participação nos lucros e resultados, nos termos do art. 3º da Lei 10.101/2000:

> **Lei nº 10.101/2000:**
>
> **Art.3º** *A participação de que trata o art. 2º não substitui ou complementa a remuneração devida a qualquer empregado, nem constitui base de incidência de qualquer encargo trabalhista, não se lhe aplicando o princípio da habitualidade.*

7. **Contratos de aprendizagem.** Para o contrato de aprendiz, o recolhimento do FGTS no lugar de ser de 8% será de apenas 2%, como forma de estímulo à capacitação profissional de **trabalhadores em fase de formação educacional e profissional.**

→ **Aplicação em concursos:**

- **Questão de prova.** Interessante questão envolvendo este artigo fora cobrada no concurso para Juiz do Trabalho Substituto da 15ª Região, promovido pela FCC, no ano de 2015: "Sobre o Fundo de Garantia por Tempo de Serviço – FGTS, cabe aos empregadores depositarem em contas vinculadas dos empregados o valor correspondente a 8% da remuneração do mês anterior, incluídas as comissões, as prestações in natura, o 13º salário,

  A) as férias indenizadas acrescidas do terço constitucional, mas excluídas as gorjetas.

  B) as gorjetas e as férias indenizadas acrescidas do terço constitucional.

  C) excluídas as gorjetas.

  D) as gorjetas, os adicionais de horas extras e noturno, sendo excluídos os adicionais de periculosidade e de insalubridade.

  E) as gorjetas.

  Resposta: E

159

Art. 16. Para efeito desta lei, as empresas sujeitas ao regime da legislação trabalhista poderão equiparar seus **diretores não empregados** aos demais trabalhadores sujeitos ao regime do FGTS. Considera-se diretor aquele que exerça cargo de administração previsto em lei, estatuto ou contrato social, independente da denominação do cargo.

1. **Recolhimento de FGTS por diretores não empregados.** Disposição legal que possibilita o recolhimento do FGTS ao diretor não empregado de uma empresa.

Art. 17. Os empregadores se obrigam a comunicar mensalmente aos trabalhadores os valores recolhidos ao FGTS e repassar-lhes todas as informações sobre suas contas vinculadas recebidas da Caixa Econômica Federal ou dos bancos depositários.

1. **A importância deste artigo está em sua literalidade.**

Art. 18. Ocorrendo rescisão do contrato de trabalho, por parte do empregador, ficará este obrigado a depositar na conta vinculada do trabalhador no FGTS os valores relativos aos depósitos referentes ao mês da rescisão e ao imediatamente anterior, que ainda não houver sido recolhido, sem prejuízo das cominações legais. (Redação dada pela Lei nº 9.491, de 1997)

§ 1º Na hipótese de **despedida pelo empregador sem justa causa**, depositará este, na conta vinculada do trabalhador no FGTS, importância igual a quarenta por cento do montante de todos os depósitos realizados na conta vinculada durante a vigência do contrato de trabalho, atualizados monetariamente e acrescidos dos respectivos juros. (Redação dada pela Lei nº 9.491, de 1997)

§ 2º Quando ocorrer despedida por culpa recíproca ou força maior, reconhecida pela Justiça do Trabalho, o percentual de que trata o § 1º será de 20 (vinte) por cento.

§ 3º As importâncias de que trata este artigo deverão constar da documentação comprobatória do recolhimento dos valores devidos a título de rescisão do contrato de trabalho, observado o disposto no art. 477 da CLT, eximindo o empregador, exclusivamente, quanto aos valores discriminados. (Redação dada pela Lei nº 9.491, de 1997) (Vide Lei complementar nº 150, de 2015)

1. **Do cálculo da indenização por despedida pelo empregador sem justa causa.** De acordo com a OJ 42 da SBDI-I, o cálculo desta indenização deverá ser realizado "com base no saldo da conta vinculada na data do

Lei nº 8.036, de 11 de maio de 1990

Art. 18

efetivo pagamento das verbas rescisórias, desconsiderada a projeção do aviso prévio indenizado, por ausência de previsão legal", levando-se, ainda, em consideração todos os depósitos mensais realizados na conta vinculada do trabalhador, corrigidos monetariamente, e acrescidos de juros, independentemente dos eventuais saques porventura ocorridos na conta.

> **OJ 42 da SBDI-I.** FGTS. MULTA DE 40%. *I – É devida a multa do FGTS sobre os saques corrigidos monetariamente ocorridos na vigência do contrato de trabalho. Art. 18, § 1º, da Lei nº 8.036/90 e art. 9º, § 1º, do Decreto nº 99.684/90. II – O cálculo da multa de 40% do FGTS deverá ser feito com base no saldo da conta vinculada na data do efetivo pagamento das verbas rescisórias, desconsiderada a projeção do aviso prévio indenizado, por ausência de previsão legal.*

Observe-se, ademais, que este acréscimo indenizatório será depositado na conta do trabalhador, e não pago diretamente.

→ **Aplicação em concursos:**

- **Questão de prova.** No concurso para Juiz do Trabalho Substituto, do TRT da 4ª Região (RS) – ano 2016 – fora considerada **CORRETA** a seguinte assertiva: *"É devido o acréscimo de 40% (quarenta por cento) sobre o montante dos depósitos do FGTS efetuados na conta vinculada do trabalhador na rescisão antecipada e sem justa causa do contrato temporário". Por sua vez, fora considerada errada a resposta que trazia a seguinte afirmação: "O depósito do FGTS é obrigatório nos casos de afastamento do trabalhador para prestação de serviço militar obrigatório e de gozo de auxílio-doença previdenciário."* Isso porque, na última hipótese, os efeitos do contrato de trabalho ficarão suspensos, somente fazendo jus o trabalhador aos depósitos do FGTS caso o afastamento decorra de acidente do trabalho, conforme § 5º deste artigo.

- **Questão de prova.** No concurso para Juiz do Trabalho Substituto do TRT da 1ª Região (RJ), Banca FCC, 2016, fora considerado **ERRADO** o enunciado que trazia a seguinte assertiva: *"Na hipótese de dispensa sem justa causa, a sociedade anônima empregadora pagará, juntamente com as demais parcelas devidas pelo distrato, diretamente ao empregado, importância igual a 40% do montante de todos os depósitos realizados na conta vinculada durante o contrato de trabalho, atualizados monetariamente e acrescidos os respectivos juros".* Isso porque os depósitos não serão realizados diretamente aos empregados, mas, sim, depositados na conta vinculada do trabalhador no FGTS.

- **Questão de prova.** No concurso promovido pelo TRT da 16ª Região (MA), no Ano de 2015 para o cargo de Juiz do Trabalho Substituto, fora considerada **ERRADA** a seguinte assertiva: *"O cálculo da multa de 40% do FGTS*

161

Art. 19

COLETÂNEA DE LEIS TRABALHISTAS

deverá ser feito com base no saldo da conta vinculada na data do efetivo pagamento das verbas rescisórias, incluída a projeção do aviso prévio indenizado, ante o exposto no art. 487, § 1º da CLT".

2. **Aposentadoria espontânea.** Atente-se, ainda, para o disposto na OJ 361 da SBDI-I, ao prever que *"a aposentadoria espontânea não é causa de extinção do contrato de trabalho se o empregado permanece prestando serviços ao empregador após a jubilação. Assim, por ocasião da sua dispensa imotivada, o empregado tem direito à multa de 40% do FGTS sobre a totalidade dos depósitos efetuados no curso do pacto laboral".*

→ **Aplicação em concursos:**

- **Questão de prova.** Em relação a esta OJ, no mesmo concurso acima referido, fora considerada **CORRETA** a seguinte assertiva: *"A aposentadoria espontânea não é causa de extinção do contrato de trabalho se o empregado permanece prestando serviços ao empregador após a jubilação. Assim, por ocasião da sua dispensa imotivada, o empregado tem direito à multa de 40% do FGTS sobre a totalidade dos depósitos efetuados no curso do pacto laboral".*

3. **Empregador Doméstico.** A LC nº 150/2015, no seu art. 22, obriga o empregador doméstico ao depósito mensal de 3,2% sobre a remuneração devida, no mês anterior, ao empregado, para garantia da indenização adicional de 40% sobre os depósitos do FGTS.

Art. 19. No caso de extinção do contrato de trabalho prevista no art. 14 desta lei, serão observados os seguintes critérios:

I – havendo indenização a ser paga, o empregador, mediante comprovação do pagamento daquela, poderá sacar o saldo dos valores por ele depositados na conta individualizada do trabalhador;

II – não havendo indenização a ser paga, ou decorrido o prazo prescricional para a reclamação de direitos por parte do trabalhador, o empregador poderá levantar em seu favor o saldo da respectiva conta individualizada, mediante comprovação perante o órgão competente do Ministério do Trabalho e da Previdência Social.

---

1. **Levantamento do FGTS pelo empregador.** A Lei 5.107/66 facultava ao empregador o depósito dos valores do FGTS (8%) referentes aos empregados, contratados antes da Constituição de 1988, não optantes pelo regime, em uma conta "individualizada", que era de sua propriedade, com o fim de garantir o pagamento da indenização então prevista no art. 478 da CLT ao término do contrato de trabalho. Desse modo, ao

Lei nº 8.036, de 11 de maio de 1990

Art. 20

final do contrato, comprovado o pagamento da indenização devida, ou inexistindo esta, poderia o empregador levantar estes valores, conforme previsto no presente artigo.

Art. 19-A. É devido o depósito do FGTS na conta vinculada do trabalhador cujo **contrato de trabalho seja declarado nulo** nas hipóteses previstas no art. 37, § 2º, da Constituição Federal, quando mantido o direito ao salário. (Incluído pela Medida Provisória nº 2.164-41, de 2001)

Parágrafo único. O saldo existente em conta vinculada, oriundo de contrato declarado nulo até 28 de julho de 2001, nas condições do caput, que não tenha sido levantado até essa data, será liberado ao trabalhador a partir do mês de agosto de 2002. (Incluído pela Medida Provisória nº 2.164-41, de 2001)

1. **Contrato de trabalho declarado nulo.** Esse dispositivo se aplica aos contratos de trabalho firmados com a administração pública, declarados nulos em face da ausência de concurso público, aos quais são assegurados o salário e os depósitos do FGTS, de acordo com a Súmula 363 do TST.

> **SÚMULA 363 DO TST.** CONTRATO NULO. EFEITOS. *A contratação de servidor público, após a CF/1988, sem prévia aprovação em concurso público, encontra óbice no respectivo art. 37, II e § 2º, somente lhe conferindo direito ao pagamento da contraprestação pactuada, em relação ao número de horas trabalhadas, respeitado o valor da hora do salário mínimo, e dos valores referentes aos depósitos do FGTS.*

→ **Aplicação em concursos:**

- **Questão de prova.** Ainda no concurso para Juiz do Trabalho Substituto TRT da 4ª Região (RS) – ano 2016 – fora considerado **ERRADO** o seguinte enunciado: *"A nulidade do contrato, por força art. 37, inc. II e § 2º, da Constituição Federal de 1988, confere ao trabalhador o direito ao pagamento das horas trabalhadas e dos valores referentes aos depósitos do FGTS, incluindo o acréscimo de 40% (quarenta por cento)"*. Conforme enunciado acima, este trabalhador apenas fará jus aos depósitos do FGTS referente ao período laborado, e não à multa de 40%, por ser nula a sua contratação.

Art. 20. A conta vinculada do trabalhador no FGTS poderá ser movimentada nas seguintes situações:

I – despedida sem justa causa, inclusive a indireta, de culpa recíproca e de força maior; (Redação dada pela Medida Provisória nº 2.197-43, de 2001)

163

Art. 20

COLETÂNEA DE LEIS TRABALHISTAS

II – extinção total da empresa, fechamento de quaisquer de seus estabelecimentos, filiais ou agências, supressão de parte de suas atividades, declaração de nulidade do contrato de trabalho nas condições do art. 19-A, ou ainda falecimento do empregador individual sempre que qualquer dessas ocorrências implique rescisão de contrato de trabalho, comprovada por declaração escrita da empresa, suprida, quando for o caso, por decisão judicial transitada em julgado; (Redação dada pela Medida Provisória nº 2.164-41, de 2001)

III – aposentadoria concedida pela Previdência Social;

IV – falecimento do trabalhador, sendo o saldo pago a seus dependentes, para esse fim habilitados perante a Previdência Social, segundo o critério adotado para a concessão de pensões por morte. Na falta de dependentes, farão jus ao recebimento do saldo da conta vinculada os seus sucessores previstos na lei civil, indicados em alvará judicial, expedido a requerimento do interessado, independente de inventário ou arrolamento;

V – pagamento de parte das prestações decorrentes de financiamento habitacional concedido no âmbito do Sistema Financeiro da Habitação (SFH), desde que:

a) o mutuário conte com o mínimo de 3 (três) anos de trabalho sob o regime do FGTS, na mesma empresa ou em empresas diferentes;

b) o valor bloqueado seja utilizado, no mínimo, durante o prazo de 12 (doze) meses;

c) o valor do abatimento atinja, no máximo, 80 (oitenta) por cento do montante da prestação;

VI – liquidação ou amortização extraordinária do saldo devedor de financiamento imobiliário, observadas as condições estabelecidas pelo Conselho Curador, dentre elas a de que o financiamento seja concedido no âmbito do SFH e haja interstício mínimo de 2 (dois) anos para cada movimentação;

VII – pagamento total ou parcial do preço de aquisição de moradia própria, ou lote urbanizado de interesse social não construído, observadas as seguintes condições: (Redação dada pela Lei nº 11.977, de 2009)

a) o mutuário deverá contar com o mínimo de 3 (três) anos de trabalho sob o regime do FGTS, na mesma empresa ou empresas diferentes;

b) seja a operação financiável nas condições vigentes para o SFH;

VIII – quando o **trabalhador permanecer três anos ininterruptos**, a partir de 1º de junho de 1990, **fora do regime do FGTS**, podendo o saque, neste caso, ser efetuado a partir do mês de aniversário do titular da conta. (Redação dada pela Lei nº 8.678, de 1993)

Lei nº 8.036, de 11 de maio de 1990

Art. 20

> (...)
> XVIII – quando o **trabalhador com deficiência**, por prescrição, necessite adquirir órtese ou prótese para promoção de acessibilidade e de inclusão social. (Incluído pela Lei nº 13.146, de 2015)

1. Hipóteses para movimentação do FGTS. A movimentação da conta vinculada do FGTS pelo trabalhador poderá ocorrer em todas as situações discriminadas nos incisos deste artigo, com destaque para as seguintes hipóteses:

– demissão sem justa causa;

– término do contrato por prazo determinado;

– rescisão do contrato por culpa recíproca ou força maior;

– rescisão do contrato por extinção total ou parcial da empresa;

– suspensão do trabalho avulso, por período igual ou superior a 90 dias;

– aposentadoria;

– falecimento do trabalhador;

– por necessidade pessoal, cuja urgência decorra de desastre natural que tenha atingido a área de residência do trabalhador, quando a esta situação assim for reconhecida pelo Governo Federal, admitindo-se a movimentação da conta vinculada até 90 dias após a publicação do ato de reconhecimento;

– quando o titular da conta vinculada atingir 70 anos de idade;

– quando o trabalhador ou seu dependente for portador do vírus HIV;

– quando o trabalhador ou seu dependente for acometido de neoplasia maligna (câncer);

– quando o trabalhador ou seu dependente estiver em estágio terminal, em razão de doença grave;

– permanência da conta sem depósito por 3 anos ininterruptos, podendo o saque ocorrer no primeiro aniversário do titular da conta vinculada após o terceiro ano fora do regime do FGTS;

– aquisição da casa própria;

– pagamento de parte do valor das prestações de financiamento do Sistema Financeiro da Habitação (SFH), bem como amortização e/ou liquidação de saldo devedor de financiamento do SFH;

165

Art. 20 COLETÂNEA DE LEIS TRABALHISTAS

– quando o trabalhador com deficiência, por prescrição, necessite adquirir órtese ou prótese para promoção de acessibilidade e de inclusão social, possibilidade esta introduzida pelo Estatuto da Pessoa com Deficiência, aprovado pela Lei nº 13.146/2015, com vigência a partir de 04/01/2016.

– decretação de nulidade do contrato de trabalho firmado com a Administração Pública, sem a prévia aprovação em concurso público, conforme art. 19-A desta Lei, c/c art. 37, § 2º, da CF/88.

2. **Reforma trabalhista.** A Lei 13.467/17 criou uma nova hipótese de movimentação na conta vinculada do trabalhador, através da nova figura prevista no art. 484-A da CLT. Vejamos a sua transcrição:

> CLT, Art. 484-A. O contrato de trabalho poderá ser extinto por acordo entre empregado e empregador, caso em que serão devidas as seguintes verbas trabalhistas:
>
> I - por metade:
>
> a) o aviso prévio, se indenizado; e
>
> b) a indenização sobre o saldo do Fundo de Garantia do Tempo de Serviço, prevista no § 1º do art. 18 da Lei nº 8.036, de 11 de maio de 1990;
>
> II - na integralidade, as demais verbas trabalhistas.
>
> § 1º A extinção do contrato prevista no caput deste artigo permite a movimentação da conta vinculada do trabalhador no Fundo de Garantia do Tempo de Serviço na forma do inciso I-A do art. 20 da Lei nº 8.036, de 11 de maio de 1990, limitada até 80% (oitenta por cento) do valor dos depósitos.
>
> § 2º A extinção do contrato por acordo prevista no caput deste artigo não autoriza o ingresso no Programa de Seguro-Desemprego."

Esse novo dispositivo permite que ao final do contrato de trabalho, de comum acordo, as partes possam extinguir o contrato, como se fosse uma espécie de culpa recíproca, o que concederia ao trabalhador direito a apenas metade do aviso prévio indenizado e a 20% da multa rescisória. A extinção nos termos do referido dispositivo legal não autoriza o saque do seguro desemprego, no entanto permite a movimentação da conta do FGTS do trabalhador, limitada a 80% dos valores depositados. Ressalta-se que as férias mais um terço (vencidas e proporcionais), bem como o 13º salário, o saldo de salário e demais verbas rescisórias ou salariais serão pagas de forma integral aos contatos extintos nos termos do art. 484-A da CLT.

166

Lei nº 8.036, de 11 de maio de 1990   **Art. 23**

→ **Aplicação em concursos:**

- **Questão de prova.** O concurso para Juiz do Trabalho Substituto do TRT da 4ª Região (RS) fora considerada **ERRADO** o seguinte enunciado: *"A conta vinculada do trabalhador no FGTS poderá ser movimentada, dentre outras situações, no caso de extinção normal do contrato a termo, inclusive o dos trabalhadores temporários regidos pela Lei nº 6.019/1974, e suspensão total do trabalho avulso por período igual ou superior a 60 (sessenta) dias, comprovada por declaração do sindicato representativo da categoria profissional".* Observe que, de acordo com a literalidade da norma, a suspensão do contrato avulso deverá ser superior a 90 dias. É importante que o estudante apreenda todas as hipóteses listadas neste artigo.

- **Questão de prova.** No concurso para Juiz do Trabalho Substituto do TRT da 1ª Região (RJ), promovido pela FCC, fora considerado **CORRETO** o seguinte enunciado: *"É hipótese de movimentação pelo trabalhador de sua conta vinculada, no curso do contrato de trabalho, quando algum dependente seu for portador do vírus HIV".*

▶ **OBSERVAÇÃO:** os parágrafos deste artigo, no total de vinte e dois, foram excluídos da presente obra, uma vez que sua leitura, além de desgastante, não é indispensável à compreensão do instituto, fugindo do objetivo deste livro. Observando-se, apenas, que, nas hipóteses listadas nos incisos I, II, III, VIII, IX e X deste artigo, quais sejam, demissão sem justa causa, extinção da empresa, aposentadoria, extinção do contrato a termo, suspensão do trabalho avulso e quando o trabalhador permanecer por 3 anos ininterruptos fora do regime do FGTS, é indispensável o comparecimento pessoal do titular da conta vinculada para que seja efetivado o saque, salvo na hipótese de moléstia grave comprovada por perícia médica, quando poderá ser paga a procurador especialmente constituído para tal fim.

Art. 23. Competirá ao Ministério do Trabalho e da Previdência Social a verificação, em nome da Caixa Econômica Federal, do cumprimento do disposto nesta lei, especialmente quanto à apuração dos débitos e das infrações praticadas pelos empregadores ou tomadores de serviço, notificando-os para efetuarem e comprovarem os depósitos correspondentes e cumprirem as demais determinações legais, podendo, para tanto, contar com o concurso de outros órgãos do Governo Federal, na forma que vier a ser regulamentada.

§ 1º Constituem infrações para efeito desta lei:

I – não depositar mensalmente o percentual referente ao FGTS, bem como os valores previstos no art. 18 desta Lei, nos prazos de que trata o § 6º do art. 477 da Consolidação das Leis do Trabalho – CLT; (Redação dada pela Medida Provisória nº 2.197-43, de 2001)

II – omitir as informações sobre a conta vinculada do trabalhador;

Art. 23   COLETÂNEA DE LEIS TRABALHISTAS

III – apresentar as informações ao Cadastro Nacional do Trabalhador, dos trabalhadores beneficiários, com erros ou omissões;

IV – deixar de computar, para efeito de cálculo dos depósitos do FGTS, parcela componente da remuneração;

V – deixar de efetuar os depósitos e os acréscimos legais, após notificado pela fiscalização.

§ 2º Pela infração do disposto no § 1º deste artigo, o infrator estará sujeito às seguintes multas por trabalhador prejudicado:

a) de 2 (dois) a 5 (cinco) BTN, no caso dos incisos II e III;

b) de 10 (dez) a 100 (cem) BTN, no caso dos incisos I, IV e V.

§ 3º Nos casos de fraude, simulação, artifício, ardil, resistência, embaraço ou desacato à fiscalização, assim como na reincidência, a multa especificada no parágrafo anterior será duplicada, sem prejuízo das demais cominações legais.

§ 4º Os valores das multas, quando não recolhidas no prazo legal, serão atualizados monetariamente até a data de seu efetivo pagamento, através de sua conversão pelo BTN Fiscal.

§ 5º O processo de fiscalização, de autuação e de imposição de multas reger-se-á pelo disposto no Título VII da CLT, respeitado o privilégio do FGTS à **prescrição trintenária**.

§ 6º Quando julgado procedente o recurso interposto na forma do Título VII da CLT, os depósitos efetuados para **garantia de instância** serão restituídos com os valores atualizados na forma de lei.

1. **Infrações.** A ocorrência de qualquer dessas infrações implicará a aplicação de multa administrativa pelos auditores do Ministério do Trabalho em Emprego.

2. **Inconstitucionalidade da prescrição trintenária.** O Supremo Tribunal Federal, no julgamento do Recurso Extraordinário com Agravo (ARE 70912), com repercussão geral reconhecida, em 13/11/2014, alterando sua jurisprudência, declarou a inconstitucionalidade desta prescrição trintenária, ao entendimento de que, em se tratando o FGTS de direito dos trabalhadores, expressamente previsto no art. 7º, III, da CF/88, deve, igualmente, se submeter ao prazo prescricional de cinco anos, previsto no inciso XXIX do mesmo artigo, não cabendo a regulamentação da matéria à lei ordinária, respeitado o prazo bienal após a extinção do contrato. Modulou, ainda, os efeitos desta decisão, atribuindo efeitos *ex nunc*, de modo a atingir apenas as ações protocoladas a partir da

Lei nº 8.036, de 11 de maio de 1990

Art. 26

data do julgamento. Em decorrência deste julgamento, o TST modificou sua jurisprudência alterou o teor da Súmula nº 362.

Súmula nº 362 do TST. FGTS. PRESCRIÇÃO (nova redação) – Res. 198/2015, republicada em razão de erro material – DEJT divulgado em 12, 15 e 16.06.2015. *I – Para os casos em que a ciência da lesão ocorreu a partir de 13.11.2014, é quinquenal a prescrição do direito de reclamar contra o não-recolhimento de contribuição para o FGTS, observado o prazo de dois anos após o término do contrato; II – Para os casos em que o prazo prescricional já estava em curso em 13.11.2014, aplica-se o prazo prescricional que se consumar primeiro: trinta anos, contados do termo inicial, ou cinco anos, a partir de 13.11.2014 (STF-ARE-709212/DF).*

Contudo, por não correr na Justiça do Trabalho a prescrição intercorrente, conforme teor do enunciado nº 114 da Súmula do TST, em relação aos processos em curso na Justiça do Trabalho antes de 13.11.2014, a prescrição trintenária é de observância obrigatória.

Súmula nº 114 do TST. PRESCRIÇÃO INTERCORRENTE (mantida) – Res. 121/2003, DJ 19, 20 e 21.11.2003. *É inaplicável na Justiça do Trabalho a prescrição intercorrente.*

3. **Inconstitucionalidade da garantia de instância.** A Súmula Vinculante nº 21 do STF considera inconstitucional a exigência de depósito prévio para fins de interposição de recursos administrativos.

Súmula Vinculante nº 21 do STF: *É inconstitucional a exigência de depósito ou arrolamento prévios de dinheiro ou bens para admissibilidade de recurso administrativo.*

Art. 25. Poderá o próprio **trabalhador, seus dependentes e sucessores,** ou ainda o Sindicato a que estiver vinculado, acionar diretamente a empresa por intermédio da Justiça do Trabalho, para compeli-la a efetuar o depósito das importâncias devidas nos termos desta lei.

Parágrafo único. A Caixa Econômica Federal e o Ministério do Trabalho e da Previdência Social deverão ser notificados da propositura da reclamação.

Art. 26. É **competente a Justiça do Trabalho** para julgar os dissídios entre os trabalhadores e os empregadores decorrentes da aplicação desta lei, **mesmo quando a Caixa Econômica Federal e o Ministério do Trabalho e da Previdência Social figurarem como litisconsortes.**

Parágrafo único. Nas reclamatórias trabalhistas que objetivam o ressarcimento de parcelas relativas ao FGTS, ou que, direta ou indiretamente, impliquem essa obrigação de fazer, o juiz determinará que a empresa sucumbente proceda ao recolhimento imediato das importâncias devidas a tal título.

169

Art. 29-B. **Não será cabível medida liminar** em mandado de segurança, no procedimento cautelar ou em quaisquer outras ações de natureza cautelar ou preventiva, **nem a tutela antecipada** prevista nos arts. 273 e 461 do Código de Processo Civil **que impliquem saque ou movimentação da conta vinculada do trabalhador no FGTS.**

Art. 29-C. Nas ações entre o FGTS e os titulares de contas vinculadas, bem como naquelas em que figurem os respectivos representantes ou substitutos processuais, **não haverá condenação em honorários advocatícios.**

▶ **OBSERVAÇÃO:** Consideramos relevante a leitura dos artigos acima descritos. Tratam, em síntese, da competência da Justiça do Trabalho para lides relativas ao fundo, desde que envolvam trabalhadores e empregadores; a impossibilidade de concessão de medida liminar ou de antecipação dos efeitos da tutela que impliquem saque ou movimentação da conta vinculada do trabalhador no FGTS. Por fim, a não condenação em honorários advocatícios em ações entre o FGTS e os titulares das contas vinculadas.

Já os artigos 24, 27 a 29-A e 29-D a 32 foram excluídos por não serem indispensáveis à compreensão do instituto, fugindo ao objetivo desta obra.

Brasília, 11 de maio de 1990;
169º da Independência e 102º da República.

Lei nº 8.745, de 9 de dezembro de 1993

> Dispõe sobre a contratação por tempo determinado para atender a necessidade temporária de excepcional interesse público, nos termos do inciso IX do art. 37 da Constituição Federal, e dá outras providências.
>
> O **PRESIDENTE DA REPÚBLICA** Faço saber que o Congresso Nacional decreta e eu sanciono a seguinte Lei:
>
> **Art. 1º** Para atender **a necessidade temporária de excepcional interesse público**, os órgãos da Administração Federal **direta, as autarquias e as fundações públicas** poderão efetuar contratação de pessoal por tempo determinado, nas condições e prazos previstos nesta Lei.

1. Servidores temporários. Essa Lei regulamenta o inciso IX do art. 37 da Constituição Federal, onde se prevê a contratação por prazo determinado de servidores temporários não submetidos à exigência de concurso público.

Constituição Federal de 1988

Art. 37 – A administração pública direta e indireta de qualquer dos Poderes da União, dos Estados, do Distrito Federal e dos Municípios obedecerá aos princípios de legalidade, impessoalidade, moralidade, publicidade e eficiência e, também, ao seguinte: (Redação dada pela Emenda Constitucional nº 19, de 1998).

(...)

IX – a lei estabelecerá os casos de contratação por tempo determinado para atender a necessidade temporária de excepcional interesse público;

1.1. Administração direta, as autarquias e as fundações públicas. Destaca-se que a sociedade de economia mista e as empresas públicas, que fazem parte da administração pública indireta, não podem realizar essa espécie de contratação regida por esta Lei, uma vez que o caput deste dispositivo deixou claro que dentre os entes da administração indireta apenas as fundações e autarquias públicas estão autorizadas para essa espécie de contratação.

Art. 2º

COLETÂNEA DE LEIS TRABALHISTAS

→ **Aplicação em concurso:**

- No concurso para Procurador do Município de São Paulo, para o PGM/SP, em 2014, promovido pela banca VUNESP, fora considerada **ERRADA** a seguinte assertiva: *"A terceirização dos serviços públicos na ocorrência de necessidade temporária de excepcional interesse público está autorizada pela Lei nº 8.745/93 que trata da contratação por tempo determinado na Administração Pública".*

- No concurso da Controladoria Geral da União – CGU, em 2012, promovido pela banca ESAF, fora considerada **ERRADA** a seguinte assertiva: *"A contratação de pessoal temporário para atender à necessidade temporária de excepcional interesse público, depende de regulamentação por lei. Ao regulamentar a matéria, a lei deve atingir não apenas a Administração Federal direta, autárquica e fundacional, mas também as empresas públicas e sociedade de economia mista. Deve, ainda, regular a matéria no âmbito dos Estados, Distrito Federal e Municípios, por ser considerada uma norma geral e, portanto, de âmbito nacional".*

Art. 2º Considera-se necessidade temporária de excepcional interesse público:

I – assistência a **situações de calamidade pública;**

II – **assistência a emergências em saúde pública;** (Redação dada pela Lei nº 12.314, de 2010)

III – realização de recenseamentos e outras pesquisas de natureza estatística efetuadas pela Fundação Instituto Brasileiro de Geografia e Estatística – IBGE; (Redação dada pela Lei nº 9.849, de 1999).

IV – **admissão de professor substituto e professor visitante;**

V – admissão de **professor e pesquisador visitante estrangeiro;**

VI – **atividades:** (Redação dada pela Lei nº 9.849, de 1999).

a) especiais nas organizações das Forças Armadas para atender à área industrial ou a encargos temporários de obras e serviços de engenharia; (Incluído pela Lei nº 9.849, de 1999). (Vide Medida Provisória nº 341, de 2006).

b) de identificação e demarcação territorial; (Redação dada pela Lei nº 11.784, de 2008 Vigência)

c) (Revogada pela Lei nº 10.667, de 2003)

d) finalísticas do Hospital das Forças Armadas; (Incluído pela Lei nº 9.849, de 1999). (Prorrogação de prazo pela Lei nº 11.784, de 2008

e) de pesquisa e desenvolvimento de produtos destinados à segurança de sistemas de informações, sob responsabilidade do Centro de Pesquisa e Desenvolvimento para a Segurança das Comunicações – CEPESC; (Incluído pela Lei nº 9.849, de 1999).

Lei nº 8.745, de 9 de dezembro de 1993

Art. 2º

f) de vigilância e inspeção, relacionadas à defesa agropecuária, no âmbito do Ministério da Agricultura e do Abastecimento, para atendimento de situações emergenciais ligadas ao comércio internacional de produtos de origem animal ou vegetal ou de iminente risco à saúde animal, vegetal ou humana; (Incluído pela Lei nº 9.849, de 1999). (Vide Medida Provisória nº 341, de 2006).

g) desenvolvidas no âmbito dos projetos do Sistema de Vigilância da Amazônia – SIVAM e do Sistema de Proteção da Amazônia – SIPAM. (Incluído pela Lei nº 9.849, de 1999).

h) técnicas especializadas, no âmbito de projetos de cooperação com prazo determinado, implementados mediante acordos internacionais, desde que haja, em seu desempenho, subordinação do contratado ao órgão ou entidade pública.(Incluído pela Lei nº 10.667, de 2003)

i) técnicas especializadas necessárias à implantação de órgãos ou entidades ou de novas atribuições definidas para organizações existentes ou as decorrentes de aumento transitório no volume de trabalho que não possam ser atendidas mediante a aplicação do art. 74 da Lei nº 8.112, de 11 de dezembro de 1990; (Incluído pela Lei nº 11.784, de 2008)

j) técnicas especializadas de tecnologia da informação, de comunicação e de revisão de processos de trabalho, não alcançadas pela alínea *i* e que não se caracterizem como atividades permanentes do órgão ou entidade; (Incluído pela Lei nº 11.784, de 2008)

l) didático-pedagógicas em escolas de governo; e (Incluído pela Lei nº 11.784, de 2008)

m) de assistência à saúde para comunidades indígenas; e (Incluído pela Lei nº 11.784, de 2008)

VII – admissão de professor, pesquisador e tecnólogo substitutos para suprir a falta de professor, pesquisador ou tecnólogo ocupante de cargo efetivo, decorrente de licença para exercer atividade empresarial relativa à inovação. (Incluído pela Lei nº 10.973, de 2004)

VIII – admissão de pesquisador, de técnico com formação em área tecnológica de nível intermediário ou de tecnólogo, nacionais ou estrangeiros, para projeto de pesquisa com prazo determinado, em instituição destinada à pesquisa, ao desenvolvimento e à inovação; (Redação dada pela Lei nº 13.243, de 2016);

IX – **combate a emergências ambientais**, na hipótese de declaração, pelo Ministro de Estado do Meio Ambiente, da existência de emergência ambiental na região específica. (Incluído pela Lei nº 11.784, de 2008)

X – admissão de professor para suprir demandas decorrentes da expansão das instituições federais de ensino, respeitados os limites e as condições fixadas em ato conjunto dos Ministérios do Planejamento, Orçamento e Gestão e da Educação. (Incluído pela Lei nº 12.425, de 2011)

Art. 2º — COLETÂNEA DE LEIS TRABALHISTAS

XI – admissão de professor para suprir demandas excepcionais decorrentes de programas e projetos de aperfeiçoamento de médicos na área de Atenção Básica em saúde em regiões prioritárias para o Sistema Único de Saúde (SUS), mediante integração ensino-serviço, respeitados os limites e as condições fixados em ato conjunto dos Ministros de Estado do Planejamento, Orçamento e Gestão, da Saúde e da Educação. (Incluído pela Lei nº 12.871, de 2013).

§ 1º A **contratação de professor substituto de que trata o inciso IV do caput poderá ocorrer para suprir a falta de professor efetivo em razão de:** (Incluído pela Lei nº 12.425, de 2011)

I – **vacância do cargo;** (Incluído pela Lei nº 12.425, de 2011)

II – **afastamento ou licença, na forma do regulamento;** ou (Incluído pela Lei nº 12.425, de 2011)

III – **nomeação para ocupar cargo de direção de reitor, vicereitor, pró-reitor e diretor de** *campus.* (Incluído pela Lei nº 12.425, de 2011)

§ 2º O número total de professores de que trata o inciso IV do caput não **poderá ultrapassar 20% (vinte por cento) do total de docentes efetivos** em exercício na instituição federal de ensino. (Incluído pela Lei nº 12.425, de 2011)

§ 3º As contratações a que se refere a alínea *h* do inciso VI serão feitas exclusivamente por projeto, vedado o aproveitamento dos contratados em qualquer área da administração pública.(Incluído pela Lei nº 10.667, de 14.5.2003)

§ 4º Ato do Poder Executivo disporá, para efeitos desta Lei, sobre a declaração de emergências em saúde pública. (Incluído pela Lei nº 12.314, de 2010)

§ 5º A contratação de professor visitante e de professor visitante estrangeiro, de que tratam os incisos IV e V do caput, tem por objetivo: (Incluído pela Lei nº 12.772, de 2012)

I – apoiar a execução dos programas de pós-graduação stricto sensu; (Incluído pela Lei nº 12.772, de 2012)

II – contribuir para o aprimoramento de programas de ensino, pesquisa e extensão; (Incluído pela Lei nº 12.772, de 2012)

III – contribuir para a execução de programas de capacitação docente; ou (Incluído pela Lei nº 12.772, de 2012)

IV – viabilizar o intercâmbio científico e tecnológico. (Incluído pela Lei nº 12.772, de 2012)

§ 6º A contratação de professor visitante e o professor visitante estrangeiro, de que tratam os incisos IV e V do caput, deverão: (Incluído pela Lei nº 12.772, de 2012)

I – atender a requisitos de titulação e competência profissional; ou (Incluído pela Lei nº 12.772, de 2012)

Lei nº 8.745, de 9 de dezembro de 1993 **Art. 2º**

II – ter reconhecido renome em sua área profissional, atestado por deliberação do Conselho Superior da instituição contratante. (Incluído pela Lei nº 12.772, de 2012)

§ 7º São **requisitos mínimos de titulação e competência profissional para a contratação de professor visitante ou de professor visitante estrangeiro**, de que tratam os incisos IV e V do caput: (Incluído pela Lei nº 12.772, de 2012)

I – ser portador do título de doutor, no mínimo, há 2 (dois) anos; (Incluído pela Lei nº 12.772, de 2012)

II – ser docente ou pesquisador de reconhecida competência em sua área; e (Incluído pela Lei nº 12.772, de 2012)

III – ter produção científica relevante, preferencialmente nos últimos 5 (cinco) anos. (Incluído pela Lei nº 12.772, de 2012)

§ 8º Excepcionalmente, no âmbito das **Instituições da Rede Federal de Educação Profissional, Científica e Tecnológica**, poderão ser contratados professor visitante ou professor visitante estrangeiro, sem o título de doutor, desde que possuam comprovada **competência em ensino, pesquisa e extensão tecnológicos ou reconhecimento da qualificação profissional pelo mercado de trabalho**, na forma prevista pelo Conselho Superior da instituição contratante. (Incluído pela Lei nº 12.772, de 2012)

§ 9º A contratação de professores substitutos, **professores visitantes e professores visitantes estrangeiros** poderá ser autorizada pelo dirigente da instituição, condicionada à existência de recursos orçamentários e financeiros para fazer frente às despesas decorrentes da contratação e ao quantitativo máximo de contratos estabelecido para a IFE. (Incluído pela Lei nº 12.772, de 2012)

§ 10. A contratação dos professores substitutos fica limitada ao regime de trabalho de 20 (vinte) horas ou 40 (quarenta) horas. (Incluído pela Lei nº 12.772, de 2012)

1. **Situações de calamidade pública.** Nos termos do inciso IV do art. 2º do Decreto nº 7.257/2010, o estado de calamidade pública é provocada por desastres, causando danos e prejuízos que impliquem o comprometimento substancial da capacidade de resposta do poder público do ente atingido. Ou seja, o Município, o Distrito Federal ou o Estado da Federação que for atingido pelo desastre, seja este natural ou provocado pelo homem ao meio ambiente, não tenha condições de sozinho resolver o problema, tendo a necessidade de ser assistido por outro ente da Federação. Ou seja, quando o desastre causar danos em grau máximo de gravidade, onde o representante do Poder Executivo declara a sua incapacidade de solucionar o problema sem a ajuda de outro ente da Federação de grau superior.

Art. 2º COLETÂNEA DE LEIS TRABALHISTAS

Decreto 7257/2010

Art. 2º Para os efeitos deste Decreto, considera-se:

(...)

III – situação de emergência: situação anormal, provocada por desastres, causando danos e prejuízos que impliquem o comprometimento parcial da capacidade de resposta do poder público do ente atingido;

IV – estado de calamidade pública: situação anormal, provocada por desastres, causando danos e prejuízos que impliquem o comprometimento substancial da capacidade de resposta do poder público do ente atingido;

2. **Emergências em saúde pública.** Já a declaração de emergência, diferente da declaração de calamidade pública, o ente federado atingido pelo desastre precisa de uma ajuda menor do ente federal superior, pois o impacto social não foi tão relevante a ponto de se declarar uma calamidade pública.

Essas hipóteses dos incisos I e II, *caput,* deste art. 2º, ocorrem em face de situações graves que afetem diretamente a população, exigindo uma rápida e eficaz medida estatal na resolução do problema. Para o legislador desta norma, amparado pela diretriz constitucional, algumas situações emergenciais e calamitosas não poderiam aguardar o tempo necessário para formalização do concurso público, sob pena de trazer prejuízos maiores para a sociedade como um todo.

3. **Pesquisas de natureza estatística.** Compreende-se que tais pesquisas não correspondem às atividades de caráter permanente de natureza estatísticas realizadas pelo IBGE, mas atividades de recenseamento emergenciais, onde surja a necessidade premente de estatísticas e dados para se dimensionar os problemas de saúde pública, emergências ambientais ou de calamidade pública.

4. **Professor e pesquisador visitante estrangeiro.** É bastante comum a contratação de professor substituto através da presente norma. Isso em face da possibilidade de concessão de licenças para mestrado e doutorado, bem como em face de outros afastamentos por diversas causas, como doença, acidente que podem por ventura necessitar o professor titular. Assim, para que a licença do professor titular não venha a prejudicar o ano letivo dos alunos, esta norma possibilitou a contratação de professor substituto por tempo determinado sem a necessidade de concurso público.

5. **Atividades.** O inciso VI elenca um rol de atividades que o legislador entendeu ser desnecessária a realização do concurso público, ora em

Lei nº 8.745, de 9 de dezembro de 1993 **Art. 2º**

razão do caráter transitório de uma determinada atividade (exemplos alíneas "a" e "j"), ora em razão do caráter emergencial (exemplo alínea "g") e ora por expressa vontade do legislador (exemplos alíneas "b", "l" e "m").

6. **Professor substituto e pesquisador ou técnico com formação em área tecnológica.** No inciso VII o legislador quis enfatizar a possibilidade de contratação de professor substitutivo quando o professor efetivo obtiver licença para o exercício de atividade empresarial relativa à inovação. Nesse mesmo sentido o inciso VIII prevê a hipótese de admissão de pesquisador ou técnico com formação em área tecnológica ou tecnólogo para projetos de pesquisa por prazo determinado. Ambos dispositivos têm o fim de estimular o desenvolvimento tecnológico e produtivo do país, mediante incentivos para introdução de novidade ou aperfeiçoamento no ambiente produtivo ou social que resulte em novos produtos, processos ou serviços.

7. **Combate a emergências ambientais.** Conforme a diferenciação trazida pelo inciso IX, entre calamidade e declaração de emergência pública descritas nos comentários dos incisos I e II do presente artigo, a presente hipótese contempla da mesma forma situações graves de riscos ambientais, como por exemplo desastre ambiental com contaminação de rios e lagos, onde o ente federado precisa se utilizar parcialmente de recursos provenientes do ente federado superior. Para o legislador essa situação emergencial não poderia aguardar o tempo necessário para formalização do concurso público, sob pena de trazer prejuízos irreparáveis para o meio ambiente e consequentemente para a sociedade.

8. **Professor substituto para suprir demandas excepcionais.** Os incisos X e XI possibilitam a contratação por tempo determinado sem concurso público de professor substituto para suprir demandas excepcionais decorrentes de programas e projetos de aperfeiçoamento de médicos na área de atenção básica do SUS, como também em casos de suprir demandas decorrentes de expansão de instituições federais de ensino, observados os limites legais.

9. **Contratação de professor substituto de que trata o inciso IV do *caput*.** Os §§ 1º e 2º estabelecem as hipóteses taxativas de contratação de professor substituto previstas no inciso IV e limitam a quantidade máxima de contratação por prazo determinado, para se evitar fraudes ou manobras tendentes à não realização do concurso público, fato que afronta os princípios constitucionais da impessoalidade e da legalidade administrativa.

177

Art. 2º | COLETÂNEA DE LEIS TRABALHISTAS

10. **Professor visitante e de professor visitante estrangeiro.** Para se evitar o desvirtuamento da finalidade da presente norma, o § 5º estabelece taxativamente as hipóteses de contratação por tempo determinado de professor visitante.

11. **Requisitos mínimos de titulação e competência profissional.** o §§ 6º e 7º desta lei estabelecem os requisitos formais para a contratação de professor visitante e professor visitante estrangeiro, respetivamente.

12. **Instituições da Rede Federal de Educação Profissional, Científica e Tecnológica.** Esse parágrafo contempla uma exceção à regra de contratação de professor visitante em instituições de ensino federal, onde se exige a titulação de doutor.

> **Art. 3º** O recrutamento do pessoal a ser contratado, nos termos desta Lei, **será feito mediante processo seletivo simplificado** sujeito a ampla divulgação, inclusive através do Diário Oficial da União, **prescindindo de concurso público.**
>
> **§ 1º** A contratação para atender às necessidades decorrentes de calamidade pública, de emergência ambiental e de emergências em saúde **pública prescindirá de processo seletivo.** (Redação dada pela Lei nº 12.314, de 2010)
>
> **§ 2º** A contratação de pessoal, nos casos do professor visitante referido nos incisos IV e V e nos casos das alíneas *a, d, e, g, l* e *m* do inciso VI e do inciso VIII do caput do art. 2º desta Lei, **poderá ser efetivada em vista de notória capacidade técnica ou científica do profissional, mediante análise do curriculum vitae.** (Redação dada pela Lei nº 11.784, de 2008)
>
> **§ 3º** As contratações de pessoal no caso das alíneas *h* e *i* do inciso VI do art. 2º desta Lei serão feitas mediante processo seletivo simplificado, observados os critérios e condições estabelecidos pelo Poder Executivo. (Redação dada pela Lei nº 11.784, de 2008) (Regulamento)

1. **Processo seletivo simplificado.** Os empregados contratados na forma dessa Lei constituem uma exceção à obrigatoriedade de submissão ao concurso público previsto no inciso II do art. 37 da Constituição Federal, pois exige-se apenas a realização de um processo seletivo, onde não há tantas formalidades exigidas como em um concurso público. Ressalta-se que esta exceção à obrigatoriedade de concurso público está também prevista na Constituição Federal, mais especificamente no inciso IX do mesmo art. 37 da Carta Magna.

2. **Prescindibilidade de processo seletivo.** Em razão da imprevisibilidade e da necessidade premente da resolução dos problemas causados pela

Lei nº 8.745, de 9 de dezembro de 1993 **Art. 2º**

calamidade pública e emergência ambiental e de saúde pública, não se exige sequer a realização de processo seletivo na contratação de servidores. Ou seja, os órgãos da Administração pública direta e as autarquias e fundações públicas estão autorizadas a contratar diretamente, sem qualquer realização de processo seletivo.

3. **Contratação de professor visitante.** O § 2º, deste artigo 3º, contempla as hipóteses autorizadas para a contratação sem a necessidade de processo seletivo simplificado, onde se exige apenas a análise do curriculum vitae. Ressalta-se que para essa contratação deverá constar prova de notaria capacidade técnica ou científica do profissional, como publicações científicas, titulação, entre outros critérios objetivos.

Art. 4º As contratações serão feitas por tempo determinado, observados os seguintes **prazos máximos**:(Redação dada pela Lei nº 10.667, de 2003) (Prorrogação de prazo pela Lei nº 11.784, de 2008.

I – 6 (seis) meses, nos casos dos incisos I, II e IX do caput do art. 2º desta Lei; (Redação dada pela Lei nº 11.784, de 2008)

II – 1 (um) ano, nos casos dos incisos III e IV, das alíneas d e f do inciso VI e do inciso X do *caput* do art. 2º; (Incluído pela Lei nº 12.425, de 2011)

III – 2 (dois) anos, nos casos das alíneas *b, e* e *m* do inciso VI do art. 2º; (Redação dada pela Lei nº 12.314, de 2010)

IV – 3 (três) anos, nos casos das alíneas "h" e "l" do inciso VI e dos incisos VII, VIII e XI do caput do art. 2º desta Lei; (Redação dada pela Lei nº 12.871, de 2013)

V – 4 (quatro) anos, nos casos do inciso V e das alíneas *a, g, i* e *j* do inciso VI do caput do art. 2º desta Lei. (Redação dada pela Lei nº 11.784, de 2008)

Parágrafo único. É admitida a prorrogação dos contratos: (Incluído pela Lei nº 10.667, de 2003) (Vide Lei nº 11.204, de 2005)

I – no caso do inciso IV, das alíneas *b, d* e *f* do inciso VI e do inciso X do caput do art. 2º, desde que o prazo total não exceda a 2 (dois) anos; (Redação dada pela Lei nº 12.998, de 2014)

II – no caso do inciso III e da alínea *e* do inciso VI do caput do art. 2º, desde que o prazo total não exceda a 3 (três) anos; (Redação dada pela Lei nº 12.998, de 2014)

III – nos casos do inciso V, das alíneas *a, h, l* e *m* do inciso VI e do inciso VIII do caput do art. 2º desta Lei, desde que o prazo total não exceda a 4 (quatro) anos; (Redação dada pela Lei nº 12.314, de 2010)

Art. 6º

COLETÂNEA DE LEIS TRABALHISTAS

IV – no caso das alíneas *g*, *i* e *j* do inciso VI do caput do art. 2º desta Lei, desde que o prazo total não exceda a 5 (cinco) anos; (Redação dada pela Lei nº 11.784, de 2008)

V – no caso dos incisos VII e XI do caput do art. 2º, desde que o prazo total não exceda 6 (seis) anos; e (Redação dada pela Lei nº 12.871, de 2013)

VI – nos casos dos incisos I e II do caput do art. 2º desta Lei, pelo prazo necessário à superação da situação de calamidade pública ou das situações de emergências em saúde pública, desde que não exceda a 2 (dois) anos. (Redação dada pela Lei nº 12.314, de 2010)

1. **Prazos máximos.** Esse dispositivo legal já foi de grande relevância para a matéria trabalhista, pois através da observância ou não dos prazos ou de suas prorrogações, poderia se reconhecer o desvirtuamento da contratação e por conseguinte se reconhecer eventual vínculo trabalhista, quando presentes os demais elementos da relação de emprego. Ocorre que, como veremos mais adiante, a Justiça do Trabalho não tem mais competência para decidir contratações regidas por esta Lei, mesmo quando desvirtuadas dos requisitos legais.

→ **Aplicação em concurso:**

- No concurso para Procurador do Município de São Paulo, para o PGM/SP, em 2014, promovido pela banca VUNESP, fora considerada **ERRADA** a seguinte assertiva: *"Havendo necessidade temporária de excepcional interesse público, a Constituição Federal de 1988 autoriza expressamente a terceirização dos serviços pelo prazo máximo de 6 meses".*

▶ **ATENÇÃO:** Os **arts. 5º e 5º-A** desta lei não possuem interesse para a matéria trabalhista.

Art. 6º É proibida a contratação, nos termos desta Lei, de servidores da Administração direta ou indireta da União, dos Estados, do Distrito Federal e dos Municípios, bem como de empregados ou servidores de suas subsidiárias e controladas.

§ 1º Excetua-se do disposto no *caput* deste artigo, condicionada à formal comprovação da compatibilidade de horários, a contratação de: (Redação dada pela Lei nº 11.123, de 2005)

I – professor substituto nas instituições federais de ensino, desde que o contratado não ocupe cargo efetivo integrante das carreiras de magistério de que trata a Lei nº 7.596, de 10 de abril de 1987; (Incluído pela Lei nº 11.123, de 2005)

Lei nº 8.745, de 9 de dezembro de 1993

Art. 6º

II – profissionais de saúde em unidades hospitalares, quando administradas pelo Governo Federal e para atender às necessidades decorrentes de calamidade pública, desde que o contratado não ocupe cargo efetivo ou emprego permanente em órgão ou entidade da administração pública federal direta e indireta. (Incluído pela Lei nº 11.123, de 2005)

§ 2º **Sem prejuízo da nulidade do contrato**, a infração do disposto neste artigo importará responsabilidade administrativa da autoridade contratante e do contratado, inclusive, se for o caso, solidariedade quanto à devolução dos valores pagos ao contratado. (Renumerado do Parágrafo Único com nova redação pela Lei nº 9.849, de 1999).

1. **Proibição de contratação de servidor efetivo.** Esse artigo veda que um servidor efetivo dos Estados, Municípios, Distrito Federal ou União acumule cargos, através da contratação por tempo determinado regido por esta Lei, salvo as exceções previstas no § 1º deste artigo.

→ **Aplicação em concurso:**

- No concurso para Servidor do Ministério Público da União – MPU, em 2010, promovido pela banca CESPE, fora considerada **CORRETA** a seguinte assertiva: *"Na administração pública, admite-se a contratação, sem concurso público e por tempo determinado, de servidores temporários para atender à necessidade passageira de excepcional interesse público, sendo que esse tipo de servidor exerce função sem estar vinculado a cargo ou emprego público".*

2. **Incompetência da Justiça de Trabalho.** Entende-se hodiernamente, após o pronunciamento do Supremo Tribunal Federal acerca deste tema, através do julgamento proferido no *RE 573202, rel. min. Ricardo Lewandowski, Tribunal Pleno, DJ 05.12.2008*, que a competência para o julgamento de demandas propostas por servidores temporários compete à Justiça comum e não à Justiça do Trabalho, não importando se houve alegação de desvirtuamento ou a nulidade da contratação, nem tampouco se lei estadual ou municipal tenha estabelecido o regime da CLT para a contratação. O referido entendimento provocou o cancelamento da súmula 205 do TST, conforme se verifica na ementa a seguir transcrita:

> INCOMPETÊNCIA DA JUSTIÇA DO TRABALHO. RELAÇÃO JURÍDICO-ADMINISTRATIVA. ARTIGO 37, INCISO IX, DA CONSTITUIÇÃO FEDERAL. CANCELAMENTO DA ORIENTAÇÃO JURISPRUDENCIAL Nº 205 DA SBDI-1 DO TST. *Esta Corte superior decidiu cancelar a Orientação Jurisprudencial nº 205 da SBDI-1 do TST, a qual trazia o entendimento de que as controvérsias acerca do vínculo empregatício entre o tra-*

181

Art. 9º

balhador e o ente público seriam dirimidas pela Justiça do Trabalho, em razão das decisões reiteradas do Supremo Tribunal Federal, que entendeu que a Justiça do Trabalho é incompetente para processar e julgar as ações que envolvam discussão sobre a natureza da relação jurídica havida entre o reclamante e o ente de direito público (jurídico-administrativa ou trabalhista), inclusive a contratação temporária, na forma do artigo 37, inciso IX, da Constituição Federal. Recurso de revista conhecido e provido. (TST – RR: 26704620115020001, Relator: José Roberto Freire Pimenta, Data de Julgamento: 04/02/2015, 2ª Turma, Data de Publicação: DEJT 20/02/2015)

→ **Aplicação em concurso:**

- No concurso para Juiz Federal do TRF da 1ª Região, em 2011, promovido pela banca CESPE, fora considerada **ERRADA** a seguinte assertiva: *"Compete à justiça do trabalho processar e julgar causas que envolvam o poder público e os servidores a ele vinculados por contrato temporário, quando ocorre o desvirtuamento da contratação temporária para o exercício de função pública".*

▶ **ATENÇÃO:** Os **arts. 7º e 8º** desta lei não possuem interesse para a matéria trabalhista.

Art. 9º O pessoal contratado nos termos desta Lei **não poderá:**

I – receber atribuições, funções ou encargos não previstos no respectivo contrato;

II – ser nomeado ou designado, **ainda que a título precário ou em substituição, para o exercício de cargo em comissão ou função de confiança;**

III – **ser novamente contratado, com fundamento nesta Lei, antes de decorridos 24 (vinte e quatro) meses do encerramento de seu contrato anterior,** salvo nas hipóteses dos incisos I e IX do art. 2º desta Lei, mediante prévia autorização, conforme determina o art. 5º desta Lei. (Redação dada pela Lei nº 11.784, de 2008)

1. **Impedimentos ao pessoal contratado.** O inciso II tem a finalidade de evitar o desvirtuamento da contratação prevista nesta lei para fins de viabilizar a designação da função de confiança ou de cargo em comissão que exigem que o nomeado seja servidor ou empregado público.

▶ **ATENÇÃO:** Os **arts. 10 e 11** desta lei não possuem interesse para a matéria trabalhista.

Lei nº 8.745, de 9 de dezembro de 1993

Art. 12

Art. 12. O contrato firmado de acordo com esta Lei extinguir-se-á, **sem direito a indenizações:**

I – pelo término do prazo contratual;

II – por iniciativa do contratado.

III – pela extinção ou conclusão do projeto, definidos pelo contratante, nos casos da alínea *h* do inciso VI do art. 2º. (Incluído pela Lei nº 10.667, de 2003)

§ 1º A extinção do contrato, **nos casos dos incisos II e III, será comunicada com a antecedência mínima de trinta dias.** (Redação dada pela Lei nº 10.667, de 2003).

§ 2º – A extinção do contrato, por iniciativa do órgão ou entidade contratante, decorrente de conveniência administrativa, **importará no pagamento ao contratado de indenização correspondente à metade do que lhe caberia referente ao restante do contrato.**

1. **Contrato especial a título precário.** Por ser um contrato especial a termo, as partes antecipadamente sabem que o seu trabalho é a título precário e não efetivo, razão que a Lei não prevê indenização quando o contrato se extingue apenas em razão do término do prazo contratual. Por mais razão essa espécie de contratação não confere direito ao servidor contratado estabilidade no emprego prevista no art. 41 da Constituição Federal de 1988. A indenização prevista no § 2º somente é cabível na hipótese de rescisão antecipada por parte da Administração pública.

▶ **ATENÇÃO:** Os **arts. 13 ao 18** desta lei não possuem interesse para a matéria trabalhista.

Lei nº 9.601, de 21 de janeiro de 1998

Dispõe sobre o contrato de trabalho por prazo determinado e dá outras providências.

O PRESIDENTE DA REPÚBLICA Faço saber que o Congresso Nacional decreta e eu sanciono a seguinte Lei:

Art. 1º As **convenções e os acordos coletivos de trabalho poderão instituir contrato de trabalho por prazo determinado,** de que trata o art. 443 da Consolidação das Leis do Trabalho – CLT, **independentemente das condições estabelecidas em seu § 2º, em qualquer atividade desenvolvida pela empresa ou estabelecimento, para admissões que representem acréscimo no número de empregados.**

§ 1º As partes estabelecerão, na convenção ou acordo coletivo referido neste artigo:

I – a indenização para as hipóteses de rescisão antecipada do contrato de que trata este artigo, por iniciativa do empregador ou do empregado, **não se aplicando o disposto nos arts. 479 e 480 da CLT;**

II – as multas pelo descumprimento de suas cláusulas.

§ 2º Não se aplica ao contrato de trabalho previsto neste artigo o disposto no art. 451 da CLT.

§ 3º (VETADO)

§ 4º São **garantidas as estabilidades provisórias da gestante**; do dirigente sindical, ainda que suplente; do empregado eleito para cargo de direção de comissões internas de prevenção de acidentes; do empregado acidentado, nos termos do art. 118 da Lei nº 8.213, de 24 de julho de 1991, **durante a vigência do contrato por prazo determinado,** que não poderá ser rescindido antes do prazo estipulado pelas partes.

1. **Nova modalidade de contrato por tempo determinado.** Criou-se uma nova modalidade de contrato por tempo determinado, onde se exige a presença de dois requisitos, um de caráter subjetivo e outro objetivo.

Art. 1º

COLETÂNEA DE LEIS TRABALHISTAS

O requisito subjetivo consiste na criação do contrato determinado mediante norma coletiva, ou seja, o contrato deve estar previsto em acordo coletivo ou convenção coletiva. O objetivo consiste no acréscimo nas admissões de empregados na empresa.

1.1. Contratos a termo e a CLT. Essa nova modalidade de contrato a termo, além de não precisar atender às mesmas condições estabelecidas no § 2º do art. 443 da CLT, ela se aplica a *"qualquer atividade desenvolvida pela empresa ou estabelecimento"*, atenuando o caráter restritivo dos contratos a termo estabelecido pelo texto celetista.

2. **Prorrogações sucessivas.** O § 2º deste artigo permite prorrogações sucessivas dessa espécie de contrato a termo, sendo inaplicável a vedação imposta pelo art. 451 da CLT, observando-se apenas as diretrizes impostas pela norma coletiva.

3. **Impossibilidade da rescisão antecipada do contrato a termo.** Percebe-se que esse dispositivo legal as hipóteses de estabilidade provisórias não têm o condão de se estender além do termo final do contrato por tempo determinado, mas tão somente garante ao empregado estável a impossibilidade da rescisão antecipada do contrato a termo. Ressalto, contudo, as súmulas 244, III, do TST que reconhece o elastecimento do contrato a termo quando houver hipótese de estabilidade gestante e a súmula 378, inciso III, do TST, que confere estabilidade acidentário ao trabalhador de contrato de trabalho por tempo determinado. Salvo melhor juízo, o empregado de contrato a termo pela Lei 9601/98, quando detentor de estabilidade provisória, possui apenas a garantia de não ver rescindido o contrato a termo antecipadamente, com a exceção da empregada gestante e o empregado acidentário, em decorrência do entendimento jurisprudencial sumulado abaixo transcrito. No entanto, se a questão de concurso questionar apenas a literalidade do dispositivo legal ora estudado, deve-se mencionar apenas que as referidas estabilidade provisórias impedem apenas a rescisão antecipada antes do término do contrato, não elastecendo o termo final do contrato por prazo determinado.

> **Súmula nº 244 do TST.** GESTANTE. ESTABILIDADE PROVISÓRIA (redação do item III alterada na sessão do Tribunal Pleno realizada em 14.09.2012) – Res. 185/2012, DEJT divulgado em 25, 26 e 27.09.2012
> *I – O desconhecimento do estado gravídico pelo empregador não afasta o direito ao pagamento da indenização decorrente da estabilidade (art. 10, II, "b" do ADCT). II – A garantia de emprego à gestante só autoriza a reintegração se esta se der durante o período de estabilidade. Do contrário, a garantia restringe-se aos salários e demais direitos correspondentes ao período de estabilidade. III – A empregada ges-*

Lei nº 9.601, de 21 de janeiro de 1998

Art. 2º

tante tem direito à estabilidade provisória prevista no art. 10, inciso II, alínea "b", do Ato das Disposições Constitucionais Transitórias, mesmo na hipótese de admissão mediante contrato por tempo determinado.

Súmula nº 378 do TST. ESTABILIDADE PROVISÓRIA. ACIDENTE DO TRABALHO. ART. 118 DA LEI Nº 8.213/1991. (inserido item III) – Res. 185/2012, DEJT divulgado em 25, 26 e 27.09.2012. *I – É constitucional o artigo 118 da Lei nº 8.213/1991 que assegura o direito à estabilidade provisória por período de 12 meses após a cessação do auxílio-doença ao empregado acidentado. (ex-OJ nº 105 da SBDI-1 – inserida em 01.10.1997). II – São pressupostos para a concessão da estabilidade o afastamento superior a 15 dias e a conseqüente percepção do auxílio-doença acidentário, salvo se constatada, após a despedida, doença profissional que guarde relação de causalidade com a execução do contrato de emprego. (primeira parte – ex-OJ nº 230 da SBDI-1 – inserida em 20.06.2001). III – O empregado submetido a contrato de trabalho por tempo determinado goza da garantia provisória de emprego decorrente de acidente de trabalho prevista no n no art. 118 da Lei nº 8.213/91.*

Art. 2º Para os contratos previstos no art. 1º, são reduzidas, por sessenta meses, a contar da data de publicação desta Lei: (Redação dada pela Medida Provisória nº 2.164-41, de 2001)

I – a cinquenta por cento de seu valor vigente em 1º de janeiro de 1996, as alíquotas das contribuições sociais destinadas ao Serviço Social da Indústria – SESI, Serviço Social do Comércio – SESC, Serviço Social do Transporte – SEST, Serviço Nacional de Aprendizagem Industrial – SENAI, Serviço Nacional de Aprendizagem Comercial – SENAC, Serviço Nacional de Aprendizagem do Transporte – SENAT, Serviço Brasileiro de Apoio às Micro e Pequenas Empresas – SEBRAE e Instituto Nacional de Colonização e Reforma Agrária – INCRA, bem como ao salário educação e para o financiamento do seguro de acidente do trabalho;

II – para dois por cento, a alíquota da contribuição para o Fundo de Garantia do Tempo de Serviço – FGTS, de que trata a Lei nº 8.036, de 11 de maio de 1990.

Parágrafo único. As partes estabelecerão, na convenção ou acordo coletivo, **obrigação de o empregador efetuar**, sem prejuízo do disposto no inciso II deste artigo, **depósitos mensais vinculados, a favor do empregado**, em estabelecimento bancário, com periodicidade determinada de saque.

1. Reduções de contribuições sociais. Os incisos I e II estabelecem reduções de contribuições sociais para as empresas participantes do acordo ou convenção coletiva, conforme art. 1º desta Lei.

187

Art. 3º

COLETÂNEA DE LEIS TRABALHISTAS

2. **Obrigações do empregador.** Os depósitos referidos no paragrafo único não têm natureza salarial e não desoneram o empregador de efetuar os depósitos para o FGTS, conforme art. 4º, §§ 2º e 3º, do Decreto nº 2.490/98.

> **Art. 3º** O número de empregados contratados nos termos do art. 1º desta Lei observará o limite estabelecido no instrumento decorrente da negociação coletiva, não podendo ultrapassar os seguintes percentuais, que serão aplicados cumulativamente:
>
> I – cinquenta por cento do número de trabalhadores, para a parcela inferior a cinquenta empregados;
>
> II – trinta e cinco por cento do número de trabalhadores, para a parcela entre cinquenta e cento e noventa e nove empregados; e
>
> III – vinte por cento do número de trabalhadores, para a parcela acima de duzentos empregados.
>
> **Parágrafo único.** As parcelas referidas nos incisos deste artigo serão calculadas sobre a média aritmética mensal do número de empregados contratados por prazo indeterminado do estabelecimento, nos seis meses imediatamente anteriores ao da data de publicação desta Lei.

1. **Manutenção de empregos.** Esse dispositivo legal pretende assegurar a manutenção de emprego por prazo indeterminado nas empresas participantes do acordo coletivo ou convenção coletiva, criando, assim, novos postos de serviços. Se não tivesse esse limite, o presente instituto poderia ser desvirtuado e no lugar de se criar o aumento de empregos, na realidade poderia provocar apenas a substituição de contrato por tempo indeterminado por contratos a termo, o que não se contempla nos termos da presente Lei.

> **Art. 4º As reduções previstas no art. 2º serão asseguradas desde que, no momento da contratação:**
>
> I – o empregador esteja adimplente junto ao Instituto Nacional do Seguro Social – INSS e ao Fundo de Garantia do Tempo de Serviço – FGTS;
>
> II – o contrato de trabalho por prazo determinado e a relação mencionada no § 3º deste artigo tenham sido depositados no Ministério do Trabalho.
>
> § 1º As reduções referidas neste artigo subsistirão enquanto:

Lei nº 9.601, de 21 de janeiro de 1998

Art. 5º

> I – o quadro de empregados e a respectiva folha salarial, da empresa ou estabelecimento, forem superiores às respectivas médias mensais dos seis meses imediatamente anteriores ao da data de publicação desta Lei; e
>
> II – o número de empregados contratados por prazo indeterminado for, no mínino, igual à média referida no parágrafo único do art. 3º.
>
> § 2º O Ministério do Trabalho tomará disponíveis ao INSS e ao Agente Operador do FGTS as informações constantes da convenção ou acordo coletivo de que trata o art. 1º e do contrato de trabalho depositado, necessárias ao controle do recolhimento das contribuições mencionadas, respectivamente, nos incisos I e II do art. 2º desta Lei.
>
> § 3º O empregador deverá afixar, no quadro de avisos da empresa, cópias do instrumento normativo mencionado no art. 1º e da relação dos contratados, que conterá, dentre outras informações, o nome do empregado, número da Carteira de Trabalho e Previdência Social, o número de inscrição do trabalhador no Programa de Integração Social – PIS e as datas de início e de término do contrato por prazo determinado.
>
> § 4º O Ministro do Trabalho disporá sobre as variáveis a serem consideradas e a metodologia de cálculo das médias aritméticas mensais de que trata o § 1º deste artigo.

1. **Requisitos para reduções da contribuições sociais.** Os requisitos dispostos nos incisos I e II do *caput* são essenciais à fruição dos benefícios parafiscais e do FGTS.

2. **Formalidades.** A formalidade é traço essencial deste contrato, ao qual será dada ampla publicidade no âmbito do estabelecimento, além do depósito no Ministério do Trabalho.

> **Art. 5º** As empresas que, a partir da data de publicação desta Lei, aumentarem seu quadro de pessoal em relação à média mensal do número de empregos no período de referência mencionado no artigo anterior **terão preferência na obtenção de recursos** no âmbito dos programas executados pelos estabelecimentos federais de crédito, especialmente junto ao Banco Nacional de Desenvolvimento Econômico e Social – BNDES.

1. **Incentivos em razão da criação de empregos.** Incentivo financeiro junto aos créditos em estabelecimento federais de crédito, especialmente junto ao Banco Nacional de Desenvolvimento Econômico e Social – BNDES às empresas que gerarem mais empresas, de acordo com o estipulado na presente Lei.

Art. 6º O art. 59 da Consolidação das Leis do Trabalho – CLT passa a vigorar com a seguinte redação:

"Art. 59. ....

§ 2º Poderá ser dispensado o acréscimo de salário se, por força de acordo ou convenção coletiva de trabalho, o excesso de horas em um dia for compensado pela correspondente diminuição em outro dia, de maneira que não exceda, no período máximo de cento e vinte dias, à soma das jornadas semanais de trabalho previstas, nem seja ultrapassado o limite máximo de dez horas diárias. **(Revogado)**

§ 3º Na hipótese de **rescisão do contrato de trabalho sem que tenha havido a compensação integral da jornada extraordinária,** na forma do parágrafo anterior, fará o trabalhador jus ao pagamento das horas extras não compensadas, calculadas sobre o valor da remuneração na data da rescisão."

1. **Prorrogação de prazo para compensação de horas extras.** O referido parágrafo foi revogado pela medida provisória nº 2164-41/2011, onde o § 2º do art. 59 da CLT passou a ter a seguinte redação:

> **§ 2º** Poderá ser dispensado o acréscimo de salário se, por força de acordo ou convenção coletiva de trabalho, o excesso de horas em um dia for compensado pela correspondente diminuição em outro dia, de maneira que não exceda, no período máximo de um ano, à soma das jornadas semanais de trabalho previstas, nem seja ultrapassado o limite máximo de dez horas diárias. (Redação dada pela Medida Provisória nº 2.164-41, de 2001)

1.1. Banco de horas compensatória. Esse parágrafo criou o sistema de banco de horas compensatórias, o que se diferencia da compensação de horas prevista na súmula 85 do TST. A compensação as horas excedidas em um dia deverão ser compensadas durante a própria semana, por exemplo, as horas de trabalho do sábado são distribuídas durante a semana, correspondendo a 48 minutos a mais de segunda a sexta. Neste caso não há necessidade de norma coletiva, podendo ser prevista por contrato individual de trabalho. Já o banco de horas estatuída por esta lei, por ter caráter mais prejudicial ao empregador do que a compensação, deve ser sempre autorizada por norma coletiva.

> **Súmula nº 85 do TST.** COMPENSAÇÃO DE JORNADA (inserido o item VI) – Res. 209/2016, DEJT divulgado em 01, 02 e 03.06.2016. *I. A compensação de jornada de trabalho deve ser ajustada por acordo individual escrito, acordo coletivo ou convenção coletiva. (ex-Súmula nº 85 – primeira parte – alterada pela Res. 121/2003, DJ 21.11.2003) II. O acordo individual para compensação de horas é válido, salvo se*

Lei nº 9.601, de 21 de janeiro de 1998 **Art. 6º**

houver norma coletiva em sentido contrário. (ex-OJ nº 182 da SBDI-1 – inserida em 08.11.2000) III. O mero não atendimento das exigências legais para a compensação de jornada, inclusive quando encetada mediante acordo tácito, não implica a repetição do pagamento das horas excedentes à jornada normal diária, se não dilatada a jornada máxima semanal, sendo devido apenas o respectivo adicional. (ex-Súmula nº 85 – segunda parte – alterada pela Res. 121/2003, DJ 21.11.2003) IV. A prestação de horas extras habituais descaracteriza o acordo de compensação de jornada. Nesta hipótese, as horas que ultrapassarem a jornada semanal normal deverão ser pagas como horas extraordinárias e, quanto àquelas destinadas à compensação, deverá ser pago a mais apenas o adicional por trabalho extraordinário. (ex-OJ nº 220 da SBDI-1 – inserida em 20.06.2001) V. As disposições contidas nesta súmula não se aplicam ao regime compensatório na modalidade "banco de horas", que somente pode ser instituído por negociação coletiva. VI – Não é válido acordo de compensação de jornada em atividade insalubre, ainda que estipulado em norma coletiva, sem a necessária inspeção prévia e permissão da autoridade competente, na forma do art. 60 da CLT.

2. **Compensação integral da jornada extraordinária.** Esse parágrafo estabelece que a base de cálculo das horas extras não compensadas na hipótese de rescisão do contrato serão calculadas sobre o valor da remuneração na data da rescisão.

3. **A reforma trabalhista, por meio da Lei 13467/17**, alterou a redação do caput do art. 59, bem como alterou o § 3º, revogou o § 4º e criou o §§ 5º e 6º, todos do referido dispositivo legal, nos seguintes termos a seguir transcritos:

"Art. 59. A duração diária do trabalho poderá ser acrescida de horas extras, em número não excedente de duas, por acordo individual, convenção coletiva ou acordo coletivo de trabalho.

§ 1º A remuneração da hora extra será, pelo menos, 50% (cinquenta por cento) superior à da hora normal.

§ 3º Na hipótese de rescisão do contrato de trabalho sem que tenha havido a compensação integral da jornada extraordinária, na forma dos §§ 2º e **5º** deste artigo, o trabalhador terá direito ao pagamento das horas extras não compensadas, calculadas sobre o valor da remuneração na data da rescisão. (grifo nosso)

§ 4º (Revogado)

§ 5º O banco de horas de que trata o § 2º deste artigo poderá ser pactuado por acordo individual escrito, desde que a compensação ocorra no período máximo de **seis** meses. (grifo nosso)

§ 6º É lícito o regime de compensação de jornada estabelecido por acordo individual, **tácito** ou escrito, **para a compensação no mesmo mês**." (grifo nosso)(NR)

A mudança redacional ocorrida no §1º do art. 59 apenas se adequou ao inciso XVI do art. 7º da nossa Carta Magna, fato que não trouxe nenhuma novidade à prática trabalhista desde a promulgação da Constituição Federal de 1988. Assim, a reforma trabalhista não reduziu o valor do adicional de horas extras, até porque não poderia juridicamente, já que necessitaria de uma Emenda Constitucional para isso.

O parágrafo 5º possibilita que o banco de horas seja formalizado de forma individual, por escrito, desde que a compensação ocorra no prazo máximo de seis meses. Ressalta-se que antes da reforma trabalhista o banco de horas somente poderia ser autorizado por norma coletiva (acordo ou convenção coletiva) e o prazo de compensação era de até um ano, no máximo.

O parágrafo 6º flexibiliza mais uma vez a norma celetista, ao permitir a compensação de jornada, por mero ajuste tácito entre as partes, de forma individual, quando a compensação ocorrer dentro do mesmo mês. Ou seja, se a compensação ocorrer dentro do próprio mês, sequer há necessidade de um ajuste expresso sobre essa possibilidade de compensação.

Art. 7º O descumprimento, pelo empregador, do disposto nos arts. 3º e 4º desta Lei sujeita-o a multa de quinhentas Unidades Fiscais de Referência – UFIR, por trabalhador contratado nos moldes do art. 1º, que se constituirá receita adicional do Fundo de Amparo ao Trabalhador – FAT, de que trata a Lei nº 7.998, de 11 de janeiro de 1990.

1. **Multa.** Esse dispositivo estabelece multa obrigacional à empresa descumpridora das normas referentes ao número máximo de contratações por prazo determinado estipulados nos arts. 3º e 4º desta norma. A referida multa não é reversível ao empregado, mas sim destinada ao Fundo de Amparo ao Trabalhador.

Art. 8º O Poder Executivo regulamentará esta Lei no prazo de trinta dias, contado a partir da data de sua publicação.

Art. 9º Esta Lei entra em vigor na data de sua publicação.

Art. 10 Revogam-se as disposições em contrário.

Lei nº 9.601, de 21 de janeiro de 1998

Art. 10

→ **Aplicação em concurso:**

- A importância desta legislação especial fica evidenciado nas questões a seguir expostas. No concurso para Juiz do Trabalho Substituto do TRT da 14ª Região (RO e AC), em 2012, foi exposto o seguinte enunciado: *"Analise as proposições abaixo e após marque a única alternativa ERRADA"*:

A) *O contrato de trabalho instituído pela Lei 9601/98 é uma espécie de contrato de trabalho por prazo determinado, que não depende de estarem presentes as condições normalmente estabelecidas pela tradicional legislação trabalhista para a utilização de mão-de-obra temporária.*

B) *São requisitos básicos para o estabelecimento do contrato temporário previsto na Lei nº 9061/98 a previsão em acordo ou convenção coletiva firmado com o sindicato da categoria profissional e a sua utilização para pactuar novas contratações, ou seja, admissões que impliquem ampliação do número de empregados.*

C) *O contrato de trabalho por prazo determinado que, tácita ou expressamente, for prorrogado mais de uma vez passará a vigorar sem determinação de prazo, ressalvada a hipótese de contrato por prazo determinado da Lei 9.601/98 que visa a admissões que representem acréscimo no número de empregados.*

D) *Para fins de contratação, o empregador não poderá exigir do candidato a emprego comprovação de experiência prévia por tempo superior a 6 (seis) meses no mesmo tipo de atividade. Requisito este que se encontra previsto no art. 442-A da CLT, aplicável ao referido contrato.*

E) *Compete ao instrumento decorrente da negociação coletiva fixar, de maneira autônoma, o número máximo de empregados a serem contratados mediante contrato a prazo determinado e respectivos percentuais, na forma da Lei nº 9.601/98, competindo, ainda, aos sindicatos zelar pela constatação e comprovação de que houve incremento de admissões no quadro da empresa.*

Resposta: E – importante observar, a esse respeito, o disposto no art. 3º desta lei, que dá as balizas para a contratação.

- Também, no concurso para Juiz do Trabalho Substituto do TRT da 3ª Região (MG), em 2007, esta legislação foi assim abordada: *"À luz da Lei 9.601/98, que dispõe sobre um tipo de contrato de trabalho por prazo determinado, assinale a alternativa INCORRETA"*:

A) *as convenções e os acordos coletivos de trabalho poderão instituir contrato de trabalho por prazo determinado, de que trata o art. 443 da Consolidação das Leis do Trabalho – CLT, independentemente das condições estabelecidas em seu § 2º, em qualquer atividade desenvolvida pela empresa ou estabelecimento, para admissões que representem acréscimo no número de empregados.*

193

Art. 10

COLETÂNEA DE LEIS TRABALHISTAS

B) *aplica-se ao contrato de trabalho por prazo determinado previsto na Lei 9.601/98 a regra de indeterminação de prazo, caso o contrato de trabalho por prazo determinado seja, tácita ou expressamente, prorrogado mais de uma vez.*

C) *as partes estabelecerão, na convenção ou acordo coletivo referido na Lei 9.601/98, a indenização para as hipóteses de rescisão antecipada do contrato de que trata esta Lei, por iniciativa do empregador ou do empregado, não se aplicando o disposto nos arts. 479 e 480 da CLT.*

D) *para os contratos previstos na Lei 9.601/98, é reduzida, por sessenta meses, a contar da data de publicação desta Lei, para dois por cento, a alíquota da contribuição para o Fundo de Garantia do Tempo de Serviço – FGTS.*

E) *o número de empregados contratados nos termos da Lei 9.601/98 observará o limite estabelecido no instrumento decorrente da negociação coletiva, não podendo ultrapassar os seguintes percentuais, que serão aplicados cumulativamente: I – cinqüenta por cento do número de trabalhadores, para a parcela inferior a cinqüenta empregados; II – trinta e cinco por cento do número de trabalhadores, para a parcela entre cinqüenta e cento e noventa e nove empregados; e III – vinte por cento do número de trabalhadores, para a parcela acima de duzentos empregados.*

Resposta: B

Lei nº 9.608, de 18 de fevereiro de 1998

Dispõe sobre o serviço voluntário e dá outras providências.

O PRESIDENTE DA REPÚBLICA Faço saber que o Congresso Nacional decreta e eu sanciono a seguinte Lei:

Art. 1º Considera-se serviço voluntário, para os fins desta Lei, **a atividade não remunerada prestada por pessoa física** a entidade pública de qualquer natureza ou a instituição privada de **fins não lucrativos** que tenha objetivos cívicos, culturais, educacionais, científicos, recreativos ou de assistência à pessoa. (Redação dada pela Lei nº 13.297, de 2016).

Parágrafo Único. O serviço voluntário não gera vínculo empregatício, nem obrigação de natureza trabalhista previdenciária ou afim.

1. **Finalidade do serviço voluntário.** Destaca-se que o trabalho voluntário deve servir a uma finalidade não lucrativa de caráter benevolente, seja em prol da sociedade como um todo, ou especificamente em aspectos culturais, científicos, recreativos ou de assistência à pessoa. Quando o trabalho voluntário for utilizado para o mero enriquecimento de uma das partes, a finalidade benevolente do trabalho voluntário restou prejudicado. Destaque-se, ainda, que o tomador dos serviços deverá, obrigatoriamente, ser uma entidade pública ou instituição privada sem fins lucrativos.

Art. 2º O serviço voluntário será exercido mediante a celebração de **termo de adesão** entre a entidade, pública ou privada, e o prestador do serviço voluntário, dele devendo constar o objeto e as condições de seu exercício.

1. **Efeitos do termo de adesão.** O referido dispositivo cria uma importante controvérsia jurídica no que tange aos efeitos do reconhecimento da exigência formal da celebração do termo de adesão para o reconhecimento do trabalho voluntário. Assim, parte da doutrina entende que a mera ausência do termo de adesão configuraria a descaracterização do contrato voluntário, enquanto outra parte de doutrinadores, como por

Art. 3º

COLETÂNEA DE LEIS TRABALHISTAS

exemplo, o Ministro Maurício Godinho Delgado3, entende que o contrato de trabalho voluntário não é solene, ou seja, poderá ser reconhecido ante o princípio da primazia da realidade, mesmo sem a celebração do termo de adesão.

Art. 3º O prestador do serviço voluntário poderá ser **ressarcido** pelas despesas que **comprovadamente** realizar no desempenho das atividades voluntárias.

Parágrafo Único. As despesas a serem ressarcidas deverão estar **expressamente autorizadas** pela entidade a que for prestado o serviço voluntário.

1. **Ressarcimento das despesas.** Observe que o trabalho voluntário é gracioso, não sendo possível nenhuma ajuda financeira, à exceção do ressarcimento previsto neste artigo, o que, por si só, não descaracteriza a gratuidade do labor ofertado.

Art. 4º Esta Lei entra em vigor na data de sua publicação.

Art. 5º Revogam-se as disposições em contrário.

→ **Aplicação em concurso:**

- No concurso promovido pela FCC, para o cargo de Juiz do Trabalho Substituto do TRT da 4ª Região (RS), no Ano de 2012, foi cobrada uma questão referente a legislação ora em comento: *"É INCORRETO afirmar que o serviço voluntário*

   A) *pode ser prestado por menor de 16 a 24 anos, integrante de família com renda mensal per capita de até meio salário mínimo, que receba auxílio financeiro da União, por um período máximo de seis meses e que será pago pelo órgão ou entidade pública ou instituição privada sem fins lucrativos, previamente cadastrados no Ministério do Trabalho e Emprego.*

   B) *poderá ter seu prestador ressarcido pelas despesas que comprovadamente realizar no desempenho das atividades voluntárias, desde que expressamente autorizadas pela entidade a que for prestado o serviço voluntário.*

   C) *é a atividade não remunerada, prestada por pessoa física à entidade pública de qualquer natureza, ou à instituição privada de fins não lucrativos, que tenha objetivos cívicos, culturais, educacionais, científicos, recreativos ou de assistência social, inclusive mutualidade.*

---

3   Delgado. Maurício Godinho. Curso de direito do trabalho/Maurício Godinho Delgado. – 8. Ed. – São Paulo: Ltr, 2009, pg. 329.

Lei nº 9.608, de 18 de fevereiro de 1998

Art. 5º

D) não gera vínculo empregatício, nem obrigação de natureza trabalhista previdenciária ou afim.

E) deve ser exercido mediante a celebração de termo de adesão entre a entidade, pública ou privada, e o prestador do serviço voluntário, com a previsão expressa de objeto e condições de seu exercício".

Resposta: A. Observe, contudo, que o item "c" transcreve o art. 1º da Lei 9.608/1998, que sofreu uma alteração pela Lei nº 13.297/2016, excluindo as expressões "... ou de assistência social, inclusive mutalidade", passando a constar, em seu lugar, tão somente "... ou de assistência à pessoa".

* As disposições contidas nesta lei especial foi objeto de questão no concurso promovido pelo TRT da 3ª Região (MG), para o cargo de Juiz do Trabalho Substituto, no Ano de 2012: *"Nos termos da lei, não há distinção entre os seguintes tipos de trabalho, exceto*

A) o trabalho realizado no estabelecimento do empregador;

B) o trabalho executado no domicílio do empregado;

C) o trabalho realizado à distância;

D) o trabalho voluntário;

E) o trabalho intelectual.

Resposta: D

Lei nº 9.615, de 24 de março de 1998

Institui normas gerais sobre desporto e dá outras providências.

O PRESIDENTE DA REPÚBLICA Faço saber que o Congresso Nacional decreta e eu sanciono a seguinte Lei:

CAPÍTULO I
DISPOSIÇÕES INICIAIS

Art. 1º O desporto brasileiro abrange **práticas formais** e **não-formais** e obedece às normas gerais desta Lei, inspirado nos fundamentos constitucionais do Estado Democrático de Direito.

§ 1º A **prática desportiva formal** é regulada por normas nacionais e internacionais e pelas regras de prática desportiva de cada modalidade, aceitas pelas respectivas entidades nacionais de administração do desporto.

§ 2º A **prática desportiva não-formal** é caracterizada pela liberdade lúdica de seus praticantes.

§ 3º Os direitos e as garantias estabelecidos nesta Lei e decorrentes dos princípios constitucionais do esporte não excluem outros oriundos de tratados e acordos internacionais firmados pela República Federativa do Brasil. (Incluído pela Lei nº 13.322, de 2016)

1. **Práticas formais e não-formais.** Em nosso ordenamento jurídico, permitem-se duas espécies de trabalho desportivo, quais sejam o trabalho informal e o trabalho formal. Este último deve ser pactuado em contrato de trabalho especial solene, regido, no que tange à relação de trabalho, conforme a presente norma em estudo, utilizando-se, subsidiariamente, da Consolidação das Leis do Trabalho. Já o desporto não-profissional não está tutelado pelo direito trabalho, caracterizado pela liberdade da prática desportiva e pela possibilidade de recebimento de incentivos materiais e de patrocínio, sem a formação do vínculo contratual trabalhista.

CAPÍTULO II
DOS PRINCÍPIOS FUNDAMENTAIS

Art. 2º O desporto, como direito individual, tem como base os princípios:

I – **da soberania**, caracterizado pela supremacia nacional na organização da prática desportiva;.o

II – **da autonomia**, definido pela faculdade e liberdade de pessoas físicas e jurídicas organizarem-se para a prática desportiva;

III – **da democratização**, garantido em condições de acesso às atividades desportivas sem quaisquer distinções ou formas de discriminação;

IV – **da liberdade**, expresso pela livre prática do desporto, de acordo com a capacidade e interesse de cada um, associando-se ou não a entidade do setor;

V – **do direito social**, caracterizado pelo dever do Estado em fomentar as práticas desportivas formais e não-formais;

VI – **da diferenciação**, consubstanciado no tratamento específico dado ao desporto profissional e não-profissional;

VII – **da identidade nacional**, refletido na proteção e incentivo às manifestações desportivas de criação nacional;

VIII – **da educação**, voltado para o desenvolvimento integral do homem como ser autônomo e participante, e fomentado por meio da prioridade dos recursos públicos ao desporto educacional;

IX – **da qualidade**, assegurado pela valorização dos resultados desportivos, educativos e dos relacionados à cidadania e ao desenvolvimento físico e moral;

X – **da descentralização**, consubstanciado na organização e funcionamento harmônicos de sistemas desportivos diferenciados e autônomos para os níveis federal, estadual, distrital e municipal;

XI – **da segurança**, propiciado ao praticante de qualquer modalidade desportiva, quanto a sua integridade física, mental ou sensorial;

XII – **da eficiência**, obtido por meio do estímulo à competência desportiva e administrativa.

Parágrafo único. A exploração e a gestão do desporto profissional constituem exercício **de atividade econômica** sujeitando-se, especificamente, à observância dos princípios: (Incluído pela Lei nº 10.672, de 2003)

I – da transparência financeira e administrativa; (Incluído pela Lei nº 10.672, de 2003)

Lei nº 9.615, de 24 de março de 1998

Art. 3º

> II – da moralidade na gestão desportiva; (Incluído pela Lei nº 10.672, de 2003)
>
> III – da responsabilidade social de seus dirigentes; (Incluído pela Lei nº 10.672, de 2003)
>
> IV – do tratamento diferenciado em relação ao desporto não profissional; e (Incluído pela Lei nº 10.672, de 2003)
>
> V – da participação na organização desportiva do País. (Incluído pela Lei nº 10.672, de 2003)

1. **Princípios do desporto e o instituto do passe.** Tanto a atividade desportiva formal e não formal devem obedecer aos princípios elencados neste artigo. Assim, com base no princípio da liberdade de profissão, previsto no art. 5º, XIII, da Constituição Federal combinado com o princípio da liberdade desportiva, não se permite o instituto do passe, que na legislação anterior revogada pela Lei nº 6.534/76, permitia-se que o passe do jogador de futebol fosse comprado sem a necessidade de sua anuência, reservado apenas a este o percentual de 15% sobre a transação.

Da mesma forma, não se permite atividade desportiva que agrida a integridade física, mental ou sensorial, sem observância de medidas de prevenção de acidente ou doença ocupacional. No entanto, percebem-se algumas atividades desportivas como, por exemplo, o boxe profissional, onde inevitavelmente há lesões frequentes à integridade física do atleta.

2. **Desporto como atividade econômica.** O Parágrafo único deste artigo é muito importante, pois confirma que a exploração e a gestão do desporto profissional constituem exercício de atividade econômica e como tal deve ser tratada, inclusive no que tange à responsabilização de créditos trabalhistas.

CAPÍTULO III
DA NATUREZA E DAS FINALIDADES DO DESPORTO

Art. 3º O desporto pode ser reconhecido em qualquer das seguintes **manifestações:**

I – **desporto educacional, praticado nos sistemas de ensino** e em formas assistemáticas de educação, evitando-se a seletividade, a hipercompetitividade de seus praticantes, com a finalidade de alcançar o desenvolvimento integral do indivíduo e a sua formação para o exercício da cidadania e a prática do lazer;

201

II – desporto de participação, de modo voluntário, compreendendo as modalidades desportivas praticadas com a finalidade de contribuir para a integração dos praticantes na plenitude da vida social, na promoção da saúde e educação e na preservação do meio ambiente;

III – desporto de rendimento, praticado segundo normas gerais desta Lei e regras de prática desportiva, nacionais e internacionais, **com a finalidade de obter resultados** e integrar pessoas e comunidades do País e estas com as de outras nações.

IV – desporto de formação, caracterizado pelo fomento e aquisição inicial dos conhecimentos desportivos que garantam competência técnica na intervenção desportiva, com o objetivo de promover o aperfeiçoamento qualitativo e quantitativo da prática desportiva em termos recreativos, competitivos ou de alta competição. (Incluído pela Lei nº 13.155, de 2015).

§ 1º O desporto de rendimento pode ser organizado e praticado: (Renumerado do parágrafo único pela Lei nº 13.155, de 2015)

I – de modo profissional, caracterizado pela **remuneração pactuada em contrato formal de trabalho entre o atleta e a entidade** de prática desportiva;

II – de modo não-profissional, identificado pela **liberdade de prática** e **pela inexistência de contrato de trabalho,** sendo permitido o recebimento de incentivos materiais e de patrocínio. (Redação dada pela Lei nº 9.981, de 2000)

1. **Manifestações de desporto.** São quatro espécies de desporto, o desposto educacional, o desporto de participação, o desporto de formação e o desporto de rendimento, sendo que este último, se realizado de forma profissional, acarretará na formação do vínculo empregatício do atleta profissional.

2. **Aplicação subsidiária da CLT.** O contrato de atleta profissional é uma espécie de contrato formal, regido por esta lei especial, e por prazo determinado. Apenas subsidiariamente, e desde que não haja incompatibilidade com a natureza do trabalho, as normas celetistas se aplicarão.

▶ **ATENÇÃO:** O **Capítulo IV (art. 4º ao art. 25)** desta norma trata de matérias com pouca relevância em matéria trabalhista, tal qual da composição administrativa do sistema brasileiro de desporto, do seu custeio, do conselho deliberativo e do sistema de desporto dos Estados, Municípios e do Distrito Federal, razão da necessidade de sua exclusão nesta obra.

Lei nº 9.615, de 24 de março de 1998

Art. 27

CAPÍTULO V
DA PRÁTICA DESPORTIVA PROFISSIONAL

Art. 26. Atletas e entidades de prática desportiva são livres para organizar a atividade profissional, qualquer que seja sua modalidade, respeitados os termos desta Lei.

Parágrafo único. Considera-se **competição profissional para os efeitos desta Lei aquela promovida para obter renda e disputada por atletas profissionais** cuja remuneração decorra de contrato de trabalho desportivo. (Incluído pela Lei nº 10.672, de 2003)

1. Competição profissional. Para ser considerada como competição profissional, necessita ser disputada por atleta profissional, devidamente empregado em contrato de trabalho regido pela presente Lei. Além disso, a competição deverá ter finalidade lucrativa.

Art. 27. As entidades de prática desportiva participantes de competições profissionais e as entidades de administração de desporto ou ligas em que se organizarem, independentemente da forma jurídica adotada, **sujeitam os bens particulares de seus dirigentes** ao disposto no art. 50 da Lei nº 10.406, de 10 de janeiro de 2002, além das sanções e responsabilidades previstas no caput do art. 1.017 da Lei nº 10.406, de 10 de janeiro de 2002, **na hipótese de aplicarem créditos ou bens sociais da entidade desportiva em proveito próprio ou de terceiros.** (Redação dada pela Lei nº 10.672, de 2003)

§ 1º (parágrafo único original) (Revogado). (Redação dada pela Lei nº 9.981, de 2000)

§ 2º A entidade a que se refere este artigo não poderá utilizar seus bens patrimoniais, desportivos ou sociais para **integralizar sua parcela de capital ou oferecê-los como garantia, salvo com a concordância da maioria absoluta da assembleia geral dos associados ou sócios** e na conformidade do respectivo estatuto ou contrato social. (Redação dada pela Lei nº 13.155, de 2015)

§ 3º (Revogado pela Lei nº 10.672, de 2003)

§ 4º (Revogado pela Lei nº 10.672, de 2003)

§ 5º O disposto no art. 23 aplica-se, no que couber, às entidades a que se refere o **caput** deste artigo. (Incluído pela Lei nº 10.672, de 2003)

§ 6º Sem prejuízo de outros requisitos previstos em lei, as entidades de que trata o caput deste artigo **somente poderão obter financiamento com recursos públicos ou fazer jus a programas de recuperação econômico-financeiros se, cumulativamente, atenderem às seguintes condições:** (Redação dada pela Lei nº 12.395, de 2011).

203

Art. 27 COLETÂNEA DE LEIS TRABALHISTAS

I – realizar todos os atos necessários para permitir a identificação exata de sua situação financeira; (Incluído pela Lei nº 10.672, de 2003)

II – apresentar plano de resgate e plano de investimento; (Incluído pela Lei nº 10.672, de 2003)

III – garantir a independência de seus conselhos de fiscalização e administração, quando houver; (Incluído pela Lei nº 10.672, de 2003)

IV – adotar modelo profissional e transparente; e (Incluído pela Lei nº 10.672, de 2003)

V – apresentar suas demonstrações financeiras, juntamente com os respectivos relatórios de auditoria, nos termos definidos no inciso I do art. 46-A desta Lei. (Redação dada pela Lei nº 12.395, de 2011).

§ 7º Os recursos do financiamento voltados à implementação do plano de resgate serão utilizados: (Incluído pela Lei nº 10.672, de 2003)

I – **prioritariamente, para quitação de débitos fiscais, previdenciários e trabalhistas**; e (Incluído pela Lei nº 10.672, de 2003)

II – subsidiariamente, para construção ou melhoria de estádio próprio ou de que se utilizam para mando de seus jogos, com a finalidade de atender a critérios de segurança, saúde e bem estar do torcedor. (Incluído pela Lei nº 10.672, de 2003)

§ 8º Na hipótese do inciso II do § 7º, a entidade de prática desportiva deverá apresentar à instituição financiadora o orçamento das obras pretendidas. (Incluído pela Lei nº 10.672, de 2003)

§ 9º É facultado às entidades desportivas profissionais constituírem-se regularmente em sociedade empresária, segundo um dos tipos regulados nos arts. 1.039 a 1.092 da Lei nº 10.406, de 10 de janeiro de 2002 – Código Civil. (Incluído pela Lei nº 10.672, de 2003)

§ 10. Considera-se **entidade desportiva profissional, para fins desta Lei, as entidades de prática desportiva envolvidas em competições de atletas profissionais, as ligas em que se organizarem e as entidades de administração** de desporto profissional. (Incluído pela Lei nº 10.672, de 2003)

§ 11. Os administradores de entidades desportivas profissionais **respondem solidária e ilimitadamente** pelos atos ilícitos praticados, de gestão temerária ou contrários ao previsto no contrato social ou estatuto, nos termos da Lei nº 10.406, de 10 de janeiro de 2002 – Código Civil. (Redação dada pela Lei nº 12.395, de 2011).

§ 12. (VETADO) (Incluído pela Lei nº 10.672, de 2003)

§ 13. Para os fins de fiscalização e controle do disposto nesta Lei, as atividades profissionais das entidades de que trata o caput deste artigo, independentemente da forma jurídica sob a qual estejam constituídas, **equiparam-se às das sociedades empresárias**. (Redação dada pela Lei nº 12.395, de 2011).

Lei nº 9.615, de 24 de março de 1998

Art. 27-A

1. **Desconsideração da personalidade jurídica.** É cabível a desconsideração da personalidade jurídica das entidades desportivas ou administração de desporto ou ligas, atingindo-se os bens particulares dos dirigentes, na hipótese de aplicarem crédito ou bens sociais da entidade desportiva em proveito próprio ou de terceiros.

2. **Integralização de capital ou oferecimento em garantia.** Quando houver comprovação de desvio ilegal e recursos da entidade desportiva a referida entidade não poderá utilizar seus bens para integrar capital social de outra empresa, nem tampouco colocar os bens da sociedade em garantia, salvo coma concordância da maioria absoluta de seus membros.

3. **Restrição ao financiamento com recursos públicos.** As entidades de prática desportiva participantes de competições profissionais e as entidades de administração de desporto ou ligas em que se organizarem, independentemente da forma jurídica adotada, que comprovadamente estiverem com desvio de recursos terão mais dificuldade na obtenção de crédito junto a instituição bancária estatal, como também para participação de programas públicos de recuperação econômico-financeiros.

4. **Prioridade em quitação de débitos fiscais, previdenciários e trabalhistas.** Quando a entidade desportiva receber financiamento no plano de recuperação financeira deverá priorizar o pagamento dos créditos privilegiados da fazenda pública e dos créditos trabalhistas.

5. **Entidade desportiva profissional.** Como as entidades desportivas são entidades que visam o lucro, se faz possível a sua criação na forma de sociedade empresária, seja ela limitada ou anônima. Para isso considera-se entidade desportiva as entidades de prática desportiva que realizem competições profissionais, as ligas que organizarem essas competições profissionais e as entidades de administração de desporto profissional.

6. **Responsabilização solidária dos administradores.** Há previsão expressa de responsabilização solidária dos administradores da entidade desportiva com débitos da entidade quando houver gestão temerária ou contrária ao previsto no estatuto ou contrato social.

Art. 27-A. Nenhuma pessoa física ou jurídica que, direta ou indiretamente, seja detentora de parcela do capital com direito a voto ou, de qualquer forma, **participe da administração de qualquer entidade de prática desportiva poderá ter participação simultânea no capital social ou na gestão de outra entidade de prática desportiva disputante da mesma competição** profissional. (Incluído pela Lei nº 9.981, de 2000)

Art. 27-A

§ 1º É vedado que duas ou mais entidades de prática desportiva disputem a mesma competição profissional das primeiras séries ou divisões das diversas modalidades desportivas quando: (Incluído pela Lei nº 9.981, de 2000)

a) uma mesma pessoa física ou jurídica, direta ou indiretamente, através de relação contratual, explore, controle ou administre direitos que integrem seus patrimônios; ou, (Incluído pela Lei nº 9.981, de 2000)

b) uma mesma pessoa física ou jurídica, direta ou indiretamente, seja detentora de parcela do capital com direito a voto ou, de qualquer forma, participe da administração de mais de uma sociedade ou associação que explore, controle ou administre direitos que integrem os seus patrimônios. (Incluído pela Lei nº 9.981, de 2000)

§ 2º A vedação de que trata este artigo aplica-se: (Incluído pela Lei nº 9.981, de 2000)

a) ao cônjuge e aos parentes até o segundo grau das pessoas físicas; e (Incluído pela Lei nº 9.981, de 2000)

b) às sociedades controladoras, controladas e coligadas das mencionadas pessoas jurídicas, bem como a fundo de investimento, condomínio de investidores ou outra forma assemelhada que resulte na participação concomitante vedada neste artigo. (Incluído pela Lei nº 9.981, de 2000)

§ 3º Excluem-se da vedação de que trata este artigo os contratos de administração e investimentos em estádios, ginásios e praças desportivas, de patrocínio, de licenciamento de uso de marcas e símbolos, de publicidade e de propaganda, desde que não importem na administração direta ou na cogestão das atividades desportivas profissionais das entidades de prática desportiva, assim como os contratos individuais ou coletivos que sejam celebrados entre as detentoras de concessão, permissão ou autorização para exploração de serviços de radiodifusão sonora e de sons e imagens, bem como de televisão por assinatura, e entidades de prática desportiva para fins de transmissão de eventos desportivos. (Incluído pela Lei nº 9.981, de 2000)

§ 4º A infringência a este artigo implicará a inabilitação da entidade de prática desportiva para percepção dos benefícios de que trata o art. 18 desta Lei. (Redação dada pela Lei nº 10.672, de 2003)

§ 5º As empresas detentoras de concessão, permissão ou autorização para exploração de serviço de radiodifusão sonora e de sons e imagens, bem como de televisão por assinatura, ficam impedidas de patrocinar ou veicular sua própria marca, bem como a de seus canais e dos títulos de seus programas, nos uniformes de competições das entidades desportivas. (Redação dada pela Lei nº 10.672, de 2003)

§ 6º A violação do disposto no § 5º implicará a eliminação da entidade de prática desportiva que lhe deu causa da competição ou do torneio em que aquela se verificou, sem prejuízo das penalidades que venham a ser aplicadas pela Justiça Desportiva. (Incluído pela Lei nº 10.672, de 2003)

Lei nº 9.615, de 24 de março de 1998 **Art. 27-C**

1. **Participação simultânea em outra entidade disputante da mesma competição.** As entidades desportivas que disputam uma competição profissional não podem ter sócios ou administradores comuns.

   1.1. **Combate ao monopólio.** Para se evitar o monopólio de entidades desportivas, o presente dispositivo explicita o que seria essas hipóteses e as penalidades administrativas aplicáveis.

> **Art. 27-B.** São nulas de pleno direito as cláusulas de contratos firmados entre as entidades de prática desportiva e terceiros, ou entre estes e atletas, **que possam intervir ou influenciar nas transferências de atletas ou, ainda, que interfiram no desempenho do atleta ou da entidade de prática desportiva**, exceto quando objeto de acordo ou convenção coletiva de trabalho. (Incluído pela Lei nº 12.395, de 2011).

1. **A importância deste artigo está em sua literalidade.**

> **Art. 27-C.** São **nulos de pleno direito os contratos** firmados pelo atleta ou por seu representante legal **com agente desportivo**, pessoa física ou jurídica, bem como as cláusulas contratuais ou de instrumentos procuratórios que: (Incluído pela Lei nº 12.395, de 2011).
>
> I – **resultem vínculo desportivo**; (Incluído pela Lei nº 12.395, de 2011).
>
> II – impliquem vinculação ou exigência de receita total ou parcial exclusiva da entidade de prática desportiva, decorrente de transferência nacional ou internacional de atleta, em vista da exclusividade de que trata o inciso I do art. 28; (Incluído pela Lei nº 12.395, de 2011).
>
> III – restrinjam a liberdade de trabalho desportivo; (Incluído pela Lei nº 12.395, de 2011).
>
> IV – estabeleçam obrigações consideradas abusivas ou desproporcionais; (Incluído pela Lei nº 12.395, de 2011).
>
> V – infrinjam os princípios da boa-fé objetiva ou do fim social do contrato; ou (Incluído pela Lei nº 12.395, de 2011).
>
> VI – **versem sobre o gerenciamento de carreira de atleta em formação com idade inferior a 18 (dezoito) anos.** (Incluído pela Lei nº 12.395, de 2011).

1. **Cláusulas abusivas.** Esse dispositivo equivale ao art. 9º da CLT, ao prever a nulidade absoluta de cláusulas abusivas que causem prejuízo real ou presumido ao atleta, acima descritos. Esse dispositivo veda, por exemplo, o reconhecimento de vínculo empregatício entre o atleta e o agente desportivo.

Art. 27-D

COLETÂNEA DE LEIS TRABALHISTAS

Art. 27-D. (VETADO). (Incluído pela Lei nº 13.155, de 2015)

Art. 28. A atividade do atleta profissional é caracterizada por remuneração pactuada em **contrato especial de trabalho desportivo, firmado com entidade de prática desportiva**, no qual deverá constar, obrigatoriamente: (Redação dada pela Lei nº 12.395, de 2011).

I – cláusula indenizatória desportiva, devida exclusivamente à entidade de prática desportiva à qual está vinculado o atleta, nas seguintes hipóteses: (Incluído pela Lei nº 12.395, de 2011).

a) transferência do atleta para outra entidade, nacional ou estrangeira, durante a vigência do contrato especial de trabalho desportivo; ou (Incluído pela Lei nº 12.395, de 2011).

b) por ocasião do retorno do atleta às atividades profissionais em outra entidade de prática desportiva, no prazo de até 30 (trinta) meses; e (Incluído pela Lei nº 12.395, de 2011).

II – cláusula compensatória desportiva, devida pela entidade de prática desportiva ao atleta, nas hipóteses dos incisos III a V do § 5º. (Incluído pela Lei nº 12.395, de 2011).

§ 1º O valor da cláusula indenizatória desportiva a que se refere o inciso I do caput deste artigo será livremente pactuado pelas partes e expressamente quantificado no instrumento contratual: (Redação dada pela Lei nº 12.395, de 2011).

I – até o limite máximo de 2.000 (duas mil) vezes o valor médio do salário contratual, para as transferências nacionais; e (Incluído pela Lei nº 12.395, de 2011).

II – sem qualquer limitação, para as transferências internacionais. (Incluído pela Lei nº 12.395, de 2011).

§ 2º São **solidariamente responsáveis pelo pagamento da cláusula indenizatória** desportiva de que trata o inciso I do caput deste artigo **o atleta e a nova entidade** de prática desportiva empregadora. (Redação dada pela Lei nº 12.395, de 2011).

I – (Revogado pela Lei nº 12.395, de 2011).

II – (Revogado pela Lei nº 12.395, de 2011).

III – (Revogado pela Lei nº 12.395, de 2011).

§ 3º O valor da cláusula compensatória desportiva a que se refere o inciso II do caput deste artigo será livremente pactuado entre as partes e formalizado no contrato especial de trabalho desportivo, observando-se, como limite máximo, 400 (quatrocentas) vezes o valor do salário mensal no momento da rescisão e, como limite mínimo, o valor total de salários mensais a que teria direito o atleta até o término do referido contrato. (Redação dada pela Lei nº 12.395, de 2011).

208

Lei nº 9.615, de 24 de março de 1998

Art. 28

§ 4º **Aplicam-se ao atleta profissional as normas gerais da legislação trabalhista e da Seguridade Social**, ressalvadas as peculiaridades constantes desta Lei, especialmente as seguintes: (Redação dada pela Lei nº 12.395, de 2011).

I – se conveniente à entidade de prática desportiva, **a concentração não poderá ser superior a 3 (três) dias consecutivos por semana**, desde que esteja programada qualquer partida, prova ou equivalente, amistosa ou oficial, devendo o atleta ficar à disposição do empregador por ocasião da realização de competição fora da localidade onde tenha sua sede; (Redação dada pela Lei nº 12.395, de 2011).

II – **o prazo de concentração poderá ser ampliado, independentemente de qualquer pagamento adicional**, quando o atleta estiver à disposição da entidade de administração do desporto; (Redação dada pela Lei nº 12.395, de 2011).

III – **acréscimos remuneratórios** em razão de períodos de concentração, viagens, pré-temporada e participação do atleta em partida, prova ou equivalente, conforme previsão contratual; (Redação dada pela Lei nº 12.395, de 2011).

IV – repouso semanal remunerado de 24 (vinte e quatro) horas ininterruptas, **preferentemente em dia subsequente à participação do atleta na partida**, prova ou equivalente, quando realizada no final de semana; (Redação dada pela Lei nº 12.395, de 2011).

V – férias anuais remuneradas de 30 (trinta) dias, acrescidas do abono de férias, **coincidentes com o recesso das atividades desportivas**; (Incluído pela Lei nº 12.395, de 2011).

VI – **jornada** de trabalho desportiva normal de **44 (quarenta e quatro) horas semanais**. (Incluído pela Lei nº 12.395, de 2011).

§ 5º O vínculo desportivo do atleta com a entidade de prática desportiva contratante **constitui-se com o registro do contrato especial de trabalho desportivo na entidade de administração do desporto**, tendo natureza acessória ao respectivo vínculo empregatício, dissolvendo-se, para todos os efeitos legais: Redação dada pela Lei nº 12.395, de 2011)..

I – com o término da vigência do contrato ou o seu distrato; (Incluído pela Lei nº 12.395, de 2011).

II – com o pagamento da cláusula indenizatória desportiva ou da cláusula compensatória desportiva; (Incluído pela Lei nº 12.395, de 2011).

III – **com a rescisão decorrente do inadimplemento salarial**, de responsabilidade da entidade de prática desportiva empregadora, nos termos desta Lei; (Incluído pela Lei nº 12.395, de 2011).

Art. 28

COLETÂNEA DE LEIS TRABALHISTAS

IV – com a rescisão indireta, nas demais hipóteses previstas na legislação trabalhista; e (Incluído pela Lei nº 12.395, de 2011).

V – com a dispensa imotivada do atleta. (Incluído pela Lei nº 12.395, de 2011).

§ 6º (Revogado pela Lei nº 10.672, de 2003)

§ 7º A entidade de prática desportiva poderá **suspender** o contrato especial de trabalho desportivo do atleta profissional, ficando dispensada do pagamento da remuneração nesse período, **quando o atleta for impedido de atuar, por prazo ininterrupto superior a 90 (noventa) dias,** em decorrência de ato ou evento de sua exclusiva responsabilidade, desvinculado da atividade profissional, conforme previsto no referido contrato. (Redação dada pela Lei nº 12.395, de 2011).

§ 8º O contrato especial de trabalho desportivo deverá conter cláusula expressa reguladora de sua **prorrogação automática** na ocorrência da hipótese prevista no § 7º deste artigo. (Incluído pela Lei nº 12.395, de 2011).

§ 9º Quando o contrato especial de trabalho desportivo for por prazo inferior a 12 (doze) meses, o atleta profissional terá direito, por ocasião da rescisão contratual por culpa da entidade de prática desportiva empregadora, a tantos doze avos da remuneração mensal quantos forem os meses da vigência do contrato, **referentes a férias, abono de férias e 13º (décimo terceiro) salário.** (Incluído pela Lei nº 12.395, de 2011).

§ 10. **Não se aplicam** ao contrato especial de trabalho desportivo os **arts. 479 e 480 da Consolidação das Leis do Trabalho – CLT, aprovada pelo Decreto-Lei nº 5.452, de 1º de maio de 1943.** (Incluído pela Lei nº 12.395, de 2011).

1. **Contrato especial de trabalho desportivo.** O contrato de trabalho de atleta profissional constitui uma das poucas hipóteses de contrato de trabalho solene, pois a forma escrita constitui substância do ato. Além da forma escrita, essa espécie de contrato exige a presença de outros requisitos formais, como a previsão de cláusula indenizatória desportiva e cláusula compensatória desportiva.

2. **Cláusula indenizatória desportiva.** Esse dispositivo institui a obrigatoriedade de conter no contrato de trabalho do atleta profissional, indenização em prol da entidade desportiva vinculada ao atleta, para o caso de transferência do atleta antecipadamente (durante a vigência do contrato) para outra entidade desportiva ou na ocasião de seu retorno às atividades profissionais em outra entidade desportiva no prazo de até 30 meses. Se o retorno ocorrer após os trinta meses não caberá a aplicação da referida penalidade.

210

Lei nº 9.615, de 24 de março de 1998 **Art. 28**

→ **Aplicação em concurso:**

- No concurso para Juiz do Trabalho Substituto para o TRT da 2ª Região (SP), em 2009, fora considerada **CORRETA** a seguinte assertiva: *"Não se pode admitir a incidência da clausula penal quando o atleta mantém vínculo contratual até o termo final do prazo determinado pelas partes, vez que a clausula é aplicável somente quando o pacto se extingue antecipadamente".*

3. **Cláusula compensatória desportiva.** Caberá aplicação de indenização em favor do atleta nos casos de rescisão decorrente do inadimplemento salarial, bem como nas demais hipóteses de rescisão indireta prevista no art. 483 da CLT. Também se indeniza o atleta em caso de dispensa imotivada durante a vigência do contrato.

→ **Aplicação em concurso:**

- Neste mesmo concurso para Juiz do Trabalho para o TRT da 2ª Região (SP), em 2009, também fora considerada **CORRETA** a seguinte assertiva: *"O vinculo desportivo do atleta com a entidade desportiva contratante tem natureza acessória ao respectivo vinculo trabalhista, dissolvendo¬-se, para todos os efeitos legais, com o termino da vigência do contrato de trabalho desportivo ou com o pagamento da clausula penal ou ainda com a rescisão decorrente do inadimplemento salarial de responsabilidade da entidade desportiva empregadora prevista na Lei".*

4. **Limite da cláusula indenizatória desportiva.** Essa penalidade tem o limite máximo de duas mil vezes o valor médio do salário contratual, nos casos de transferências nacionais e, sem qualquer limite, na hipótese de transferência internacional. Ressalta-se que essa penalidade é de responsabilidade solidária entre o atleta e a nova entidade desportiva empregadora.

5. **Normas trabalhistas e previdenciárias.** O § 4º deste artigo é de suma importância pois prevê a aplicação das normais gerais, inclusive os princípios protetivos previstos na Consolidação das Leis do Trabalho ao contrato especial de atleta profissional, em caso de lacuna, observando-se às peculiaridades dessa espécie de contrato.

6. **Subordinação do atleta.** A concentração constitui uma exemplo clássico da atuação acentuada da subordinação do atleta profissional, pois nesse período o atleta pode ficar sem contato com parentes e familiares, totalmente desfocado de sua vida familiar.

6.1. **Período de concentração.** Não obstante o período em que o atleta fique em concentração não configure o pleno exercício da atividade profissional, não integrando o tempo de jornada máxima semanal, não há dúvidas de que o empregado atleta fica à disposição de seu empre-

Art. 28-A COLETÂNEA DE LEIS TRABALHISTAS

gador, o que segundo à CLT poderia ser equiparado ao tempo de sobreaviso. Ressalta-se que essa restrição de locomoção e de convívio social e familiar próprios ao período de concentração pode ocorrer por até três dias consecutivos, inclusive podendo ser prorrogado, sem existir na presente norma qualquer compensação financeira. Apenas se houver previsão contratual poderá ser compensado financeiramente ao atleta o tempo despendido durante a concentração.

6.2. Aplicação à comissão técnica e outros profissionais. Observa-se que todas as normas referentes à concentração, repouso semanal remunerado, férias e jornada previstos neste dispositivo aplicam-se aos integrantes da comissão técnica e da área de saúde como médicos, fisioterapeutas, entre outros profissionais, desde que estes tenham contrato de emprego com a entidade desportiva, conforme determina o art. 90-E desta Lei.

7. **Vínculos do atleta.** Percebe-se que o atleta possui dois vínculos com a entidade desportiva onde exerce suas atividades profissionais. Um vínculo de natureza empregatícia e outro de natureza desportista, sendo que este tem caráter acessório em relação ao contrato de emprego. Assim, por exemplo, o atleta poderá ser punido tanto em decorrência do vínculo de emprego, como também poderá sofrer punição em decorrência de infringência de normas desportistas.

8. **Suspensão e prorrogação do contrato.** Os §§ 7º e 8º deste artigo prevê uma suspensão do contrato de trabalho que supera ao limite de 30 dias previsto no art. 474 da CLT, podendo o atleta ficar até 90 dias sem remuneração, quando por culpa exclusiva do atleta participou de um evento desvinculado da entidade desportiva e em razão disso se lesionou e precisou paralisar temporariamente suas atividades profissionais.

9. **Direitos constitucionais.** O § 9º desse dispositivo prevê o direito do atleta às férias proporcionais e 13º proporcionais.

10. **Aplicabilidade da CLT quando compatível com o contrato.** Observe-se que, ao contrato de atleta profissional são aplicadas as disposições especiais desta lei e, quando compatíveis, as regras da CLT. O legislador entendeu serem incompatíveis com as peculiaridades do contrato de atleta as previsões de indenização previstas em caso de rescisão antecipada nos contratos por prazo determinado.

Art. 28-A. Caracteriza-se **como autônomo** o atleta maior de 16 (dezesseis) anos que não mantém relação empregatícia com entidade de prática desportiva, auferindo rendimentos por conta e por meio de contrato de **natureza civil**.(Incluído pela Lei nº 12.395, de 2011).

Lei nº 9.615, de 24 de março de 1998

Art. 29

§ 1º O vínculo desportivo do atleta autônomo com a entidade de prática desportiva resulta de inscrição para participar de competição e **não implica reconhecimento de relação empregatícia.** (Incluído pela Lei nº 12.395, de 2011).

§ 2º A filiação ou a vinculação de atleta autônomo a entidade de administração ou a sua integração a delegações brasileiras partícipes de competições internacionais **não caracteriza vínculo empregatício.** (Incluído pela Lei nº 12.395, de 2011).

§ 3º **O disposto neste artigo não se aplica às modalidades desportivas coletivas.** (Incluído pela Lei nº 12.395, de 2011).

1. **Atleta autônomo.** A lei possibilita a contratação de atleta maior de 16 anos de forma autônoma, excluindo a possibilidade de existência de vínculo de emprego, desde que firmado um contrato de natureza civil.

→ **Aplicação em concurso:**

*   No concurso para Juiz do Trabalho para o TRT da 14ª Região (RO e AC), em 2013, fora considerada **ERRADA** a seguinte assertiva: *"A idade mínima estabelecida é de 18 anos para os contratos de emprego, todavia, a partir dos 14 anos duas possibilidades estão juridicamente previstas, quais sejam, de auferimento de rendimentos através de um contrato civil, caracterizando o atleta como trabalhador autônomo, ou, dentro de condições preestabelecidas, como empregado por contrato especial de trabalho, caso a entidade seja formadora do atleta".*

2. **Descaracterização do vínculo empregatício.** Em razão da interdependência entre o vínculo de emprego e o vínculo desportivo, faz-se possível a existência do vínculo desportivo sem o reconhecimento de vínculo de emprego, como ocorre, por exemplo, com os atletas autônomos.

3. **Esportes coletivos.** Não se admite a contratação de atleta autônomo para modalidades desportivas coletivas.

Art. 29. A entidade de prática desportiva formadora do atleta terá o direito de assinar com ele, **a partir de 16 (dezesseis) anos de idade,** o primeiro **contrato especial de trabalho desportivo, cujo prazo não poderá ser superior a 5 (cinco) anos.** (Redação dada pela Lei nº 12.395, de 2011).

Parágrafo único. (VETADO)

§ 2º **É considerada formadora de atleta a entidade de prática desportiva que:** (Redação dada pela Lei nº 12.395, de 2011).

I – forneça aos atletas programas de treinamento nas categorias de base e **complementação educacional**; e (Incluído pela Lei nº 12.395, de 2011).

II – satisfaça **cumulativamente** os seguintes requisitos: (Incluído pela Lei nº 12.395, de 2011).

a) **estar o atleta em formação inscrito por ela na respectiva entidade regional de administração do desporto há, pelo menos, 1 (um) ano**; (Incluído pela Lei nº 12.395, de 2011).

b) **comprovar que, efetivamente, o atleta em formação está inscrito em competições oficiais**; (Incluído pela Lei nº 12.395, de 2011).

c) **garantir assistência educacional, psicológica, médica e odontológica, assim como alimentação, transporte e convivência familiar**; (Incluído pela Lei nº 12.395, de 2011).

d) manter alojamento e instalações desportivas adequados, sobretudo em matéria de alimentação, higiene, segurança e salubridade; (Incluído pela Lei nº 12.395, de 2011).

e) manter corpo de profissionais especializados em formação tecnicodesportiva; (Incluído pela Lei nº 12.395, de 2011).

f) ajustar o tempo destinado à efetiva atividade de formação do atleta, **não superior a 4 (quatro) horas por dia**, aos horários do currículo escolar ou de curso profissionalizante, além de propiciar-lhe a matrícula escolar, com exigência de frequência e satisfatório aproveitamento; (Incluído pela Lei nº 12.395, de 2011).

g) ser a formação do atleta **gratuita** e a expensas da entidade de prática desportiva; (Incluído pela Lei nº 12.395, de 2011).

h) comprovar que participa anualmente de competições organizadas por entidade de administração do desporto em, pelo menos, 2 (duas) categorias da respectiva modalidade desportiva; e (Incluído pela Lei nº 12.395, de 2011).

i) **garantir que o período de seleção não coincida com os horários escolares**. (Incluído pela Lei nº 12.395, de 2011).

§ 3º A entidade nacional de administração do desporto certificará como entidade de prática desportiva formadora aquela que comprovadamente preencha os requisitos estabelecidos nesta Lei. (Redação dada pela Lei nº 12.395, de 2011).

§ 4º **O atleta não profissional em formação, maior de quatorze e menor de vinte anos de idade**, poderá receber auxílio financeiro da entidade de prática desportiva formadora, sob a forma de **bolsa de aprendizagem** livremente pactuada mediante **contrato formal, sem que seja gerado vínculo empregatício** entre as partes. (Incluído pela Lei nº 10.672, de 2003).

Lei nº 9.615, de 24 de março de 1998   **Art. 29**

§ 5º **A entidade de prática desportiva formadora fará jus a valor indeni-zatório** se ficar impossibilitada de assinar o primeiro contrato especial de trabalho desportivo por oposição do atleta, ou quando ele se vincular, sob qualquer forma, a outra entidade de prática desportiva, sem autorização expressa da entidade de prática desportiva formadora, atendidas as seguintes condições: (Redação dada pela Lei nº 12.395, de 2011).

I – o atleta deverá estar regularmente registrado e não pode ter sido des-ligado da entidade de prática desportiva formadora (Incluído pela Lei nº 12.395, de 2011).

II – a indenização será limitada ao montante correspondente a 200 (duzen-tas) vezes os gastos comprovadamente efetuados com a formação do atleta, especificados no contrato de que trata o § 4º deste artigo; (Incluído pela Lei nº 12.395, de 2011).

III – o pagamento do valor **indenizatório somente poderá ser efetuado por outra entidade de prática desportiva** e deverá ser efetivado diretamente à entidade de prática desportiva formadora no prazo máximo de 15 (quinze) dias, contados da data da vinculação do atleta à nova entidade de prática desportiva, **para efeito de permitir novo registro em entidade de adminis-tração do desporto.** (Incluído pela Lei nº 12.395, de 2011).

§ 6º O contrato de formação desportiva a que se refere o § 4º deste artigo de-verá incluir obrigatoriamente: (Redação dada pela Lei nº 12.395, de 2011).

I – identificação das partes e dos seus representantes legais; (Redação dada pela Lei nº 12.395, de 2011).

II – duração do contrato; (Redação dada pela Lei nº 12.395, de 2011).

III – direitos e deveres das partes contratantes, inclusive garantia de seguro de vida e de acidentes pessoais para cobrir as atividades do atleta contratado; e (Redação dada pela Lei nº 12.395, de 2011).

IV – especificação dos itens de gasto para fins de cálculo da indenização com a formação desportiva. (Redação dada pela Lei nº 12.395, de 2011).

§ 7º A entidade de prática desportiva **formadora e detentora do primeiro contrato especial de trabalho desportivo com o atleta por ela profissionali-zado terá o direito de preferência para a primeira renovação deste contrato,** cujo prazo não poderá ser superior a 3 (três) anos, salvo se para equiparação de proposta de terceiro. (Redação dada pela Lei nº 12.395, de 2011).

I – (Revogado pela Lei nº 12.395, de 2011).

II – (Revogado pela Lei nº 12.395, de 2011).

III – (Revogado pela Lei nº 12.395, de 2011).

IV – (Revogado pela Lei nº 12.395, de 2011).

V – (Revogado pela Lei nº 12.395, de 2011).

Art. 29 COLETÂNEA DE LEIS TRABALHISTAS

§ 8º Para assegurar seu direito de preferência, a entidade de prática desportiva formadora e detentora do primeiro contrato especial de trabalho desportivo deverá apresentar, até 45 (quarenta e cinco) dias antes do término do contrato em curso, proposta ao atleta, de cujo teor deverá ser cientificada a correspondente entidade regional de administração do desporto, indicando as novas condições contratuais e os salários ofertados, devendo o atleta apresentar resposta à entidade de prática desportiva formadora, de cujo teor deverá ser notificada a referida entidade de administração, no prazo de 15 (quinze) dias contados da data do recebimento da proposta, sob pena de aceitação tácita. (Incluído pela Lei nº 12.395, de 2011).

§ 9º Na hipótese de outra entidade de prática desportiva resolver oferecer proposta mais vantajosa a atleta vinculado à entidade de prática desportiva que o formou, deve-se observar o seguinte: (Incluído pela Lei nº 12.395, de 2011).

I – a entidade proponente deverá apresentar à entidade de prática desportiva formadora proposta, fazendo dela constar todas as condições remuneratórias; (Incluído pela Lei nº 12.395, de 2011).

II – a entidade proponente deverá dar conhecimento da proposta à correspondente entidade regional de administração; e (Incluído pela Lei nº 12.395, de 2011).

III – a entidade de prática desportiva formadora poderá, no prazo máximo de 15 (quinze) dias, a contar do recebimento da proposta, comunicar se exercerá o direito de preferência de que trata o § 7º, nas mesmas condições oferecidas. (Incluído pela Lei nº 12.395, de 2011).

§ 10. A entidade de administração do desporto deverá publicar o recebimento das propostas de que tratam os §§ 7º e 8º, nos seus meios oficiais de divulgação, no prazo de 5 (cinco) dias contados da data do recebimento. (Incluído pela Lei nº 12.395, de 2011).

§ 11. Caso a entidade de prática desportiva formadora oferte as mesmas condições, e, ainda assim, o **atleta se oponha à renovação do primeiro contrato especial de trabalho desportivo, ela poderá exigir da nova entidade de prática desportiva contratante o valor indenizatório** correspondente a, no máximo, 200 (duzentas) vezes o valor do salário mensal constante da proposta. (Incluído pela Lei nº 12.395, de 2011).

§ 12. A contratação do atleta em formação será feito diretamente pela entidade de prática desportiva formadora, **sendo vedada a sua realização por meio de terceiros**. (Incluído pela Lei nº 12.395, de 2011).

§ 13. A entidade de prática desportiva **formadora deverá registrar o contrato de formação desportiva do atleta em formação na entidade de administração da respectiva modalidade desportiva**. (Incluído pela Lei nº 12.395, de 2011).

Lei nº 9.615, de 24 de março de 1998

Art. 29

1. **Jogador de futebol.** O contrato de trabalho de atleta jogador de futebol é um contrato por prazo determinado, entretanto diferenciado do trabalhador comum celetista, pois não se aplica aos atletas os art. 451, 452 e 453 da CLT, que dizem respeito à prorrogação, renovação e à soma dos períodos descontínuos do contrato de trabalho, nem tampouco se aplica a limitação prevista no art. 445 da CLT, que veda a pactuação de contrato a termo por mais de dois anos. Essa é a interpretação conjunta do presente artigo com o art. 94 da presente Lei. Assim, os demais atletas, que não jogadores de futebol, poderão se utilizar das regras previstas na Consolidação das Leis Trabalhistas de forma facultativa.

   1.1. Representação legal ao atleta menor. O empregado atleta profissional somente poderá firmar essa espécie de contrato de trabalho especial se tiver 16 anos, sendo que até os 18 anos deverá ser assistido pelos representantes legais, na forma do inciso I do art. 4º do Código Civil. Na falta de consentimento dos pais, este poderá ser suprido por decisão judicial.

2. **Entidade formadora do atleta.** O § 2º traz os requisitos essenciais para que a entidade de prática desportiva seja considerada formadora do atleta, essa qualificação confere à entidade formadora alguns benefícios e preferência a seguir descritos nos §§ 4º e 5º deste dispositivo legal.

3. **Bolsa aprendizagem.** A bolsa aprendizagem, na realidade, não constitui remuneração de contrato de aprendizagem, como o nome equivocadamente propõe, haja vista que não há relação de emprego ao beneficiário atleta desta bolsa, mas tão somente um auxílio financeiro ao atleta em formação. Ressalta-se que o contrato de aprendizagem previsto na CLT é uma espécie de contrato de trabalho.

4. **Entidade de prática desportiva formadora.** Essa indenização prevista à entidade formadora visa a compensar o investimento na formação profissional do atleta, onde a entidade formadora estava obrigada a preencher diversos requisitos previstos no inciso II, § 2º do art. 29 desta Lei.

5. **Direito de preferência para a primeira renovação do contrato.** Esse dispositivo prevê o direito de preferência da entidade formadora do atleta profissional, haja vista todo o investimento na saúde, educação e na formação profissional e psicológica do atleta, dentre outros investimentos previstos no inciso II do § 2º do art. 29.

   5.1. Direito de preferência desrespeitado. Prevê uma indenização em benefício da entidade desportiva formadora quando o direito de preferência for desrespeitado ante a recusa do atleta profissional. Assim, ante o direito fundamental da liberdade profissional, o atleta não é forçado

Art. 29-A COLETÂNEA DE LEIS TRABALHISTAS

a trabalhar na entidade formadora, no entanto esta tem o direito à indenização compensatória dos investimentos financeiros à formação do atleta. Ressalta-se que o valor dessa indenização não poderá ser superior a 200(duzentas) vezes o valor do salário mensal constante da proposta.

6. **Registro do contrato na entidade de administração desportiva.** Esse registro do contrato de formação do atleta na entidade de administração do desporto constitui requisito indispensável para se garantir o direito de preferência e demais benefícios concedidos à entidade formadora, bem como se permite calcular o tempo de formação investido por cada entidade desportiva.

Art. 29-A. Sempre que ocorrer transferência nacional, definitiva ou temporária, de atleta profissional, até 5% (cinco por cento) do valor pago pela nova entidade de prática desportiva serão obrigatoriamente distribuídos entre as entidades de práticas desportivas que contribuíram para a formação do atleta, na proporção de: (Incluído pela Lei nº 12.395, de 2011).

I – 1% (um por cento) para cada ano de formação do atleta, dos 14 (quatorze) aos 17 (dezessete) anos de idade, inclusive; e (Incluído pela Lei nº 12.395, de 2011).

II – 0,5% (meio por cento) para cada ano de formação, dos 18 (dezoito) aos 19 (dezenove) anos de idade, inclusive. (Incluído pela Lei nº 12.395, de 2011).

§ 1º Caberá à entidade de prática desportiva cessionária do atleta reter do valor a ser pago à entidade de prática desportiva cedente 5% (cinco por cento) do valor acordado para a transferência, distribuindo-os às entidades de prática desportiva que contribuíram para a formação do atleta. (Incluído pela Lei nº 12.395, de 2011).

§ 2º Como exceção à regra estabelecida no § 1º deste artigo, caso o atleta se desvincule da entidade de prática desportiva de forma unilateral, mediante pagamento da cláusula indenizatória desportiva prevista no inciso I do art. 28 desta Lei, caberá à entidade de prática desportiva que recebeu a cláusula indenizatória desportiva distribuir 5% (cinco por cento) de tal montante às entidades de prática desportiva responsáveis pela formação do atleta. (Incluído pela Lei nº 12.395, de 2011).

§ 3º O percentual devido às entidades de prática desportiva formadoras do atleta deverá ser calculado sempre de acordo com certidão a ser fornecida pela entidade nacional de administração do desporto, e os valores distribuídos proporcionalmente em até 30 (trinta) dias da efetiva transferência, cabendo-lhe exigir o cumprimento do que dispõe este parágrafo. (Incluído pela Lei nº 12.395, de 2011).

Lei n° 9.615, de 24 de março de 1998 **Art. 30**

1. **Transferência internacional.** Pode ocorrer de mais de uma entidade desportiva contribua para a formação do atleta. Neste caso essas entidades serão proporcionalmente indenizadas, nos termos deste artigo, quando o atleta for transferido para trabalhar no exterior.

> **Art. 30.** O contrato de trabalho do atleta profissional terá **prazo determinado,** com vigência **nunca inferior a três meses nem superior a cinco anos.** (Redação dada pela Lei n° 9.981, de 2000)
>
> **Parágrafo único.** Não se aplica ao contrato especial de trabalho desportivo do atleta profissional o disposto nos arts. 445 e 451 da Consolidação das Leis do Trabalho – CLT, aprovada pelo Decreto-Lei n° 5.452, de 1° de maio de 1943. (Redação dada pela Lei n° 12.395, de 2011).

1. **Contrato por prazo determinado.** A interpretação conjunta deste dispositivo combinado com o art. 94 desta Lei direciona que as regras concernentes ao prazo máximo d duração do contrato a termo previsto no art. 445 da CLT, qual seja, de dois anos para o contrato a termo, bem como a exigência de prorrogação única, sob a penalidade de se transformar em contrato por tempo indeterminação, não se aplicam ao contrato de trabalho do atleta de futebol. No entanto no que tange ao atleta que não for jogador de futebol podem ser aplicadas. Essas disposições de forma facultativa. Vejamos:

> **"Art. 94.** O disposto nos arts. 27, 27-A, 28, 29, 29-A, 30, 39, 43, 45 e n° § 1° do art. 41 desta Lei será obrigatório exclusivamente para atletas e entidades de prática profissional da modalidade de futebol. (Redação dada pela Lei n° 12.395, de 2011).
>
> **Parágrafo único.** É facultado às demais modalidades desportivas adotar os preceitos constantes dos dispositivos referidos no caput deste artigo. (Incluído pela Lei n° 9.981, de 2000)".

→ **Aplicação em concurso:**

- No concurso para Juiz do Trabalho para o TRT da 14ª Região (RO e AC), em 2013, fora considerada **ERRADA** a seguinte assertiva: *"O contrato de trabalho do atleta profissional terá prazo determinado, com vigência nunca inferior a três meses nem superior a cinco anos, sendo certo que, nos termos do entendimento jurisprudencial dominante, tem-se que as prorrogações por indefinidas vezes desnaturam o contrato por prazo determinado".*

Art. 31

COLETÂNEA DE LEIS TRABALHISTAS

> **Art. 31.** A entidade de prática desportiva empregadora que estiver com **pagamento de salário ou de contrato de direito de imagem de atleta profissional em atraso**, no todo ou em parte, por período **igual ou superior a três meses**, terá o contrato especial de trabalho desportivo daquele atleta rescindido, **ficando o atleta livre para transferir-se para qualquer outra entidade de prática desportiva de mesma modalidade, nacional ou internacional, e exigir a cláusula compensatória desportiva e os haveres devidos**. (Redação dada pela Lei nº 13.155, de 2015).
>
> § 1º São entendidos como salário, para efeitos do previsto no *caput*, o abono de férias, o décimo terceiro salário, as gratificações, os prêmios e demais verbas inclusas no contrato de trabalho.
>
> § 2º **A mora contumaz será considerada também pelo não recolhimento do FGTS e das contribuições previdenciárias**.
>
> § 3º (Revogado pela Lei nº 12.395, de 2011).
>
> § 4º (Incluído e vetado pela Lei nº 10.672, de 2003)
>
> § 5º O atleta com contrato especial de trabalho desportivo rescindido na forma do *caput* fica autorizado a transferir-se para outra entidade de prática desportiva, inclusive da mesma divisão, independentemente do número de partidas das quais tenha participado na competição, bem como a disputar a competição que estiver em andamento por ocasião da rescisão contratual. (Incluído pela Lei nº 13.155, de 2015)

1. **Pagamento de salário ou de contrato de direito de imagem em atraso.** Esse dispositivo legal cria uma nova possibilidade de liberação do atleta, quando configurada a mora salarial, inovando a legislação do desporto, ao ampliar a liberdade de atuação profissional.

    1.1 Instituto do "passe". O instituto do "passe", figura presente na Lei nº 6.354/76, que foi revogada pela Lei nº 12.395/11, representava a possibilidade do trabalho do atleta ser transferido para outro empregador, mediante o pagamento do "passe", sem a devida anuência do atleta, apenas resguardando a este o pagamento do percentual de 15% sobre a transação da transferência, fato que mercantilizava o trabalhador atleta e restringia o direito fundamental da liberdade profissional previsto no art. 5º, XIII, da Constituição Federal.

2. **Mora contumaz.** Percebe-se que o presente dispositivo considera mora contumaz capaz de ensejar a rescisão indireta do contrato de atleta a ausência de pagamento por três meses ou mais de salários, nestes incluídos o abono de férias, 13º salário, gratificações, prêmios e demais

Lei nº 9.615, de 24 de março de 1998

Art. 34

verbas componentes da remuneração. Também se reconhece a mora na ausência de recolhimento do FGTS e do INSS por três meses consecutivos ou mais de trabalho.

→ **Aplicação em concurso:**

* No concurso para Juiz do Trabalho para o TRT da 2ª Região (SP), em 2009, fora considerada **CORRETA** a seguinte assertiva: *"A entidade de pratica desportiva empregadora que estiver com pagamento de salário, abono de férias, décimo terceiro salário, gratificações, prêmios e demais verbas inclusas no contrato de trabalho do atleta profissional em atraso, no todo ou em parte, por período igual ou superior a três meses, terá o contrato de trabalho daquele atleta rescindido, ficando o atleta livre para se transferir para qualquer outra agremiação".*

* Neste mesmo concurso do TRT da 2ª Região (SP), em 2009, fora considerada **ERRADA** a seguinte assertiva: *"A mora contumaz não será considerada pelo não recolhimento do FGTS e das contribuições previdenciárias".*

Art. 32. É lícito ao atleta profissional recusar competir por entidade de prática desportiva quando seus salários, no todo ou em parte, estiverem atrasados em dois ou mais meses;

1. **Direito de resistência do empregado atleta.** Este é um exemplo de uma cláusula expressa que contempla o direito de resistência do empregado atleta. O atleta pode negar-se a competir quando houver mora salarial por no mínimo dois meses.

Art. 33. (Revogado pela Lei nº 12.395, de 2011).

Art. 34. São deveres da entidade de prática desportiva empregadora, em especial: (Redação dada pela Lei nº 9.981, de 2000)

I – registrar o contrato especial de trabalho desportivo do atleta profissional na entidade de administração da respectiva modalidade desportiva; (Redação dada pela Lei nº 12.395, de 2011).

II – proporcionar aos atletas profissionais as condições necessárias à participação nas competições desportivas, treinos e outras atividades preparatórias ou instrumentais; (Incluído pela Lei nº 9.981, de 2000)

III – submeter os atletas profissionais aos exames médicos e clínicos necessários à prática desportiva. (Incluído pela Lei nº 9.981, de 2000)

221

Art. 35 COLETÂNEA DE LEIS TRABALHISTAS

1. A importância destes artigos está em sua literalidade.

> **Art. 35.** São **deveres do atleta profissional**, em especial: (Redação dada pela Lei nº 9.981, de 2000)
>
> I – participar dos jogos, treinos, estágios e **outras sessões preparatórias de competições com a aplicação e dedicação correspondentes às suas condições psicofísicas e técnicas**; (Incluído pela Lei nº 9.981, de 2000)
>
> II – **preservar as condições físicas** que lhes permitam participar das competições desportivas, **submetendo-se aos exames médicos e tratamentos clínicos necessários** à prática desportiva; (Incluído pela Lei nº 9.981, de 2000)
>
> III – exercitar a atividade desportiva profissional de acordo com as regras da respectiva modalidade desportiva e as normas que regem a disciplina e a ética desportivas. (Incluído pela Lei nº 9.981, de 2000)

1. **Deveres do atleta profissional.** A subordinação jurídica nesta espécie de contrato é mais marcante, pois se exige do empregado dedicação e preparação física e psicológica para a participação desportiva, submetendo-o a exames médicos e tratamentos clínicos necessários à prática desportiva.

> **Art. 36.** (Revogado pela Lei nº 9.981, de 2000)
>
> § 1º (Revogado pela Lei nº 9.981, de 2000)
>
> § 2º (Revogado pela Lei nº 9.981, de 2000)
>
> § 3º (Revogado pela Lei nº 9.981, de 2000)
>
> § 4º (Revogado pela Lei nº 9.981, de 2000)
>
> § 5º (Revogado pela Lei nº 9.981, de 2000)
>
> **Art. 37.** (Revogado pela Lei nº 9.981, de 2000)
>
> **Art. 38. Qualquer cessão ou transferência de atleta** profissional ou não-profissional **depende de sua formal e expressa anuência.** (Redação dada pela Lei nº 9.981, de 2000).

1. **Expressa anuência do atleta.** Esse dispositivo legal retira o entendimento de "passe" previsto na legislação anterior, que não previa consentimento do atleta, contemplando, assim, o princípio constitucional da liberdade de ofício e profissão.

Lei nº 9.615, de 24 de março de 1998

Art. 40

Art. 39. O atleta cedido temporariamente a outra entidade de prática desportiva que tiver os salários em atraso, no todo ou em parte, por mais de 2 (dois) meses, notificará a entidade de prática desportiva cedente para, **querendo, purgar a mora, no prazo de 15 (quinze) dias, não se aplicando, nesse caso, o disposto no caput do art. 31 desta Lei.** (Redação dada pela Lei nº 12.395, de 2011).

§ 1º O não pagamento ao atleta de salário e contribuições previstas em lei por parte da entidade de prática desportiva cessionária, por 2 (dois) meses, implicará a rescisão do contrato de empréstimo e a incidência da cláusula compensatória desportiva nele prevista, a ser paga ao atleta pela entidade de prática desportiva cessionária. (Incluído pela Lei nº 12.395, de 2011).

§ 2º Ocorrendo a rescisão mencionada no § 1º deste artigo, o atleta deverá retornar à entidade de prática desportiva cedente para cumprir o antigo contrato especial de trabalho desportivo. (Incluído pela Lei nº 12.395, de 2011).

1. **Purgação da mora.** A entidade cedente poderá purgar a mora, evitando, assim, a aplicação da rescisão do contrato de emprego.

2. **Não pagamento ao atleta cedido.** O art. 31 informa que em regra que a mora contumaz, capaz de rescindir indiretamente o contrato de trabalho do atleta, é de três meses de atraso salarial. No entanto se o atleta for cedido de outra entidade desportiva, o atraso salarial por mais de 02 meses implicará na rescisão do contrato de empréstimo e o consequente retorno do atleta à entidade desportiva cedente, bem como aplicação da cláusula compensatória desportiva.

Art. 40. Na cessão ou transferência de atleta profissional para entidade de prática desportiva estrangeira observar-se-ão as instruções expedidas pela entidade nacional de título.

§ 1º As condições para transferência do atleta profissional para o exterior deverão integrar obrigatoriamente os contratos de trabalho entre o atleta e a entidade de prática desportiva brasileira que o contratou. (Renumerado do Parágrafo Único para § 1º pela Lei nº 10.672, de 2003)

§ 2º O valor da cláusula indenizatória desportiva internacional originalmente pactuada entre o atleta e a entidade de prática desportiva cedente, independentemente do pagamento da cláusula indenizatória desportiva nacional, será devido a esta pela entidade de prática desportiva cessionária caso esta venha a concretizar transferência internacional do mesmo atleta, em prazo inferior a 3 (três) meses, caracterizando o conluio com a entidade de prática desportiva estrangeira. (Redação dada pela Lei nº 12.395, de 2011).

1. **Condições para transferência ou cessão de atleta.** Por ser um contrato solene, todas as condições do trabalho no exterior deverão constar no instrumento, como a moeda de pagamento, a periodicidade de pagamento, períodos de viagens para o país de origem, etc.

> **Art. 41.** A participação de atletas profissionais em seleções será estabelecida na forma como acordarem a entidade de administração convocante e a entidade de prática desportiva cedente.
>
> § 1º A entidade convocadora indenizará a cedente dos encargos previstos no contrato de trabalho, pelo período em que durar a convocação do atleta, sem prejuízo de eventuais ajustes celebrados entre este e a entidade convocadora.
>
> § 2º O período de convocação estender-se-á até a reintegração do atleta à entidade que o cedeu, apto a exercer sua atividade.

1. **Convocações para seleções.** Essa cessão do atleta não ocorre de forma gratuita, podendo ser ressarcidos os gastos e encargos de atletas cedidos durante o período de convocação.

> **Art. 42.** Pertence às entidades de prática desportiva **o direito de arena**, consistente na prerrogativa exclusiva de negociar, autorizar ou proibir a captação, a fixação, a emissão, a transmissão, a retransmissão ou a reprodução de imagens, por qualquer meio ou processo, de espetáculo desportivo de que participem. (Redação dada pela Lei nº 12.395, de 2011).
>
> § 1º Salvo convenção coletiva de trabalho em contrário, 5% (cinco por cento) da receita proveniente da exploração de direitos desportivos audiovisuais serão repassados aos sindicatos de atletas profissionais, e estes distribuirão, em partes iguais, aos atletas profissionais participantes do espetáculo, como parcela de natureza civil. (Redação dada pela Lei nº 12.395, de 2011).
>
> § 1º-A. (VETADO). (Incluído pela Lei nº 13.155, de 2015)
>
> § 2º O disposto neste artigo não se aplica à exibição de flagrantes de espetáculo ou evento desportivo para fins exclusivamente jornalísticos, desportivos ou educativos ou para a captação de apostas legalmente autorizadas, respeitadas as seguintes condições: (Redação dada pela Lei nº 13.155, de 2015)
>
> I – a captação das imagens para a exibição de flagrante de espetáculo ou evento desportivo dar-se-á em locais reservados, nos estádios e ginásios, para não detentores de direitos ou, caso não disponíveis, mediante o fornecimento das imagens pelo detentor de direitos locais para a respectiva mídia; (Incluído pela Lei nº 12.395, de 2011).

Lei nº 9.615, de 24 de março de 1998

Art. 42

II – a duração de todas as imagens do flagrante do espetáculo ou evento desportivo exibidas não poderá exceder 3% (três por cento) do total do tempo de espetáculo ou evento; (Incluído pela Lei nº 12.395, de 2011).

III – é proibida a associação das imagens exibidas com base neste artigo a qualquer forma de patrocínio, propaganda ou promoção comercial. (Incluído pela Lei nº 12.395, de 2011).

§ 3º O espectador pagante, por qualquer meio, de espetáculo ou evento desportivo equipara-se, para todos os efeitos legais, ao consumidor, nos termos do art. 2º da Lei nº 8.078, de 11 de setembro de 1990.

1. **Direito de arena.** O direito de arena não se confunde com o direito personalíssimo do empregado de sua imagem, mas com ela se aproxima. O primeiro consiste no direito da entidade desportiva de vender a transmissão ou retransmissão dos jogos, que não deixa de ser a comercialização da imagem do jogo – ou seja, o direito à imagem coletiva dos atletas. Parte do lucro dessa venda é repassada ao sindicato dos atletas e redistribuída em partes iguais para estes.

2. **Direito à cessão do uso da imagem.** Destaca-se que o direto à cessão do uso da imagem encontra-se regulamentado no art. 87-A, introduzido pela Lei nº 12.395/2011, a qual, segundo redação do dispositivo, trata-se de uma parcela tipicamente civil, inconfundível com o contrato de trabalho.

> **Lei nº 12.395/2011**
>
> **Art. 87-A (...)**
>
> (...)
>
> § 1º Salvo convenção coletiva de trabalho em contrário, 5% (cinco por cento) da receita proveniente da exploração de direitos desportivos audiovisuais serão repassados aos SINDICATOS de atletas profissionais, e estes distribuirão, em partes iguais, aos atletas profissionais participantes do espetáculo, como parcela de natureza civil. (Redação dada pela Lei nº 12.395, de 2011).

2.1. Natureza remuneratória. Até a edição da Lei nº 12.395/2011, em relação à natureza jurídica da cota-parte cabível ao atleta profissional a tal título, que era de no mínimo 20%, a jurisprudência trabalhista a considerava como parcela de natureza remuneratória, por analogia às gorjetas, uma vez que se trata de verba paga por terceiros ao empregado.

225

Art. 43

COLETÂNEA DE LEIS TRABALHISTAS

Contudo, a partir da citada lei, que deu nova redação a este artigo, é indene de dúvida a natureza civil desta parcela, não mais compondo a remuneração do empregado. A citada lei trouxe, ainda, como novidade uma redução no percentual mínimo cabível aos atletas profissionais, que passou a ser de 5% (cinco por cento), assim como a necessidade de repasse desta parcela ao sindicato da categoria, que se incumbirá de distribuí-la, em partes iguais, aos atletas profissionais, não se confundindo, assim,com parcela de natureza salarial.

→ **Aplicação em concurso:**

- No concurso para Juiz do Trabalho para o TRT da 14ª Região (RO e AC), em 2013, fora considerada **ERRADA** a seguinte assertiva: *"O termo "luvas" se refere à prerrogativa exclusiva de autorização sobre a transmissão, utilização e fixação de imagens nos eventos esportivos, sendo atualmente fixado o repasse em 5% e, em termos remuneratórios, tem caráter indenizatório".*

Art. 43. É vedada a participação em competições desportivas profissionais de atletas não-profissionais com idade superior a vinte anos. (Redação dada pela Lei nº 9.981, de 2000)

1. **A importância deste artigo está em sua literalidade.**

Art. 44. É vedada a prática do profissionalismo, em qualquer modalidade, quando se tratar de:

I – desporto educacional, seja nos estabelecimentos escolares de 1º e 2º graus ou superiores;

II – desporto militar;

III – menores até a idade de dezesseis anos completos.

1. **Vedação à prática do profissionalismo.** Esse dispositivo veda a contratação profissional de atletas quando a atividade desportiva for para fins não lucrativos, como a do desporto educacional e o militar. Também não se admite quando o atleta for menor de dezesseis anos.

Art. 45. As entidades de prática desportiva **são obrigadas a contratar seguro de vida e de acidentes pessoais, vinculado à atividade desportiva**, para os atletas profissionais, com o objetivo de cobrir os riscos a que eles estão sujeitos. (Redação dada pela Lei nº 12.395, de 2011).

226

Lei nº 9.615, de 24 de março de 1998

Art. 48

§ 1º A importância segurada deve garantir ao atleta profissional, ou ao beneficiário por ele indicado no contrato de seguro, o direito a indenização mínima correspondente ao valor anual da remuneração pactuada. (Incluído pela Lei nº 12.395, de 2011).

§ 2º A entidade de prática desportiva é responsável pelas despesas médico-hospitalares e de medicamentos necessários ao restabelecimento do atleta enquanto a seguradora não fizer o pagamento da indenização a que se refere o § 1º deste artigo. (Incluído pela Lei nº 12.395, de 2011).

1. **Seguro de vida.** Enquanto o atleta não receber a indenização prevista em contrato de seguro de vida e de acidentes pessoais, a entidade desportiva é a responsável pelas despesas médico-hospitalares e de medicamentos necessários ao restabelecimento do atleta.

▶ **ATENÇÃO:** Os **Arts. 46 e 46-A** desta lei não possuem interesse para a matéria trabalhista.

CAPÍTULO VI
DA ORDEM DESPORTIVA

▶ **ATENÇÃO:** O **Art. 47** desta lei também não possui interesse para a matéria trabalhista.

Art. 48. Com o objetivo de manter a ordem desportiva, o respeito aos atos emanados de seus poderes internos, **poderão ser aplicadas, pelas entidades de administração do desporto e de prática desportiva, as seguintes sanções**:

I – advertência;

II – censura escrita;

III – multa;

IV – suspensão;

V – desfiliação ou desvinculação.

§ 1º A aplicação das sanções previstas neste artigo **não prescinde do processo administrativo** no qual sejam assegurados o contraditório e a ampla defesa.

Art. 48

COLETÂNEA DE LEIS TRABALHISTAS

> § 2º As penalidades de que tratam os incisos IV e V deste artigo somente poderão ser aplicadas após decisão definitiva da Justiça Desportiva.

1. **Sanções desportivas.** Perceba-se que houve uma mistura entre penalidades que se referem a duas relações distintas, quais sejam: a relação trabalhista, referente ao vínculo entre o atleta e o empregador (entidade de prática desportiva); e a desportiva, esta entre o atleta e a entidade desportiva perante a entidade de administração do desporto.

   Assim, por óbvio que o empregador não tem competência de aplicar a desfiliação ou desvinculação, pois apenas a entidade de administração do desporto tem essa competência. Ressalta-se, por fim, que não consta no referido dispositivo a penalidade de rescisão por justa causa causada pelo atleta, mas claro que a mesma é possível, em razão da aplicação subsidiária das Consolidações das Leis Trabalhistas.

2. **Aplicação das penalidades.** Não ofende o princípio da integralidade do salário, nos termos do art. 462 da CLT, a aplicação da multa limitada a 40% do salário contratual do atleta profissional, em decorrência da natureza especial do contrato de trabalho de atleta.

   2.1. Processo administrativo disciplinar. Para a aplicação das penalidades descritas no presente dispositivo legal, não se dispensa o devido processo administrativo disciplinar, inclusive com a oportunidade da ampla defesa e do contraditório. Ressalta-se que, para a advertência verbal, censura escrita e suspensão disciplinar aplicada pelo empregador, não se mostra razoável a necessidade de procedimento administrativo, em face da dinâmica presente nas relações de trabalho.

   Assim, doutrinariamente, compreende-se que o processo administrativo é indispensável apenas quando a penalidade for aplicada pela entidade de administração do desporto (relação desportiva) e não pela empregadora – entidade de prática esportiva (relação trabalhista). Defendemos, contudo, a necessidade de procedimento administrativo para a aplicação da justa causa obreira, em face da gravidade da punição e em respeito à aplicação horizontal dos direitos fundamentais à relações privadas, nos termos do art. 5º, LV da constituição Federal.

   A desfiliação e a desvinculação, por sua vez, somente surtem efeitos após decisão definitiva da Justiça Desportiva;

   O atleta poderá também sofrer punições dos dirigentes de entidades desportivas regionais, nacionais ou internacionais, apesar de não serem seus empregadores, fato totalmente atípico na relações trabalhistas.

Lei nº 9.615, de 24 de março de 1998

Art. 49

3. **A Justiça do Trabalho.** Ressalta-se que a Justiça do Trabalho somente poderá julgar ações referentes à disciplina nas competições e às competições desportivas após o esgotamento das instâncias da Justiça Desportiva (§ 1º do art. 217 da Constituição Federal). A Justiça do Trabalho é a única que tem competência para julgar questões trabalhistas de atletas (art. 5º, XXXV e art. 114 da CF), sendo que não há interrupção da prescrição a instauração de ação na Justiça desportiva.

CAPÍTULO VI-A
DO CONTROLE DE DOPAGEM

(Incluído pela Lei nº 13.322, de 2016)

Art. 48-A. O controle de dopagem tem por objetivo garantir o direito de os atletas e as entidades participarem de competições livres de dopagem, promover a conservação da saúde, preservar a justiça e a igualdade entre os competidores. (Incluído pela Lei nº 13.322, de 2016)

§ 1º O controle de dopagem será realizado por meio de programas harmonizados, coordenados e eficazes em nível nacional e internacional no âmbito da detecção, da punição e da prevenção da dopagem. (Incluído pela Lei nº 13.322, de 2016)

§ 2º Considera-se como dopagem no esporte a violação de regra antidopagem cometida por atleta, por terceiro ou por entidade. (Incluído pela Lei nº 13.322, de 2016)

1. **Controle de dopagem.** O exame de dopagem não constitui uma intromissão à integridade física ou intimidade do atleta, mas sim uma obrigação decorrente do vínculo desportivo, com a finalidade de promover a conservação da saúde, preservar a justiça e a igualdade entre os competidores.

▶ **ATENÇÃO:** Os **Arts. 48-B e 48-C** desta lei não possuem relevância em matéria trabalhista.

CAPÍTULO VII
DA JUSTIÇA DESPORTIVA

Art. 49. A Justiça Desportiva a que se referem os §§ 1º e 2º do art. 217 da Constituição Federal e o art. 33 da Lei nº 8.028, de 12 de abril de 1990, regula-se pelas disposições deste Capítulo.

1. **A importância deste artigo está em sua literalidade.**

Art. 50

Art. 50. A organização, o funcionamento e as atribuições da Justiça Desportiva, **limitadas ao processo e julgamento das infrações disciplinares e às competições desportivas**, serão definidos nos Códigos de Justiça Desportiva, facultando-se às ligas constituir seus próprios órgãos judicantes desportivos, com atuação restrita às suas competições. (Redação dada pela Lei nº 12.395, de 2011).

§ 1º As transgressões relativas à disciplina e às competições desportivas sujeitam o infrator a:

I – advertência;

II – eliminação;

III – exclusão de campeonato ou torneio;

IV – indenização;

V – interdição de praça de desportos;

VI – multa;

VII – perda do mando do campo;

VIII – perda de pontos;

IX – perda de renda;

X – suspensão por partida;

XI – suspensão por prazo.

§ 2º **As penas disciplinares não serão aplicadas aos menores de quatorze anos.**

§ 3º **As penas pecuniárias não serão aplicadas a atletas não-profissionais;**

§ 4º Compete às entidades de administração do desporto promover o custeio do funcionamento dos órgãos da Justiça Desportiva que funcionem junto a si. (Incluído pela Lei nº 9.981, de 2000)

§ 5º A pena de suspensão de que trata o inciso XI do § 1º deste artigo não poderá ser superior a **trinta anos**. (Incluído pela Lei nº 13.322, de 2016)

1. **Infrações disciplinares e às competições desportivas.** Nos termos do §§ 1º e 2º do art. 217 da Constituição Federal, o *"O Poder Judiciário só admitirá ações relativas à disciplina e às competições desportivas após esgotarem-se as instâncias da justiça desportiva, regulada em Lei"*. Ressalta-se que a justiça desportiva terá o prazo máximo de sessenta dias, contados da instauração do processo, para proferir decisão final.

Lei nº 9.615, de 24 de março de 1998

Art. 52

Art. 50-A. Além das sanções previstas nos incisos I a XI do § 1º do art. 50, as violações às regras antidopagem podem, ainda, sujeitar o infrator às seguintes penalidades: (Incluído pela Lei nº 13.322, de 2016)

I – nulidade de títulos, premiações, pontuações, recordes e resultados desportivos obtidos pelo infrator; e (Incluído pela Lei nº 13.322, de 2016)

II – devolução de prêmios, troféus, medalhas e outras vantagens obtidas pelo infrator que sejam relacionadas à prática desportiva. (Incluído pela Lei nº 13.322, de 2016)

§ 1º Na hipótese de condenação de que trata o inciso XI do § 1º do art. 50, a Justiça Desportiva Antidopagem comunicará aos órgãos da administração pública para obter ressarcimento de eventuais recursos públicos despendidos com o atleta. (Incluído pela Lei nº 13.322, de 2016)

§ 2º O disposto nos §§ 2º e 3º do art. 50 aplica-se às violações das regras antidopagem. (Incluído pela Lei nº 13.322, de 2016)

Art. 51. O disposto nesta Lei sobre Justiça Desportiva não se aplica aos Comitês Olímpico e Paraolímpico Brasileiros.

1. **A importância destes artigos está em sua literalidade.**

Art. 52. Os órgãos integrantes da Justiça Desportiva são autônomos e independentes das entidades de administração do desporto de cada sistema, compondo-se do Superior Tribunal de Justiça Desportiva, funcionando junto às entidades nacionais de administração do desporto; dos Tribunais de Justiça Desportiva, funcionando junto às entidades regionais da administração do desporto, e das Comissões Disciplinares, com competência para processar e julgar as questões previstas nos Códigos de Justiça Desportiva, sempre assegurados a ampla defesa e o contraditório. (Redação dada pela Lei nº 9.981, de 2000)

§ 1º Sem prejuízo do disposto neste artigo, as decisões finais dos Tribunais de Justiça Desportiva são impugnáveis nos termos gerais do direito, respeitados os pressupostos processuais estabelecidos nos §§ 1º e 2º do art. 217 da Constituição Federal.

§ 2º O recurso ao Poder Judiciário não prejudicará os efeitos desportivos validamente produzidos em consequência da decisão proferida pelos Tribunais de Justiça Desportiva.

1. **Consequência da decisão do TJD.** As decisões definitivas dos Tribunais de Justiça desportiva não terão efeito suspensivo até decisão do Poder Judiciário.

Art. 53. No Superior Tribunal de Justiça Desportiva, para julgamento envolvendo competições interestaduais ou nacionais, e nos Tribunais de Justiça Desportiva, funcionarão tantas Comissões Disciplinares quantas se fizerem necessárias, compostas cada qual de 5 (cinco) membros que não pertençam aos referidos órgãos judicantes, mas sejam por estes escolhidos. (Redação dada pela Lei nº 12.395, de 2011).

§ 1º (VETADO)

§ 2º A Comissão Disciplinar aplicará sanções em procedimento sumário, assegurados a ampla defesa e o contraditório.

§ 3º Das decisões da Comissão Disciplinar caberá recurso ao Tribunal de Justiça Desportiva e deste ao Superior Tribunal de Justiça Desportiva, nas hipóteses previstas nos respectivos Códigos de Justiça Desportiva. (Redação dada pela Lei nº 9.981, de 2000)

§ 4º O recurso ao qual se refere o parágrafo anterior será **recebido e processado com efeito suspensivo** quando a penalidade exceder de duas partidas consecutivas ou quinze dias.

1. **Instância administrativa.** Embora a nomenclatura seja "Justiça Desportiva", na realidade essa instância administrativa do Desporto não faz parte do Poder Judiciário. Constitui uma espécie de resolução de conflito extrajudicial muito parecida com a arbitragem, embora com esta não se confunda. Destaca-se que o efeito suspensivo do recurso se referem a recursos perante às decisões na Justiça desportiva e não da Justiça comum.

▶ **ATENÇÃO:** Os **Arts. 54 ao 58** desta lei não possuem relevância em matéria trabalhista.

CAPÍTULO IX
DO BINGO

Arts. 59 a 81 (Revogados pela Lei nº 9.981, de 2000)

CAPÍTULO X
DISPOSIÇÕES GERAIS

Art. 82. Os dirigentes, unidades ou órgãos de entidades de administração do desporto, inscritas ou não no registro de comércio, não exercem função delegada pelo Poder Público, **nem são consideradas autoridades públicas para os efeitos desta Lei.**

1. **Dirigentes, unidades ou órgãos não são considerados autoridades públicas.** Como os dirigentes, unidades ou órgãos da administração do

Lei nº 9.615, de 24 de março de 1998   **Art. 82-B**

desporto não exercem função delegada do Poder Público, não se pode considerar, como magistrados ou servidores públicos os juízes e colaboradores dos Tribunais Desportivos.

Art. 82-A. As entidades de prática desportiva de participação ou de rendimento, profissional ou não profissional, promoverão obrigatoriamente exames periódicos para avaliar a saúde dos atletas, nos termos da regulamentação. (Incluído pela Lei nº 12.346, de 2010) (Vigência)

1. A importância deste artigo está em sua literalidade.

Art. 82-B. São obrigadas a **contratar seguro de vida e de acidentes pessoais**, vinculado à atividade desportiva, com o objetivo de cobrir os riscos a que os atletas estão sujeitos: (Incluído pela Lei nº 13.155, de 2015)

I – as entidades de prática desportiva **que mantenham equipes de treinamento de atletas não profissionais de modalidades olímpicas ou paraolímpicas, para os atletas não profissionais a ela vinculados**; (Incluído pela Lei nº 13.155, de 2015)

II – **as entidades de administração do desporto nacionais**, no caso de: (Incluído pela Lei nº 13.155, de 2015)

a) competições ou partidas internacionais em que atletas não profissionais de modalidades olímpicas ou paraolímpicas estejam representando selecionado nacional; (Incluído pela Lei nº 13.155, de 2015)

b) competições nacionais de modalidades olímpicas ou paraolímpicas, para os atletas não profissionais não vinculados a nenhuma entidade de prática desportiva. (Incluído pela Lei nº 13.155, de 2015)

§ 1º A importância segurada deve garantir ao atleta não profissional, ou ao beneficiário por ele indicado no contrato de seguro, o direito a indenização mínima correspondente a doze vezes o valor do salário mínimo vigente ou a doze vezes o valor de contrato de imagem ou de patrocínio referentes a sua atividade desportiva, o que for maior. (Incluído pela Lei nº 13.155, de 2015)

§ 2º A entidade de prática desportiva é responsável pelas despesas médico-hospitalares e de medicamentos necessários ao restabelecimento do atleta enquanto a seguradora não fizer o pagamento da indenização a que se refere o § 1º deste artigo. (Incluído pela Lei nº 13.155, de 2015)

§ 3º As despesas com o seguro estabelecido no inciso II do **caput** deste artigo serão custeadas com os recursos previstos no inciso VI do art. 56 desta Lei. (Incluído pela Lei nº 13.155, de 2015)

Art. 83

COLETÂNEA DE LEIS TRABALHISTAS

1. **Obrigação de contratar seguro de vida e de acidentes pessoais.** Interessante garantia instituída por esta Lei, pois prevê a responsabilidade do empregador pelas despesas hospitalares e de medicamentos necessários ao restabelecimento do atleta enquanto a seguradora não fizer o pagamento da indenização.

> **Art. 83.** As entidades desportivas internacionais com sede permanente ou temporária no País receberão dos poderes públicos o mesmo tratamento dispensado às entidades nacionais de administração do desporto.

1. **A importância deste artigo está em sua literalidade.**

> **Art. 84.** Será considerado como efetivo exercício, para todos os efeitos legais, o período em que o **atleta servidor público civil ou militar**, da Administração Pública direta, indireta, autárquica ou fundacional, **estiver convocado para integrar representação nacional em treinamento ou competição desportiva no País ou no exterior.** (Redação dada pela Lei nº 9.981, de 2000)

1. **Atleta servidor público.** Este dispositivo constitui hipótese de interrupção do contrato de trabalho com a Administração Pública, quando esta tiver regime celetista. Durante esse período o empregador público tem que pagar os salários e demais encargos trabalhistas, como FGTS, previdência, etc.

▶ ATENÇÃO: os **parágrafos do Art. 84 ao art. 87** desta lei não possuem relevância em matéria trabalhista.

> **Art. 87-A.** O direito ao uso da imagem do atleta pode ser por ele cedido ou explorado, mediante ajuste contratual de natureza civil e com fixação de direitos, deveres e condições inconfundíveis com o contrato especial de trabalho desportivo. (Incluído pela Lei nº 12.395, de 2011).
>
> **Parágrafo único.** Quando houver, por parte do atleta, a cessão de direitos ao uso de sua imagem para a entidade de prática desportiva detentora do contrato especial de trabalho desportivo, o valor correspondente ao uso da imagem não poderá ultrapassar 40% (quarenta por cento) da remuneração total paga ao atleta, composta pela soma do salário e dos valores pagos pelo direito ao uso da imagem. (Incluído pela Lei nº 13.155, de 2015)

Lei nº 9.615, de 24 de março de 1998

Art. 90-C

1. **Repercussão trabalhista do direito ao uso da imagem do atleta.** Como a cessão de direitos ao uso da imagem não possui natureza salarial, fato que implica na ausência de reflexos em outras parcelas salariais como 13º, férias, FGTS, etc. Assim, para prevenir uma sonegação de impostos e encargos trabalhistas, esse dispositivo limitou o valor da cessão de direito ao uso da imagem a 40% do valor remuneratório total do atleta, quando o explorador da imagem do atleta for a mesma entidade desportiva que possui contrato de emprego com ele.

Art. 88. Os **árbitros e auxiliares de arbitragem** poderão constituir entidades nacionais, estaduais e do Distrito Federal, por modalidade desportiva ou grupo de modalidades, objetivando o recrutamento, a formação e a **prestação de serviços** às entidades de administração do desporto. (Redação dada pela Lei nº 12.395, de 2011).

Parágrafo único. Independentemente da constituição de sociedade ou entidades, os árbitros e seus auxiliares **não terão qualquer vínculo empregatício** com as entidades desportivas diretivas onde atuarem, e sua remuneração como autônomos exonera tais entidades de quaisquer outras responsabilidades trabalhistas, securitárias e previdenciárias.

1. **Árbitros e auxiliares de arbitragem.** Havia dúvidas acerca da natureza jurídica do trabalho realizado pelos árbitros e sobre a aplicabilidade da presente lei para essa espécie de profissional. A redação do presente artigo deixa claro que os árbitros são profissionais autônomos, não criando vínculo de emprego com as entidades desportivas e de administração do desporto.

► ATENÇÃO: Os **Arts. 89 ao 90-B** desta lei não possuem relevância em matéria trabalhista.

Art. 90-C. As partes interessadas poderão valer-se da arbitragem para dirimir litígios relativos a direitos patrimoniais disponíveis, vedada a apreciação de matéria referente à disciplina e à competição desportiva. (Incluído pela Lei nº 12.395, de 2011).

Parágrafo único. A arbitragem deverá estar prevista em acordo ou convenção coletiva de trabalho e só poderá ser instituída após a concordância expressa de ambas as partes, mediante cláusula compromissória ou compromisso arbitral. (Incluído pela Lei nº 12.395, de 2011).

235

Art. 90-D   COLETÂNEA DE LEIS TRABALHISTAS

1. **Previsão em acordo ou convenção coletiva de trabalho.** Rara hipótese de previsão de arbitragem em direito individual em matéria trabalhista. Nota-se que a referida previsão necessita de um aval dos entes coletivos, através de acordo ou convenção coletiva do Trabalho e desde que não se transacione direitos individuais indisponíveis.

> **Art. 90-D.** Os atletas profissionais poderão ser representados em juízo por suas entidades sindicais em ações relativas aos contratos especiais de trabalho desportivo mantidos com as entidades de prática desportiva. (Incluído pela Lei nº 12.395, de 2011).

1. **Entidades sindicais.** Observa-se a previsão expressa de sindicalização dos atletas profissionais.

> **Art. 90-E.** O disposto no § 4º do art. 28 quando houver vínculo empregatício aplica-se aos integrantes da comissão técnica e da área de saúde. (Incluído pela Lei nº 12.395, de 2011).

1. **Direito dos integrantes da comissão técnica.** Observa-se que todas as normas referentes à concentração, repouso semanal remunerado, férias e jornada previstos neste dispositivo aplicam-se aos integrantes da comissão técnica e da área de saúde como médicos, fisioterapeutas, entre outros profissionais, desde que estes tenham contrato de emprego com a entidade desportiva, conforme determina o art. 90-E desta Lei.

▶ **ATENÇÃO:** O **arts. 90-F** desta lei não possui relevância em matéria trabalhista.

CAPÍTULO XI
DISPOSIÇÕES TRANSITÓRIAS

▶ **ATENÇÃO:** O **arts. 91** desta lei não possui relevância em matéria trabalhista.

> **Art. 92.** Os atuais atletas profissionais de futebol, de qualquer idade, que, na data de entrada em vigor desta Lei, estiverem com passe livre, permanecerão nesta situação, e a rescisão de seus contratos de trabalho dar-se-á nos termos dos arts. 479 e 480 da C.L.T

Lei nº 9.615, de 24 de março de 1998

Art. 94

1. A importância deste artigo está em sua literalidade.

> **Art. 93.** O disposto no art. 28, § 2º, desta Lei somente produzirá efeitos jurídicos a partir de 26 de março de 2001, respeitados os direitos adquiridos decorrentes dos contratos de trabalho e vínculos desportivos de atletas profissionais pactuados com base na legislação anterior. (Redação dada pela Lei nº 9.981, de 2000)
>
> **Parágrafo único.** (VETADO) (Incluído e vetado pela Lei nº 9.981, de 2000)

1. Regra de transição. A regra de transição para os atletas que na data de vigor desta Lei estiverem com passe livre, onde sua rescisão será adotada a regra geral celetistas de indenização por rescisão antecipada de contratos por prazo determinado. Caso na data da vigência desta Lei o contrato de trabalho estiver rescindido, aplicar-se-á a legislação anterior.

> **Art. 94.** O disposto nos arts. 27, 27-A, 28, 29, 29-A, 30, 39, 43, 45 e nº § 1º do art. 41 desta Lei será obrigatório **exclusivamente para atletas e entidades de prática profissional da modalidade de futebol.** (Redação dada pela Lei nº 12.395, de 2011).
>
> **Parágrafo único.** É facultado às demais modalidades desportivas adotar os preceitos constantes dos dispositivos referidos no *caput* deste artigo. (Incluído pela Lei nº 9.981, de 2000)

1. Do contrato de jogador de futebol. O contrato de trabalho de atleta de jogador de futebol é um contrato por prazo determinado, entretanto diferenciado do trabalhador comum celetista, pois não se aplica aos atletas os art. 451, 452 e 453 da CLT, que dizem respeito à prorrogação, renovação e à soma dos períodos descontínuos do contrato de trabalho, nem tampouco se aplica a limitação prevista no art. 445 da CLT, que veda a pactuação de contrato a termo por mais de dois anos.

▶ **ATENÇÃO:** Os **arts. 94-A ao 96** desta lei não possuem relevância em matéria trabalhista.

Lei nº 9.719, de 27 de novembro de 1998

Dispõe sobre normas e condições gerais de proteção ao trabalho portuário, institui multas pela inobservância de seus preceitos, e dá outras providências.

Faço saber que o **PRESIDENTE DA REPÚBLICA**, adotou a Medida Provisória nº 1.728-19, de 1998, que o Congresso Nacional aprovou, e eu, Antonio Carlos Magalhães, Presidente, para os efeitos do disposto no parágrafo único do art. 62 da Constituição Federal, promulgo a seguinte Lei:

Art. 1º Observado o disposto nos arts. 18 e seu parágrafo único, 19 e seus parágrafos, 20, 21, 22, 25 e 27 e seus parágrafos, 29, 47, 49 e 56 e seu parágrafo único, da Lei nº 8.630, de 25 de fevereiro de 1993, **a mão-de-obra do trabalho portuário avulso deverá ser requisitada ao órgão gestor de mão-de-obra**.

1. **O OGMO.** Inicialmente o sindicato era o responsável pela intermediação de mão-de-obra avulsa portuária. Após a vigência da Lei nº 8.630/93 passou a ser o Órgão Gestor de Mão de Obra (OGMO).

2. **Apenas o trabalhador portuário avulso.** É relevante observar que esta lei apenas trata dos direitos do trabalhador portuário avulso, enquanto a Lei nº 12.815/2013 cuida dos trabalhadores portuários avulsos e dos empregados portuários.

Art. 2º Para os fins previstos no art. 1º desta Lei:

I – cabe ao operador portuário recolher ao órgão gestor de mão-de-obra os valores devidos pelos serviços executados, referentes à remuneração por navio, acrescidos dos percentuais relativos a décimo terceiro salário, férias, Fundo de Garantia do Tempo de Serviço – FGTS, encargos fiscais e previdenciários, **no prazo de vinte e quatro horas da realização do serviço**, para viabilizar o pagamento ao trabalhador portuário avulso;

Art. 2º

COLETÂNEA DE LEIS TRABALHISTAS

II – cabe ao órgão gestor de mão-de-obra efetuar o pagamento da remuneração pelos serviços executados e das parcelas referentes a décimo terceiro salário e férias, diretamente ao trabalhador portuário avulso.

§ 1º O pagamento da remuneração pelos serviços executados será feito no prazo de quarenta e oito horas após o término do serviço.

§ 2º Para efeito do disposto no inciso II, o órgão gestor de mão-de-obra depositará as parcelas referentes às férias e ao décimo terceiro salário, separada e respectivamente, em contas individuais vinculadas, a serem abertas e movimentadas às suas expensas, especialmente para este fim, em instituição bancária de sua livre escolha, sobre as quais deverão incidir rendimentos mensais com base nos parâmetros fixados para atualização dos saldos dos depósitos de poupança.

§ 3º Os depósitos a que se refere o parágrafo anterior serão efetuados no dia 2 do mês seguinte ao da prestação do serviço, prorrogado o prazo para o primeiro dia útil subsequente se o vencimento cair em dia em que não haja expediente bancário.

§ 4º O operador portuário e o órgão gestor de mão-de-obra são solidariamente responsáveis pelo pagamento dos encargos trabalhistas, das contribuições previdenciárias e demais obrigações, inclusive acessórias, devidas à Seguridade Social, arrecadadas pelo Instituto Nacional do Seguro Social – INSS, vedada a invocação do benefício de ordem.

§ 5º Os prazos previstos neste artigo podem ser alterados mediante convenção coletiva firmada entre entidades sindicais representativas dos trabalhadores e operadores portuários, observado o prazo legal para recolhimento dos encargos fiscais, trabalhistas e previdenciários.

§ 6º A liberação das parcelas referentes à décimo terceiro salário e férias, depositadas nas contas individuais vinculadas, e o recolhimento do FGTS e dos encargos fiscais e previdenciários serão efetuados conforme regulamentação do Poder Executivo.

1. **Funções do OGMO.** Dentre as várias funções do Órgão Gestor de Mão--de-Obra(OGMO) destacam-se as funções de seleção, treinamento, cadastramento e registro dos trabalhadores avulsos, bem como ser o responsável pelo repasse da remuneração e pelo recolhimento dos encargos fiscais, previdenciários e sociais nas contas vinculadas dos trabalhadores avulsos.

2. **Responsabilidade solidária.** Interessante disposição protetiva dos direitos trabalhistas e da receita fiscal e previdenciária no trabalho avulso portuário. O § 4º desse artigo prevê expressamente a responsabilização solidária, sem benefício de ordem, tanto do órgão-gestor-de mão de obra como dos tomadores de serviços – operadores portuários.

Lei nº 9.719, de 27 de novembro de 1998

Art. 4º

3. **Exceção à alterações mediante convenção coletiva.** Apenas os prazos concernentes ao recolhimento dos encargos fiscais, trabalhistas e previdenciários não podem ser transacionados mediante norma coletiva.

> **Art. 3º** O órgão gestor de mão-de-obra **manterá o registro** do trabalhador portuário avulso que:
>
> **I** – for cedido ao **operador portuário para trabalhar em caráter permanente;**
>
> **II** – **constituir ou se associar a cooperativa** formada para se estabelecer como operador portuário, na forma do art. 17 da Lei nº 8.630, de 1993.
>
> § 1º Enquanto durar a **cessão ou a associação** de que tratam os incisos I e II deste artigo, **o trabalhador deixará de concorrer à escala como avulso**.
>
> § 2º **É vedado** ao órgão gestor de mão-de-obra ceder trabalhador portuário **avulso cadastrado** a operador portuário, **em caráter permanente**.

1. **Trabalhador deixará temporariamente de concorrer à escala. O** trabalhador avulso que passar à condição de empregado do operador portuário, ou, então, de cooperado, deixará de concorrer à escalação por rodízio dos avulsos, contudo manterá o seu registro. Sendo dispensado do emprego, ou em se dissociando da cooperativa, imediatamente retornará à condição de avulso registrado.

2. **Cessão do trabalhador avulso.** Somente o trabalhador avulso registrado poderá ser cedido ao operador portuário em caráter permanente, formando com este um vínculo de emprego. Ressalta-se que o trabalhador cadastrado é selecionado pelo OGMO, que inicialmente realiza a seleção de trabalhadores interessados, inscrevendo-o no cadastro de trabalhador avulso para a prestação de serviço partilhada, mediante rodízio, com os demais trabalhadores avulsos. Somente após esse trabalhador passar por um programa de qualificação e treinamento oferecidos pelo OGMO, ocorrerá o cadastramento, sendo o trabalhador assim qualificado como avulso cadastrado. Somente após o prévio cadastro, é que ele poderá ser registrado, daí passando à condição de trabalhador avulso registrado.

> **Art. 4º** É **assegurado ao trabalhador** portuário avulso cadastrado no órgão gestor de mão-de-obra o **direito de concorrer à escala diária complementando a equipe de trabalho** do quadro dos registrados.

Art. 5º COLETÂNEA DE LEIS TRABALHISTAS

1. **Escala diária da equipe de trabalho.** À medida que os trabalhadores portuários forem sendo requisitados pelo operador portuário, caberá ao OGMO convocar, em primeiro lugar, os trabalhadores avulsos registrados, e, sendo estes insuficientes, os trabalhadores avulsos cadastrados. Observa-se, portanto, que os trabalhadores avulsos cadastrados apenas complementarão a escala diária de serviços.

> **Art. 5º** A escalação do trabalhador portuário avulso, em **sistema de rodízio, será feita pelo órgão gestor de mão-de-obra.**

1. **A importância deste artigo está em sua literalidade.**

> **Art. 6º** Cabe ao operador portuário e ao órgão gestor de mão-de-obra **verificar a presença, no local de trabalho, dos trabalhadores** constantes da escala diária.
>
> **Parágrafo único.** Somente fará jus à **remuneração** o trabalhador avulso que, constante da escala diária, **estiver em efetivo serviço.**

1. **Efetivo serviço.** Apenas será remunerado o avulso selecionado que efetivamente prestar os serviços.

> **Art. 7º** O órgão gestor de mão-de-obra deverá, quando exigido pela fiscalização do Ministério do Trabalho e do INSS, exibir as listas de escalação diária dos trabalhadores portuários avulsos, por operador portuário e por navio.
>
> **Parágrafo único.** Caberá exclusivamente ao órgão gestor de mão-de-obra a responsabilidade pela **exatidão dos dados lançados nas listas diárias** referidas no *caput* deste artigo, assegurando que **não haja preterição do trabalhador regularmente registrado** e simultaneidade na escalação.

1. **Responsabilidade do OGMO pelas listas de escalação diária.** Essa medida prevista neste dispositivo legal tem a finalidade de assegurar a não ocorrência de preterição de trabalhador regularmente registrado ou simultaneidade na escalação.

> **Art. 8º** Na escalação diária do trabalhador portuário avulso deverá sempre ser observado **um intervalo mínimo de onze horas consecutivas entre duas jornadas,** salvo em situações excepcionais, constantes de acordo ou convenção coletiva de trabalho.

Lei nº 9.719, de 27 de novembro de 1998

Art. 10-A

1. A importância deste artigo está em sua literalidade.

> **Art. 9º** Compete ao **órgão gestor de mão-de-obra, ao operador portuário e ao empregador**, conforme o caso, **cumprir e fazer cumprir as normas concernentes a saúde e segurança** do trabalho portuário.
>
> **Parágrafo único.** O Ministério do Trabalho estabelecerá as normas regulamentadoras de que trata o *caput* deste artigo.

1. Eventual acidente de trabalho poderá ocasionar a responsabilização do descumpridor de normas de saúde e segurança do trabalho portuário, seja o descumpridor o operador portuário ou o órgão gestor de mão de obras.

> **Art. 10.** O descumprimento do disposto nesta Lei sujeitará o infrator às seguintes multas:
>
> I – de R$ 173,00 (cento e setenta e três reais) a R$ 1.730,00 (um mil, setecentos e trinta reais), por infração ao *caput* do art. 7º;
>
> II – de R$ 575,00 (quinhentos e setenta e cinco reais) a R$ 5.750,00 (cinco mil, setecentos e cinqüenta reais), por infração às normas de segurança do trabalho portuário, e de R$ 345,00 (trezentos e quarenta e cinco reais) a R$ 3.450,00 (três mil, quatrocentos e cinqüenta reais), por infração às normas de saúde do trabalho, nos termos do art. 9º;
>
> III – de R$ 345,00 (trezentos e quarenta e cinco reais) a R$ 3.450,00 (três mil, quatrocentos e cinqüenta reais), por trabalhador em situação irregular, por infração ao parágrafo único do art. 7º e aos demais artigos.
>
> **Parágrafo único.** As multas previstas neste artigo serão graduadas segundo a natureza da infração, sua extensão e a intenção de quem a praticou, e aplicadas em dobro em caso de reincidência, oposição à fiscalização e desacato à autoridade, sem prejuízo das penalidades previstas na legislação previdenciária.

1. **Multas administrativas.** Essas multas possuem caráter administrativo, não se revertendo em benefício do trabalhador portuário.

> **Art. 10-A.** É assegurado, na forma do regulamento, **benefício assistencial mensal, de até 1 (um) salário mínimo, aos trabalhadores portuários avulsos, com mais de 60 (sessenta) anos,** que não cumprirem os requisitos para a aquisição das modalidades de aposentadoria previstas nos arts. 42, 48, 52 e 57 da Lei nº 8.213, de 24 de julho de 1991, e que não possuam meios para prover a sua subsistência. (Incluído pela Lei nº 12.815, de 2013)

Art. 12 COLETÂNEA DE LEIS TRABALHISTAS

Parágrafo único. O benefício de que trata este artigo **não pode ser acumulado pelo beneficiário com qualquer outro no âmbito da seguridade social ou de outro regime, salvo os da assistência médica e da pensão especial de natureza indenizatória.** (Incluído pela Lei nº 12.815, de 2013)

1. **Benefício assistencial.** Esse benefício é de natureza assistencial,espécie do gênero de benefício assistencial previsto na Lei Orgância da Assistência Social (Lei 8742/93). A presente Lei portuária, diferente do disposto no art. 20 da Lei 8742/93, prevê a idade mínima de 60 anos para o beneficiário, enquanto aquela Lei prevê a idade mínima de 65 anos para ser beneficiário do auxílio financeiro mensal.

1.2. Requisitos. Ressalte-se que nesta Lei se exige cumulativamente os seguintes requisitos: idade superior a sessenta anos, a ausência do tempo de contribuição necessária para se aposentadoria por tempo de contribuição ou por idade e que não tenham condições de prover a própria subsistência. Além disso, o referido beneficiário não pode está em gozo de nenhum benefício previdenciário.

Art. 12. O processo de autuação e imposição das multas prevista nesta Lei obedecerá ao disposto no Título VII da Consolidação das Leis do Trabalho ou na legislação previdenciária, conforme o caso.

Art. 13. Esta Lei também se aplica aos requisitantes de mão-de-obra de trabalhador portuário avulso junto ao órgão gestor de mão-de-obra que não sejam operadores portuários.

Art. 14. Compete ao Ministério do Trabalho e ao INSS a fiscalização da observância das disposições contidas nesta Lei, devendo as autoridades de que trata o art. 3º da Lei nº 8.630, de 1993, colaborar com os Agentes da Inspeção do Trabalho e Fiscais do INSS em sua ação fiscalizadora, nas instalações portuárias ou a bordo de navios.

Art. 15. Ficam convalidados os atos praticados com base na Medida Provisória nº 1.679-18, de 26 de outubro de 1998.

Art. 16. Esta Lei entra em vigor na data de sua publicação.

Art. 17. Revoga-se a Medida Provisória nº 1.679-18, de 26 de outubro de 1998.

1. **A importância destes artigos está em sua literalidade, em especial ao Art. 13.**

Lei nº 10.101, de 19 de dezembro de 2000

> **Dispõe sobre a participação dos trabalhadores nos lucros ou resultados da empresa e dá outras providências.**
>
> Faço saber que o **PRESIDENTE DA REPÚBLICA** adotou a Medida Provisória nº 1.982-77, de 2000, que o Congresso Nacional aprovou, e eu, Antonio Carlos Magalhães, Presidente, para os efeitos do disposto no parágrafo único do art. 62 da Constituição Federal, promulgo a seguinte Lei:
>
> **Art. 1º** Esta Lei **regula a participação dos trabalhadores nos lucros ou** resultados da empresa **como instrumento de integração entre o capital e o trabalho e como incentivo à produtividade,** nos termos do art. 7º, inciso XI, da Constituição.

1. **Princípio da alteridade e a participação nos lucros.** No Direito do Trabalho vige o princípio da alteridade, onde o risco empresarial deve ser arcado sempre pelo empregador. Em decorrência de o empregador arcar com os riscos do empreendimento, em regra os lucros não precisam ser repartidos com os empregados.

   A participação nos lucros e resultados constitui, assim, uma exceção de repartição de parte do lucro com os empregados, como forma de servir de instrumento de integração entre o capital e o trabalho, servindo de incentivo à produtividade dos empregados.

2. **Direito social irrenunciável.** A nossa Constituição Federal coloca no rol de direitos sociais a participação dos lucros e resultados, o que demonstra a sua irrenunciabilidade uma vez instituída a parcela. Ressalta-se, ainda, sua natureza indenizatória, uma vez que não se incorporará à remuneração do empregado, conforme previsão expressa do dispositivo legal.

   ### Constituição Federal

   Art. 7º São direitos dos trabalhadores urbanos e rurais, além de outros que visem à melhoria de sua condição social:

(...)

XI – participação nos lucros, ou resultados, desvinculada da remuneração, e, excepcionalmente, participação na gestão da empresa, conforme definido em lei;

3. **Reforma Trabalhista.** Em contramão à natureza irrenunciável da participação nos lucros e resultados, o art. 611-A, XV, da CLT, dispositivo incluído pela Lei 13467/17, tornou a referida parcela capaz de supressão ou redução por acordo ou convenção coletiva de trabalho.

Art. 2º A participação nos lucros ou resultados **será objeto de negociação entre a empresa e seus empregados**, mediante um dos procedimentos a seguir descritos, escolhidos pelas partes de comum acordo:

I – **comissão paritária escolhida pelas partes**, integrada, também, por um representante indicado pelo sindicato da respectiva categoria; (Redação dada pela Lei nº 12.832, de 2013)

II – **convenção ou acordo coletivo**.

§ 1º Dos instrumentos decorrentes da negociação deverão constar regras claras e objetivas quanto à fixação dos **direitos substantivos** da participação e das **regras adjetivas**, inclusive mecanismos de aferição das informações pertinentes ao cumprimento do acordado, periodicidade da distribuição, período de vigência e prazos para revisão do acordo, podendo ser considerados, entre outros, os seguintes critérios e condições:

I – índices de produtividade, qualidade ou lucratividade da empresa;

II – programas de metas, resultados e prazos, pactuados previamente.

§ 2º O instrumento de acordo celebrado será arquivado na entidade sindical dos trabalhadores.

§ 3º **Não se equipara a empresa**, para os fins desta Lei:

I – a **pessoa física**;

II – a entidade **sem fins lucrativos** que, cumulativamente:

a) não distribua resultados, a qualquer título, ainda que indiretamente, a dirigentes, administradores ou empresas vinculadas;

b) aplique integralmente os seus recursos em sua atividade institucional e no País;

c) destine o seu patrimônio a entidade congênere ou ao poder público, em caso de encerramento de suas atividades;

d) mantenha escrituração contábil capaz de comprovar a observância dos demais requisitos deste inciso, e das normas fiscais, comerciais e de direito econômico que lhe sejam aplicáveis.

Lei nº 10.101, de 19 de dezembro de 2000

Art. 2º

> § 4º Quando forem considerados os critérios e condições definidos nos incisos I e II do § 1º deste artigo: (Incluído pela Lei nº 12.832, de 2013) (Produção de efeito)
>
> I – a empresa deverá prestar aos representantes dos trabalhadores na comissão paritária informações que colaborem para a negociação; (Incluído pela Lei nº 12.832, de 2013) (Produção de efeito)
>
> II – não se aplicam as metas referentes à saúde e segurança no trabalho. (Incluído pela Lei nº 12.832, de 2013) (Produção de efeito)

1. **Participação na negociação de participação nos lucros.** Este dispositivo exige a participação paritária das categorias na negociação acerca da parcela de participação nos lucros e resultados, seja através de acordo coletivo, onde a empresa ou grupo de empresas negociam diretamente com a categoria profissional, seja em convenção coletiva, onde a negociação é travada entre os sindicatos da categoria econômica e o sindicato da categoria profissional.

   1.1. Participação paritária. Permite-se, também, quando a negociação coletiva não for possível, a existência de comissão paritária a nível da empresa, formada por representantes da classe econômica e outros da classe profissional, sempre de forma paritária, com o fim de estipulação da parcela de participação nos lucros e resultados.

2. **Conteúdo dos instrumentos decorrentes da negociação coletiva.** No acordo coletivo ou no acordo decorrente de comissão paritária, onde houve a negociação da parcela de participação nos lucros e resultados, deverão constar tanto normas de caráter substancial ou material, como por exemplo o valor do PL (Participação nos Lucros e Resultados), a sua periodicidade de pagamento, entre outros, como também deverão constar normas de caráter adjetivo ou procedimental, como por exemplo o procedimento para se aferir o cumprimento do acordado, e eventual multa ou outra penalidade para o descumprimento do acordo.

3. **Arquivamento do instrumento de acordo.** Exige-se par fins de publicidade, que o referido acordo seja arquivado na entidade sindical dos trabalhadores.

4. **Dispensa da estipulação da participação nos lucros e resultados.** Estão dispensados da obrigatoriedade da estipulação da vantagem participação nos lucros e resultados as pessoas físicas que exercem atividade econômica e Pessoas Jurídicas sem fins lucrativos que tenham características descritas nas alíneas "a", "b", "c" e "d". Ressalta-se que a Lei direciona para a negociação coletiva a competência para a instituição da parcela PLR, ressaltando, assim, a importância da autonomia privada coletiva.

Art. 3º — COLETÂNEA DE LEIS TRABALHISTAS

5. **Prestação de informações aos representantes.** A empresa precisa manter transparência aos dados da lucratividade da empresa para fins de esclarecimento junto aos trabalhadores a sua real condição financeira, base esta que será considerada para concessão da vantagem de participação nos lucros e resultados. Também não se admitirá, metas que estipulem, por exemplo, a taxa de não adoecimento, pois tais dados não dependem objetivamente da conduta do obreiro, não sendo, assim, um estímulo à produtividade desejada.

→ **Aplicação em concurso:**

- No XVI Exame de Ordem dos Advogados do Brasil – OAB, promovido pela FGV, em 2015, fora inserida questão abordando conceito inicial da Lei nº 10.101/2000, conforme o seguinte enunciado: *"Determinado empregado foi contratado para criar e desenvolver programas de software para as demandas dos clientes do seu empregador. Em sua atividade normal, esse empregado inventou um programa original, muito útil e prático, para que os empresários controlassem à distância seus estoques, o que possibilitou um aumento nas vendas":*

  Diante da situação retratada, assinale a afirmativa correta.

  A) *O empregado terá direito, conforme a Lei, a uma participação sobre o lucro obtido nessas vendas.*

  B) *A Lei é omissa a esse respeito, de modo que, caso não haja consenso entre as partes, será necessário o ajuizamento de ação trabalhista para resolver o impasse.*

  C) *Todo o lucro obtido pelo invento será do empregado.*

  D) *O empregado terá direito apenas ao seu salário normal, exceto se o seu contrato de trabalho tiver previsão de participação no lucro do seu invento.*

  Resposta: D

Art. 3º A participação de que trata o art. 2º não substitui ou complementa a remuneração devida a qualquer empregado, nem constitui base de incidência de qualquer encargo trabalhista, não se lhe aplicando o princípio da habitualidade.

§ 1º Para efeito de apuração do lucro real, a pessoa jurídica poderá deduzir como despesa operacional as participações atribuídas aos empregados nos lucros ou resultados, nos termos da presente Lei, dentro do próprio exercício de sua constituição.

§ 2º **É vedado** o pagamento de qualquer antecipação ou distribuição de valores a título de participação nos lucros ou resultados da empresa **em mais de 2 (duas) vezes no mesmo ano civil e em periodicidade inferior a 1 (um) trimestre civil.** (Redação dada pela Lei nº 12.832, de 2013)

Lei nº 10.101, de 19 de dezembro de 2000 **Art. 3º**

> § 3º Todos os pagamentos efetuados em decorrência de planos de participação nos lucros ou resultados, mantidos espontaneamente pela empresa, **poderão ser compensados com as obrigações decorrentes de acordos ou convenções coletivas de trabalho atinentes à participação nos lucros ou resultados.**
>
> § 4º A periodicidade semestral mínima referida no § 2º poderá ser alterada pelo Poder Executivo, até 31 de dezembro de 2000, em função de eventuais impactos nas receitas tributárias.
>
> § 5º A participação de que trata este artigo será tributada **pelo imposto sobre a renda exclusivamente na fonte, em separado dos demais rendimentos recebidos,** no ano do recebimento ou crédito, com base na tabela progressiva anual constante do Anexo e **não integrará a base de cálculo do imposto devido pelo beneficiário na Declaração de Ajuste Anual.** (Redação dada pela Lei nº 12.832, de 2013) (Produção de efeito)

▶ **ATENÇÃO:** Os §§ 5º ao 11, deste art. 3º desta lei não possui interesse para a matéria trabalhista, por isso não foram objeto de análise.

---

1. **Natureza não remuneratória da PLR.** Esse dispositivo reforça ainda mais a natureza não remuneratória do PLR prevista no inciso XI do art. 7º da Constituição, ressaltando, contudo, que essa desvinculação remuneratória não se aplica no que tange às contribuições fiscais, inclusive imposto de renda, conforme se verifica no § 5º deste dispositivo legal.

   1.1. Decorrência normativa e constitucional. Destaca-se, contudo, que a natureza não remuneratória do PLR decorre de previsão normativa (Constituição Federal e a presente Lei) e não da sua natureza em si. Isso porque não há dúvidas de que essa parcela tem a finalidade de remunerar o empregado a partir de um estímulo maior à sua produtividade, fato que produz reflexos dos lucros empresariais.

2. **Pagamento de valores a título de PLR.** Sendo paga em periodicidade superior a duas vezes ao ano, configurará uma parcela de natureza salarial, incorporando-se ao salário para todos os fins. Não obstante, o TST tem entendimento no sentido de que esta parcela, mesmo quando paga habitualmente, não perde o seu caráter de verba indenizatória, desde que este pagamento habitual seja previsto em acordo coletivo ou convenção coletiva, conforme se nota da OJ Transitória nº 73 da SBDI-I do TST.

   > **OJ DA SBDI-1 nº 73.** VOLKSWAGEN DO BRASIL LTDA. PARTICIPAÇÃO NOS LUCROS E RESULTADOS. PAGAMENTO MENSAL EM DECORRÊN-CIA DE NORMA COLETIVA. NATUREZA INDENIZATÓRIA. *A despeito*

Art. 4º

COLETÂNEA DE LEIS TRABALHISTAS

da vedação de pagamento em periodicidade inferior a um semestre civil ou mais de duas vezes no ano cível, disposta no art. 3º, § 2º, da Lei nº 10.101, de 19.12.2000, o parcelamento em prestações mensais da participação nos lucros e resultados de janeiro de 1999 a abril de 2000, fixado no acordo coletivo celebrado entre o Sindicato dos Metalúrgicos do ABC e a Volkswagen do Brasil Ltda., não retira a natureza indenizatória da referida verba (art. 7º, XI, da CF), devendo prevalecer a diretriz constitucional que prestigia a autonomia privada coletiva (art. 7º, XXVI, da CF).

2.1. Por fim, conforme entendimento consolidado na Súmula 451 do TST, o empregado que contribuiu para a obtenção do resultado positivo pela empresa, fará jus a esta parcela indenizatória, mesmo que o seu contrato de trabalho tenha sido extinto antes da data prevista para a distribuição do lucro, sendo pago de forma proporcional aos meses efetivamente trabalhados.

> **Súmula nº 451 do TST.** PARTICIPAÇÃO NOS LUCROS E RESULTADOS. RESCISÃO CONTRATUAL ANTERIOR À DATA DA DISTRIBUIÇÃO DOS LUCROS. PAGAMENTO PROPORCIONAL AOS MESES TRABALHADOS. PRINCÍPIO DA ISONOMIA. *Fere o princípio da isonomia instituir vantagem mediante acordo coletivo ou norma regulamentar que condiciona a percepção da parcela participação nos lucros e resultados ao fato de estar o contrato de trabalho em vigor na data prevista para a distribuição dos lucros. Assim, inclusive na rescisão contratual antecipada, é devido o pagamento da parcela de forma proporcional aos meses trabalhados, pois o ex-empregado concorreu para os resultados positivos da empresa.*

3. Abatimento na PLR. Conforme § 3º, deste artigo, se no regulamento ou estatuto empresarial estiver previsto uma percentagem de participação nos lucros ou resultados, o valor pago a tal título poderá ser abatido do valor previsto na convenção coletiva de trabalho que estipulou novos valores e condições para o PLR.

4. Dedução do Imposto de Renda na fonte. A partir da edição da Lei nº 12.832/2013, esta verba passou a ter o seu Imposto de Renda deduzido exclusivamente na fonte, não integrando a base de cálculo do Imposto de Renda na Declaração de Ajuste Anual do beneficiário, passando também a ser enquadrada numa Tabela Progressiva, constante do Anexo a esta lei, mais favorável ao trabalhador.

Art. 4º Caso a negociação visando à participação nos lucros ou resultados da empresa **resulte em impasse, as partes poderão utilizar-se dos seguintes mecanismos de solução do litígio:**

Lei nº 10.101, de 19 de dezembro de 2000 **Art. 5º**

I – **mediação**;

II – **arbitragem de ofertas finais**, utilizando-se, no que couber, os termos da Lei nº 9.307, de 23 de setembro de 1996. (Redação dada pela Lei nº 12.832, de 2013)

§ 1º Considera-se **arbitragem de ofertas finais** aquela em que o árbitro deve restringir-se a optar pela proposta apresentada, em caráter definitivo, por uma das partes.

§ 2º O mediador ou o árbitro será escolhido de comum acordo entre as partes.

§ 3º Firmado o compromisso arbitral, não será admitida a desistência unilateral de qualquer das partes.

§ 4º O laudo arbitral terá força normativa, independentemente de homologação judicial.

1. **Mecanismo de solução do litígio.** Uma das raras hipóteses de aplicabilidade de arbitragem em norma de direito do trabalho ocorre neste caso. Não há que se falar em indisponibilidade de direitos, pois essa arbitragem pressupõe negociação coletiva, em face da autonomia coletiva de trabalho, onde entre as partes coletivas não há a desigualdade jurídica.

A negociação acerca da participação dos lucros e resultados é um meio autocompositivo, onde o Estado e Terceiros, não devem interferir, em regra. No entanto quando houver impasse, poderão as partes se utilizarem da arbitragem, que é um meio heterocompositivo de conflitos, mas extrajudicial.

1.1. **Arbitragem de ofertas finais.** Nessa espécie de arbitragem o árbitro não pode decidir fora das propostas apresentadas, devendo escolher qual a proposta constitui a mais justa e adequada para o referido caso.

Art. 5º A participação de que trata o art. 1º desta Lei, relativamente aos trabalhadores em **empresas estatais**, observará diretrizes específicas fixadas pelo Poder Executivo.

Parágrafo único. Consideram-se empresas estatais as **empresas públicas, sociedades de economia mista, suas subsidiárias e controladas e demais empresas em que a União, direta ou indiretamente, detenha a maioria do capital social** com direito a voto.

251

Art. 6º

1. **Empresas estatais.** O presente dispositivo legal não veda a estipulação de PLR em empresas estatais ou sociedade de economia mista, desde que haja autorização orçamentária e previsão em diretrizes do Poder Executivo respectivo.

Art. 6º Fica autorizado **o trabalho aos domingos nas atividades do comércio em geral**, observada a legislação municipal, nos termos do art. 30, inciso I, da Constituição. (Redação dada pela Lei nº 11.603, de 2007)

Parágrafo único. O **repouso semanal remunerado deverá coincidir, pelo menos uma vez no período máximo de três semanas, com o domingo**, respeitadas as demais normas de proteção ao trabalho e outras a serem estipuladas em negociação coletiva. (Redação dada pela Lei nº 11.603, de 2007)

---

1. **Repouso remunerado do trabalhador comerciário.** Essa lei também trata da possibilidade do comerciário trabalhar aos domingos, desde que no período máximo três semanas, coincida com um domingo, assim como permite o trabalho aos feriados, desde que autorizado por norma coletiva, conforme previsto do art. 6º-A desta Lei.

Art. 6º-A. É permitido o trabalho em feriados nas atividades do comércio em geral, **desde que autorizado em convenção coletiva de trabalho e observada a legislação municipal**, nos termos do art. 30, inciso I, da Constituição. (Incluído pela Lei nº 11.603, de 2007)

---

1. **Trabalho em feriados.** Permite-se a pactuação de trabalho em feriados, desde que amparado por norma coletiva.

Art. 6º-B. As infrações ao disposto nos arts. 6º e 6º-A desta Lei serão punidas com a multa prevista no art. 75 da Consolidação das Leis do Trabalho, aprovada pelo Decreto-Lei nº 5.452, de 1º de maio de 1943. (Incluído pela Lei nº 11.603, de 2007)

Parágrafo único. O processo de fiscalização, de autuação e de imposição de multas reger-se-á pelo disposto no Título VII da Consolidação das Leis do Trabalho. (Incluído pela Lei nº 11.603, de 2007)

Art. 7º Ficam convalidados os atos praticados com base na Medida Provisória nº 1.982-76, de 26 de outubro de 2000.

---

1. **A importância destes artigos está em sua literalidade.**

Lei nº 10.101, de 19 de dezembro de 2000 **Art. 8º**

Art. 8º Esta Lei entra em vigor na data de sua publicação.

ANEXO – PARTICIPAÇÃO NOS LUCROS

(Incluído pela Lei nº 12.832, de 2013)(Produção de efeito)

TABELA DE TRIBUTAÇÃO EXCLUSIVA NA FONTE

VALOR DO PLR ANUAL (EM R$)	ALÍQUOTA	PARCELA A DEDUZIR DO IR (EM R$)
de 0,00 a 6.000,00	0%	-
de 6.000,01 a 9.000,00	7,5%	450,00
de 9.000,01 a 12.000,00	15%	1.125,00
de 12.000,01 a 15.000,00	22,5%	2.025,00
acima de 15.000,00	27,5%	2.775,00

→ **Aplicação em concurso:**

- Na 2ª Fase do X Exame de Ordem dos Advogados do Brasil – OAB, promovido pela FGV, em 2013, a Lei nº 10.101/2000 foi objeto de questão subjetiva, conforme o seguinte enunciado: "Pedro trabalhou numa empresa de 10.02.2011 a 20.05.2013, quando foi dispensado sem justa causa e recebeu as verbas devidas. Após, ajuizou ação pleiteando a participação nos lucros (PL) de 2013, prevista em acordo coletivo, requerendo que o cálculo fosse proporcional ao tempo trabalhado. Defendendo-se, a empresa advoga que a parcela é indevida porque uma das condições para o recebimento da PL, prevista no acordo coletivo, é que o empregado esteja com o contrato em vigor no mês de dezembro de 2013, o que não ocorre no caso":

  Diante dessa situação, responda:

  A) *Pedro tem direito à participação proporcional nos lucros de 2013? Justifique sua resposta. (Valor: 0,65)*

  B) *Analise se a participação nos lucros está sujeita a alguma incidência tributária. Justifique sua resposta. (Valor:0,60)*

  Respostas:

  A) Ele terá direito, conforme Súmula 451 do TST.

  B) Está sujeita à contribuição fiscal OU recolhe Imposto de Renda, conforme Lei 10.101/00, Art. 3º, § 5º OU Regulamento do Imposto de Renda.

Lei nº 11.350, de 5 de outubro de 2006

> Regulamenta o § 5º do art. 198 da Constituição, dispõe sobre o aproveitamento de pessoal amparado pelo parágrafo único do art. 2º da Emenda Constitucional nº 51, de 14 de fevereiro de 2006, e dá outras providências.
>
> Faço saber que o **PRESIDENTE DA REPÚBLICA** adotou a Medida Provisória nº 297, de 2006, que o Congresso Nacional aprovou, e eu, Renan Calheiros, Presidente da Mesa do Congresso Nacional, para os efeitos do disposto no art. 62 da Constituição Federal, com a redação dada pela Emenda Constitucional nº 32, combinado com o art. 12 da Resolução nº 1, de 2002-CN, promulgo a seguinte Lei:
>
> **Art. 1º As atividades de Agente Comunitário de Saúde e de Agente de Combate às Endemias, passam a reger-se pelo disposto nesta Lei.**
>
> **Art. 2º** O exercício das atividades de Agente Comunitário de Saúde e de Agente de Combate às Endemias, nos termos desta Lei, dar-se-á **exclusivamente no âmbito do Sistema Único de Saúde – SUS, na execução das atividades de responsabilidade dos entes federados, mediante vínculo direto entre os referidos Agentes e órgão ou entidade da administração direta, autárquica ou fundacional.**

1. **Vínculos dos agentes comunitários.** Os agentes comunitários de saúde e os agentes de combate às endemias só podem possuir vínculos perante os entes federativos e os órgãos da administração direta, autárquica e fundacional, quais sejam, a União, Estados, Municípios, Distrito Federal, autarquia e fundação pública e exclusivamente no âmbito do Sistema Único de Saúde. Ou seja, não se permite existência dessa espécie de vínculo com a sociedade de economia mista e a empresa pública. Em razão disso a Constituição Federal os denomina de servidores públicos e não empregados públicos.

Constituição Federal

Art. 198, § 6º: Além das hipóteses previstas no § 1º do art. 41 e no § 4º do art. 169 da Constituição Federal, o servidor que exerça funções equivalentes às de agente comunitário de saúde ou de agente de combate às endemias poderá perder o cargo em caso de descumprimento dos requisitos específicos, fixados em lei, para o seu exercício.

Art. 3º O Agente Comunitário de Saúde tem como atribuição o exercício de atividades **de prevenção de doenças e promoção da saúde**, mediante ações domiciliares ou comunitárias, individuais ou coletivas, desenvolvidas em conformidade com as diretrizes do SUS e sob **supervisão do gestor municipal, distrital, estadual ou federal.**

Parágrafo único. São consideradas atividades do Agente Comunitário de Saúde, na sua área de atuação:

I – a utilização de instrumentos para **diagnóstico demográfico e sócio-cultural da comunidade;**

II – a **promoção de ações de educação para a saúde individual e coletiva;**

III – o registro, para fins exclusivos **de controle e planejamento das ações de saúde, de nascimentos, óbitos, doenças e outros agravos à saúde;**

IV – o estímulo à participação da comunidade nas políticas públicas voltadas para a área da saúde;

V – a **realização de visitas domiciliares periódicas para monitoramento de situações de risco à família;** e

VI – a **participação em ações que fortaleçam os elos entre o setor saúde** e outras políticas que promovam a qualidade de vida.

---

1. **Constitucionalidade da dispensa de concurso publico.** Percebe-se que as atribuições dessa espécie de servidor possuem caráter permanente, e não emergencial, razão pela qual não se justifica a dispensa de concurso para o referido cargo. No entanto, em decorrência da disposição constitucional, não há que se falar em inconstitucionalidade, sendo válida a mera exigência de processo seletivo simplificado (art. 198, § 4º, da CF).

    Constituição Federal

    Art. 198, § 4º: Os gestores locais do sistema único de saúde poderão admitir agentes comunitários de saúde e agentes de combate às endemias por meio de processo seletivo público, de acordo com a natureza e complexidade de suas atribuições e requisitos específicos para sua atuação.

Lei nº 11.350, de 5 de outubro de 2006

Art. 7º

Art. 4º O Agente de Combate às Endemias tem **como atribuição o exercício de atividades de vigilância, prevenção e controle de doenças e promoção da saúde,** desenvolvidas em conformidade com as diretrizes do SUS e sob supervisão do gestor de cada ente federado.

Art. 5º O Ministério da Saúde disciplinará as atividades de prevenção de doenças, de promoção da saúde, de controle e de vigilância a que se referem os arts. 3º e 4º e estabelecerá os parâmetros dos cursos previstos nos incisos II do art. 6º e I do art. 7º, observadas as diretrizes curriculares nacionais definidas pelo Conselho Nacional de Educação.

Art. 6º **O Agente Comunitário de Saúde** deverá preencher os seguintes **requisitos** para o exercício da atividade:

I – **residir na área da comunidade em que atuar,** desde a data da publicação do edital do processo seletivo público;

II – **haver concluído, com aproveitamento, curso introdutório de formação inicial e continuada;** e

III – haver concluído o ensino fundamental.

§ 1º **Não se aplica a exigência a que se refere o inciso III aos que, na data de publicação desta Lei, estejam exercendo atividades próprias de Agente Comunitário de Saúde.**

§ 2º Compete ao ente federativo responsável pela execução dos programas a definição da área geográfica a que se refere o inciso I, observados os parâmetros estabelecidos pelo Ministério da Saúde.

1. **Requisitos pessoais dos agentes.** Não se exige a conclusão do ensino fundamental para o servidor que na data da publicação desta Lei já esteja exercendo as funções do agente comunitário de saúde.

Art. 7º O Agente de Combate às Endemias deverá preencher os seguintes **requisitos para o exercício da atividade:**

I – haver concluído, com aproveitamento, curso introdutório de formação inicial e continuada; e

II – haver concluído o ensino fundamental.

Parágrafo único. Não se aplica a exigência a que se refere o inciso II aos que, na data de publicação desta Lei, estejam exercendo atividades próprias de Agente de Combate às Endemias.

Art. 8º

COLETÂNEA DE LEIS TRABALHISTAS

1. **Requisitos para o exercício da atividade.** Para o exercício da função de agente de combate às endemias não se exige que resida na comunidade em que atua, mas deverá haver concluído, com aproveitamento, curso introdutório de formação inicial e continuada e haver concluído o ensino fundamental.

> **Art. 8º** Os Agentes Comunitários de Saúde e os Agentes de Combate às Endemias admitidos pelos gestores locais do SUS e pela Fundação Nacional de Saúde – FUNASA, na forma do disposto no § 4º do art. 198 da Constituição, **submetem-se ao regime jurídico estabelecido pela Consolidação das Leis do Trabalho – CLT, salvo se, no caso dos Estados, do Distrito Federal e dos Municípios, lei local dispuser de forma diversa.**

1. **Submissão à CLT.** Os agentes comunitários de saúde e os agentes de combates às endemias são servidores públicos celetistas, salvo quando o ente público for regido por lei especial, quando então será uma espécie de servidor público estatutário.

> **Art. 9º** A contratação de Agentes Comunitários de Saúde e de Agentes de Combate às Endemias **deverá ser precedida de processo seletivo público de provas ou de provas e títulos,** de acordo com a natureza e a complexidade de suas atribuições e requisitos específicos para o exercício das atividades, que atenda aos princípios de legalidade, impessoalidade, moralidade, publicidade e eficiência.
>
> **Parágrafo único.** Caberá aos órgãos ou entes da administração direta dos Estados, do Distrito Federal ou dos Municípios certificar, em cada caso, a existência de anterior processo de seleção pública, para efeito da dispensa referida no **parágrafo único do art. 2º da Emenda Constitucional nº 51, de 14 de fevereiro de 2006,** considerando-se como tal aquele que tenha sido realizado com observância dos princípios referidos no **caput**

1. **Processo seletivo público.** É uma espécie extraordinária de servidor público efetivo – não temporário – que possui exceção constitucional quanto à exigência de concurso público, nos termos do § 4º do art. 198 da Constituição Federal, bastando um mero processo seletivo simplificado.

2. **Dispensa imotivada.** Apenas poderá ser dispensado imotivadamente os agentes comunitários de saúde e agentes de endemias que não se submeteram a processo seletivo anterior, conforme previsto no art. 2º da EC 51 de 2006.

EC 51 de 2006

Art. 2º Após a promulgação da presente Emenda Constitucional, os agentes comunitários de saúde e os agentes de combate às endemias somente poderão ser contratados diretamente pelos Estados, pelo Distrito Federal ou pelos Municípios na forma do § 4º do art. 198 da Constituição Federal, observado o limite de gasto estabelecido na Lei Complementar de que trata o art. 169 da Constituição Federal.

Parágrafo único. Os profissionais que, na data de promulgação desta Emenda e a qualquer título, desempenharem as atividades de agente comunitário de saúde ou de agente de combate às endemias, na forma da lei, ficam dispensados de se submeter ao processo seletivo público a que se refere o § 4º do art. 198 da Constituição Federal, desde que tenham sido contratados a partir de anterior processo de Seleção Pública efetuado por órgãos ou entes da administração direta ou indireta de Estado, Distrito Federal ou Município ou por outras instituições com a efetiva supervisão e autorização da administração direta dos entes da federação.

Art. 9º-A. O piso salarial profissional nacional é o valor abaixo do qual a União, os Estados, o Distrito Federal e os Municípios não poderão fixar o vencimento inicial das Carreiras de Agente Comunitário de Saúde e de Agente de Combate às Endemias para a jornada de 40 (quarenta) horas semanais. (Incluído pela Lei nº 12.994, de 2014)

§ 1º O piso salarial profissional nacional dos Agentes Comunitários de Saúde e dos Agentes de Combate às Endemias é fixado no valor de R$ 1.014,00 (mil e quatorze reais) mensais. (Incluído pela Lei nº 12.994, de 2014)

§ 2º A jornada de trabalho de 40 (quarenta) horas exigida para garantia do piso salarial previsto nesta Lei deverá ser integralmente dedicada a ações e serviços de promoção da saúde, vigilância epidemiológica e combate a endemias em prol das famílias e comunidades assistidas, dentro dos respectivos territórios de atuação, segundo as atribuições previstas nesta Lei. (Incluído pela Lei nº 12.994, de 2014).

1. **Piso salarial profissional nacional.** O valor do piso salarial profissional dos agente comunitários de saúde e de combate às endemias constitui o valor salarial mínimo para uma carga horária de 40 horas semanais.

2. **Desvirtuamento das funções.** Se o agente de combate à endemias ou agente comunitário de saúde estiverem realizando atividade desvirtuada das referidas funções, não se dedicando a ações de serviço de promoção de saúde, vigilância epidemiológica e combate a endemias em prol das famílias e comunidades assistidas, poderá ser exigido a jornada normal de 44 horas semanais.

Art. 9º-G. Os planos de carreira dos Agentes Comunitários de Saúde e dos Agentes de Combate às Endemias deverão obedecer às seguintes diretrizes: (Incluído pela Lei nº 12.994, de 2014)

I – remuneração paritária dos Agentes Comunitários de Saúde e dos Agentes de Combate às Endemias; (Incluído pela Lei nº 12.994, de 2014).

II – definição de metas dos serviços e das equipes; (Incluído pela Lei nº 12.994, de 2014)

III – estabelecimento de critérios de progressão e promoção; (Incluído pela Lei nº 12.994, de 2014)

IV – adoção de modelos e instrumentos de avaliação que atendam à natureza das atividades, assegurados os seguintes princípios: (Incluído pela Lei nº 12.994, de 2014)

a) transparência do processo de avaliação, assegurando-se ao avaliado o conhecimento sobre todas as etapas do processo e sobre o seu resultado final; (Incluído pela Lei nº 12.994, de 2014)

b) periodicidade da avaliação; (Incluído pela Lei nº 12.994, de 2014)

c) contribuição do servidor para a consecução dos objetivos do serviço; (Incluído pela Lei nº 12.994, de 2014)

d) adequação aos conteúdos ocupacionais e às condições reais de trabalho, de forma que eventuais condições precárias ou adversas de trabalho não prejudiquem a avaliação; (Incluído pela Lei nº 12.994, de 2014)

e) direito de recurso às instâncias hierárquicas superiores. (Incluído pela Lei nº 12.994, de 2014)

1. **Remuneração paritária.** Não pode o ente federativo instituir pisos salariais profissionais diferenciados para os agentes comunitários de saúde e os agentes de combate às endemias.

2. **Transparência do processo de avaliação.** Como os agentes comunitários de saúde e agentes de combates à endemias ingressam no serviço público em título efetivo, mesmo sem a obrigatoriedade de concurso público, exigência prevista no art. 37 da Constituição Federal, o presente artigo preocupou-se em definir a exigência de avaliação periódica de desempenho.

Art. 10. A administração pública **somente poderá rescindir unilateralmente** o contrato do Agente Comunitário de Saúde ou do Agente de Combate às Endemias, de acordo com o regime jurídico de trabalho adotado, na ocorrência de uma das seguintes hipóteses:

Lei nº 11.350, de 5 de outubro de 2006

Art. 12

I – prática de **falta grave**, dentre as enumeradas no art. 482 da Consolidação das Leis do Trabalho – CLT;

II – **acumulação ilegal de cargos, empregos ou funções públicas;**

III – **necessidade de redução de quadro de pessoal,** por excesso de despesa, nos termos da Lei nº 9.801, de 14 de junho de 1999; ou

IV – **insuficiência de desempenho,** apurada em procedimento no qual se assegurem **pelo menos um recurso hierárquico dotado de efeito suspensivo,** que será apreciado em trinta dias, e o prévio conhecimento dos padrões mínimos exigidos para a continuidade da relação de emprego, obrigatoriamente estabelecidos de acordo com as peculiaridades das atividades exercidas.

Parágrafo único. No caso do Agente Comunitário de Saúde, **o contrato também poderá ser rescindido unilateralmente na hipótese de não-atendimento ao disposto no inciso I do art. 6º, ou em função de apresentação de declaração falsa de residência.**

1. **Hipóteses taxativas de dispensa.** Percebe-se que os agentes de combate às endemias e os agentes comunitários de saúde só podem ser submetidos a dispensa motivada de acordo com as hipóteses levantadas neste dispositivo, inclusive no que tange à alegação de que o agente comunitário de saúde não reside na comunidade onde atua. Destaca-se que o agente de combate às endemias não tem essa obrigação de moradia na comunidade. Deverá ser observado o contraditório, ampla defesa no procedimento disciplinar, inclusive há previsão de um grau recursal administrativo mínimo.

Art. 12. Aos profissionais não-ocupantes de cargo efetivo em órgão ou entidade da administração pública federal que, em 14 de fevereiro de 2006, a qualquer título, se achavam no desempenho de atividades de combate a endemias no âmbito da FUNASA é assegurada a dispensa de se submeterem ao processo seletivo público a que se refere o § 4º do art. 198 da Constituição, desde que tenham sido contratados a partir de anterior processo de seleção pública efetuado pela FUNASA, ou por outra instituição, sob a efetiva supervisão da FUNASA e mediante a observância dos princípios a que se refere o *caput* do art. 9º.

1. **Dispensa do processo seletivo público.** Não há necessidade de submissão a processo seletivo os agentes de combate às endemias no âmbito da FUNASA, desde que submetidos a processo seletivo realizado pela própria FUNASA.

261

Art. 15

Art. 15. Ficam criados cinco mil, trezentos e sessenta e cinco empregos públicos de Agente de Combate às Endemias, no âmbito do Quadro Suplementar referido no art. 11, com retribuição mensal estabelecida na forma do Anexo desta Lei, cuja despesa não excederá o valor atualmente despendido pela FUNASA com a contratação desses profissionais.

(...)

§ 2º Aplica-se aos ocupantes dos empregos referidos no *caput* a **indenização de campo** de que trata o art. 16 da Lei nº 8.216, de 13 de agosto de 1991.

§ 3º Caberá à Secretaria de Recursos Humanos do Ministério do Planejamento, Orçamento e Gestão disciplinar o desenvolvimento dos ocupantes dos empregos públicos referidos no *caput* na tabela salarial constante do Anexo desta Lei.

1. **Indenização de campo.** Os agentes comunitários de saúde e de endemias têm direito à indenização de campo, prevista para deslocamento de servidores que se afastarem do seu local de trabalho, sem direito à percepção de diária, para execução de trabalhos de campo, tais como os de campanhas de combate e controle de endemias.

   Lei nº 8.216, de 13 de agosto de 1991

   Art. 16. Será concedida, nos termos do regulamento, indenização de Cr$ 4.200,00 (quatro mil e duzentos cruzeiros) por dia, aos servidores que se afastarem do seu local de trabalho, sem direito à percepção de diária, para execução de trabalhos de campo, tais como os de campanhas de combate e controle de endemias; marcação, inspeção e manutenção de marcos decisórios; topografia, pesquisa, saneamento básico, inspeção e fiscalização de fronteiras internacionais. (Vide Lei nº 8.270, de 1991) (Regulamento)

   Parágrafo único. É vedado o recebimento cumulativo da indenização objeto do caput deste artigo com a percepção de diárias.

Art. 16. É vedada a contratação temporária ou terceirizada de Agentes Comunitários de Saúde e de Agentes de Combate às Endemias, salvo na hipótese de combate a surtos epidêmicos, na forma da lei aplicável. (Redação dada pela Lei nº 12.994, de 2014)

1. **Contratação temporária excepcional.** Como, em regra, os agentes comunitários e endêmicos ocupam cargos efetivos, apenas excepcionalmente se permite a contratação temporária, como em caso de surtos endêmicos, como, por exemplo, surtos epidêmicos recentes de Zica, dengue, etc.

Lei nº 11.350, de 5 de outubro de 2006

Art. 21

Art. 17. Os profissionais que, na data de publicação desta Lei, exerçam atividades próprias de Agente Comunitário de Saúde e Agente de Combate às Endemias, vinculados diretamente aos gestores locais do SUS ou a entidades de administração indireta, não investidos em cargo ou emprego público, e não alcançados pelo disposto no parágrafo único do art. 9º, **poderão permanecer no exercício destas atividades, até que seja concluída a realização de processo seletivo público pelo ente federativo, com vistas ao cumprimento do disposto nesta Lei.**

1. **Convalidação do cargo público celetista.** Esse dispositivo convalida os efeitos do cargo público celetista de agentes comunitários de saúde e de combate às endemias, que não se submeteram a processo seletivo anterior na data da publicação desta Lei até a conclusão da realização do processo seletivo a ser realizada pelo ente público.

Art. 20. Esta Lei entra em vigor na data de sua publicação.

Art. 21. Fica revogada a Lei nº 10.507, de 10 de julho de 2002.

Brasília, 9 de junho de 2006;
185º da Independência e 118º da República.

Lei nº 11.788, de 25 de setembro de 2008

Dispõe sobre o estágio de estudantes; altera a redação do art. 428 da Consolidação das Leis do Trabalho – CLT, aprovada pelo Decreto-Lei nº 5.452, de 1º de maio de 1943, e a Lei nº 9.394, de 20 de dezembro de 1996; revoga as Leis nos 6.494, de 7 de dezembro de 1977, e 8.859, de 23 de março de 1994, o parágrafo único do art. 82 da Lei nº 9.394, de 20 de dezembro de 1996, e o art. 6º da Medida Provisória nº 2.164-41, de 24 de agosto de 2001; e dá outras providências.

O PRESIDENTE DA REPÚBLICA Faço saber que o Congresso Nacional decreta e eu sanciono a seguinte Lei:

CAPÍTULO I
DA DEFINIÇÃO, CLASSIFICAÇÃO E RELAÇÕES DE ESTÁGIO

Art. 1º Estágio é **ato educativo escolar supervisionado**, desenvolvido no ambiente de trabalho, que visa à preparação para o trabalho produtivo de educandos que estejam **freqüentando** o ensino regular em instituições de educação superior, de educação profissional, de ensino médio, da educação especial e dos anos finais do ensino fundamental, na modalidade profissional da educação de jovens e adultos.

§ 1º O estágio faz parte do projeto pedagógico do curso, além de integrar o itinerário formativo do educando.

§ 2º O estágio **visa ao aprendizado de competências próprias da atividade profissional e à contextualização curricular**, objetivando o desenvolvimento do educando para a vida cidadã e para o trabalho.

1. **Estágio é ato educativo escolar supervisionado.** O estágio não é trabalho, mas atividade em sentido *stricto*, mais especificamente ato educativo, razão pela qual não tem direito o estagiário aos direitos trabalhistas como horas extras, FGTS, 13º salário, etc. A finalidade do estagiário não é a retribuição financeira pela atividade desenvolvida, mas sim adquirir a experiência prática necessária para a sua formação educativa-profissional.

Art. 2º O estágio poderá ser **obrigatório** ou **não-obrigatório**, conforme determinação das diretrizes curriculares da etapa, modalidade e área de ensino e do projeto pedagógico do curso.

§ 1º Estágio **obrigatório** é aquele definido como tal no projeto do curso, **cuja carga horária é requisito para aprovação e obtenção de diploma.**

§ 2º Estágio **não-obrigatório** é aquele desenvolvido como atividade opcional, **acrescida à carga horária regular e obrigatória.**

§ 3º As atividades de extensão, de monitorias e de iniciação científica na educação superior, desenvolvidas pelo estudante, somente poderão ser equiparadas ao estágio em caso de previsão no projeto pedagógico do curso.

Art. 3º O estágio, tanto na hipótese do § 1º do art. 2º desta Lei quanto na prevista no § 2º do mesmo dispositivo, **não cria vínculo empregatício de qualquer natureza,** observados os seguintes **requisitos:**

I – **matrícula** e **frequência** regular do educando em curso de educação superior, de educação profissional, de ensino médio, da educação especial e nos anos finais do ensino fundamental, na modalidade profissional da educação de jovens e adultos e atestados pela instituição de ensino;

II – celebração de **termo de compromisso** entre o educando, a parte concedente do estágio e a instituição de ensino;

III – **compatibilidade entre as atividades desenvolvidas no estágio e aquelas previstas no termo de compromisso.**

§ 1º O estágio, como ato educativo escolar supervisionado, deverá ter acompanhamento efetivo pelo professor orientador da instituição de ensino e por supervisor da parte concedente, comprovado por vistos nos relatórios referidos no inciso IV do caput do art. 7º desta Lei e por menção de aprovação final.

§ 2º O descumprimento de qualquer dos incisos deste artigo ou de qualquer obrigação contida no termo de compromisso **caracteriza vínculo de emprego do educando com a parte concedente do estágio para todos os fins da legislação trabalhista e previdenciária.**

1. **Desvirtuamento do estágio.** O contrato de estágio é uma espécie de contrato formal, solene, pois exige alguns requisitos, que não atendidos podem descaracterizá-lo. A ausência dos requisitos previstos neste dispositivo legal poderá ensejar a caracterização da relação empregatícia.

   1.1. **Desvirtuamento na Administração Pública.** A comprovação de desvirtuamento do contrato de estágio em face da Administração Pública direta ou indireta não gera o reconhecimento de vínculo, em face da inobservância do concurso público, nos termos do art. 37, II, da Consti-

Lei nº 11.788, de 25 de setembro de 2008 **Art. 3º**

tuição Federal, conforme explicita a Orientação Jurisprudencial 366 da SDI-1 do TST.

> **OJ 366 da SBDI-1 do TST.** ESTAGIÁRIO. DESVIRTUAMENTO DO CONTRATO DE ESTÁGIO. RECONHECIMENTO DO VÍNCULO EMPREGATÍCIO COM A ADMINISTRAÇÃO PÚBLICA DIRETA ou INDIRETA. PERÍODO POSTERIOR À CONSTITUIÇÃO FEDERAL DE 1988. IMPOSSIBILIDADE (DJ 20, 21 e 23.05.2008). *Ainda que desvirtuada a finalidade do contrato de estágio celebrado na vigência da Constituição Federal de 1988, é inviável o reconhecimento do vínculo empregatício com ente da Administração Pública direta ou indireta, por força do art. 37, II, da CF/1988, bem como o deferimento de indenização pecuniária, exceto em relação às parcelas previstas na Súmula nº 363 do TST, se requeridas.*

2. **Acompanhamento do estágio.** A supervisão do estágio pela parte concedente é requisito essencial à formação desse contrato, devendo a parte concedente enviar relatórios à instituição de ensino e esta, por sua vez, designar um professor orientador para acompanhamento do estágio.

→ **Aplicação em concurso:**

- O Exame de Ordem Unificado XIV, aplicado pela FGV, em 2014, as disposições acima comentadas foram assim cobradas: *"Em 2012, Maria Júlia foi contratada como estagiária de direito em uma empresa pública federal, que explora atividade bancária. Sua tarefa consistia em permanecer parte do tempo em um caixa para receber o pagamento de contas de água, luz e telefone e, na outra parte, no auxílio de pessoas com dificuldade no uso dos caixas eletrônicos. Com base na hipótese, assinale a opção correta:*

  A) *Trata-se de estágio desvirtuado que, assim, gerará como consequência o reconhecimento do vínculo empregatício com a empresa, com anotação da CTPS e pagamento de todos os direitos devidos.*

  B) *Diante da situação, o Juiz do Trabalho poderá determinar que o administrador responsável pelo desvirtuamento do estágio pague diretamente uma indenização a Maria Júlia, haja vista o princípio constitucional da moralidade.*

  C) *Não há desvirtuamento de estágio porque, tratando-se a concedente de uma instituição bancária, a atividade de recebimento de contas e auxílio a clientes está inserida na atividade do estagiário.*

  D) *Não é possível o reconhecimento do vínculo empregatício, haja vista a natureza jurídica daquele que concedeu o estágio, que exige a prévia aprovação em concurso público".*

  Resposta: D

> Art. 4º A realização de estágios, nos termos desta Lei, aplica-se aos **estudantes estrangeiros** regularmente matriculados em **cursos superiores** no País, autorizados ou reconhecidos, observado o prazo do visto temporário de estudante, na forma da legislação aplicável.

1. **Ressalva à atividade remunerada por estrangeiros.** Este artigo introduz uma ressalva à vedação genérica ao exercício de atividade remunerada por estrangeiro com visto temporário de estudante no Brasil, prevista no art. 13, V, c/c art. 98 da Lei nº 6.815/80.

> Art. 5º As instituições de ensino e as partes cedentes de estágio podem, a seu critério, recorrer a serviços de agentes de integração públicos e privados, mediante condições acordadas em instrumento jurídico apropriado, devendo ser observada, no caso de contratação com recursos públicos, a legislação que estabelece as normas gerais de licitação.
>
> § 1º Cabe aos agentes de integração, como auxiliares no processo de aperfeiçoamento do instituto do estágio:
>
> I – identificar oportunidades de estágio;
>
> II – ajustar suas condições de realização;
>
> III – fazer o acompanhamento administrativo;
>
> IV – encaminhar negociação de seguros contra acidentes pessoais;
>
> V – cadastrar os estudantes.
>
> § 2º É vedada a cobrança de qualquer valor dos estudantes, a título de remuneração pelos serviços referidos nos incisos deste artigo.
>
> § 3º Os **agentes de integração serão responsabilizados civilmente se indicarem estagiários para a realização de atividades não compatíveis com a programação curricular** estabelecida para cada curso, assim como estagiários matriculados em cursos ou instituições para as quais não há previsão de estágio curricular.
>
> Art. 6º O local de estágio pode ser selecionado a partir de cadastro de partes cedentes, organizado pelas instituições de ensino ou pelos agentes de integração.
>
> ### CAPÍTULO II
> ### DA INSTITUIÇÃO DE ENSINO
>
> Art. 7º São **obrigações das instituições de ensino**, em relação aos estágios de seus educandos:

Lei nº 11.788, de 25 de setembro de 2008 **Art. 9º**

I – celebrar **termo de compromisso** com o educando ou com seu representante ou assistente legal, **quando ele for absoluta ou relativamente incapaz**, e com a parte concedente, indicando as condições de adequação do estágio à proposta pedagógica do curso, à etapa e modalidade da formação escolar do estudante e ao horário e calendário escolar;

II – avaliar as instalações da parte concedente do estágio e sua adequação à formação cultural e profissional do educando;

III – indicar professor orientador, da área a ser desenvolvida no estágio, como responsável pelo acompanhamento e avaliação das atividades do estagiário;

IV – **exigir do educando a apresentação periódica, em prazo não superior a 6 (seis) meses, de relatório das atividades;**

V – zelar pelo cumprimento do termo de compromisso, reorientando o estagiário para outro local em caso de descumprimento de suas normas;

VI – elaborar normas complementares e instrumentos de avaliação dos estágios de seus educandos;

VII – comunicar à parte concedente do estágio, no início do período letivo, as datas de realização de avaliações escolares ou acadêmicas.

Parágrafo único. O **plano de atividades do estagiário**, elaborado em acordo das 3 (três) partes a que se refere o inciso II do caput do art. 3º desta Lei, **será incorporado ao termo de compromisso por meio de aditivos à medida que for avaliado, progressivamente, o desempenho do estudante.**

Art. 8º É facultado às instituições de ensino celebrar com entes públicos e privados **convênio de concessão de estágio**, nos quais se explicitem o processo educativo compreendido nas atividades programadas para seus educandos e as condições de que tratam os arts. 6º a 14 desta Lei.

Parágrafo único. A celebração de convênio de concessão de estágio entre a instituição de ensino e a parte concedente **não dispensa a celebração do termo de compromisso** de que trata o inciso II do caput do art. 3º desta Lei.

CAPÍTULO III
DA PARTE CONCEDENTE

Art. 9º As pessoas jurídicas de direito privado e os órgãos da administração pública direta, autárquica e fundacional de qualquer dos Poderes da União, dos Estados, do Distrito Federal e dos Municípios, **bem como profissionais liberais de nível superior** devidamente **registrados em seus respectivos conselhos de fiscalização profissional**, podem oferecer estágio, observadas as seguintes obrigações:

I – celebrar termo de compromisso com a instituição de ensino e o educando, zelando por seu cumprimento;

II – ofertar instalações que tenham condições de proporcionar ao educando atividades de aprendizagem social, profissional e cultural;

269

Art. 10

COLETÂNEA DE LEIS TRABALHISTAS

III – indicar funcionário de seu quadro de pessoal, com formação ou experiência profissional na área de conhecimento desenvolvida no curso do estagiário, **para orientar e supervisionar até 10 (dez) estagiários simultaneamente**;

IV – contratar em favor do estagiário **seguro contra acidentes pessoais**, cuja apólice seja compatível com valores de mercado, conforme fique estabelecido no termo de compromisso;

V – **por ocasião do desligamento do estagiário, entregar termo de realização do estágio** com indicação resumida das atividades desenvolvidas, dos períodos e da avaliação de desempenho;

VI – manter à disposição da fiscalização documentos que comprovem a relação de estágio;

VII – **enviar à instituição de ensino, com periodicidade mínima de 6 (seis) meses, relatório de atividades, com vista obrigatória ao estagiário.**

Parágrafo único. No caso de **estágio obrigatório, a responsabilidade pela contratação do seguro** de que trata o inciso IV do caput deste artigo **poderá, alternativamente, ser assumida pela instituição de ensino.**

1. **Seguro contra acidentes pessoais.** Apesar de esta obrigação ser própria da parte concedente do estágio, poderá ser assumida pela própria instituição de ensino, na hipótese de estágio obrigatório, conforme previsto no parágrafo único deste artigo.

CAPÍTULO IV
DO ESTAGIÁRIO

Art. 10. A **jornada** de atividade em estágio será definida de comum acordo entre a instituição de ensino, a parte concedente e o aluno estagiário ou seu representante legal, devendo constar do termo de compromisso ser compatível com as atividades escolares e não ultrapassar:

I – **4 (quatro) horas diárias** e 20 (vinte) horas semanais, no caso de estudantes de educação especial e dos anos finais do ensino fundamental, na modalidade profissional de educação de jovens e adultos;

II – **6 (seis) horas diárias** e 30 (trinta) horas semanais, no caso de estudantes do ensino superior, da educação profissional de nível médio e do ensino médio regular.

§ 1º O estágio relativo a cursos que alternam teoria e prática, nos períodos em que não estão programadas aulas presenciais, poderá ter jornada de até **40 (quarenta) horas semanais**, desde que isso esteja previsto no projeto pedagógico do curso e da instituição de ensino.

Lei nº 11.788, de 25 de setembro de 2008

Art. 12

> § 2º Se a instituição de ensino adotar verificações de aprendizagem periódicas ou finais, nos períodos de avaliação, a carga horária do estágio será reduzida pelo menos à metade, segundo estipulado no termo de compromisso, para garantir o bom desempenho do estudante.

1. **Redução da jornada.** Em período de provas escolares a carga horária deverá ser reduzida no mínimo pela metade, para que se garanta o bom desempenho do aluno nas atividades escolares.

→ **Aplicação em concurso:**

- O concurso para Juiz do Trabalho Substituto do TRT da 4ª Região (RS), em 2016, fora considerada **ERRADO** o seguinte enunciado: *"A jornada de atividade em estágio deve constar do termo de compromisso, ser compatível com as atividades escolares e não ultrapassar 6 (seis) horas diárias e 36 (trinta e seis) horas semanais no caso de estudantes do ensino superior, da educação profissional de nível médio e do ensino médio regular".*

> **Art. 11.** A duração do estágio, na mesma parte concedente, **não poderá exceder 2 (dois) anos, exceto** quando se tratar de **estagiário portador de deficiência.**

1. **Estagiário deficiente.** Da mesma forma que acontece com o aprendiz deficiente, o estagiário deficiente não fica limitado a dois anos o contrato de estágio, podendo prorrogar indefinidamente – enquanto durar a formação educacional.

> **Art. 12.** O estagiário poderá receber **bolsa ou outra forma de contraprestação** que venha a ser acordada, **sendo compulsória a sua concessão,** bem como a do **auxílio-transporte, na hipótese de estágio não obrigatório.**
>
> § 1º A **eventual concessão de benefícios** relacionados a transporte, alimentação e saúde, entre outros, **não caracteriza vínculo empregatício.**
>
> § 2º Poderá o educando inscrever-se e **contribuir como segurado facultativo do Regime Geral de Previdência Social**

1. **Estagiário *versus* empregado.** Na realidade, verificam-se no contrato de estágio não obrigatório (remunerado) todos os elementos caracterizadores da relação empregatícia, qual seja: pessoalidade, alteridade, onerosidade, subordinação e não-eventualidade. O que diferencia de fato o estágio do empregado é a expressa disposição legal, onde se prevê requisitos formais e a finalidade educativa do ato.

Art. 13   COLETÂNEA DE LEIS TRABALHISTAS

→ **Aplicação em concurso:**

- No concurso promovido pela ESPP, para o cargo de Analista Administrativo do COBRA Tecnologia S/A (BB), no Ano de 2013, essa disposição foi cobrada da seguinte forma: *"O estágio remunerado não acarreta vínculo empregatício de qualquer natureza. Para tanto existe Termo de Responsabilidade entre a concedente e a interveniente e o estagiário. Sobre a remuneração paga ao estagiário não incidem _____, sendo então obrigatório o concedente contratar uma apólice de seguros para garantias ao estagiário durante o período do estágio.*

A) *Benefícios.*

B) *Encargos previdenciários.*

C) *Horas extras.*

D) *Penas disciplinares.*

Resposta: B

Art. 13. É assegurado ao estagiário, **sempre que o estágio tenha duração igual ou superior a 1 (um) ano, período de recesso de 30 (trinta) dias**, a ser gozado preferencialmente durante suas férias escolares.

§ 1º O recesso de que trata este **artigo deverá ser remunerado** quando o estagiário receber bolsa ou outra forma de contraprestação.

§ 2º Os dias de recesso previstos neste artigo serão concedidos de maneira **proporcional**, nos casos de o estágio ter duração inferior a 1 (um) ano.

---

1. **Recesso de 30 dias.** Não são férias, mas tão somente recesso. Não há também direito a 1/3 constitucional de férias, pois o estagiário não é empregado, não tendo direito, portanto, aos direitos elencados no art. 7º da Constituição Federal.

Art. 14. Aplica-se ao **estagiário a legislação relacionada à saúde e segurança no trabalho**, sendo sua implementação de responsabilidade da parte concedente do estágio.

CAPÍTULO V
DA FISCALIZAÇÃO

Art. 15. A manutenção de estagiários em desconformidade com esta Lei caracteriza **vínculo de emprego do educando com a parte concedente do estágio** para todos os fins da legislação trabalhista e previdenciária.

§ 1º A instituição privada ou pública que **reincidir na irregularidade de que trata este artigo ficará impedida de receber estagiários por 2 (dois) anos, contados da data da decisão definitiva do processo administrativo correspondente.**

272

Lei nº 11.788, de 25 de setembro de 2008

Art. 17

§ 2º A penalidade de que trata o § 1º deste artigo limita-se à filial ou agência em que for cometida a irregularidade.

CAPÍTULO VI
DAS DISPOSIÇÕES GERAIS

Art. 16. O **termo de compromisso** deverá ser firmado pelo estagiário ou com seu representante ou assistente legal e pelos representantes legais da parte concedente e da instituição de ensino, **vedada a atuação dos agentes de integração a que se refere o art. 5º desta Lei como representante de qualquer das partes.**

1. **Termo de compromisso e a relação triangular.** O estágio também tem uma relação triangular: parte concedente (empresa privada, profissional liberal ou órgão público) que oferecem a vaga de estágio, o estudante estagiário e a instituição de ensino, ambos ligados mediante o ajuste do termo de compromisso.

Art. 17. O **número máximo** de estagiários em relação ao quadro de pessoal das entidades concedentes de estágio deverá atender às seguintes proporções:

I – de 1 (um) a 5 (cinco) empregados: 1 (um) estagiário;

II – de 6 (seis) a 10 (dez) empregados: até 2 (dois) estagiários;

III – de 11 (onze) a 25 (vinte e cinco) empregados: até 5 (cinco) estagiários;

IV – acima de 25 (vinte e cinco) empregados: até 20% (vinte por cento) de estagiários.

§ 1º Para efeito desta Lei, considera-se quadro de pessoal o conjunto de trabalhadores empregados existentes no estabelecimento do estágio.

§ 2º Na hipótese de a parte concedente contar com várias filiais ou estabelecimentos, os quantitativos previstos nos incisos deste artigo serão aplicados a cada um deles.

§ 3º Quando o cálculo do percentual disposto no inciso IV do caput deste artigo resultar em fração, poderá ser arredondado para o número inteiro imediatamente superior.

§ 4º **Não se aplica o disposto no caput deste artigo aos estágios de nível superior e de nível médio profissional.**

273

Art. 18

COLETÂNEA DE LEIS TRABALHISTAS

§ 5º Fica assegurado às pessoas portadoras de deficiência o percentual de 10% (dez por cento) das vagas oferecidas pela parte concedente do estágio.

Art. 18. A prorrogação dos estágios contratados antes do início da vigência desta Lei apenas poderá ocorrer se ajustada às suas disposições.

→ **Aplicação em concurso:**

- O concurso para Juiz do Trabalho Substituto do TRT da 4ª Região (RS), em 2016, fora considerada **CORRETO** o seguinte enunciado: *"Entidades concedentes de estágio que possuam 6 (seis) empregados em seu quadro de pessoal poderão contratar no máximo 2 (dois) estagiários, limite que não se aplica aos estágios de nível superior e de nível médio profissional."*

- Neste mesmo concurso, fora considerada **ERRADA** o seguinte enunciado: *"As pessoas portadoras de deficiência têm assegurado o percentual de 5% (cinco por cento) das vagas oferecidas pela parte concedente do estágio."*

Art. 19. O art. 428 da Consolidação das Leis do Trabalho – CLT, aprovada pelo Decreto-Lei nº 5.452, de 1º de maio de 1943, passa a vigorar com as seguintes alterações:

"Art. 428. ....

§ 1º A validade do contrato de aprendizagem pressupõe anotação na Carteira de Trabalho e Previdência Social, matrícula e frequência do aprendiz na escola, caso não haja concluído o ensino médio, e inscrição em programa de aprendizagem desenvolvido sob orientação de entidade qualificada em formação técnico-profissional metódica.

....

§ 3º O contrato de aprendizagem não poderá ser estipulado por mais de 2 (dois) anos, exceto quando se tratar de aprendiz portador de deficiência.

....

§ 7º Nas localidades onde não houver oferta de ensino médio para o cumprimento do disposto no § 1º deste artigo, a contratação do aprendiz poderá ocorrer sem a freqüência à escola, desde que ele já tenha concluído o ensino fundamental." (NR)

Art. 20. O art. 82 da Lei nº 9.394, de 20 de dezembro de 1996, passa a vigorar com a seguinte redação:

"Art. 82. Os sistemas de ensino estabelecerão as normas de realização de estágio em sua jurisdição, observada a lei federal sobre a matéria.

Parágrafo único. (Revogado)." (NR)

Lei nº 11.788, de 25 de setembro de 2008

Art. 22

Art. 21. Esta Lei entra em vigor na data de sua publicação.

Art. 22. Revogam-se as Leis nos 6.494, de 7 de dezembro de 1977, e 8.859, de 23 de março de 1994, o parágrafo único do art. 82 da Lei nº 9.394, de 20 de dezembro de 1996, e o art. 6º da Medida Provisória nº 2.164-41, de 24 de agosto de 2001.

→ **Aplicação em concurso:**

- No concurso promovido pela FCC, para o cargo de Juiz do Trabalho Substituto do TRT da 15ª Região, no Ano de 2015, foi cobrada uma questão exclusivamente sobre a legislação ora em comento: *"A respeito do contrato de estágio, segundo previsto na Lei do Estágio:*

  A) a duração máxima da jornada semanal para estudante do Ensino Médio regular não poderá ultrapassar 20 (vinte) horas.

  B) a duração do estágio, independente da alternância de parte concedente, não poderá exceder a dois anos, exceto quando se tratar de estagiário com deficiência.

  C) é assegurado o gozo de férias de 30 (trinta) dias, sempre que o estágio tenha duração igual ou superior a um ano, a serem gozadas obrigatoriamente durante as férias escolares do estagiário.

  D) a parte concedente do estágio deve observar a obrigação de contratar em favor do estagiário seguro contra acidentes pessoais.

  E) a parte concedente deve, com periodicidade mínima de um ano, enviar relatório de atividades à instituição de ensino.

  Resposta: D

Brasília, 25 de setembro de 2008;
187º da Independência e 120o da República.

Lei nº 12.506, de 11 de outubro de 2011

Dispõe sobre o aviso prévio e dá outras providências.

A **PRESIDENTA DA REPÚBLICA** Faço saber que o Congresso Nacional decreta e eu sanciono a seguinte Lei:

Art. 1º O aviso prévio, de que trata o Capítulo VI do Título IV da Consolidação das Leis do Trabalho – CLT, aprovada pelo Decreto-Lei nº 5.452, de 1º de maio de 1943, será concedido na proporção de 30 (trinta) dias aos empregados que contem até 1 (um) ano de serviço na mesma empresa.

Parágrafo único. Ao aviso prévio previsto neste artigo serão **acrescidos 3 (três) dias por ano de serviço prestado na mesma empresa, até o máximo de 60 (sessenta) dias, perfazendo um total de até 90 (noventa) dias.**

Art. 2º Esta Lei entra em vigor na data de sua publicação.

1. **Acréscimo de dias ao aviso prévio.** A cada ano completo o empregado tem direito a ser contabilizado em seu período de aviso prévio três dias, até o máximo de acréscimo de 60 dias, perfazendo um total de 90 dias. Ressalta-se que se entende doutrinariamente que esse acréscimo proporcional é um direito exclusivo do empregado, e não do empregador. Ou seja, não poderá o empregador descontar mais do que 30 dias de aviso prévio do empregado, quando este resilir o contrato de trabalho.

2. **Sem alteração no regramento da redução de horário durante aviso prévio.** Quando o aviso prévio for trabalhado, nos termos do art. 488 da CLT, não se alterarão os dias ou as horas reduzidas para o cumprimento válido do aviso trabalhado, pois a presente Lei não alterou e nem tampouco revogou o art. 488 da CLT.

3. **Intertemporalidade das normas.** No que tange ao conflito intertemporal das normas, a jurisprudência do Tribunal Superior do Trabalho pacificou no sentido de que *"o direito ao aviso prévio proporcional ao tempo de serviço somente é assegurado nas rescisões de contrato de trabalho ocorridas a partir da publicação da Lei nº 12.506, em 13 de outubro de 2011".*

Art. 2º | COLETÂNEA DE LEIS TRABALHISTAS

Súmula nº 441 do TST. AVISO PRÉVIO. PROPORCIONALIDADE – Res. 185/2012, DEJT divulgado em 25, 26 e 27.09.2012. *O direito ao aviso prévio proporcional ao tempo de serviço somente é assegurado nas rescisões de contrato de trabalho ocorridas a partir da publicação da Lei nº 12.506, em 13 de outubro de 2011.*

4. **Reforma trabalhista.** Conforme o teor do art. 611-B, criado pela Lei nº 13467/17, constitui objeto ilícito de convenção coletiva de trabalho ou acordo coletivo a supressão ou redução do aviso prévio proporcional, sendo no mínimo de trinta dias, nos termos da lei. Assim, a proporcionalidade garantida pela presente lei ora comentada foi preservada pela reforma trabalhista, que inclusive a blindou de supressão ou redução por norma coletiva.

→ **Aplicação em concurso:**

- No concurso para o Procurador Municipal da Prefeitura de Porto Alegre – RS, promovido pela FUNDATEC, em 2016, foi cobrada uma questão específica tratando deste tema, conforme o seguinte enunciado: *"A respeito do instituto do aviso prévio, no âmbito do Direito do Trabalho, assinale a alternativa correta.*

  A) O período de aviso prévio de 30 dias será acrescido de três dias por ano de serviço trabalhado na mesma empresa até o máximo de 60 dias, perfazendo um total de até 90 dias.

  B) O período de aviso prévio de 30 dias será acrescido de três dias por ano ou fração igual ou superior a seis meses de trabalho na mesma empresa até o limite total de 60 dias.

  C) O período de aviso prévio de 30 dias será acrescido de três dias por ano de serviço trabalhado na mesma empresa até o limite total de 60 dias.

  D) O período de aviso prévio de 30 dias será acrescido de três dias por ano ou fração igual ou superior a seis meses de trabalho na mesma empresa até o limite total de 90 dias.

  E) Inexiste na lei critério de proporcionalidade entre o tempo de serviço prestado e o período de aviso prévio em nosso ordenamento jurídico.

  Resposta: A

- No concurso para Juiz do Trabalho Substituto para o TRT da 15ª Região (Capinas – SP), em 2013, também foi objeto de avaliação dos conhecimento desta legislação especial, conforme o seguinte enunciado: *"Quanto ao aviso prévio proporcional, considerando os parâmetros da Lei nº 12.506/11, é incorreto afirmar:*

  A) o aviso prévio será concedido na proporção de 30 (trinta) dias aos empregados que contem até 1 (um) ano de serviço na mesma empresa;

Lei nº 12.506, de 11 de outubro de 2011

Art. 2º

B) *ao aviso prévio serão acrescidos 3 (três) dias por ano de serviço após dois anos de serviço prestado na mesma empresa, até o máximo de 60 (sessenta) dias, perfazendo um total de até 90 (noventa) dias;*

C) *o aviso prévio proporcional é um dos direitos destinados ao trabalhador, conforme previsto, expressamente, na Constituição Federal;*

D) *segundo entendimento sumulado do TST, o direito ao aviso prévio proporcional ao tempo de serviço somente é assegurado nas rescisões de contrato de trabalho ocorridas a partir da publicação da Lei n° 12.506, em 13 de outubro de 2011;*

E) *no mandado de injunção, que deu ensejo à iniciativa do Poder Legislativo, em elaborar a lei em epígrafe, o Supremo Tribunal Federal acatou os parâmetros fixados pela lei e declarou a sua aplicação retroativa ao caso em julgamento, autorizando aos Ministros da Corte decidirem, monocraticamente, da mesma forma, outros mandados de injunção, com o mesmo objeto, já em curso."*

Resposta: B

Lei nº 12.815, de 5 de junho de 2013

Dispõe sobre a exploração direta e indireta pela União de portos e instalações portuárias e sobre as atividades desempenhadas pelos operadores portuários; altera as Leis nos 5.025, de 10 de junho de 1966, 10.233, de 5 de junho de 2001, 10.683, de 28 de maio de 2003, 9.719, de 27 de novembro de 1998, e 8.213, de 24 de julho de 1991; revoga as Leis nos 8.630, de 25 de fevereiro de 1993, e 11.610, de 12 de dezembro de 2007, e dispositivos das Leis nos 11.314, de 3 de julho de 2006, e 11.518, de 5 de setembro de 2007; e dá outras providências.

A PRESIDENTA DA REPÚBLICA Faço saber que o Congresso Nacional decreta e eu sanciono a seguinte Lei:

1. **COMENTÁRIOS PRELIMINARES:** Esta Lei revogou a Lei n° 8.630 de 1993, que anteriormente dispunha sobre o regime jurídico da exploração dos portos organizados e das instalações portuárias.

CAPÍTULO I
DEFINIÇÕES E OBJETIVOS

Art. 1º Esta Lei regula a **exploração pela União, direta ou indiretamente, dos portos e instalações portuárias** e as atividades desempenhadas pelos operadores portuários.

§ 1º A **exploração indireta do porto organizado** e das **instalações portuárias nele localizadas** ocorrerá mediante **concessão e arrendamento** de bem público.

§ 2º A **exploração indireta das instalações portuárias localizadas fora da área do porto organizado** ocorrerá mediante **autorização**, nos termos desta Lei.

§ 3º As concessões, os arrendamentos e as autorizações de que trata esta Lei serão outorgados a pessoa jurídica que demonstre capacidade para seu desempenho, por sua conta e risco.

Art. 2º

COLETÂNEA DE LEIS TRABALHISTAS

1. **Da União.** A exploração dos portos organizados, seja direta ou indiretamente, fica a cargo da União.

Art. 2º Para os fins desta Lei, consideram-se:

I – **porto organizado: bem público** construído e aparelhado para atender a necessidades de navegação, de movimentação de passageiros ou de movimentação e armazenagem de mercadorias, e cujo tráfego e operações portuárias estejam sob jurisdição de autoridade portuária;

II – área do porto organizado: área delimitada por ato do Poder Executivo que compreende as instalações portuárias e a infraestrutura de proteção e de acesso ao porto organizado;

III – instalação portuária: instalação localizada dentro ou fora da área do porto organizado e utilizada em movimentação de passageiros, em movimentação ou armazenagem de mercadorias, destinadas ou provenientes de transporte aquaviário;

IV – terminal de uso privado: instalação portuária explorada mediante autorização e localizada fora da área do porto organizado;

V – estação de transbordo de cargas: instalação portuária explorada mediante autorização, localizada fora da área do porto organizado e utilizada exclusivamente para operação de transbordo de mercadorias em embarcações de navegação interior ou cabotagem;

VI – instalação portuária pública de pequeno porte: instalação portuária explorada mediante autorização, localizada fora do porto organizado e utilizada em movimentação de passageiros ou mercadorias em embarcações de navegação interior;

VII – instalação portuária de turismo: instalação portuária explorada mediante arrendamento ou autorização e utilizada em embarque, desembarque e trânsito de passageiros, tripulantes e bagagens, e de insumos para o provimento e abastecimento de embarcações de turismo;

VIII – (VETADO):

a) (VETADO);

b) (VETADO); e

c) (VETADO);

IX – **concessão**: cessão onerosa do **porto organizado**, com vistas à administração e à exploração de sua infraestrutura por **prazo determinado**;

X – delegação: transferência, mediante convênio, da administração e da exploração do porto organizado para Municípios ou Estados, ou a consórcio público, nos termos da Lei nº 9.277, de 10 de maio de 1996;

Lei nº 12.815, de 5 de junho de 2013

Art. 25

> **XI – arrendamento:** cessão onerosa de **área e infraestrutura públicas localizadas dentro do porto organizado**, para exploração por **prazo determinado;**
>
> **XII – autorização:** outorga de direito à exploração de instalação portuária localizada **fora da área do porto organizado** e formalizada mediante **contrato de adesão;** e
>
> **XIII – operador portuário: pessoa jurídica** pré-qualificada para exercer as atividades de movimentação de passageiros ou movimentação e armazenagem de mercadorias, destinadas ou provenientes de transporte aquaviário, **dentro da área do porto organizado.**

1. **Instalação fora da área do porto organizado.** No inciso XI, deste artigo, observe que a exploração indireta de instalação portuária localizada fora da área do porto organizado se dará mediante autorização, formalizada por meio de um contrato de adesão. A seu turno, a exploração da área do porto organizado se dará mediante concessão, sendo necessário um prévio procedimento licitatório.

▶ **ATENÇÃO:** Os **arts. 3º ao 24 (nestes incluídos os Capítulos II ao IV)** desta lei não possuem interesse para a matéria trabalhista.

CAPÍTULO V
DA OPERAÇÃO PORTUÁRIA

Art. 25. A **pré-qualificação do operador portuário** será efetuada perante a administração do porto, conforme normas estabelecidas pelo poder concedente.

§ 1º As normas de pré-qualificação **devem obedecer aos princípios da legalidade, impessoalidade, moralidade, publicidade e eficiência.**

§ 2º A administração do porto terá **prazo de 30 (trinta) dias**, contado do pedido do interessado, para decidir sobre a pré-qualificação.

§ 3º Em caso de indeferimento do pedido mencionado no § 2º, **caberá recurso, no prazo de 15 (quinze) dias,** dirigido à **Secretaria de Portos da Presidência da República,** que deverá **apreciá-lo no prazo de 30 (trinta) dias,** nos termos do regulamento.

§ 4º **Considera-se pré-qualificada como operador portuário** a administração do porto.

Art. 26

COLETÂNEA DE LEIS TRABALHISTAS

1. **Princípios da administração pública.** Como a exploração dos portos compete à União Federal, ente público, a seleção dos operadores portuários deverá obededecer aos princípios da administração pública, previstos no art. 37, *caput*, da CF.

Art. 26. O operador portuário responderá perante:

I – **a administração do porto** pelos danos culposamente causados à infra-estrutura, às instalações e ao equipamento de que a administração do porto seja titular, que se encontre a seu serviço ou sob sua guarda;

II – **o proprietário ou consignatário da mercadoria** pelas perdas e danos que ocorrerem durante as operações que realizar ou em decorrência delas;

III – **o armador** pelas avarias ocorridas na embarcação ou na mercadoria dada a transporte;

IV – **o trabalhador portuário** pela remuneração dos serviços prestados e respectivos encargos;

V – **o órgão local de gestão de mão de obra do trabalho avulso** pelas contribuições não recolhidas;

VI – **os órgãos competentes** pelo **recolhimento dos tributos incidentes sobre o trabalho portuário avulso**; e

VII – **a autoridade aduaneira** pelas mercadorias sujeitas a controle aduaneiro, no período em que lhe estejam confiadas ou quando tenha controle ou uso exclusivo de área onde se encontrem depositadas ou devam transitar.

Parágrafo único. Compete à **administração do porto responder pelas mercadorias a que se referem os incisos II e VII do caput quando estiverem em área por ela controlada e após o seu recebimento**, conforme definido pelo regulamento de exploração do porto.

---

1. **Tributos incidentes sobre o trabalho portuário avulso.** A responsabilidade pelo recolhimento das contribuições fiscais, previdenciárias e sociais, bem como pelas verbas trabalhistas do trabalhador portuário avulso é solidária entre o operador portuário e o órgão gestor de mão de obra.

Art. 27. As atividades do operador portuário estão sujeitas às normas estabelecidas pela Antaq.

§ 1º O operador portuário é titular e responsável pela coordenação das operações portuárias que efetuar.

Lei nº 12.815, de 5 de junho de 2013 — **Art. 28**

§ 2º A atividade de movimentação de carga a bordo da embarcação deve ser executada de acordo com a instrução de seu comandante ou de seus prepostos, responsáveis pela segurança da embarcação nas atividades de arrumação ou retirada da carga, quanto à segurança da embarcação.

1. A importância deste artigo está em sua literalidade, em especial o conteúdo do § 1º.

Art. 28. É dispensável a intervenção de operadores portuários em operações:

I – que, por seus métodos de manipulação, suas características de automação ou mecanização, **não requeiram a utilização de mão de obra ou possam ser executadas exclusivamente pela tripulação das embarcações;**

II – de embarcações empregadas:

a) em obras de serviços públicos nas vias aquáticas do País, executadas direta ou indiretamente pelo poder público;

b) no transporte de gêneros de pequena lavoura e da pesca, para abastecer mercados de âmbito municipal;

c) na navegação interior e auxiliar;

d) no transporte de mercadorias líquidas a granel; e

e) no transporte de mercadorias sólidas a granel, quando a carga ou descarga for feita por aparelhos mecânicos automáticos, salvo quanto às atividades de **rechego**;

III – relativas à movimentação de:

a) cargas em área sob controle militar, quando realizadas por pessoal militar ou vinculado a organização militar;

b) materiais por estaleiros de construção e reparação naval; e

c) peças sobressalentes, material de bordo, mantimentos e abastecimento de embarcações; e

IV – relativas ao abastecimento de aguada, combustíveis e lubrificantes para a navegação.

Parágrafo único. (VETADO).

1. **Peculiaridades e necessidades próprias.** O trabalho portuário tem peculiaridades, em decorrência de sua estrutura, e necessidades próprias. Destaca-se nessa estrutura o trabalho portuário avulso. Historicamente, o trabalhador avulso estava à margem dos direitos trabalhistas ga-

Art. 28

COLETÂNEA DE LEIS TRABALHISTAS

rantidos aos demais empregados celetistas, isso porque o trabalhador avulso presta serviços em atividade acessória ou instrumental para mais de um tomador de serviços, fato que impediu o reconhecimento de seu trabalho como vínculo de emprego. Entretanto, ao longo do tempo, o trabalhador avulso foi angariando direitos, paulatinamente, como bem descreve Alice Monteiro de Barros:

> *"Surgiu, nesse contexto, a regulamentação (Decreto 61851 de dezembro de 1967) da Lei nº 5085, de agosto de 1966, que reconheceu o direito às férias aos trabalhadores avulsos, pagas pelos tomadores dos serviços mediante um adicional ao salário administrado e controlado pelo sindicato. Em 1968, a Lei nº 5480 estendeu ao avulso o direito ao FGTS e à gratificação natalina e, em 1982, a Lei nº 7002 autoriza as Administrações dos Portos a adotarem jornada noturna especial, com duração de seis horas contínuas de 60 minutos cada hora."[4]*

2. **Igualdade entre trabalhador avulso e trabalhador com vínculo empregatício.** A Constituição Federal de 1988, no inciso XXXIV do art. 7º, resgatou a dívida histórica com os referidos trabalhadores, pois conferiu aos trabalhadores avulsos os mesmos direitos dos trabalhadores com vínculo empregatício permanente.

Constituição Federal

Art. 7º São direitos dos trabalhadores urbanos e rurais, além de outros que visem à melhoria de sua condição social:

(...)

XXXIV – igualdade de direitos entre o trabalhador com vínculo empregatício permanente e o trabalhador avulso;

2.1. Trabalhador avulso. O conceito de trabalhador avulso está definido na Lei nº 8.212/91 (Regulamento do Plano de Custeio de Benefícios da Previdência Social), onde se prevê como trabalhador avulso aquele que presta serviços a várias empresas, sem vínculo empregatício, serviços de natureza urbana ou rural, tratando-se de segurado obrigatório da Previdência Social. O Regulamento da Previdência Social (Decreto nº 3.048/1999), em seu art. 9º, VI, por sua vez, acrescenta a necessidade da intermediação obrigatória destes trabalhadores pelo Órgão Gestor de Mão-de-Obra ou do sindicato da categoria.

---

4   Barros, Alice Monteiro de. Contratos e regulamentações especiais de trabalho: peculiariedades, aspectos controvertidos e tendências / Alice Monteiro de Barros. – 4. Ed. – São Paulo: Ltr, 2010, pg. 488.

Lei nº 12.815, de 5 de junho de 2013

Art. 28

Lei nº 8.212/91 – Regulamento do Plano de Custeio de Benefícios da Previdência Social

Art. 12.

(...)

VI – como trabalhador avulso: quem presta, a diversas empresas, sem vínculo empregatício, serviços de natureza urbana ou rural definidos no regulamento;

Decreto nº 3.048/1999 – Regulamento da Previdência Social

Art. 9º

(...)

VI – como trabalhador avulso - aquele que, sindicalizado ou não, presta serviço de natureza urbana ou rural, a diversas empresas, sem vínculo empregatício, com a intermediação obrigatória do órgão gestor de mão-de-obra, nos termos da Lei nº 8.630, de 25 de fevereiro de 1993, ou do sindicato da categoria, assim considerados:

a) o trabalhador que exerce atividade portuária de capatazia, estiva, conferência e conserto de carga, vigilância de embarcação e bloco;

b) o trabalhador de estiva de mercadorias de qualquer natureza, inclusive carvão e minério;

c) o trabalhador em alvarenga (embarcação para carga e descarga de navios);

d) o amarrador de embarcação;

e) o ensacador de café, cacau, sal e similares;

f) o trabalhador na indústria de extração de sal;

g) o carregador de bagagem em porto;

h) o prático de barra em porto;

i) o guindasteiro; e

j) o classificador, o movimentador e o empacotador de mercadorias em portos;

2.2. Trabalhadores avulso não são empregados com vínculo de permanência. Assim, resta claro que os trabalhadores avulsos, embora tenham a garantia constitucional dos mesmos direitos dos empregados celetistas, não são empregados com vínculo de permanência com os seus tomadores, sendo incluídos em uma espécie de trabalhador eventual que se utiliza da intermediação de mão de obra.

287

2.3. Intermediação do trabalho portuário. No setor portuário, inicialmente, essa função intermediadora era realizada pelo sindicato, passando, a partir da Lei nº 8630/93, a ser por um órgão de gestão de mão de obra. Estes trabalhadores, chamados de avulsos portuários, passaram a ser regidos, a partir de 05.06.2013, por esta lei, que revogou as disposições da Lei n° 8.630/93.

2.4. Avulso não portuário. Nos demais setores, o trabalhador avulso, conhecido como "avulso não portuário", é regido pela Lei nº 12.023/09, onde o agente intermediador é o sindicato, podendo ocorrer tanto em atividades urbanas como rurais. Exemplo desta espécie de trabalhador avulso não portuário é o "chapa", responsável pelo carregamento e descarregamento de material de veículos de transportes.

Ambas as espécies de trabalhadores avulsos são destinatários da garantia constitucional prevista no art. 7º, XXXIV, da Constituição Federal.

2.5. Relação triangular. Assim, depreende-se que o trabalho avulso constitui uma relação triangular coordenada, onde o trabalhador avulso presta serviço para um tomador de serviço, que no trabalho portuário é chamado de operador portuário, este, por sua vez, efetua o depósito com a remuneração em benefício do órgão gestor de mão-de-obra, o qual realiza o repasse dessa remuneração aos trabalhadores avulsos e recolhe os encargos fiscais, previdenciários e sociais.

> **Art. 29.** As **cooperativas formadas por trabalhadores portuários avulsos,** registrados de acordo com esta Lei, poderão estabelecer-se como operadores portuários.

1. **Cooperativas de trabalhadores portuários avulsos.** Este artigo permite às cooperativas formadas por trabalhadores avulsos portuários atuarem como operadores portuários para a exploração das instalações portuários, utilizando-se, para tanto, dos trabalhadores portuários avulsos não cooperativados, ou dos empregados portuários.

> **Art. 30.** A **operação portuária em instalações localizadas fora da área do porto organizado será disciplinada pelo titular da respectiva autorização,** observadas as normas estabelecidas pelas autoridades marítima, aduaneira, sanitária, de saúde e de polícia marítima.
>
> **Art. 31.** O disposto nesta Lei não prejudica a aplicação das demais normas referentes ao transporte marítimo, inclusive as decorrentes de convenções internacionais ratificadas, enquanto vincularem internacionalmente o País.

Lei nº 12.815, de 5 de junho de 2013

Art. 32

1. A importância destes artigos está em sua literalidade.

CAPÍTULO VI
DO TRABALHO PORTUÁRIO

Art. 32. Os **operadores portuários** devem constituir em cada porto organizado um órgão de gestão de mão de obra do trabalho portuário, destinado a:

I – **administrar o fornecimento da mão de obra** do trabalhador portuário e do trabalhador portuário avulso;

II – manter, com exclusividade, **o cadastro do trabalhador portuário** e o **registro do trabalhador portuário avulso;**

III – **treinar e habilitar** profissionalmente o trabalhador portuário, **inscrevendo-o no cadastro;**

IV – **selecionar e registrar** o trabalhador portuário **avulso;**

V – estabelecer o número de vagas, a forma e a periodicidade para acesso ao registro do trabalhador portuário avulso;

VI – expedir os documentos de identificação do trabalhador portuário; e

VII – **arrecadar e repassar aos beneficiários os valores devidos pelos operadores portuários** relativos à remuneração do trabalhador portuário avulso e aos correspondentes encargos fiscais, sociais e previdenciários.

Parágrafo único. Caso celebrado contrato, acordo ou convenção coletiva de trabalho entre trabalhadores e tomadores de serviços, **o disposto no instrumento precederá o órgão gestor** e **dispensará sua intervenção nas relações entre capital e trabalho no porto.**

1. **OGMO.** Cada operador portuário constituirá um Órgão Gestor de Mão-de-Obra (OGMO) em cada porto organizado.

2. **Fornecimento de mão de obras.** Compete ao OGMO administrar o fornecimento da mão de obra avulsa. Contudo, apenas ao operador portuário cabe requisitar esta mão de obra.

3. **Atividades do OGMO.** Dentre as várias funções do OGMO destacam-se as atividades de seleção, treinamento, cadastramento e registro dos trabalhadores avulsos, além de ser o responsável pelo repasse da remuneração e pelo recolhimento dos encargos fiscais, previdenciários e sociais nas contas vinculadas dos trabalhadores avulsos.

289

Art. 33

COLETÂNEA DE LEIS TRABALHISTAS

→ **Aplicação em concurso:**

- No concurso para Juiz do Trabalho Substituto para o TRT da 1ª Região (RJ), em 2016, promovido pela banca FCC, fora considerada **ERRADA** a seguinte assertiva: *"À autoridade portuária, assim entendida aquela a quem incumbe a administração do porto organizado, compete diretamente selecionar e registrar o trabalhador portuário avulso."*

Art. 33. Compete ao órgão de gestão de mão de obra do trabalho portuário avulso:

I – aplicar, quando couber, normas disciplinares previstas em lei, contrato, convenção ou acordo coletivo de trabalho, no caso de transgressão disciplinar, **as seguintes penalidades:**

a) **repreensão** verbal ou por escrito;

b) **suspensão do registro** pelo período de 10 (dez) a 30 (trinta) dias; ou

c) **cancelamento do registro;**

II – promover:

a) a formação profissional do trabalhador portuário e do trabalhador portuário avulso, adequando-a aos modernos processos de movimentação de carga e de operação de aparelhos e equipamentos portuários;

b) **o treinamento multifuncional** do trabalhador portuário e do trabalhador portuário avulso; e

c) a criação de programas de realocação e de cancelamento do registro, sem ônus para o trabalhador;

III – **arrecadar e repassar aos beneficiários** contribuições destinadas a incentivar o cancelamento do registro e a aposentadoria voluntária;

IV – arrecadar as contribuições destinadas ao custeio do órgão;

V – **zelar pelas normas** de saúde, higiene e segurança no trabalho portuário avulso; e

VI – submeter à administração do porto propostas para aprimoramento da operação portuária e valorização econômica do porto.

§ 1º O **órgão não responde por prejuízos causados pelos trabalhadores** portuários avulsos aos tomadores dos seus serviços ou a terceiros.

§ 2º O **órgão responde, solidariamente com os operadores portuários, pela remuneração devida ao trabalhador** portuário avulso e pelas indenizações decorrentes de acidente de trabalho.

§ 3º O órgão pode exigir dos operadores portuários **garantia prévia dos respectivos pagamentos**, para atender a requisição de trabalhadores portuários avulsos.

Lei nº 12.815, de 5 de junho de 2013

Art. 33

§ 4º As matérias constantes nas alíneas *a* e *b* do inciso II deste artigo serão discutidas em fórum permanente, composto, em caráter paritário, por representantes do governo e da sociedade civil.

§ 5º **A representação da sociedade civil no fórum** previsto no § 4º será paritária entre trabalhadores e empresários.

1. **Penalidades.** Não obstante a relação entre o trabalhador avulso e o órgão gestor de mão – de-obra não ser uma relação de emprego, o referido órgão possui poderes disciplinares equivalentes aos de um empregador, como, por exemplo o poder de advertência, que corresponde à repreensão verbal ou por escrito descrito na alínea "a" deste artigo. Também há o poder de suspensão disciplinar, que, por sua, vez corresponde à suspensão do registro do avulso de 10 a 30 dias, onde o referido trabalhador ficaria impedido de trabalhar e, por conseguinte, de receber sua remuneração.

   Por fim, o OGMO também teria o poder equivalente ao de demissão, através do poder de cancelamento de registro do trabalhador avulso.

2. **Capacitação dos trabalhadores.** Existe uma preocupação em se capacitar estes trabalhadores para o exercício de várias funções, reduzindo-se, assim, o números de categorias especializadas em determinadas tarefas.

3. **Prejuízos causados pelos trabalhadores.** O OGMO não responde pelos prejuízos que os trabalhadores portuários avulsos eventualmente causarem aos seus tomares de serviços ou a terceiros, ao contrário do que ocorre com o operador portuário, conforme se observa do art. 26 desta Lei.

4. **Responsabilidade com os direitos trabalhistas.** Esse dispositivo, ademais, enfatiza a responsabilização solidária do órgão gestor de mão-de-obra e do operador portuário com os direitos trabalhistas do trabalhador avulso.

   → **Aplicação em concurso:**

   - Também no concurso para Juiz do Trabalho Substituto para o TRT da 1ª Região (RJ), em 2016, promovido pela banca FCC, fora considerada **ERRADA** a seguinte assertiva: *"O operador portuário responde de maneira subsidiária pelos débitos do órgão de gestão de mão de obra do trabalho portuário avulso ao trabalhador portuário avulso."*

Art. 34

COLETÂNEA DE LEIS TRABALHISTAS

> **Art. 34.** O exercício das atribuições previstas nos arts. 32 e 33 pelo órgão de gestão de mão de obra do trabalho portuário avulso **não implica vínculo empregatício** com trabalhador portuário avulso.

1. **Trabalhador avulso e o vínculo empregatício.** Observe-se que não se há de falar em vínculo de emprego entre o trabalhador portuário avulso e o OGMO, e nem como o operador portuário, haja vista a ausência de pessoalidade na prestação dos serviços.

> **Art. 35.** O órgão de gestão de mão de obra pode ceder trabalhador portuário avulso, **em caráter permanente**, ao operador portuário.

1. **Possibilidade de contratação permanente.** Depreende-se, deste dispositivo, que o operador portuário poderá firmar contrato de trabalho com o trabalhador avulso registrado cedido pelo OGMO.

→ **Aplicação em concurso:**

- No concurso para Juiz do Trabalho Substituto para o TRT da 1ª Região (RJ), promovido pela Banca FCC, em 2016, fora considerada **CERTA** a seguinte assertiva: *"É facultado ao órgão de gestão de mão de obra ceder trabalhador portuário avulso, em caráter permanente, ao operador portuário."*

> **Art. 36.** A gestão da mão de obra do trabalho portuário avulso deve observar as normas do contrato, convenção ou acordo coletivo de trabalho.

1. **A importância deste artigo está em sua literalidade.**

> **Art. 37.** Deve ser constituída, no âmbito do órgão de gestão de mão de obra, comissão paritária para solucionar litígios decorrentes da aplicação do disposto nos arts. 32, 33 e 35.
>
> § 1º Em caso de impasse, as partes devem **recorrer à arbitragem de ofertas finais**.
>
> § 2º Firmado o compromisso arbitral, não será admitida a desistência de qualquer das partes.
>
> § 3º Os árbitros devem ser escolhidos de comum acordo entre as partes, e o laudo arbitral proferido para solução da pendência constitui **título executivo extrajudicial**.

Lei nº 12.815, de 5 de junho de 2013

Art. 38

> § 4º As ações relativas aos créditos decorrentes da relação de trabalho avulso **prescrevem em 5 (cinco) anos até o limite de 2 (dois) anos após o cancelamento do registro ou do cadastro no órgão gestor** de mão de obra.

1. **Arbitragem obrigatória.** Essa é uma rara previsão de arbitragem obrigatória no Direito do Trabalho brasileiro, ressaltando, ainda, que a arbitragem de ofertas finais, o árbitro, necessariamente, tem que escolher de forma integral uma das propostas oferecidas pelas partes.

2. **Prazo prescricional.** Esse dispositivo reconhece o mesmo prazo prescricional do empregado previsto no inciso XXIX do art. 7º da Constituição Federal. No entanto, o marco prescricional não é a dispensa, pois o avulso não é empregado, mas o cancelamento do registro ou do cadastro no OGMO.

→ **Aplicação em concurso:**

- O concurso para Juiz do Trabalho Substituto para o TRT da 1ª Região (RJ), em 2016, promovido pela banca FCC, fora considerada **ERRADA** a seguinte assertiva: *"O crédito decorrente da relação de trabalho avulso prescreve em 5 anos, até o limite de 2 anos após a última atividade laborativa."*

Art. 38. O órgão de gestão de mão de obra terá obrigatoriamente 1 (um) conselho de supervisão e 1 (uma) diretoria executiva.

§ 1º O conselho de supervisão será composto por 3 (três) membros titulares e seus suplentes, indicados na forma do regulamento, e terá como competência:

I – deliberar sobre a matéria contida no inciso V do caput do art. 32;

II – editar as normas a que se refere o art. 42; e

III – fiscalizar a gestão dos diretores, examinar, a qualquer tempo, os livros e papéis do órgão e solicitar informações sobre quaisquer atos praticados pelos diretores ou seus prepostos.

§ 2º A diretoria executiva será composta por 1 (um) ou mais diretores, designados e destituíveis na forma do regulamento, cujo prazo de gestão será de 3 (três) anos, permitida a redesignação.

§ 3º Até 1/3 (um terço) dos membros do conselho de supervisão poderá ser designado para cargos de diretores.

§ 4º No silêncio do estatuto ou contrato social, competirá a qualquer diretor a representação do órgão e a prática dos atos necessários ao seu funcionamento regular.

Art. 39 COLETÂNEA DE LEIS TRABALHISTAS

1. A importância deste artigo está em sua literalidade.

> **Art. 39.** O órgão de gestão de mão de obra é reputado de utilidade pública, sendo-lhe vedado ter fins lucrativos, prestar serviços a terceiros ou exercer qualquer atividade não vinculada à gestão de mão de obra.

1. **Natureza jurídica.** O OGMO é uma pessoa jurídica de direito privado obrigatoriamente sem fins lucrativos, sendo considerado de utilidade pública.

> **Art. 40.** O trabalho portuário de capatazia, estiva, conferência de carga, conserto de carga, bloco e vigilância de embarcações, nos portos organizados, será realizado por **trabalhadores portuários com vínculo empregatício por prazo indeterminado** e **por trabalhadores portuários avulsos.**
>
> § 1º Para os fins desta Lei, consideram-se:
>
> I – **capatazia**: atividade de movimentação de mercadorias nas instalações dentro do porto, compreendendo o recebimento, conferência, transporte interno, abertura de volumes para a conferência aduaneira, manipulação, arrumação e entrega, bem como o carregamento e descarga de embarcações, quando efetuados por aparelhamento portuário;
>
> II – **estiva**: atividade de movimentação de mercadorias nos conveses ou nos porões das embarcações principais ou auxiliares, incluindo o transbordo, arrumação, peação e despeação, bem como o carregamento e a descarga, quando realizados com equipamentos de bordo;
>
> III – **conferência de carga**: contagem de volumes, anotação de suas características, procedência ou destino, verificação do estado das mercadorias, assistência à pesagem, conferência do manifesto e demais serviços correlatos, nas operações de carregamento e descarga de embarcações;
>
> IV – **conserto de carga**: reparo e restauração das embalagens de mercadorias, nas operações de carregamento e descarga de embarcações, reembalagem, marcação, remarcação, carimbagem, etiquetagem, abertura de volumes para vistoria e posterior recomposição;
>
> V – **vigilância de embarcações**: atividade de fiscalização da entrada e saída de pessoas a bordo das embarcações atracadas ou fundeadas ao largo, bem como da movimentação de mercadorias nos portalós, rampas, porões, conveses, plataformas e em outros locais da embarcação; e
>
> VI – **bloco**: atividade de limpeza e conservação de embarcações mercantes e de seus tanques, incluindo batimento de ferrugem, pintura, reparos de pequena monta e serviços correlatos.

Lei nº 12.815, de 5 de junho de 2013

Art. 41

> § 2º A **contratação de trabalhadores portuários** de capatazia, bloco, estiva, conferência de carga, conserto de carga e vigilância de embarcações com vínculo empregatício por prazo indeterminado será feita **exclusivamente** dentre trabalhadores portuários **avulsos registrados**.
>
> § 3º O **operador portuário**, nas atividades a que alude o caput, **não poderá locar ou tomar mão de obra sob o regime de trabalho temporário** de que trata a Lei nº 6.019, de 3 de janeiro de 1974.
>
> § 4º As categorias previstas no caput constituem **categorias profissionais diferenciadas**.

1. **Contratação exclusivamente dentre os avulsos registrados.** Obrigatoriamente, para o exercício das atividades previstas neste artigo, somente poderão ser contratados os trabalhadores portuários avulsos registrados no OGMO, exclusivamente, e não apenas cadastrados. Ressalta-se que o trabalhador cadastrado é selecionado pelo OGMO, que inicialmente realiza a seleção de trabalhadores interessados, inscrevendo-o no cadastro de trabalhador avulso para a prestação de serviço partilhada, mediante rodízio, com os demais trabalhadores avulsos. Somente após esse trabalhador passar por um programa de qualificação e treinamento oferecidos pelo OGMO, ocorrerá o cadastramento, sendo o trabalhador assim qualificado como avulso cadastrado. Somente após o prévio cadastro, é que ele poderá ser registrado, daí passando à condição de trabalhador avulso registrado.

2. **Vedação ao trabalho temporário.** O trabalho temporário, que constitui uma espécie de trabalho terceirizado em atividade-fim, é vedado na atividade portuária, em razão da existência do trabalho avulso previsto nesta Lei e da intermediação obrigatória do OGMO, o que torna desnecessária a terceirização desses serviços.

Art. 41. O órgão de gestão de mão de obra:

I – organizará e manterá **cadastro** de trabalhadores portuários habilitados ao desempenho das atividades referidas no § 1º do art. 40; e

II – organizará e manterá o **registro** dos trabalhadores portuários avulsos.

§ 1º A **inscrição no cadastro** do trabalhador portuário dependerá exclusivamente de **prévia habilitação profissional** do trabalhador interessado, **mediante treinamento realizado em entidade indicada pelo órgão de gestão de mão de obra.**

Art. 42   COLETÂNEA DE LEIS TRABALHISTAS

§ 2º O **ingresso no registro** do trabalhador portuário avulso **depende de prévia seleção e inscrição no cadastro** de que trata o inciso I do caput, obedecidas a disponibilidade de vagas e a ordem cronológica de inscrição no cadastro.

§ 3º A inscrição no cadastro e o registro do trabalhador portuário **extinguem-se por morte ou cancelamento.**

1. **Funções do OGMO.** Dentre as várias funções do órgão gestor de mão--de-obra, destacam-se as atividades de seleção, treinamento, cadastramento e registro dos trabalhadores avulsos, sendo também o responsável pelo repasse da remuneração e pelo recolhimento dos encargos fiscais, previdenciários e sociais nas contas vinculadas dos trabalhadores avulsos.

2. **Cadastro no OGMO.** Para o acesso do trabalhador portuário ao cadastrado, é necessária prévia habilitação profissional, mediante treinamento realizado em entidade indicada pelo OGMO. Somente após o cadastro, estes trabalhadores poderão ter acesso ao registro, observando-se a disponibilidade de vagas e a ordem de inscrição no cadastro.

→ **Aplicação em concurso:**

- No concurso para Juiz do Trabalho Substituto para o TRT da 1ª Região (RJ), em 2016, promovido pela banca FCC, fora considerada **ERRADA** a seguinte assertiva: *"Ao órgão de gestão de mão de obra avulsa compete elaborar e divulgar norma que regule a seleção e o registro do trabalhador portuário avulso, remetendo ao sindicato dos trabalhadores avulsos o inteiro teor da norma."*

Art. 42. A seleção e o registro do trabalhador portuário avulso serão feitos pelo órgão de gestão de mão de obra avulsa, de acordo com as normas estabelecidas em contrato, convenção ou acordo coletivo de trabalho.

1. **A importância deste artigo está em sua literalidade.**

Art. 43. A remuneração, a definição das funções, a composição dos ternos, a multifuncionalidade e as demais condições do trabalho avulso serão objeto de **negociação** entre as **entidades representativas dos trabalhadores portuários avulsos e dos operadores portuários.**

Lei nº 12.815, de 5 de junho de 2013

Art. 44

> **Parágrafo único.** A negociação prevista no caput contemplará a garantia de renda mínima inserida no item 2 do Artigo 2 da Convenção nº 137 da Organização Internacional do Trabalho – OIT.

1. **Remuneração do trabalhador avulso.** Em razão da isonomia de direitos, quando o operador portuário paga o valor correspondente ao trabalho prestado, esta remuneração deve abranger os percentuais que contemplem os direitos sociais dos trabalhadores, dentre eles as férias, mais um terço, 13º salário, FGTS, adicionais legais ou normativos, dentre outros.

2. **Regramento jurídico dos avulsos portuários e avulsos não portuários.** Por fim, registre-se que esta lei trata, especificamente, dos trabalhadores avulsos portuários, necessariamente intermediados pelo OGMO, e dos empregados avulsos, enquanto a Lei nº 12.023/2009 disciplina o trabalho dos avulsos não portuários, que são intermediados pelos sindicatos.

→ **Aplicação em concurso:**

- No concurso para Guarda Portuário da CODEBA – Companhia das Docas do Estado da Bahia, em 2016, promovido pela banca FGV, fora inserida a seguinte questão: *"Segundo a Convenção nº 137 da OIT, que se aplica às pessoas cuja principal fonte de renda anual provém do trabalho como portuário, assinale a afirmativa incorreta:"*

  A) *A política nacional deve estimular todos os setores interessados para que assegurem aos portuários, na medida do possível, um emprego permanente ou regular.*

  B) *Um emprego estável com renda mínima deve ser assegurado ao portuário, independentemente da situação econômica e social do país.*

  C) *Os registros devem ser estabelecidos e mantidos em dia, para todas as categorias profissionais de portuários, na forma determinada pela legislação ou a prática nacional.*

  D) *Os portuários matriculados terão prioridade para a obtenção de trabalho nos portos.*

  E) *Os portuários matriculados deverão estar prontos para trabalhar de acordo com a legislação ou as práticas nacionais.*

  Resposta: B

Art. 44. É facultada aos titulares de instalações portuárias sujeitas a regime de autorização a **contratação de trabalhadores a prazo indeterminado**, observado o disposto no contrato, convenção ou acordo coletivo de trabalho.

Art. 45. (VETADO).

1. **Contratação de trabalhadores a prazo indeterminado.** O art. 44 permite a contratação de empregados, sem a observância do registro no OGMO, por empresa que possui autorização de exploração de instalações portuárias, que, segundo a referida Lei, estão localizadas fora da área do porto organizado.

CAPÍTULO VII
DAS INFRAÇÕES E PENALIDADES

Art. 46. Constitui infração toda ação ou omissão, voluntária ou involuntária, que importe em:

I – realização de operações portuárias com infringência ao disposto nesta Lei ou com inobservância dos regulamentos do porto;

II – **recusa injustificada, por parte do órgão de gestão de mão de obra, da distribuição de trabalhadores a qualquer operador portuário**; ou

III – utilização de terrenos, área, equipamentos e instalações portuárias, dentro ou fora do porto organizado, com desvio de finalidade ou com desrespeito à lei ou aos regulamentos.

Parágrafo único. Responde pela infração, conjunta ou isoladamente, qualquer pessoa física ou jurídica que, intervindo na operação portuária, concorra para sua prática ou dela se beneficie.

Art. 47. As infrações estão sujeitas às seguintes penas, aplicáveis separada ou cumulativamente, de acordo com a gravidade da falta:

I – advertência;

II – multa;

III – proibição de ingresso na área do porto por período de 30 (trinta) a 180 (cento e oitenta) dias;

IV – suspensão da atividade de operador portuário, pelo período de 30 (trinta) a 180 (cento e oitenta) dias; ou

V – cancelamento do credenciamento do operador portuário.

Parágrafo único. Sem prejuízo do disposto nesta Lei, aplicam-se subsidiariamente às infrações previstas no art. 46 as penalidades estabelecidas na Lei nº 10.233, de 5 de junho de 2001, separada ou cumulativamente, de acordo com a gravidade da falta.

Art. 48. Apurada, no mesmo processo, a prática de 2 (duas) ou mais infrações pela mesma pessoa física ou jurídica, aplicam-se cumulativamente as penas a elas cominadas, se as infrações não forem idênticas.

Lei nº 12.815, de 5 de junho de 2013

Art. 52

§ 1º Serão reunidos em um único processo os diversos autos ou representações de infração continuada, para aplicação da pena.

§ 2º Serão consideradas continuadas as infrações quando se tratar de repetição de falta ainda não apurada ou objeto do processo, de cuja instauração o infrator não tenha conhecimento, por meio de intimação.

Art. 49. Na falta de pagamento de multa no prazo de 30 (trinta) dias, contado da ciência pelo infrator da decisão final que impuser a penalidade, será realizado processo de execução.

Art. 50. As importâncias pecuniárias resultantes da aplicação das multas previstas nesta Lei reverterão para a Antaq, na forma do inciso V do caput do art. 77 da Lei nº 10.233, de 5 de junho de 2001.

Art. 51. O descumprimento do disposto nos arts. 36, 39 e 42 desta Lei sujeitará o infrator à multa prevista no inciso I do art. 10 da Lei nº 9.719, de 27 de novembro de 1998, sem prejuízo das demais sanções cabíveis.

1. A importância destes artigos está em sua literalidade.

Art. 52. O descumprimento do disposto no caput e no § 3º do art. 40 desta Lei sujeitará o infrator à multa prevista no inciso III do art. 10 da Lei nº 9.719, de 27 de novembro de 1998, sem prejuízo das demais sanções cabíveis.

1. **Penalidades administrativas.** As referidas penalidades não se aplicam na esfera trabalhista, mas sim correspondem a matéria administrativa, não se revertendo em favor dos trabalhadores portuários nenhum valor.

▶ **ATENÇÃO: Os arts. 53 ao 76 (nestes incluídos os Capítulos VIII ao IX)** desta lei não possuem interesse para a matéria trabalhista.

Lei nº 13.185, de 6 de novembro de 2015

Institui o Programa de Combate à Intimidação Sistemática (*Bullying*).

A PRESIDENTA DA REPÚBLICA Faço saber que o Congresso Nacional decreta e eu sanciono a seguinte Lei:

Art. 1º Fica instituído o Programa de Combate à Intimidação Sistemática (*Bullying*) em todo o território nacional.

§ 1º No contexto e para os fins desta Lei, considera-se intimidação sistemática (**bullying**) todo ato de **violência física ou psicológica, intencional e repetitivo** que ocorre sem motivação evidente, praticado **por indivíduo ou grupo, contra uma ou mais pessoas**, com o objetivo **de intimidá-la ou agredi-la**, causando dor e angústia à vítima, em uma relação de **desequilíbrio de poder entre as partes envolvidas**.

§ 2º O Programa instituído no *caput* poderá fundamentar as ações do Ministério da Educação e das Secretarias Estaduais e Municipais de Educação, bem como de outros órgãos, aos quais a matéria diz respeito.

1. Caracterização do *bullying*. Percebe-se que para a caracterização do *bullying* faz-se necessária a constatação de violência física ou psicológica, do dolo do agente agressor e da repetição dos atos intimidadores.

1.1. *Bullying* vertical. A referida norma estudada contempla apenas figura do *bullying* vertical, na qual se prevê um desequilíbrio de poder entre as partes envolvidas para se fundamentar a intimidação sistemática, como, por exemplo, o assédio sexual ou moral provocado pelo superior hierárquico em face de seu subordinado no âmbito empresarial.

1.2. *Bullying* horizontal. Ocorre, entretanto, que, doutrinariamente, já se reconhece o *bullying* horizontal, onde não há o desequilíbrio de poder entre as partes envolvidas, mas se mantêm presentes os demais requisitos caracterizadores da intimidação sistemática. Neste caso, percebe-se claramente o *bullying* entre colegas de trabalho, quando de forma dolosa um colega apelida pejorativamente outro colega e consegue constranger e humilhar, continuamente, o colega perante os outros colegas de trabalho.

Art. 2º Caracteriza-se a intimidação sistemática (*bullying*) quando há **violência física** ou **psicológica** em **atos de intimidação, humilhação ou discriminação** e, ainda:

I – ataques físicos;

II – insultos pessoais;

III – comentários sistemáticos e **apelidos pejorativos**;

IV – ameaças por quaisquer meios;

V – grafites depreciativos;

VI – expressões preconceituosas;

VII – isolamento social consciente e premeditado;

VIII – **pilhérias.**

Parágrafo único. Há intimidação sistemática na rede mundial de computadores (*cyberbullying*), quando se usarem os instrumentos que lhe são próprios para depreciar, incitar a violência, adulterar fotos e dados pessoais com o intuito de criar meios de **constrangimento psicossocial.**

1. **Pilhérias.** São gozações, zombamento e piadas.

Art. 3º A intimidação sistemática (*bullying*) pode ser classificada, conforme as ações praticadas, como:

I – verbal: insultar, xingar e apelidar pejorativamente;

II – moral: difamar, caluniar, disseminar rumores;

III – sexual: assediar, induzir e/ou abusar;

IV – social: ignorar, isolar e excluir;

V – psicológica: perseguir, amedrontar, aterrorizar, intimidar, dominar, manipular, chantagear e infernizar;

VI – físico: socar, chutar, bater;

VII – material: furtar, roubar, destruir pertences de outrem;

VIII – virtual: depreciar, enviar mensagens intrusivas da intimidade, enviar ou adulterar fotos e dados pessoais que resultem em sofrimento ou com o intuito de criar meios de constrangimento psicológico e social.

1. **Rol exemplicficativo.** Embora o presente rol seja bastante aberto, não reconhecemos como taxativo, desde que preenchidos os requisitos da intimidação sistemática.

Lei nº 13.185, de 6 de novembro de 2015

Art. 5º

> **Art. 4º** Constituem objetivos do Programa referido no *caput* do art. 1º:
>
> I – prevenir e combater a prática da intimidação sistemática (*bullying*) em toda a sociedade;
>
> II – capacitar docentes e equipes pedagógicas para a implementação das ações de discussão, prevenção, orientação e solução do problema;
>
> III – implementar e disseminar campanhas de educação, conscientização e informação;
>
> IV – instituir práticas de conduta e orientação de pais, familiares e responsáveis diante da identificação de vítimas e agressores;
>
> V – dar assistência psicológica, social e jurídica às vítimas e aos agressores;
>
> VI – integrar os meios de comunicação de massa com as escolas e a sociedade, como forma de identificação e conscientização do problema e forma de preveni-lo e combatê-lo;
>
> VII – promover a cidadania, a capacidade empática e o respeito a terceiros, nos marcos de uma cultura de paz e tolerância mútua;
>
> VIII – evitar, tanto quanto possível, a punição dos agressores, **privilegiando mecanismos e instrumentos alternativos que promovam a efetiva responsabilização e a mudança de comportamento hostil;**
>
> IX – promover medidas de conscientização, prevenção e combate a todos os tipos de violência, com ênfase nas práticas recorrentes de intimidação sistemática (*bullying*), ou constrangimento físico e psicológico, cometidas por alunos, professores e outros profissionais integrantes de escola e de comunidade escolar.

1. A importância deste artigo está em sua literalidade.

> **Art. 5º É dever do estabelecimento de ensino, dos clubes e das agremiações recreativas** assegurar medidas de conscientização, prevenção, diagnose e combate à violência e à intimidação sistemática (*bullying*).

1. Empresas e as medidas de conscientização. Uma crítica se faz ao presente art. 5º desta Lei, pois não se incluíram no rol dos destinatários de medidas de conscientização, prevenção, diagnose e combate à violência e à intimidação sistemática, as empresas. Isso porque não são raras as ações trabalhistas onde se constata a ocorrência de assédio moral, sexual, atos repetitivos de intimidação, isolamento social, entre outras hipóteses caracterizadoras do bullying.

303

Art. 6º Serão produzidos e publicados relatórios bimestrais das ocorrências de intimidação sistemática (*bullying*) nos Estados e Municípios para planejamento das ações.

Art. 7º Os entes federados poderão firmar convênios e estabelecer parcerias para a implementação e a correta execução dos objetivos e diretrizes do Programa instituído por esta Lei.

1. A importância destes artigos está em sua literalidade.

Art. 8º Esta Lei entra em vigor após decorridos 90 (noventa) dias da data de sua publicação oficial.

Lei nº 13.271, de 15 de abril de 2016

Dispõe sobre a proibição de revista íntima de funcionárias nos locais de trabalho e trata da revista íntima em ambientes prisionais.

A PRESIDENTA DA REPÚBLICA Faço saber que o Congresso Nacional decreta e eu sanciono a seguinte Lei:

Art. 1º As empresas privadas, os órgãos e entidades da administração pública, direta e indireta, ficam **proibidos** de adotar qualquer prática de **revista íntima** de suas **funcionárias** e de **clientes do sexo feminino**.

Art. 2º Pelo não cumprimento do art. 1º, ficam os infratores sujeitos a:

I – multa de R$ 20.000,00 (vinte mil reais) ao empregador, revertidos aos órgãos de proteção dos direitos da mulher;

II – multa em dobro do valor estipulado no inciso I, em caso de reincidência, **independentemente da indenização por danos morais e materiais e sanções de ordem penal**.

Art. 3º (VETADO).

Art. 4º Esta Lei entra em vigor na data de sua publicação.

Brasília, 15 de abril de 2016;
195º da Independência e 128º da República

1. **Aplicação a todos os empregados.** Embora essa norma se refira expressamente a funcionárias e clientes do sexo feminino, entende-se com base no princípio constitucional da isonomia previsto no 5º, I, da Constituição Federal que se aplica a todos os empregados de ambos os sexos, indiscriminadamente.

2. **Diferença entre revista íntima e revista pessoal.** Destaca-se a existência da diferença entre revista pessoal e a revista íntima. Esta última ocorre quando o empregador realiza revista em seus empregados, exigindo-se a exposição das partes íntimas, cobertas ou não com vestimentas íntimas (cueca, calcinha, sutiã), inclusive sem a necessidade de contato físico com o fiscal para a sua configuração. Essa revista íntima

Art. 4º

COLETÂNEA DE LEIS TRABALHISTAS

é vedada pelo nosso ordenamento jurídico, pois afronta o direito personalíssimo à intimidade do empregado ou cliente vistoriado, ofensa direta ao comando previsto no inciso X do art. 5º da Constituição Federal de 1988. A presente norma em estudo apenas evidencia ainda mais a ilegalidade da revista íntima inclusive a realizada em órgãos públicos, pois o comando Constitucional, por si só, já revela a ilicitude da revista íntima.

3. **Revista íntima em presídios.** Ressalta-se, por fim, que a presente norma não excepcionou a revista íntima em presídios, em decorrência dos motivos de veto, sendo vedada a sua aplicação mesmo nesses locais de risco de fuga e rebeliões, onde em tese poderia se arguir a supremacia do interesse público. Nesses locais apenas se permite, através desta norma, a revista pessoal, sendo vedada a íntima.

MENSAGEM DE VETO Nº 146, DE 15 DE ABRIL DE 2016.

Senhor Presidente do Senado Federal, Comunico a Vossa Excelência que, nos termos do § 1º do art. 66 da Constituição, decidi vetar parcialmente, por contrariedade ao interesse público, o Projeto de Lei nº 583, de 2007 (nº 2/11 no Senado Federal), que "Dispõe sobre a proibição de revista íntima de funcionárias nos locais de trabalho e trata da revista íntima em ambientes prisionais".

Ouvido, o Ministério da Justiça manifestou-se pelo veto ao seguinte dispositivo:

Art. 3º

"Art. 3º Nos casos previstos em lei, para revistas em ambientes prisionais e sob investigação policial, a revista será unicamente realizada por funcionários servidores femininos."

Razões do veto

"A redação do dispositivo possibilitaria interpretação no sentido de ser permitida a revista íntima nos estabelecimentos prisionais. Além disso, permitiria interpretação de que quaisquer revistas seriam realizadas unicamente por servidores femininos, tanto em pessoas do sexo masculino quanto do feminino."

Essas, Senhor Presidente, as razões que me levaram a vetar o dispositivo acima mencionado do projeto em causa, as quais ora submeto à elevada apreciação dos Senhores Membros do Congresso Nacional.

4. **Revista pessoal.** Em se tratando da revista pessoal, necessariamente, não poderá ocorrer contato físico com o corpo do vistoriado, através de apalpação ou assemelhados. O contato deve se dirigir exclusivamente aos pertences do vistoriado, como bolsas, mochilas, etc. Faz-se

Lei nº 13.271, de 15 de abril de 2016

Art. 4º

necessário que essa vistoria não ocorra em lugares públicos, mas, sim, em lugares reservados para não constranger a pessoa vistoriada e de preferência que haja seleção do vistoriado por equipamento de sorteio aleatório ou que englobe todos os empregados do setor, e não apenas uma parte, para não se caracterizar algum tipo de discriminação. Essas são as diretrizes trazidas tanta pela doutrina como pela jurisprudência que reconhecem ser lícita a revista pessoal quando realizada de forma razoável, proporcional e não constrangedora.

> **DANO MORAL. REVISTA A PERTENCES DO EMPREGADO. ESVAZIA-MENTO DE BOLSAS E SACOLAS DIANTE DE CÂMERAS FILMADO-RAS. IMPESSOALIDADE. AUSÊNCIA DE INTERVENÇÃO HUMANA.** 1. A revista visual em bolsas, sacolas e demais pertences do empregado, desde que efetuada de maneira impessoal e respeitosa, não acarreta dano moral. Precedentes da SbDI-1 do TST. 2. Não faz jus à indenização a tal título o empregado que, a exemplo dos demais, submetia-se à revista de seus pertences na entrada e na saída da sede da empresa, mediante a abertura e o esvaziamento das respectivas bolsas e sacolas diante de câmeras filmadoras. Checagem impessoal, sem qualquer intervenção humana, levada a cabo unicamente por meio de mecanismo de filmagem. 3. Embargos de que se conhece, por divergência jurisprudencial, e a que se dá provimento. (TST-E--RR-1489-73.2010.5.19.0000, terceira turma, embargos de revista. Relator:, data de julgamento: Terceira turma, data de publicação. João Orestes Dalazans. 24.10.2013)

→ **Aplicação em concurso:**

- No concurso para Juiz do Trabalho Substituto do TRT da 1ª Região (RJ), Banca FCC, 2012, fora abordado o objeto desta legislação na seguinte questão: "Determinado Estado-Membro da Federação aprova lei estadual com o seguinte teor: *'Fica proibida a prática de revista íntima em funcionários nos estabelecimentos industriais, comerciais e de serviços com sede ou filiais neste Estado'.* À luz da Constituição Federal, a lei estadual em questão:"

  A) *pode dispor plenamente sobre revista íntima, por se tratar de norma que visa à proteção de direitos individuais.*

  B) *não pode dispor sobre revista íntima, por se tratar de norma relacionada a direito do trabalho, de competência privativa da União, a menos que haja lei complementar federal que autorize os Estados a legislarem sobre questões específicas da matéria.*

  C) *pode dispor sobre revista íntima apenas para suplementar norma geral editada pela União, pelo fato de versar sobre matéria que integra uma competência legislativa concorrente.*

D) não pode dispor sobre revista íntima, a qual deve ser regulada por lei municipal, na medida em que os costumes locais devem ser considerados no tratamento da matéria.

E) pode dispor sobre revista íntima apenas para proibir sua prática, como medida de eficácia à Constituição Federal que determina serem invioláveis a intimidade, a vida privada e a honra das pessoas.

Resposta: B

Lei Complementar 150/15

> Dispõe sobre o contrato de trabalho doméstico; altera as Leis nº 8.212, de 24 de julho de 1991, nº 8.213, de 24 de julho de 1991, e nº 11.196, de 21 de novembro de 2005; revoga o inciso I do art. 3º da Lei nº 8.009, de 29 de março de 1990, o art. 36 da Lei no8.213, de 24 de julho de 1991, a Lei nº 5.859, de 11 de dezembro de 1972, e o inciso VII do art. 12 da Lei nº 9.250, de 26 de dezembro 1995; e dá outras providências.
>
> A **PRESIDENTA DA REPÚBLICA** Faço saber que o Congresso Nacional decreta e eu sanciono a seguinte Lei Complementar:
>
> ## CAPÍTULO I
> ## DO CONTRATO DE TRABALHO DOMÉSTICO
>
> **Art. 1º** Ao empregado doméstico, assim considerado aquele que presta serviços de **forma contínua, subordinada, onerosa** e **pessoal** e de **finalidade não lucrativa à pessoa** ou à **família, no âmbito residencial** destas, por **mais de 2 (dois) dias por semana**, aplica-se o disposto nesta Lei.
>
> **Parágrafo único.** É vedada a **contratação de menor de 18 (dezoito) anos para desempenho de trabalho doméstico**, de acordo com a Convenção nº 182, de 1999, da Organização Internacional do Trabalho (OIT) e com o Decreto nº 6.481, de 12 de junho de 2008.

1. **Finalidade não lucrativa do tomador.** Uma característica importante para o reconhecimento da relação de emprego doméstico constitui a finalidade não lucrativa do tomador de serviços domésticos. Ou seja, a prestação da atividade doméstica não pode colaborar para o desenvolvimento de atividade lucrativa. Assim, se ocorrer mesmo em âmbito residencial uma atividade lucrativa, como por exemplo, vendas de marmitas, a prestação de serviço da cozinheira nesta residência não será doméstica, pois sua atividade está inserida em uma atividade lucrativa em âmbito residencial. Uma crítica se faz ao referido dispositivo no que tange à redação que prevê a limitação "no âmbito residencial", haja vista que a atividade doméstica não se restringe apenas ao âmbito residencial, como se pode aferir através da atividade de motorista particular, onde seu trabalho não se limita ao âmbito da residência.

Art. 1º

COLETÂNEA DE LEIS TRABALHISTAS

→ **Aplicação em concurso:**

* No concurso para Analista Judiciário da 14ª Região (RO e AC), promovido pela FCC, no ano de 2016, a seguinte alternativa foi considerada **CORRETA**: *"É vedada a contratação de menor de dezoito anos para desempenho de trabalho doméstico, de acordo com a Convenção 182 da OIT e com o Decreto n° 6.481/2008".*

2. **Por mais de 02 (dois) dias por semana.** A parte final deste dispositivo legal, quando fixa a quantidade de dias por semana para caracterizar a atividade empregatícia doméstica, tem a intenção de uniformizar a celeuma jurisprudencial até então existente para a caracterização da continuidade da relação empregatícia doméstica. Grande parte da doutrina e jurisprudência inclinava-se pela descaracterização do requisito da continuidade da prestação de serviço quando a prestação de serviços ocorresse por menos de dois dias por semana. Logo, caso o trabalhador prestasse serviço apenas por até dois dias da semana não seria reconhecido o vínculo doméstico, mas sim o trabalho autônomo, na figura do popularmente conhecido "diarista", em razão da ausência da continuidade na relação de emprego doméstico. No entanto, ainda persistia parte da jurisprudência a ignorar o referido parâmetro jurisprudencial numérico criado, em razão de ausência de previsão legal para a referida estipulação. Assim, a jurisprudência minoritária, independente da quantidade de dias trabalhados na semana, analisava o requisito da continuidade da relação empregatícia doméstica em cada caso concreto, o que criava uma grande insegurança jurídica aos tomadores do serviço do diarista. Assim, a inclusão do critério numérico no conceito legal de empregado doméstico acaba por consolidar essa tendência jurisprudencial e gerar mais segurança jurídica aos empregadores e tomadores de serviço doméstico.

→ **Aplicação em concurso:**

* No concurso para Juiz do Trabalho Substituto, do TRT da 1ª Região (RJ) – ano 2016 – fora considerada **INCORRETA** a seguinte assertiva: *"Configura-se como requisito de validade do contrato de trabalho em regime de tempo parcial que o empregador não exija mais que 4 dias de efetivo trabalho do empregado, a cada semana."*

3. **Prestação de serviço à pessoa ou à família.** Acrescente-se, ainda, que os serviços podem ser prestados à pessoa ou à família, considerada esta última como uma reunião espontânea de pessoas que habitam em conjunto, não sendo necessário que haja um vínculo de parentesco entre essas pessoas, podendo assim ser consideradas, como exemplo, amigas que moram na mesma residência, observando-se, ainda, que apenas uma dessas pessoas assinará a CTPS, mas todas serão solidariamente responsáveis pelas obrigações derivadas do contrato de trabalho.

Lei Complementar 150/15

Art. 2º

Art. 2º A duração normal do trabalho doméstico **não excederá 08 (oito) horas diárias e 44 (quarenta e quatro) semanais**, observado o disposto nesta Lei.

§ 1º A remuneração da hora extraordinária será, no mínimo, 50% (cinquenta por cento) superior ao valor da hora normal.

§ 2º O salário-hora normal, em caso de empregado mensalista, será obtido dividindo-se o salário mensal por 220 (duzentas e vinte) horas, salvo se o contrato estipular jornada mensal inferior que resulte em divisor diverso.

§ 3º O salário-dia normal, em caso de empregado mensalista, será obtido dividindo-se o salário mensal por 30 (trinta) e servirá de base para pagamento do repouso remunerado e dos feriados trabalhados.

§ 4º Poderá ser dispensado o acréscimo de salário e instituído regime de **compensação de horas**, mediante **acordo escrito** entre empregador e empregado, se o excesso de horas de um dia for compensado em outro dia.

§ 5º No regime de compensação previsto no § 4º:

I – **será devido o pagamento**, como horas extraordinárias, na forma do § 1º, das primeiras **40 (quarenta) horas mensais excedentes ao horário normal de trabalho**;

II – das 40 (quarenta) horas referidas no inciso I, poderão ser deduzidas, sem o correspondente pagamento, as horas não trabalhadas, em função de redução do horário normal de trabalho ou de dia útil não trabalhado, durante o mês;

III – o saldo de horas que excederem as 40 (quarenta) primeiras horas mensais de que trata o inciso I, com a dedução prevista no inciso II, quando for o caso, **será compensado no período máximo de 1 (um) ano**.

§ 6º Na hipótese de rescisão do contrato de trabalho sem que tenha havido a compensação integral da jornada extraordinária, na forma do § 5º, o empregado fará jus ao pagamento das horas extras não compensadas, calculadas sobre o valor da remuneração na data de rescisão.

§ 7º Os intervalos previstos nesta Lei, o tempo de repouso, as horas não trabalhadas, os feriados e os domingos livres em que o **empregado que mora no local de trabalho nele permaneça** não serão computados como horário de trabalho.

§ 8º O trabalho não compensado prestado em domingos e feriados deve ser pago em dobro, sem prejuízo da remuneração relativa ao repouso semanal.

1. **Jornada de trabalho.** Desde a Emenda Constitucional nº 72/2013, que previu expressamente no parágrafo único do art. 7º da Constituição Federal a limitação máxima de oito horas diárias e quarenta e quatro semanais aos domésticos, o empregado doméstico obteve direito a horas extras quando ultrapassados esses limites.

311

Art. 2º COLETÂNEA DE LEIS TRABALHISTAS

→ **Aplicação em concurso:**

- No concurso para Analista Judiciário do TRT da 14ª Região (RO e AC), Banca FCC, 2016, fora considerado **CORRETA** o enunciado que trazia a seguinte assertiva: *"O salário-hora normal, em caso de empregado mensalista, será obtido dividindo-se o salário mensal por 220 horas, salvo se o contrato estipular jornada inferior que resulte em divisor diverso"*.

- No concurso para Juiz do Trabalho Substituto do TRT da 2ª Região (SP), 2016, fora considerado **ERRADA** o enunciado que trazia a seguinte assertiva: *"A duração normal do trabalho doméstico não excederá oito horas diárias e quarenta horas semanais, com remuneração de hora extraordinária de cinquenta por cento acima do valor da hora normal"*.

2. **Compensação de horas.** As primeiras 40 (quarenta) horas excedentes deverão, obrigatoriamente, ser remuneradas, **salvo se compensadas no mesmo mês**, na forma do inciso II, do § 5º, deste artigo.

3. **Compensação de horas extras.** O inciso II, do § 5º, constitui uma inovação desta Lei do doméstico, pois inexiste essa obrigação de pagar um determinado número de horas extras antes de efetuar a compensação de horas para o empregador celetista comum. Por outro lado, o referido dispositivo prevê expressamente a possibilidade de banco de horas em trabalho doméstico referente às horas extras excedentes das primeiras quarenta, sem a necessidade de acordo coletivo, o que neste aspecto é mais prejudicial ao empregado doméstico em relação ao empregado comum.

4. **Empregado que mora no local de trabalho.** Esse dispositivo cria uma presunção relativa de que o empregado que reside no local de trabalho goza do repouso intrajornada e interjornada, bem como folga aos domingos e feriados, o que pode se elidido por provas em sentido contrário. A redação do referido dispositivo, contudo, não foi bastante elucidativa, pois dá margem a interpretação equivocada. No entanto, com base no princípio do não retrocesso social, a interpretação desse dispositivo deve ser no sentido de que o mero fato desses empregados morarem no local de trabalho e permanecerem no local de trabalho durante os períodos de repouso e folga não gera, por si só, direitos a horas extras. Há a necessidade de comprovação de que os referidos trabalhadores não estavam gozando do repouso e das folgas de direito.

5. **Repouso nos dia de feriado.** O direito ao repouso nos dias feriados fora estendido aos domésticos a partir da edição da Lei 11.324/2006, garantindo-se-lhes, desde então, a folga compensatória nos dias feriados, sob pena de pagamento em dobro, conforme estampado no enunciado nº 146 da Súmula do TST.

> **Súmula nº 146 do TST.** TRABALHO EM DOMINGOS E FERIADOS, NÃO COMPENSADO. O trabalho prestado em domingos e feriados, não

Lei Complementar 150/15

Art. 3º

compensado, deve ser pago em dobro, sem prejuízo da remuneração relativa ao repouso semanal.

6. **Reforma trabalhista.** Como o presente dispositivo desta lei regulamenta especificamente a jornada laboral do empregado doméstico, as mudança trazidas pela Lei 13467/17 não afetarão automaticamente o trabalho doméstico, haja vista inexistir lacuna normativa deste conteúdo na presente Lei. Destaca-se que o art. 19 desta presente legislação especial prevê a aplicação da norma celetista tão somente de forma subsidiária ao contrato de trabalho doméstico, razão que a aplicação das inovações legislativa trazidas pela reforma, quando já regulamentada na Lei do doméstico de forma diversa, apenas poderia se aplicar, através de um aditivo contratual, e desde que houvesse expressa anuência do empregado e não trouxesse prejuízos ao trabalhador, conforme art. 468 da CLT.

→ **Aplicação em concurso:**

- No concurso para Analista Judiciário do TRT da 14ª Região (RO e AC), 2016, fora inserida uma questão abordando especificamente este art. 2º, conforme o seguinte enunciado: *"A nova regulamentação relativa aos trabalhadores domésticos estabelece:*

  A) A duração normal do trabalho doméstico não excederá oito horas diárias e quarenta horas semanais, com remuneração de hora extraordinária de cinquenta por cento superior ao valor da hora normal.

  B) Poderá ser instituído o regime de compensação de horas trabalhadas somente por acordo escrito firmado com a chancela de agente da Delegacia Regional do Trabalho ou pelo Sindicato da Categoria Profissional.

  C) O trabalho não compensado prestado em domingos e feriados para o empregado que mora no local de trabalho deverá ser remunerado com o acréscimo de cinquenta por cento sem prejuízo da remuneração relativa ao repouso semanal.

  D) Considera-se o trabalho em regime de tempo parcial para o trabalhador doméstico aquele cuja duração não exceda vinte e cinco horas semanais.

  E) Considera-se noturno o trabalho realizado pelo empregado doméstico entre as vinte e duas horas de um dia e as seis horas do dia seguinte, devendo ser remunerado o trabalho noturno com acréscimo de vinte e cinco por cento sobre a hora diurna".

  Resposta: D

Art. 3º Considera-se **trabalho em regime de tempo parcial** aquele cuja duração não exceda 25 (vinte e cinco) horas semanais.

Art. 3º

COLETÂNEA DE LEIS TRABALHISTAS

§ 1º O salário a ser pago ao empregado sob regime de tempo parcial será proporcional a sua jornada, em relação ao empregado que cumpre, nas mesmas funções, tempo integral.

§ 2º A duração normal do trabalho do empregado em regime de tempo parcial poderá ser acrescida de horas suplementares, **em número não excedente a 1 (uma) hora diária, mediante acordo escrito** entre empregador e empregado, aplicando-se-lhe, ainda, o disposto nos §§ 2º e 3º do art. 2º, com o limite máximo de 6 (seis) horas diárias.

§ 3º Na modalidade do regime de tempo parcial, após cada período de 12 (doze) meses de vigência do contrato de trabalho, o empregado terá direito a férias, na seguinte proporção:

I – 18 (dezoito) dias, para a duração do trabalho semanal superior a 22 (vinte e duas) horas, até 25 (vinte e cinco) horas;

II – 16 (dezesseis) dias, para a duração do trabalho semanal superior a 20 (vinte) horas, até 22 (vinte e duas) horas;

III – 14 (quatorze) dias, para a duração do trabalho semanal superior a 15 (quinze) horas, até 20 (vinte) horas;

IV – 12 (doze) dias, para a duração do trabalho semanal superior a 10 (dez) horas, até 15 (quinze) horas;

V – 10 (dez) dias, para a duração do trabalho semanal superior a 5 (cinco) horas, até 10 (dez) horas;

VI – 8 (oito) dias, para a duração do trabalho semanal igual ou inferior a 5 (cinco) horas.

1. **Trabalho em regime de tempo parcial.** Esse dispositivo prevê expressamente a possibilidade de se pactuar o regime de trabalho parcial para o empregado doméstico.

2. **Horas suplementares.** O § 2º deste dispositivo legal é uma previsão inovadora para o contrato de tempo parcial, haja vista que em regra não se admite o labor extraordinário na espécie de contrato a tempo parcial, nos termos da proibição prevista no § 4º do art. 59 da CLT.

→ **Aplicação em concurso:**

- No concurso para Juiz do Trabalho Substituto do TRT da 2ª Região (SP), 2016, fora considerado **CORRETA** o enunciado que trazia a seguinte assertiva: *"Considera-se o trabalho em regime de tempo parcial para o trabalhador doméstico aquele cuja duração não exceda vinte e cinco horas semanais; podendo a duração normal do trabalho ser acrescida de horas suplementares, em número não excedente a uma hora diária, mediante acordo escrito entre empregador e empregado".*

Lei Complementar 150/15 — Art. 4º

3. **Reforma trabalhista.** Como a presente lei do doméstico regulamenta especificamente o trabalho em jornada de tempo parcial, a mudança das regras do regime de trabalho em tempo parcial trazida com a alteração do art. 58-A, incluído pela Lei 13467/17, não afetam automaticamente o trabalho doméstico, haja vista inexistir lacuna normativa na presente Lei, nos termos do art. 19 da presente norma. Apenas se poderia aplicar a inovação legislativa no citado art. 58-A, através de um aditivo contratual, onde houvesse expressa anuência do empregado e desde que a aplicação do referido dispositivo não traga prejuízos ao trabalhador, conforme art. 468 da CLT.

Art. 4º É facultada a contratação, **por prazo determinado**, do empregado doméstico:

I – mediante contrato de experiência;

II – para **atender necessidades familiares de natureza transitória** e para substituição temporária de empregado doméstico com contrato de trabalho interrompido ou suspenso.

Parágrafo único. No caso do inciso II deste artigo, a duração do contrato de trabalho é limitada ao término do evento que motivou a contratação, **obedecido o limite máximo de 02 (dois) anos.**

---

1. **Contratação por prazo determinado.** Nasce aqui uma modalidade de contrato a tempo determinado, nos moldes estatuídos pelo art. 443 c/c 445 da CLT, no entanto adaptado à modalidade doméstica, para atender necessidades familiares de natureza transitória ou para substituição temporária de empregado doméstico com contrato de trabalho suspenso ou interrompido. Exemplo dessa situação ocorre quando uma empregada doméstica fica grávida e precisa se afastar do trabalho.

→ **Aplicação em concurso:**

- Mais uma proposição do concurso para Juiz do Trabalho Substituto do TRT da 2ª Região (SP), 2016, fora considerado **INCORRETA**: *"É facultada a contratação, por prazo determinado, do empregado doméstico para atender necessidades familiares de natureza transitória, ficando a duração do contrato limitada ao término do evento que motivou a contratação, obedecido o limite máximo de 01 ano".*

- O concurso para Analista Judiciário do TRT da 14ª Região (RO e AC), promovido pela banca FCC, em 2016, fora considerada **ERRADO** o seguinte enunciado: *"É facultada a contratação, por prazo determinado, do empregado doméstico para atender necessidades familiares de natureza transitória, ficando a duração do contrato limitada ao término do evento que motivou a contratação, obedecido o limite máximo de 1 ano".*

Art. 5º O contrato de experiência não poderá exceder 90 (noventa) dias.

§ 1º O contrato de experiência poderá ser prorrogado 1 (uma) vez, desde que a soma dos 2 (dois) períodos não ultrapasse 90 (noventa) dias.

§ 2º O contrato de experiência que, havendo continuidade do serviço, não for prorrogado após o decurso de seu prazo previamente estabelecido ou que ultrapassar o período de 90 (noventa) dias passará a vigorar como contrato de trabalho por prazo indeterminado.

1. **Contrato de experiência.** Não houve no referido dispositivo mudanças de tratamento em relação ao contrato de experiência dos demais empregados celetistas.

→ **Aplicação em concurso:**

- O concurso para Juiz do Trabalho Substituto do TRT da 1ª Região (RJ), em 2016, fora considerada **ERRADO** o seguinte enunciado: *". O contrato de experiência doméstico não pode ultrapassar a 90 dias, mas, diferente da regra prevista na CLT, mesmo que estipulado em prazo inferior, não admite qualquer prorrogação".*

- A seu turno, no concurso para Analista Judiciário do TRT da 14ª Região (RO e AC), em 2016, fora considerada **ERRADO** o seguinte enunciado: *"É possível a realização de contrato de experiência, podendo ser prorrogado uma vez, desde que somados os dois períodos não ultrapasse 90 dias".*

Art. 6º Durante a vigência dos contratos previstos nos incisos I e II do art. 4º, o empregador que, sem justa causa, despedir o empregado é obrigado a pagar-lhe, a título de indenização, metade da remuneração a que teria direito até o termo do contrato.

Art. 7º Durante a vigência dos contratos previstos nos incisos I e II do art. 4º, o empregado não poderá se desligar do contrato sem justa causa, sob pena de ser obrigado a indenizar o empregador dos prejuízos que desse fato lhe resultarem.

Parágrafo único. A indenização não poderá exceder aquela a que teria direito o empregado em idênticas condições.

1. **Não aplicabilidade do direito recíproco de rescisão.** Os arts. 6º e 7º desta norma estabelece o mesmo parâmetro utilizado pelos arts. 479 e 480 da CLT. No entanto não houve a previsão da cláusula assecuratória do direito recíproco de rescisão previsto no art. 481 da CLT, o que demonstra a sua inaplicabilidade ao empregado doméstico.

Lei Complementar 150/15

Art. 9º

> **Art. 8º** Durante a vigência dos contratos previstos nos incisos I e II do art. 4º, não será exigido aviso prévio.

1. **Aviso prévio.** Esse dispositivo apenas explicitou uma característica inerente aos contratos por prazo determinado, onde por óbvio, não se confere direito ao aviso prévio quando extinto no prazo previamente estipulado.

2. **Reforma Trabalhista.** Como a presente lei do doméstico não prevê a possibilidade de contrato intermitente, inovação trazida com a Lei 13467/17, através do caput e do § 3º do art. 443 da CLT e do art. 452-A da CLT, entendemos possível a pactuação do trabalho doméstico nos referidos termos, ante a aplicação subsidiária da legislação celetista diante da lacuna normativa da lei do doméstico, nos termos do art. 19 desta Lei.

> **Art. 9º** A Carteira de Trabalho e Previdência Social será obrigatoriamente apresentada, contra recibo, pelo empregado ao empregador que o admitir, o qual terá o prazo de 48 (quarenta e oito) horas para nela anotar, especificamente, a data de admissão, a remuneração e, quando for o caso, os contratos previstos nos incisos I e II do art. 4º.

1. **Anotação da data de admissão.** Esse dispositivo também repete a regra celetista prevista no art. 29 da CLT, onde se torna obrigatória pelo empregador, no prazo de 48 horas, a anotação da data de admissão, remuneração ou se o contrato é por prazo determinado. Embora não se repetiu a faculdade prevista no caput do art. 29 da CLT, entende-se que se mantém a faculdade de adoção de sistema manual, mecânico ou eletrônico para o registro dessas anotações.

> **Art. 10.** É facultado às partes, mediante **acordo escrito** entre essas, estabelecer horário de trabalho de **12 (doze) horas seguidas por 36 (trinta e seis) horas** ininterruptas de descanso, **observados** ou indenizados os intervalos para repouso e alimentação.
>
> **§ 1º** A **remuneração mensal** pactuada pelo horário previsto no caput deste artigo abrange os pagamentos devidos pelo descanso semanal remunerado e pelo descanso em feriados, e serão considerados compensados os feriados e as prorrogações de trabalho noturno, quando houver, de que tratam o art. 70 e o § 5º do art. 73 da Consolidação das Leis do Trabalho (CLT), aprovada pelo Decreto-Lei nº 5.452, de 1º de maio de 1943, e o art. 9º da Lei nº 605, de 5 de janeiro de 1949.
>
> **§ 2º** (VETADO).

1. **Horário de trabalho diferenciado.** Outra novidade trazida por esta lei foi a previsão expressa da possibilidade de pactuação da jornada 12x36, realizada mediante mero acordo individual entre as partes. Essa ino-

Art. 11

COLETÂNEA DE LEIS TRABALHISTAS

vação constitui uma exceção à regra prevista na súmula 444 do TST, que exige para a validade da implementação dessa jornada especial a autorização de norma coletiva para tal, seja uma convenção coletiva ou acordo coletivo de trabalho.

> **Súmula nº 444 do TST.** Jornada de trabalho. NORMA COLETIVA. LEI. Escala de 12 por 36. Validade. – Res. 185/2012, DEJT divulgado em 25, 26 e 27.09.2012 – republicada em decorrência do despacho proferido no processo TST-PA-504.280/2012.2 – DEJT divulgado em 26.11.2012.
> *É valida, em caráter excepcional, a jornada de doze horas de trabalho por trinta e seis de descanso, prevista em lei ou ajustada exclusivamente mediante acordo coletivo de trabalho ou convenção coletiva de trabalho, assegurada a remuneração em dobro dos feriados trabalhados. O empregado não tem direito ao pagamento de adicional referente ao labor prestado na décima primeira e décima segunda horas.*

1.1. Remuneração mensal. A jornada 12x36, instituída no *caput* deste dispositivo, por ser pago mensalmente, englobando os trinta dias por mês, já está incluso o descanso semanal remunerado.

→ **Aplicação em concurso:**

- O concurso para Juiz do Trabalho Substituto do TRT da 1ª Região (RJ), em 2016, fora considerada **ERRADO** o seguinte enunciado: *"Acordo escrito pode estabelecer regime de 12×36 (horas de trabalho por horas ininterruptas de descanso) com a supressão do intervalo para alimentação e repouso, desde que este seja remunerado com 50% de acréscimo."*

- O concurso para Juiz do Trabalho Substituto do TRT da 2ª Região (SP), em 2016, fora considerada **CORRETO** o seguinte enunciado: *"É facultado às partes, mediante acordo escrito entre essas, estabelecer horário de trabalho de 12 horas seguidas por 36 horas ininterruptas de descanso, observados ou indenizados os intervalos para repouso e alimentação".*

- Para Analista Judiciário do TRT da 14ª Região (RO e AC), em 2016, fora considerada **ERRADO** o seguinte enunciado: *"É facultado às partes, mediante acordo escrito entre essas, estabelecer horário de trabalho de 12 horas seguidas por 36 horas ininterruptas de descanso, observados ou indenizados os intervalos para repouso e alimentação".*

Art. 11. Em relação ao empregado responsável por acompanhar o empregador, prestando serviços em viagem, **serão consideradas apenas as horas efetivamente trabalhadas no período**, podendo ser compensadas as horas extraordinárias em outro dia, observado o art. 2º.

§ 1º O acompanhamento do empregador pelo empregado **em viagem será condicionado à prévia existência de acordo escrito entre as partes.**

§ 2º A remuneração-hora do serviço em viagem será, **no mínimo, 25% (vinte e cinco por cento) superior ao valor do salário-hora normal.**

318

Lei Complementar 150/15 **Art. 13**

> § 3º O disposto no § 2º deste artigo poderá ser, mediante acordo, convertido em acréscimo no banco de horas, a ser utilizado a critério do empregado.

1. **Trabalho em viagem.** Criou-se um adicional de horas laboradas em serviço, com valor mínimo superior à 25% do salário normal de trabalho quando o empregado doméstico labore em viagem, acompanhando o seu empregador.

    1.1. Compensação de horas laboradas em viagem. Essas horas suplementares de horas em serviço durante viagens a trabalho, poderão, contudo, serem compensadas, desde que prevista em acordo individual entre o empregado e o empregador.

> **Art. 12.** É **obrigatório** o registro do horário de trabalho do empregado doméstico por qualquer meio manual, mecânico ou eletrônico, desde que idôneo.

1. **Registro de ponto do empregado.** Nesse dispositivo o legislador impôs uma obrigação mais rigorosa ao empregador doméstico em relação aos demais empregadores, pois exigiu que o empregador doméstico efetuasse o registro de ponto de seu empregado doméstico, independentemente da quantidade de funcionários, fato que contraria a dispensa prevista no § 2º do art. 74 da CLT. Contudo, assim como os demais empregados regidos pela CLT, esse controle de horário não poderá ser britânico, conforme enunciado na Súmula 388, item III, do TST, e não pode conter rasuras, admitindo-se, ainda, variações que não excedam a 5 minutos, na forma do art. 58, § 1º, da CLT.

    > **Súmula nº 338 do TST.** JORNADA DE TRABALHO. REGISTRO. ÔNUS DA PROVA. I – (...); II – (...); III – Os cartões de ponto que demonstram horários de entrada e saída uniformes são inválidos como meio de prova, invertendo-se o ônus da prova, relativo às horas extras, que passa a ser do empregador, prevalecendo a jornada da inicial se dele não se desincumbir.

> **Art. 13.** É obrigatória a concessão de **intervalo para repouso ou alimentação pelo período de, no mínimo, 1 (uma) hora e, no máximo, 2 (duas) horas**, admitindo-se, mediante prévio acordo escrito entre empregador e empregado, sua redução a 30 (trinta) minutos.
>
> § 1º Caso o empregado resida no local de trabalho, o **período de intervalo poderá ser desmembrado em 2 (dois) períodos**, desde que cada um deles tenha, no mínimo, 1 (uma) hora, até o limite de 4 (quatro) horas ao dia.

319

Art. 14

COLETÂNEA DE LEIS TRABALHISTAS

> § 2º Em caso de modificação do intervalo, na forma do § 1º, é obrigatória a sua anotação no registro diário de horário, vedada sua prenotação.

1. **Intervalo de 15 minutos.** Observe que a lei não faz referência ao intervalo devido ao empregado doméstico cuja jornada seja de 4 a 6 horas diárias, aplicando-se, analogicamente, o intervalo de 15 minutos previsto no art. 71 da CTL.

→ **Aplicação em concurso:**

- No concurso para Juiz do Trabalho Substituto do TRT da 1ª Região (RJ), em 2016, fora considerada **CORRETO** o seguinte enunciado: *"O intervalo para alimentação e repouso do empregado que não resida no local de trabalho pode, desde que previamente e por escrito ajustado, ser de 30 minutos."*

> **Art. 14.** Considera-se noturno, para os efeitos desta Lei, o trabalho executado entre as 22 horas de um dia e as 5 horas do dia seguinte.
>
> § 1º A hora de trabalho noturno terá duração de 52 (cinquenta e dois) minutos e 30 (trinta) segundos.
>
> § 2º A remuneração do trabalho noturno deve ter acréscimo de, no mínimo, 20% (vinte por cento) sobre o valor da hora diurna.
>
> § 3º Em caso de contratação, pelo empregador, de empregado exclusivamente para desempenhar trabalho noturno, o acréscimo será calculado sobre o salário anotado na Carteira de Trabalho e Previdência Social.
>
> § 4º Nos horários mistos, assim entendidos os que abrangem períodos diurnos e noturnos, aplica-se às horas de trabalho noturno o disposto neste artigo e seus parágrafos.

1. **Horário noturno.** Em geral são as mesmas diretrizes regulamentadas de horário noturno previsto no art. 74 da CLT, mas verificamos algumas diferenças, quais sejam, a presente lei não faz ressalva quanto aos casos de revezamento semanal ou quinzenal realizada na CLT, bem como prevê que em caso de empregado contratado para jornada exclusiva noturna, o adicional noturno terá como base de cálculo o valor da remuneração anotada em sua CTPS, o que não há registro na CLT. Por fim esta lei ora estudada não prevê o caso de prorrogação do horário para o período diurno, no entanto, aplica-se supletivamente o mesmo procedimento previsto no § 5º do art. 74 da CLT.

CLT – Consolidação das Leis do Trabalho

Art. 73. Salvo nos casos de revezamento semanal ou quinzenal, o trabalho noturno terá remuneração superior a do diurno e, para esse efeito,

Lei Complementar 150/15

Art. 17

sua remuneração terá um acréscimo de 20 % (vinte por cento), pelo menos, sobre a hora diurna. (Redação dada pelo Decreto-lei nº 9.666, de 1946)

§ 1º A hora do trabalho noturno será computada como de 52 minutos e 30 segundos

§ 2º Considera-se noturno, para os efeitos deste artigo, o trabalho executado entre as 22 horas de um dia e as 5 horas do dia seguinte.

§ 3º O acréscimo, a que se refere o presente artigo, em se tratando de empresas que não mantêm, pela natureza de suas atividades, trabalho noturno habitual, será feito, tendo em vista os quantitativos pagos por trabalhos diurnos de natureza semelhante. Em relação às empresas cujo trabalho noturno decorra da natureza de suas atividades, o aumento será calculado sobre o salário mínimo geral vigente na região, não sendo devido quando exceder desse limite, já acrescido da percentagem.

§ 4º Nos horários mistos, assim entendidos os que abrangem períodos diurnos e noturnos, aplica-se às horas de trabalho noturno o disposto neste artigo e seus parágrafos.

§ 5º Às prorrogações do trabalho noturno aplica-se o disposto neste capítulo.

> **Art. 15.** Entre 2 (duas) jornadas de trabalho deve haver período mínimo de **11 (onze) horas consecutivas para descanso**.

1. **Intervalo interjonada.** Esse dispositivo expressamente prevê ao empregado doméstico a observância ao intervalo interjornada mínimo de 11 horas.

> **Art. 16.** É devido ao empregado doméstico descanso semanal remunerado de, no mínimo, **24 (vinte e quatro) horas consecutivas**, preferencialmente aos domingos, além de descanso remunerado em feriados.

1. **Repouso semanal remunerado.** O referido dispositivo apenas deixa expresso o direito do empregado doméstico ao repouso semanal remunerado, preferencialmente aos domingos, conforme preconiza a Lei 605 de 1949.

> **Art. 17.** O empregado doméstico terá direito a férias anuais remuneradas de 30 (trinta) dias, salvo o disposto no § 3º do art. 3º, com acréscimo de, pelo menos, um terço do salário normal, após cada período de 12 (doze) meses de trabalho prestado à mesma pessoa ou família.
>
> § 1º Na cessação do contrato de trabalho, o empregado, desde que não tenha sido demitido por justa causa, terá direito à remuneração relativa ao período incompleto de férias, na proporção de um doze avos por mês de serviço ou **fração superior a 14 (quatorze) dias**.

Art. 18

COLETÂNEA DE LEIS TRABALHISTAS

§ 2º O período de férias poderá, a critério do empregador, ser fracionado em até 2 (dois) períodos, sendo 1 (um) deles de, no mínimo, **14 (quatorze) dias corridos.**

§ 3 **É facultado** ao empregado doméstico **converter um terço do período de férias** a que tiver direito em abono pecuniário, no valor da remuneração que lhe seria devida nos dias correspondentes.

§ 4º O abono de férias deverá ser requerido até 30 (trinta) dias antes do término do período aquisitivo.

§ 5º É lícito ao empregado que reside no local de trabalho nele **permanecer durante as férias.**

§ 6º As férias serão concedidas pelo empregador nos 12 (doze) meses subsequentes à data em que o empregado tiver adquirido o direito.

1. **Fracionamento das férias.** Reforma trabalhista. A presente lei expressamente permite o fracionamento das férias do empregado doméstico em apenas dois períodos, contato que um deles tenha, no mínimo, 14 dias corridos. Como não há lacuna normativa na lei do doméstico sobre o fracionamento de férias, entendemos inaplicável ao contrato de trabalho doméstico a possibilidade de fracionamento das férias em três períodos, novidade trazida com a alteração do art. 134 da CLT pela Lei 13467/17.

   → **Aplicação em concurso:**
   - O concurso para Juiz do Trabalho Substituto do TRT da 1ª Região (RJ), em 2016, fora considerada **ERRADO** o seguinte enunciado: *"Ressalvada a hipótese de regime de tempo parcial, o empregado tem direito a 30 dias de férias anuais, podendo, a seu critério, fracionar em dois períodos, desde que nenhum deles seja inferior a 14 dias".*

2. **Abono de férias.** Esse dispositivo trata da possibilidade de conversão de um terço do período de férias em abono pecuniário, ou seja, o popularmente chamado "venda de férias". Ressalta-se que o empregado doméstico apenas poderá vender 10 dias de férias.

Art. 18. É vedado ao empregador doméstico efetuar descontos no salário do empregado por fornecimento de **alimentação, vestuário, higiene ou moradia,** bem como por despesas com transporte, hospedagem e alimentação em caso de acompanhamento em viagem.

§ 1º É facultado ao empregador efetuar descontos no salário do empregado em caso de adiantamento salarial e, mediante acordo escrito entre as partes, para a inclusão do empregado em planos de assistência médico-hospitalar e odontológica, de seguro e de previdência privada, não podendo a dedução ultrapassar 20% (vinte por cento) do salário.

Lei Complementar 150/15 — Art. 19

§ 2º Poderão ser descontadas as despesas com moradia de que trata o caput deste artigo quando essa se referir **a local diverso da residência em que ocorrer a prestação de serviço**, desde que essa possibilidade tenha sido expressamente acordada entre as partes.

§ 3º As despesas referidas no caput deste artigo **não têm natureza salarial** nem se incorporam à remuneração para quaisquer efeitos.

§ 4º O fornecimento de moradia ao empregado doméstico na própria residência ou em morada anexa, de qualquer natureza, não gera ao empregado qualquer direito de posse ou de propriedade sobre a referida moradia.

1. **Despesas de natureza não salarial.** Quando o empregado doméstico mora na mesma residência que presta serviço, presume-se que essa moradia decorreu diretamente para a melhor prestação do serviço, como ocorre quando o local de trabalho é muito distante do perímetro urbano ou da casa do empregado, por exemplo. Neste caso resta patente que a moradia cedida pelo empregador tem uma função instrumental para a prestação de serviço, tendo portanto, um caráter indenizatório e não salarial.

   1.1. Possibilidade de haver caráter contraprestacional. Já quando o empregado recebe uma moradia em local diverso da prestação de serviço, tendo poderes de usufruí-la com privacidade, percebe-se que essa moradia não foi concedida para o trabalho, mas pelo trabalho, como um benefício ou plus salarial. Neste caso então, não resta dúvida o caráter contraprestativo do benefício, devendo, podendo, portanto, neste caso, ser realizado o devido desconto de até 20% sobre o salário, conforme preconizado pelo § 2º do presente artigo.

2. **Moradia não gera direito de posse.** Quando a moradia ao empregado for concedida em decorrência do trabalho doméstico, não se aplica o instituto do usucapião.

Art. 19. Observadas as peculiaridades do trabalho doméstico, a ele também se aplicam as Leis nº 605, de 5 de janeiro de 1949, nº 4.090, de 13 de julho de 1962, nº 4.749, de 12 de agosto de 1965, e nº 7.418, de 16 de dezembro de 1985, e, subsidiariamente, a Consolidação das Leis do Trabalho (CLT), aprovada pelo Decreto-Lei nº 5.452, de 1º de maio de 1943.

Parágrafo único. A obrigação prevista no art. 4º da Lei nº 7.418, de 16 de dezembro de 1985, poderá ser substituída, a critério do empregador, pela concessão, mediante recibo, dos valores para a aquisição das passagens necessárias ao custeio das despesas decorrentes do deslocamento residência-trabalho e vice-versa.

| Art. 20 |

COLETÂNEA DE LEIS TRABALHISTAS

1. O art. 4º da Lei 7418/85, que instituiu o vale-transporte, obriga o empregador a fornecer os tickets de vale transportes necessários ao deslocamento do empregado. O dispositivo legal ora analisado também confere essa obrigação ao empregador doméstico, mas possibilita ainda que o empregador doméstico conceda, mediante recibo, os valores em espécie para a aquisição dos referidos vales transportes, fato que não descaracteriza a natureza indenizatória da parcela.

Lei 7418/85

Art. 4º – A concessão do benefício ora instituído implica a aquisição pelo empregador dos Vales-Transporte necessários aos deslocamentos do trabalhador no percurso residência-trabalho e vice-versa, no serviço de transporte que melhor se adequar.

Art. 20. O empregado doméstico é segurado obrigatório da Previdência Social, sendo-lhe devidas, na forma da Lei nº 8.213, de 24 de julho de 1991, as prestações nela arroladas, atendido o disposto nesta Lei e observadas as características especiais do trabalho doméstico.

1. **A importância deste artigo está em sua literalidade.**

Art. 21. É devida a inclusão do empregado doméstico no Fundo de Garantia do Tempo de Serviço (FGTS), na forma do regulamento a ser editado pelo Conselho Curador e pelo agente operador do FGTS, no âmbito de suas competências, conforme disposto nos arts. 5º e 7º da Lei nº 8.036, de 11 de maio de 1990, inclusive no que tange aos aspectos técnicos de depósitos, saques, devolução de valores e emissão de extratos, entre outros determinados na forma da lei.

Parágrafo único. O empregador doméstico somente passará a ter obrigação de promover a inscrição e de efetuar os recolhimentos referentes a seu empregado após a entrada em vigor do regulamento referido no caput.

1. **FGTS obrigatória.** O empregado doméstico deixou de ser incluído facultativamente no Fundo de Garantia do Tempo de Serviço, para ser incluído de forma obrigatória a partir de 01 de outubro de 2015, após a vigência da Resolução nº 780 do Conselho Curador do FGTS e da criação do e-social.

→ **Aplicação em concurso:**

- No XV Exame da OAB, promovido pela FGV, realizado no Ano de 2014, essa disposição foi cobrada da seguinte forma: *"Marlene trabalhou em uma residência como cozinheira de 5 de maio de 2013 a 6 de julho de 2014. Assinale a opção que contempla o direito inerente à categoria profissional de Marlene, no período indicado, podendo ser exigido seu cumprimento de imediato pelo empregador.*

Lei Complementar 150/15

Art. 22

A) *Adicional noturno.*

B) *Horas extras.*

C) *FGTS obrigatório.*

D) *Seguro-desemprego obrigatório.*

  Resposta: B

Art. 22. O empregador doméstico depositará a importância de 3,2% (três inteiros e dois décimos por cento) sobre a remuneração devida, no mês anterior, a cada empregado, destinada ao pagamento da indenização compensatória da perda do emprego, sem justa causa ou por culpa do empregador, não se aplicando ao empregado doméstico o disposto nos §§ 1º a 3º do art. 18 da Lei nº 8.036, de 11 de maio de 1990.

§ 1º Nas hipóteses de dispensa por justa causa ou a pedido, de término do contrato de trabalho por prazo determinado, de aposentadoria e de falecimento do empregado doméstico, os valores previstos no caput serão movimentados pelo empregador.

§ 2º Na hipótese de culpa recíproca, metade dos valores previstos no caput será movimentada pelo empregado, enquanto a outra metade será movimentada pelo empregador.

§ 3º Os valores previstos no caput serão depositados na conta vinculada do empregado, em variação distinta daquela em que se encontrarem os valores oriundos dos depósitos de que trata o inciso IV do art. 34 desta Lei, e somente poderão ser movimentados por ocasião da rescisão contratual.

§ 4º À importância monetária de que trata o caput, aplicam-se as disposições da Lei nº 8.036, de 11 de maio de 1990, e da Lei nº 8.844, de 20 de janeiro de 1994, inclusive quanto a sujeição passiva e equiparações, prazo de recolhimento, administração, fiscalização, lançamento, consulta, cobrança, garantias, processo administrativo de determinação e exigência de créditos tributários federais.

---

1. **Indenização compensatória da perda do emprego.** O empregador doméstico não tem a obrigação de pagar 40% de multa do FGTS em caso de rescisão imotivada ou por justa causa patronal, haja vista a sua obrigação de recolher todo mês a indenização compensatória no percentual 3.2% sobre a remuneração. O montante dos valores depositados a tal título corresponderá à indenização compensatória ao empregado dispensado imotivadamente ou por justa causa patronal.

2. **Dispensa a pedido.** Na hipótese de dispensa a pedido ou por justa causa obreira, ou em caso de falecimento do empregado ou sua aposentadoria, os valores recolhidos a título de indenização compensatória (3,2%)

serão levantados pelo empregador. Ressalta-se que essa aposentadoria a que se refere o presente dispositivo, deve se referir quando a aposentadoria cause o afastamento do empregado ao trabalho, pois se o empregado se aposentar e continuar trabalhando, não há que se falar em rescisão contratual, e portanto, não há motivo de levantamento pelo empregador da indenização compensatória.

3. **Sujeição passiva e as regras do FGTS.** No que tange à sujeição passiva, prazo de recolhimento, fiscalização, lançamento, consulta, cobrança, processo administrativo de determinação e exigência de créditos tributários federais aplicam-se as regras previstas na Lei do FGTS.

> **Art. 23.** Não havendo prazo estipulado no contrato, a parte que, sem justo motivo, quiser rescindi-lo deverá avisar a outra de sua intenção.
>
> § 1º O aviso prévio será concedido na proporção de 30 (trinta) dias ao empregado que conte com até 1 (um) ano de serviço para o mesmo empregador.
>
> § 2º Ao aviso prévio previsto neste artigo, devido ao empregado, serão acrescidos 3 (três) dias por ano de serviço prestado para o mesmo empregador, até o máximo de 60 (sessenta) dias, perfazendo um total de até 90 (noventa) dias.
>
> § 3º A falta de aviso prévio por parte do empregador dá ao empregado o direito aos salários correspondentes ao prazo do aviso, garantida sempre a integração desse período ao seu tempo de serviço.
>
> § 4º A **falta de aviso prévio por parte do empregado** dá ao empregador o direito de descontar os salários correspondentes ao prazo respectivo.
>
> § 5º O valor das horas extraordinárias habituais integra o aviso prévio indenizado.

1. **Falta de aviso prévio do empregado.** Esse dispositivo acerca do aviso prévio proporcional do empregado doméstico está consoante com as diretrizes previstas na Lei 12.506/11, adotando-se aqui todos os comentários realizados na referida lei que regulamentou o aviso prévio proporcional.

> **Art. 24.** O **horário normal de trabalho** do empregado durante o aviso prévio, quando a rescisão tiver sido promovida pelo empregador, **será reduzido de 2 (duas) horas diárias**, sem prejuízo do salário integral.
>
> **Parágrafo único.** É facultado ao empregado trabalhar sem a redução das 2 (duas) horas diárias previstas no caput deste artigo, caso em que poderá faltar ao serviço, sem prejuízo do salário integral, por 7 (sete) dias corridos, na hipótese dos §§ 1º e 2º do art. 23.

Lei Complementar 150/15 — **Art. 26**

1. Redução do horário de trabalho. Nesse dispositivo a presente norma não inova e repete a regra prevista no art. 488 da CLT.

> **Art. 25.** A empregada doméstica gestante tem direito a licença-maternidade de 120 (cento e vinte) dias, sem prejuízo do emprego e do salário, nos termos da Seção V do Capítulo III do Título III da Consolidação das Leis do Trabalho (CLT), aprovada pelo Decreto-Lei nº 5.452, de 1º de maio de 1943.
>
> **Parágrafo único.** A confirmação do estado de gravidez durante o curso do contrato de trabalho, **ainda que durante o prazo do aviso prévio trabalhado ou indenizado**, garante à empregada gestante a estabilidade provisória prevista na alínea "b" do inciso II do art. 10 do Ato das Disposições Constitucionais Transitórias.

1. Gravidez. Esse dispositivo legal normatiza o entendimento consolidado na Súmula 244 do TST. Vejamos:

> **Súmula nº 244 do TST.** GESTANTE. ESTABILIDADE PROVISÓRIA (redação do item III alterada na sessão do Tribunal Pleno realizada em 14.09.2012) – Res. 185/2012, DEJT divulgado em 25, 26 e 27.09.2012. *I – O desconhecimento do estado gravídico pelo empregador não afasta o direito ao pagamento da indenização decorrente da estabilidade (art. 10, II, "b" do ADCT). II – A garantia de emprego à gestante só autoriza a reintegração se esta se der durante o período de estabilidade. Do contrário, a garantia restringe-se aos salários e demais direitos correspondentes ao período de estabilidade. III – A empregada gestante tem direito à estabilidade provisória prevista no art. 10, inciso II, alínea "b", do Ato das Disposições Constitucionais Transitórias, mesmo na hipótese de admissão mediante contrato por tempo determinado.*

Art. 26. O empregado doméstico que for dispensado sem justa causa fará jus ao benefício do seguro-desemprego, na forma da Lei nº 7.998, de 11 de janeiro de 1990, no valor de 1 (um) salário-mínimo, por período máximo de 3 (três) meses, de forma contínua ou alternada.

§ 1º O benefício de que trata o caput será concedido ao empregado nos termos do regulamento do Conselho Deliberativo do Fundo de Amparo ao Trabalhador (Codefat).

§ 2º O benefício do seguro-desemprego será cancelado, sem prejuízo das demais sanções cíveis e penais cabíveis:

I – pela recusa, por parte do trabalhador desempregado, de outro emprego condizente com sua qualificação registrada ou declarada e com sua remuneração anterior;

| Art. 27 | COLETÂNEA DE LEIS TRABALHISTAS |

II – por comprovação de falsidade na prestação das informações necessárias à habilitação;

III – por comprovação de fraude visando à percepção indevida do benefício do seguro-desemprego; ou

IV – por morte do segurado.

1. **Do seguro desemprego.** Desde a Lei 10.208 de 2001, o empregado doméstico obteve o direito de contribuir com o FGTS, no entanto de forma facultativa. Assim, caso o empregador doméstico recolhesse o FGTS, o emprego doméstico teria direito a se habilitar ao benefício do seguro--desemprego, onde teria direito a três parcelas de uma salário mínimo.

1.1. Abrangência do seguro desemprego. A regulamentação da Emenda Constitucional nº 72 de 2013, pela presente Lei complementar em estudo, acabou a facultatividade e impôs a obrigatoriedade do recolhimento do FGTS no vínculo doméstico, o que promoveu a abrangência ao direito do benefício do seguro desemprego a todos os empregados domésticos.

Art. 27. Considera-se justa causa para os efeitos desta Lei:

I – submissão a maus tratos de idoso, de enfermo, de pessoa com deficiência ou de criança sob cuidado direto ou indireto do empregado;

II – prática de ato de improbidade;

III – incontinência de conduta ou mau procedimento;

IV – condenação criminal do empregado transitada em julgado, caso não tenha havido suspensão da execução da pena;

V – desídia no desempenho das respectivas funções;

VI – **embriaguez habitual ou em serviço;**

VII – (VETADO);

VIII – ato de indisciplina ou de insubordinação;

IX – abandono de emprego, assim considerada a ausência injustificada ao serviço por, pelo menos, 30 (trinta) dias corridos;

X – ato lesivo à honra ou à boa fama ou ofensas físicas praticadas em serviço contra qualquer pessoa, salvo em caso de legítima defesa, própria ou de outrem;

XI – ato lesivo à honra ou à boa fama ou ofensas físicas praticadas contra o empregador doméstico ou sua família, salvo em caso de legítima defesa, própria ou de outrem;

XII – prática constante de **jogos de azar.**

Lei Complementar 150/15

Art. 27

Parágrafo único. O contrato de trabalho poderá ser rescindido por culpa do empregador quando:

I – o empregador exigir serviços superiores às forças do empregado doméstico, defesos por lei, contrários aos bons costumes ou alheios ao contrato;

II – o empregado doméstico for tratado pelo empregador ou por sua família com rigor excessivo ou de forma degradante;

III – o empregado doméstico correr perigo manifesto de mal considerável;

IV – o empregador não cumprir as obrigações do contrato;

V – o empregador ou sua família praticar, contra o empregado doméstico ou pessoas de sua família, ato lesivo à honra e à boa fama;

VI – o empregador ou sua família ofender o empregado doméstico ou sua família fisicamente, salvo em caso de legítima defesa, própria ou de outrem;

VII – o empregador praticar qualquer das formas de **violência doméstica ou familiar contra mulheres** de que trata o art. 5º da Lei nº 11.340, de 7 de agosto de 2006.

1. **Justa causa e a incontinência de conduta ou mau procedimento.** A incontinência de conduta constitui um ato obsceno ou desrespeitoso com tendência sexual realizado pelo empregado, durante o expediente de trabalho, que cause constrangimento e mal-estar no trabalho. Um exemplo seria o caso da empregada doméstica realizar os afazeres domésticos sem calcinha e com roupas transparentes. Já o mau procedimento, seria condutas culposas realizadas pelo empregado que ofendesse a moral no ambiente de trabalho, sem ter a conotação sexual, como criação de apelidos vexatórios ou discriminatórios em filhos do empregador doméstico.

2. **Condenação criminal.** Ressalta-se que essa hipótese levantada ocorre quando o empregado é privado de sua liberdade em decorrência de condenação judicial criminal, fato que impossibilita o comparecimento do empregado ao serviço. O fato de o empregado ter sido condenado judicialmente por ter praticado um crime, fato criminoso que não se relacionada com as atividades laborais, por si só, não legitima a rescisão contratual, quando não haja a privação à liberdade do empregado que impossibilite a manutenção do trabalho. Interpretar esse dispositivo de forma ampliativa, seria permitir a penalização dupla do empregado por um mesmo fato, uma na esfera criminal e outra na esfera trabalhistas, privando o referido empregado delinquente de reconstruir sua história e dignidade através do trabalho.

3. **Embriaguez.** Essa tipificação de justa causa prevista neste inciso também se repete na alínea "f" do art. 482 da CLT, e contemporaneamente

é bastante discutida as suas vertentes interpretativas. Isso porque essa hipótese de justa causa pode ser verificada em duas espécies. A primeira e mais simples hipótese que justifica a aplicação da falta grave ao empregado é a embriaguez em serviço. Isso ocorre quando o empregado é flagrado embriagado durante o expediente de trabalho, fato que provoca a perda da fidúcia no empregado, gerando riscos de acidentes e comprometendo a produtividade no trabalho.

3.1. Alcoolismo como doença. A segunda espécie se refere à embriaguez habitual, onde o empregado habitualmente se embriaga fora do local de trabalho, mas são emitidos efeitos deletérios dessa embriaguez no contrato de trabalho, como por exemplo a baixa produtividade, irritabilidade excessiva do empregado (ressaca ou abstinência) e dificuldade de socialização no trabalho, dentre outros efeitos do alcoolismo. Ocorre que contemporaneamente, parte significativa doutrinária e jurisprudencial entende que o alcoolismo constitui uma doença, haja vista a sua catalogação na Organização Mundial de Saúde como "Síndrome da Dependência do Álcool". Assim, por ser doença, o alcoolismo não poderia ser causa de rescisão contratual, mas sim de suspensão do contrato de trabalho.

3.2. Considerações sobre embriaguez. Para harmonizar a interpretação deste inciso de justa causa obreira com a constatação científica de que o alcoolismo é uma espécie de doença, entendo que a justa causa baseada em embriaguez habitual somente poderá ser configurada quando se constatar que essa habitualidade de embriaguez não é decorrente do alcoolismo, mas sim de uma situação transitória infeliz que o empregado esteja passando ou quando o empregado se negue ao tratamento do alcoolismo. Fora as referidas hipóteses, o contrato de trabalho deverá ser suspenso e o empregado encaminhado para afastamento previdenciário.

4. **Jogos de azar.** Há duas interpretações possíveis nesta tipificação da justa causa obreira. A primeira consiste em tipificar em justa causa a conduta do obreiro que praticar constantemente quaisquer tipos de jogos, seja os permitido ou proibidos por lei, durante o expediente de trabalho. A segunda interpretação consistiria justa causa obreira a prática constante de jogos proibidos por lei, como por exemplo, o jogo do bicho, dentro ou fora do ambiente de trabalho.

4.1. Considerações sobre justa causa e os jogos de azar. Entendemos ser mais razoável a aplicação da falta grave ao obreiro que pratique constantemente, sem o consentimento do empregador, durante o expediente de trabalho jogos de azar, legalizados ou não. Rechaçamos a aplicação da justa causa pela prática constante de jogos proibidos por lei fora do ambiente de trabalho, pois não cabe ao empregador interferir

Lei Complementar 150/15

Art. 5º

na vida privada do obreiro, salvo se houver uma repercussão social que acabe por prejudicar a imagem da empresa, ou no caso do empregador doméstico, que prejudique a imagem da família empregadora.

5. **Violência doméstica como nova hipótese de falta grave patronal.** O inciso VII configura uma inovação em matéria de justa causa patronal, pois cria uma nova hipótese de falta grave praticada pelo empregador quando este cometer ato configurado como violência doméstica contra mulheres, nos termos do art. 5º da Lei Maria da Penha. Assim, quando o empregador pratica atos de violência doméstica contra qualquer mulher dentro do ambiente familiar onde é prestado o labor doméstico, presumem-se as condições impróprias ou degradantes ao serviço do empregado doméstico, justificando a rescisão indireta do contrato. Ressalta-se que o ato de violência do empregador neste caso pode ser dirigido em face de qualquer mulher no âmbito familiar, como por exemplo, filha, esposa, tia ou mãe do próprio empregador doméstico.

> **Lei nº 11.340/2006 – Lei Maria da Penha**
>
> **Art. 5º** Para os efeitos desta Lei, configura violência doméstica e familiar contra a mulher qualquer ação ou omissão baseada no gênero que lhe cause morte, lesão, sofrimento físico, sexual ou psicológico e dano moral ou patrimonial:
>
> I – no âmbito da unidade doméstica, compreendida como o espaço de convívio permanente de pessoas, com ou sem vínculo familiar, inclusive as esporadicamente agregadas;
>
> II – no âmbito da família, compreendida como a comunidade formada por indivíduos que são ou se consideram aparentados, unidos por laços naturais, por afinidade ou por vontade expressa;
>
> III – em qualquer relação íntima de afeto, na qual o agressor conviva ou tenha convivido com a ofendida, independentemente de coabitação.
>
> Parágrafo único. As relações pessoais enunciadas neste artigo independem de orientação sexual.

6. **Reforma trabalhista. Art. 484-A da CLT.** Em razão da lacuna normativa na Lei do doméstico, reconhecemos a viabilidade jurídica de aplicabilidade aos contratos domésticos da extinção contratual, por comum acordo, prevista no art. 484-A da CLT, dispositivo criado pela Lei 13467/17, tudo autorizado nos termos do art. 19 da presente norma. Vejamos a transcrição da presente inovação legislativa:

> Art. 484-A da CLT. O contrato de trabalho poderá ser extinto por acordo entre empregado e empregador, caso em que serão devidas as seguintes verbas trabalhistas:

Art. 28

COLETÂNEA DE LEIS TRABALHISTAS

I – por metade:

a) o aviso prévio, se indenizado; e

b) a indenização sobre o saldo do Fundo de Garantia do Tempo de Serviço, prevista no § 1º do art. 18 da Lei nº 8.036, de 11 de maio de 1990;

II – na integralidade, as demais verbas trabalhistas.

§ 1º A extinção do contrato prevista no caput deste artigo permite a movimentação da conta vinculada do trabalhador no Fundo de Garantia do Tempo de Serviço na forma do inciso I-A do art. 20 da Lei nº 8.036, de 11 de maio de 1990, limitada até 80% (oitenta por cento) do valor dos depósitos.

§ 2º A extinção do contrato por acordo prevista no caput deste artigo não autoriza o ingresso no Programa de Seguro-Desemprego.

Art. 28. Para se habilitar ao benefício do seguro-desemprego, o trabalhador doméstico deverá apresentar ao órgão competente do Ministério do Trabalho e Emprego:

I – Carteira de Trabalho e Previdência Social, na qual deverão constar a anotação do contrato de trabalho doméstico e a data de dispensa, de modo a comprovar o vínculo empregatício, como empregado doméstico, **durante pelo menos 15 (quinze) meses nos últimos 24 (vinte e quatro) meses;**

II – termo de rescisão do contrato de trabalho;

III – declaração de que não está em gozo de benefício de prestação continuada da Previdência Social, exceto auxílio-acidente e pensão por morte; e

IV – declaração de que não possui renda própria de qualquer natureza suficiente à sua manutenção e de sua família.

Art. 29. O **seguro-desemprego deverá ser requerido de 7 (sete) a 90 (noventa) dias contados da data de dispensa.**

Art. 30. Novo seguro-desemprego só poderá ser requerido após o cumprimento de novo período aquisitivo, cuja duração será definida pelo Codefat.

1. **A importância destes artigos está em sua literalidade, em especial o art. 29.**

CAPÍTULO II
DO SIMPLES DOMÉSTICO

Art. 31. É instituído o regime unificado de pagamento de tributos, de contribuições e dos demais encargos do empregador doméstico (Simples Doméstico), que deverá ser regulamentado no prazo de 120 (cento e vinte) dias a contar da data de entrada em vigor desta Lei.

Lei Complementar 150/15

Art. 33

1. **Objetivos do Simples Doméstico.** O simples doméstico veio com a proposta de desburocratizar e simplificar a forma de recolhimentos previdenciário, social e fiscal, através de um meio único e eletrônico de cadastro.

> **Art. 32.** A inscrição do empregador e a entrada única de dados cadastrais e de informações trabalhistas, previdenciárias e fiscais no âmbito do Simples Doméstico dar-se-ão mediante **registro em sistema eletrônico** a ser disponibilizado em portal na internet, conforme regulamento.
>
> **Parágrafo único.** A impossibilidade de utilização do sistema eletrônico será objeto de regulamento, a ser editado pelo Ministério da Fazenda e pelo agente operador do FGTS.

1. **Registro em sistema eletrônico.** Foi criado um sistema eletrônico, onde o empregador doméstico deverá informar as obrigações trabalhistas, previdenciárias, fiscais, de apuração de tributos e do FGTS. Esse sistema está disponível dentro do portal do e-social, onde se possui um módulo específico para os empregadores domésticos – e pode ser acessado pelo endereço eletrônico e-Social – www.esocial.gov.br.

> **Art. 33.** O Simples Doméstico será disciplinado por ato conjunto dos Ministros de Estado da Fazenda, da Previdência Social e do Trabalho e Emprego que disporá sobre a apuração, o recolhimento e a distribuição dos recursos recolhidos por meio do Simples Doméstico, observadas as disposições do art. 21 desta Lei.
>
> § 1º O ato conjunto a que se refere o *caput* deverá dispor também sobre o sistema eletrônico de registro das obrigações trabalhistas, previdenciárias e fiscais e sobre o cálculo e o recolhimento dos tributos e encargos trabalhistas vinculados ao Simples Doméstico.
>
> § 2º As informações prestadas no sistema eletrônico de que trata o § 1º:
>
> I – têm caráter declaratório, constituindo instrumento hábil e suficiente para a exigência dos tributos e encargos trabalhistas delas resultantes e que não tenham sido recolhidos no prazo consignado para pagamento; e
>
> II – deverão ser fornecidas até o vencimento do prazo para pagamento dos tributos e encargos trabalhistas devidos no Simples Doméstico em cada mês, relativamente aos fatos geradores ocorridos no mês anterior.
>
> § 3º O sistema eletrônico de que trata o § 1º deste artigo e o sistema de que trata o caput do art. 32 substituirão, na forma regulamentada pelo ato conjunto previsto no caput, a obrigatoriedade de entrega de todas as informações, formulários e declarações a que estão sujeitos os empregadores domésticos, inclusive os relativos ao recolhimento do FGTS.

Art. 34

COLETÂNEA DE LEIS TRABALHISTAS

1. **Simples Doméstico.** Para instrumentalizar o cumprimento das novas obrigações criadas, a Lei Complementar nº 150/2015 determinou a implantação do Simples Doméstico, que define um regime unificado para pagamento de todos os tributos e demais encargos, inclusive FGTS.

> **Art. 34.** O Simples Doméstico assegurará o recolhimento mensal, mediante documento único de arrecadação, dos seguintes valores:
>
> I – 8% (oito por cento) a 11% (onze por cento) de contribuição previdenciária, a cargo do segurado empregado doméstico, nos termos do art. 20 da Lei nº 8.212, de 24 de julho de 1991;
>
> II – 8% (oito por cento) de contribuição patronal previdenciária para a seguridade social, a cargo do empregador doméstico, nos termos do art. 24 da Lei nº 8.212, de 24 de julho de 1991;
>
> III – 0,8% (oito décimos por cento) de contribuição social para financiamento do seguro contra acidentes do trabalho;
>
> IV – 8% (oito por cento) de recolhimento para o FGTS;
>
> V – 3,2% (três inteiros e dois décimos por cento), na forma do art. 22 desta Lei; e
>
> VI – imposto sobre a renda retido na fonte de que trata o inciso I do art. 7º da Lei nº 7.713, de 22 de dezembro de 1988, se incidente.
>
> § 1º As contribuições, os depósitos e o imposto arrolados nos incisos I a VI incidem sobre a remuneração paga ou devida no mês anterior, a cada empregado, incluída na remuneração a gratificação de Natal a que se refere a Lei nº 4.090, de 13 de julho de 1962, e a Lei nº 4.749, de 12 de agosto de 1965.
>
> § 2º A contribuição e o imposto previstos nos incisos I e VI do caput deste artigo serão descontados da remuneração do empregado pelo empregador, que é responsável por seu recolhimento.
>
> § 3º O produto da arrecadação das contribuições, dos depósitos e do imposto de que trata o caput será centralizado na Caixa Econômica Federal.
>
> § 4º A Caixa Econômica Federal, com base nos elementos identificadores do recolhimento, disponíveis no sistema de que trata o § 1º do art. 33, transferirá para a Conta Única do Tesouro Nacional o valor arrecadado das contribuições e do imposto previstos nos incisos I, II, III e VI do caput.
>
> § 5º O recolhimento de que trata o caput será efetuado em instituições financeiras integrantes da rede arrecadadora de receitas federais.
>
> § 6º O empregador fornecerá, mensalmente, ao empregado doméstico cópia do documento previsto no caput.
>
> § 7º O recolhimento mensal, mediante documento único de arrecadação, e a exigência das contribuições, dos depósitos e do imposto, nos valores definidos nos incisos I a VI do caput, somente serão devidos após 120 (cento e vinte) dias da data de publicação desta Lei.

Lei Complementar 150/15

Art. 44

Art. 35. O empregador doméstico é obrigado a pagar a remuneração devida ao empregado doméstico e a arrecadar e a recolher a contribuição prevista no inciso I do art. 34, assim como a arrecadar e a recolher as contribuições, os depósitos e o imposto a seu cargo discriminados nos incisos II, III, IV, V e VI do caput do art. 34, até o dia 7 do mês seguinte ao da competência.

§ 1º Os valores previstos nos incisos I, II, III e VI do caput do art. 34 não recolhidos até a data de vencimento sujeitar-se-ão à incidência de encargos legais na forma prevista na legislação do imposto sobre a renda.

§ 2º Os valores previstos nos incisos IV e V, referentes ao FGTS, não recolhidos até a data de vencimento serão corrigidos e terão a incidência da respectiva multa, conforme a Lei nº 8.036, de 11 de maio de 1990.

1. **A importância destes artigos está em sua literalidade.**

▶ **ATENÇÃO: CAPÍTULO III e CAPÍTULO IV** – Por não considerarmos relevantes aos nossos estudos, foram extraídos os arts. 36 ao 41 desta Lei, uma vez que tratam da legislação previdenciária e tributária e do programa de recuperação previdenciária dos empregadores domésticos (REDOM).

CAPÍTULO V
DISPOSIÇÕES GERAIS

Art. 42. É de **responsabilidade do empregador o arquivamento de documentos** comprobatórios do cumprimento das obrigações fiscais, trabalhistas e previdenciárias, enquanto essas não prescreverem.

Art. 43. O direito de ação quanto a **créditos resultantes das relações de trabalho prescreve em 5 (cinco) anos até o limite de 2 (dois) anos** após a extinção do contrato de trabalho.

1. **Preservação dos documentos e o lapso de prescrição.** Assim, o empregador deverá arquivar os documentos comprobatório das obrigações previdenciárias, fiscais e trabalhistas de seus empregados durante todo o lapso de prescrição.

Art. 44. A Lei nº 10.593, de 6 de dezembro de 2002, passa a vigorar acrescida do seguinte art. 11-A:

"Art. 11-A. A verificação, pelo Auditor-Fiscal do Trabalho, do cumprimento das normas que regem o trabalho do empregado doméstico, no âmbito do domicílio do empregador, **dependerá de agendamento e de entendimento prévios entre a fiscalização e o empregador.**

Art. 44

§ 1º A fiscalização deverá ter natureza prioritariamente orientadora.

§ 2º Será observado o critério de dupla visita para lavratura de auto de infração, salvo quando for constatada infração por falta de anotação na Carteira de Trabalho e Previdência Social ou, ainda, na ocorrência de reincidência, fraude, resistência ou embaraço à fiscalização.

§ 3º Durante a inspeção do trabalho referida no caput, o Auditor-Fiscal do Trabalho far-se-á acompanhar pelo empregador ou por alguém de sua família por este designado.

1. **Fiscalização do trabalho doméstico.** A Constituição Federal protege no art. 5º, XI, como direito fundamental o direito à inviolabilidade do domicílio. Desta forma, não poderia uma norma infraconstitucional permitir que auditores fiscais tivessem livre acesso às residências dos empregadores domésticos para realizar fiscalização do trabalho, pois estariam eivadas de inconstitucionalidade flagrante. Assim, o legislador exigiu um prévio agendamento com o empregador doméstico, o que denota uma autorização para se adentrar no domicílio doméstico.

> **Constituição Federal**
>
> **Art. 5º (...)**
>
> **XI** – a casa é asilo inviolável do indivíduo, ninguém nela podendo penetrar sem consentimento do morador, salvo em caso de flagrante delito ou desastre, ou para prestar socorro, ou, durante o dia, por determinação judicial;
>
> **Art. 45.** As matérias tratadas nesta Lei Complementar que não sejam reservadas constitucionalmente a lei complementar poderão ser objeto de alteração por lei ordinária.
>
> **Art. 46.** Revogam-se o inciso I do art. 3º da Lei nº 8.009, de 29 de março de 1990, e a Lei nº 5.859, de 11 de dezembro de 1972.
>
> **Art. 47.** Esta Lei entra em vigor na data de sua publicação.

Brasília, 1º de junho de 2015;
194º da Independência e 127º da República.